“十四五”职业教育国家规划教材

融合型·新形态教材
复旦学前云平台 www.fudanyun.cn

U0756065

普通高等学校学前教育专业系列教材

学前教育学

（第三版）

主　编　郑健成

编　者（按姓氏笔画排列）

王先达　叶圣军　石芬芳　朱丽芬　纪秀琴
全晓燕　孙雅婷　张凤敏　张　金　李　波
李国祥　陈明晖　肖英娥　杨　梅　郑健成
康　静　鲍钰清　霍习霞

复旦大學出版社

内容提要

　　本教材是"十四五"职业教育国家规划教材。第三版在前两版的基础上以《幼儿园教师专业标准（试行）》《幼儿园教育指导纲要（试行）》《3-6岁儿童学习与发展指南》为指引，贯彻《教师教育课程标准（试行）》，综合《学前教育专业师范生教师职业能力标准（试行）》《幼儿园教师资格考试大纲（试行）》等要求，对接《学前教育专业认证标准（试行）》的"毕业要求"，在厘清本课程与学前教育专业其他先修和后修各课程的边界、理顺其之间关系的基础上，做了全面的修订与优化。

　　全书除绪论外，由"学前教育概述""学前教育基本要素及其关系""幼儿园课程与协同共育""学前教育的设计与实施"4个模块构成，共12个教学单元。本书有三个编写特点，一是，强化落实立德树人根本任务，融入"树人为核心、立德为根本"的系统理念，为每一单元做了课程思政的目标指引。二是，既反映学前教育改革新经验与发展趋势，引导学生了解我国学前教育全貌；又以学前儿童教育与成长的特殊规律为核心，夯实最基本的理论基础、能力基础和价值基础。三是，以学生为中心，配套引领教学的"课程教学大纲"和多元拓展性的教学资源；各单元的"复习与思考""同步实训"对接课程目标。本书旨在为"学前教育学"课程实施"教"与"学"整体闭环的综合改革提供优质的载体和抓手。

　　本教材配有拓展阅读和视频等丰富、立体的数字配套资源，帮助学生理论联系实际、深化理解理论和拓展学习提高；本书还提供课件等教学辅助资源，为给教师的教学提供支持，可以登录复旦学前云平台https://www.fu-danyun.com下载。

复旦学前云平台
数字化教学支持说明

　　为提高教学服务水平，促进课程立体化建设，复旦大学出版社学前教育分社建设了"复旦学前云平台"，为师生提供丰富的课程配套资源，可通过"电脑端"和"手机端"查看、获取。

💻【电脑端】

　　电脑端资源包括 PPT 课件、电子教案、习题答案、课程大纲、音频、视频等内容。可登录"复旦学前云平台"（www.fudanyun.cn）浏览、下载。

　　Step 1　登录网站"复旦学前云平台"（www.fudanyun.cn），点击右上角"登录/注册"，使用手机号注册。

　　Step 2　在"搜索"栏输入相关书名，找到该书，点击进入。

　　Step 3　点击【配套资源】中的"下载"（首次使用需输入教师信息），即可下载。音频、视频内容可通过搜索该书【视听包】在线浏览。

📱 【手机端】

PPT 课件、音视频、阅读材料：用微信扫描书中二维码即可浏览。

扫码浏览
→

📖 【更多相关资源】

更多资源，如专家文章、活动设计案例、绘本阅读、环境创设、图书信息等，可关注"幼师宝"微信公众号，搜索、查阅。

平台技术支持热线：029-68518879。

"幼师宝"微信公众号

前　言

本教材作为学前教育专业基础性核心课程"学前教育学"的通用教材,于2007年第一版发行,就广受欢迎。在全国设立有学前教育专业的200余所院校常年使用的基础上不断更新优化,至2022年12月底累计发行了50余万册。本教材参评入选"十二五"和"十四五"职业教育国家规划教材,不断与时俱进地进行了修订,先后推出了第二版、第三版,在编写过程中凸显"学前教育学"课程引领学生专业学习与发展的价值导向性和理实基础性。本教材为学生打开了学前教育专业的全局视野,并使之步入学前教育改革与发展的最前沿;为课程实施"教"与"学"整体闭环提供优质载体和抓手,有效地夯实学生学前教育原理的理论基础和实践能力基础。

一、充分体现"学前教育学"课程的价值导向

1. 落实立德树人根本任务

本教材在第二版基础上,强化落实立德树人根本任务,在学前儿童观、教育观、教师观等课程内容中,融入"树人为核心、立德为根本"的系统理念。在福建幼儿师范高等专科学校"学前教育学"课程使用本教材,建设福建省"高校'课程思政'教育教学改革精品项目"通过结项验收并入选"2021年省级课程思政示范项目"的基础上,进一步把课程思政理念贯穿全教材,发掘课程所蕴含的思政教育元素,为每一个单元的教学提供课程思政的切入点,并为之拟出课程思政的目标指引,引领课程教学,精心培养幼儿成长的领路人。

2. 岗课证融合的产出导向

本教材以学前教育的全局视野,直指幼儿教师的岗位需求,以《幼儿园教师专业标准(试行)》《教师教育课程标准(试行)》《学前教育专业师范生教师职业能力标准(试行)》《幼儿园教师资格考试大纲(试行)》为依据,综合真实、丰富、多元的幼儿园教育生活世界、幼教改革的理论和实践研究成果、幼儿园教师专业成长历程、师范院校学前教育师资培养现实等方面情况,对接《学前教育专业认证标准》的"毕业要求",理顺本课程与专业其他先修和后修各课程之间的关系,找准其在人才培养"专业课程体系"中基础性核心课程的教材定位,以产出为导向深入研制课程教学大纲,并以此为基础全面修订教材,努力在"毕业要求""课程目标""课程教学"的逻辑关系中做优教材。

二、着力夯实学前教育全局视野下的"双基"

1. 打开学前教育的全局视野

"学前教育学"是学前教育专业基础性核心课程,又是教育类第一门课程,其教材所要阐述的学前教育的一系列基本理论处于最上位,应在人才培养课程体系中发挥引领性、基础性和全局性作用。本教材反映学前教育改革新经验与发展趋势,体现时代性和前沿性;以学前教育基本原理、观念、策略与工作体系为重点,体现整体性和系统性。既引导学生了解我国学前教育全貌,又以学前儿童教育与成长的特殊规律为核心,打开学生的学前教育全局视野。

2. 夯实基本理论和实践能力基础

学生学习和构建学前教育专业知识与能力结构的逻辑顺序,是由基础开始逐级夯实、逐步扩展并得以不断运用的。教材从全局、宏观及观念层面夯实学前教育理论基础,并对其与其他教育类课程做了边界分割,厘清这一基础性核心的上位课程与下位各课程之间的相互关系,使之精准帮助学生奠定理论基础,建构最基本、最核心的专业认知,树立正确的学前教育观念,培养专业思维和运用所学理论审视、判断、质疑、

分析学前教育现象与问题等能力,指导学生尝试性开展保教活动、进行反思与教研,夯实最基本的理论基础和实践能力基础。

三、努力构建师生教材等多方互动发展的课程生态

1. 为教学要素间的互动创造条件

课程是教师、学生、教材、环境等因素动态相互作用的生态系统,本教材为各教学要素的充分互动创造条件。一是,提练基本理论,增大互动空间。所构建的教材反映学前教育领域的最基本共识,其基本概念、基本观念和基本问题的阐述精练明确、通俗易懂,这就给需求导向的理论联系实际、培养学生能力增大了互动空间。二是,配套教学资源,方便师生选用。研制提供融合教师资格证考试要求、对接专业认证标准"毕业要求"的"课程教学大纲"等系列教参,为教师实施课程提供全面、共性要求的参考;每个单元除了教材文本中的案例外,可通过扫码获取拓展阅读和音、视频等资料,以利于学生理论联系实际、深化理解理论和拓展学习提高。

2. 以学生为中心营造促发展的教学生态

本教材以学生为中心,突出学生主体地位,营造课程教学促进学生发展的良好生态环境。一是,引领渐进学习掌握。所构建的模块化教材,以上位基础性理论为先导,相继安排应用性理论,强调学生学习的连续经验,后一教材内容以先行教材的学习为基础,使课程实施便于学生以渐进方式掌握学习内容。二是,建立朋友关系。每一单元都把学生作为直接交流对象,先提示"本单元将帮助你"去实现"学习目标",再由"问题情景"导入学习新内容,让教材和教学资源成为学生的朋友。三是,引导开放教学。在注释、附录和参考书目和电子资源中提供了较广范围的拓展学习线索;每单元末的"复习与思考""同步实训"做了运用理论分析幼教实际、安排到幼儿园现场教学、进行尝试性实践的引导。这些都指向学生的掌握学习、能力培养和综合素质的不断提高。

本次修订工作起始于2021年暑期,第三版修改的总体设计、修订纲目,由郑健成负责并草拟,叶圣军、杨梅、肖英娥、石芬芳、朱丽芬、鲍钰清参与讨论修订,又经各修订人员反复斟酌互动而完成。参与修订和新增内容的编写人员是:绪论,郑健成、鲍钰清;第一单元,李国祥;第二单元,杨梅;第三单元,李国祥、杨梅;第四单元,郑健成、李国祥、霍习霞;第五单元,孙雅婷;第六单元,张凤敏;第七单元,陈明晖;第八单元,纪秀琴;第九单元,肖英娥;第十单元,全晓燕;第十一单元,王先达;第十二单元,霍习霞;选修部分内容由石芬芳编写,未做修改,由于篇幅原因,放在了赠送的教师课件里;各单元修订编写者牵头建设电子资源,参与电子资源建设的还有石芬芳、朱丽芬、李波、康静、张金等。全书的改稿和统稿由郑健成负责,朱丽芬参与实践性内容的改稿和统稿。

本教材参考、借鉴和引用了国内外学者的有关研究成果和学前教育一线教师的实践案例,本书的编写、修订和出版以及参选职业教育国家规划教材,得到了编写组成员所在单位和复旦大学出版社的热情关心和大力支持,在此一并表示感谢!尽管我们试图努力做好本次修订工作,但仍然存在不足或问题,希望专家同行、使用教材的老师、学生等提出批评和建议,以便日后再做修订完善和提升。

福建幼儿师范高等专科学校

郑健成

2023年7月

目 录

实施课程思政切入点

单元	教材内容	课程思政切入点	课程思政目标指引
绪论	二、学前教育学的研究内容与任务	学前教育学的研究内容与任务	培养建设中国式现代化学前教育理论与实践体系的意识和责任感
第一单元	第一节 学前教育的产生和发展	我国学前教育机构的产生与发展	增强为我国学前教育的改革发展努力学习专业、树立专业信念、夯实专业知识技能基础、培养实践能力的使命感和责任感
		我国著名学前教育家的教育思想与主要贡献	学习我国著名学前教育家毕生致力于探索中国化、平民化和科学化幼儿教育的无尽家国情怀与精神
	第二节 学前教育的发展规律	学前教育与社会政治、经济、文化的辩证关系	理解我国学前教育历史发展逻辑,领会党的十八大以来学前教育普及普惠、提升质量的动力源泉与社会功能
		学前教育与儿童发展的辩证关系	感悟"四有好老师"的深刻内涵
第二单元	第一节 我国学前教育的性质与任务	我国教育方针与教育目的	牢记为党育人、为国育才的初心使命,理解立德树人从娃娃抓起的重要意义
		我国学前教育的性质与任务	领会我国学前教育对国家人口战略的重要意义
		我国学前教育法规体系	理解我国法律体系下的学前教育法规,培养依法执教的意识
第三单元	第一节 学前儿童和教保人员	学前教师	阐释学前"四有好老师"的具体表现,并在学习、生活与教育实践中积极践行
	第二节 学前教育内容	学前儿童全面发展教育	牢记立德树人根本任务,理解学前儿童全面发展教育对其一生发展的奠基意义
	第三节 学前教育环境	幼儿园的教育环境	加强教师自身的师德修养,践行以榜样的力量,做幼儿成长的领路人
第四单元	第二节 教师主导与学前教师观	教师主导与学前教师观	理解并阐释幼儿教师的正确观念,进一步明确提高自身素养的内容与基本途径
第五单元	第一节 0-3岁婴幼儿早期教育及其价值取向	0-3岁婴幼儿早期教育及其价值取向	结合教育见实习,描述婴幼儿早期德育启蒙的案例
第六单元	第二节 幼儿园课程的编制与实施	幼儿园课程的编制与实施	能举例说明践行师德与增进幼儿德育目标实现的关系
第七单元	第一节 幼儿园与家庭合作	幼儿园与家庭合作	能从教师、家长、幼儿三方互动关系,理解落实立德树人工作的艰巨性,思考提出教师如何通过家园共育落实幼儿德育的若干举措或方法
	第二节 幼儿园与社区合作	幼儿园与社区合作	能通过社会调查,了解社会育人环境,提出如何增强社会环境对学前儿童健康成长的正向作用,学前教师在其中如何发挥作用
第八单元	第三节 游戏活动的指导	幼儿游戏的支持与指导	理解自主游戏对幼儿自主性和独立性、规则意识、合作意识与能力培养以及深度学习的重要价值
第九单元	第二节 日常生活活动的组织与指导	日常生活活动中的保育与教育	充分认识日常生活活动是幼儿养成教育的重要途径,并在幼儿生活教育实践中注重发展幼儿自理能力,培养幼儿的好行为、好习惯
第十单元	第二节 教学活动的设计	教学活动的时机把握	能在见实习过程中捕捉需要通过教学让幼儿明事理的德育内容,尝试设计集中教学活动方案
第十一单元	第二节 节日活动	节日活动及其教育功能	梳理并阐释我国传统节日对培养幼儿爱心教育的具体目标
		节日活动的设计与组织指导	参与和体验幼儿园节日活动,并分析幼儿在活动中得到的教育与收获
第十二单元	第二节 班级管理的基本要求和方法	班级管理的方法	能结合实例,阐释规则引导、情感沟通、互动指导、榜样激励和目标激励等班级管理的方法在幼儿德育中所发挥的作用
	第三节 保教人员协同工作促进幼儿发展	保教人员协同工作的内容	阐释保教人员协同工作对幼儿发展的重要性
		大班的管理	拟订并阐释培养大班幼儿集体意识的具体目标

绪　　论

问题情境

　　九月一日，开学啦！园长在全体教职工大会上提出，本学年幼儿园要继续深入贯彻实施《幼儿园教育指导纲要（试行）》（简称《纲要》）、《3—6岁儿童学习与发展指南》（简称《指南》），加大课程改革的力度，希望每位老师都要积极参与，为进一步提高保教质量做出努力。邵老师是刚参加工作的，听了园长的话，为自己一走上工作岗位，就可以投身于火热的教改实践而兴奋不已。下班后，邵老师找到《纲要》《指南》和新出版的《学前教育学》重温起来，思考如何以所学的学前教育基本理论为指导，从自己的专业优势切入参与到新学年的教改中去，而后她拟好了提纲，打算向有经验的教师请教。

　　同学们，随着学前教育改革和幼儿园师资建设改革的不断深入，抓住高校学前教育专业学习的机会，夯实专业理论基础、锤炼专业本领、提升综合能力越发显得重要。当一名学前教育机构的教师，要学习哪些专业课程？学习各门课程重点要解决哪些问题？各课程之间的关系怎样？怎样才能学好这些课程，并做到融会贯通解决实际问题？让我们带着这些问题，进入学前教育学的学习吧！

拓展阅读
绪论-1

　　我们从了解教育与学前教育入手探讨学前教育学的研究对象与任务。

一、学前教育与学前教育学

（一）教育与学前教育

　　教育是人类独有的一种社会性活动。人类的教育从一开始就同社会共存、共发展，并逐渐成为推动社会发展的重要因素。教育是培养新生一代能够从事社会生活的整个过程。广义的教育是指一切影响和增进人的思想品德、知识与技能、身心发展的活动。它包括家庭教育、教育机构的教育和社会教育。狭义的教育是指教育机构的教育，是根据一定社会的要求和受教育者发展的规律和需要，有目的、有计划、有组织地影响人们发展的社会活动。教育机构的教育根据教育对象的年龄不同，分学前教育、初等教育、中等教育、高等教育等教育阶段。学前教育、初等教育、中等教育统称为基础教育，学前教育是基础教育的起始阶段，是指从出生到7岁学龄前儿童的教育。广义的学前教育是指影响学龄前儿童身体成长和认知、情感、意志、性格与社会性等方面发展的一切活动的总和。狭义的学前教育是指根据社会和学龄前儿童发展的规律和需要，学前教育机构对0—6岁学龄前儿童施以有目的、有计划、系统的、促进其身心全面和谐而富有个性地发展的影响活动，但和其他学段的学校教育不同，由于学龄前儿童的特殊需要，学前教育机构的教育与家庭、社会有着更为紧密的关系。

　　从国际上看，目前对学前教育的年龄分期尚不统一。有的国家是指出生至6岁儿童的教育，有的国家则指从2岁开始到7岁学前儿童的教育，我国时而把学前教育单指3—6岁儿童的教育。近二三十年来，一些国家把托儿所和幼儿园合并为统一的学前教育机构，因此学前教育包括从出生到7岁儿童的教育。美国将出生到小学低年级儿童（0—8岁）的教育称为早期教育，而学前教育则指3—5岁儿童的教育。

　　在我国，学前教育又划分为0—3岁的婴幼儿早期教育和3—6岁的幼儿教育，前者发展起托育机构、早教机构的0—3岁婴幼儿的科学教养与指导，后者已普及幼儿园的3—6岁幼儿的科学保育与教育。也有不

1

少幼儿园招收2岁（或2岁半）到6岁的幼儿。0—3岁的婴幼儿早期教育和3—6岁的幼儿教育密切联系、相互衔接，是学校教育、终身教育及人一生发展的奠基阶段。（图绪论-1）

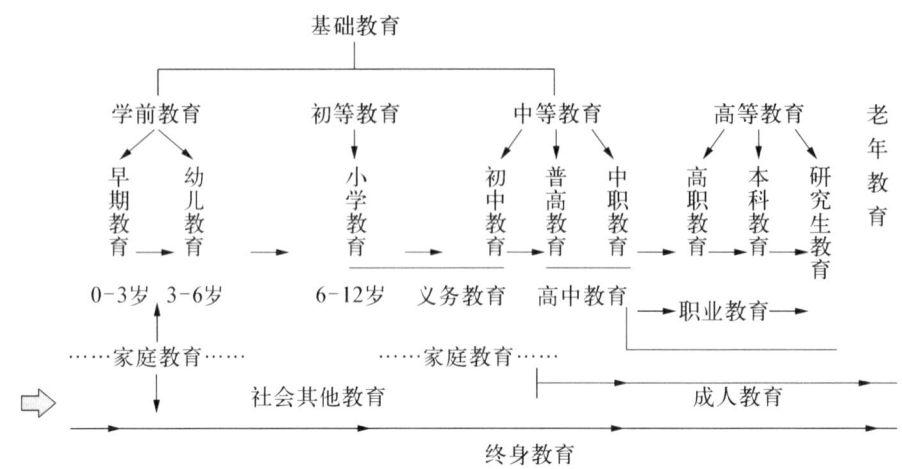

图绪论-1　我国教育机构教育与终身教育示意图

学前教育是国民教育的重要组成部分，是终身教育的开端阶段，为人的一生发展奠定基础。由于学龄前儿童身心发展的特殊性，学前教育机构的教育不同于小学教育，不像小学那样主要通过教科书、课堂教学来获得发展，而是强调让学龄前儿童在教师等教养人员所创设的适合于学龄前儿童身心发展特点的、丰富的环境中，与家人、教师、同伴在共同生活、活动中学习与发展，即在生活中学习与发展、在游戏中学习与发展，在发展中快乐游戏，在发展中幸福生活。

（二）教育学与学前教育学

教育学是以教育现象、教育问题为研究对象，归纳总结人类教育活动的科学理论与实践，探索解决教育活动产生、发展过程中遇到的教育实际问题，从而揭示一般教育规律的一门社会科学。它是伴随着教育的产生而产生的，最初表现为对教育探索而形成的教育认识、教育思想。随着社会的发展和教育实践的发展，尤其是学校的产生和发展，对教育实践和理论探索的自觉性不断提高，人类对教育的认识因此逐渐系统化、哲理化。关于教育的思想认识和实践智慧从主要汇集在一些思想家、哲学家的著作中，到逐渐地自成体系，经历了一个漫长的发展过程。在这漫长的发展过程中，中国古代的思想家如孔子、孟子、荀子、墨子、朱熹等和古希腊的柏拉图、亚里士多德、古罗马的昆体良等在他们的著作中对长期教育实践所作出的经验总结，为教育学的创立与发展奠定了基础。《学记》是世界上最早的教育著作，它是古代中国典章制度专著《礼记》（《小戴礼记》）中的一篇，是战国（公元前475年—公元前221年）晚期思孟学派的作品，据郭沫若考证，作者为乐正克。到了17世纪，捷克教育家夸美纽斯（J. A. Comenius，1592—1670）所著《大教学论》（1632）是教育学产生的标志。随着社会和教育实践的发展，教育经验、教育思想和教育理论日益丰富。现代生产和科学技术的发展，教育实践的广泛性、丰富性，更进一步推动了教育学的发展。

学前教育学是教育学的一个分支学科。学前教育、初等教育、中等教育、高等教育等各阶段的教育，具有各自的特点和规律，其具体的任务、内容和方法各不相同，需要分别进行研究。学前教育学就是专门研究从出生到7岁学龄前儿童教育规律的科学。仅仅明确学前教育学研究哪一年龄阶段的教育是不够的，还需要指明所研究的是什么性质的学前教育。教育具有社会性和历史性，各国的政治经济制度和生产力发展水平不同，妇女参加社会活动和就业的人数比例及科学技术、教育和传统文化的发展等因素也都不同。因此，各国学前教育在教育性质、目的、任务等方面是各有特点的。我国的学前教育学是研究在我国社会主义初级阶段条件下及中国特色社会主义建设进程中，从出生至六七岁儿童教育规律的科学。

二、学前教育学的研究内容与任务

学前教育学是一门研究学龄前儿童教育规律的科学，是以教育学、生理学、心理学、社会学、生态学等基本原理为基础，探讨学前教育理论及实践问题，研究学前教育的任务、目标、内容、手段和方法，揭示怎样对学龄前儿童施加科学的教育影响，促进他们在德育、智育、体育、美育等几方面主动发展的规律。

学前教育学主要研究以下几个方面的内容：学前教育机构的产生和发展；学前教育与社会发展、与儿

拓展阅读
绪论-2

拓展阅读
绪论-3

童发展的关系；教育目的和学前教育的任务；学龄前儿童全面发展教育的目标、内容、方法与途径；学前教育机构的主要教育活动组织形式及指导；学前教育机构与家庭、社会的协作以及与小学教育的衔接；等等。

学前教育学的任务在于总结我国学前教育的经验，发展学前教育理论。引进和借鉴国外先进的学前教育的理论和实践，探索学前教育的规律及发展趋势。通过学前教育理论和实践研究，提高学前教育的科学水平，解决学前教育实践中的问题，建设中国特色社会主义的学前教育理论和实践体系。以立德树人为根本，通过理论指导学前教育实践，帮助学前教育机构和家庭科学地对学前儿童进行教育，为我国深入实施人才强国战略，培养造就大批德才兼备的高素质人才奠定学前阶段的良好基础。学前教育学也为国家和有关部门制定学前教育的政策、措施和进行教育改革提供理论依据。

三、学前教育学课程的地位与意义

拓展阅读
绪论-4

学前教育专业主要是培养从事幼儿园教育工作的教师，"学前教育学"是学前教育专业的基础性核心课程，它是为保证同学们达到本专业的毕业要求和职业能力标准而开设的专业基础核心课程，对同学们今后从事学前教育工作终身受用的学前教育基础知识、基本理论、基本技能、基本素质的形成起重要作用。

拓展阅读
绪论-5

（一）学前教育学与幼儿园教师教育课程体系

教师是教育工作的中坚力量。有高质量的教师，才有高质量的教育。党和政府越来越重视高素质教师队伍建设，重视从源头上保证教师培养的质量。2011年教育部出台并实施《教师教育课程标准（试行）》（简称《课程标准》），其中就规定了幼儿园教师职前培养的教师教育课程目标和课程设置。

拓展阅读
绪论-6

1. 幼儿园教师教育课程目标

幼儿园教师教育课程担负着培养同学们形成并提高学前教育专业素质和能力的任务。同学们通过专业课程的学习应达到的目标是：具有正确的儿童观和相应的行为，具有正确的教师观和相应的行为，具有正确的教育观和相应的行为，具有理解学前儿童的知识和技能，具有教育学前儿童的知识和技能，具有发展自我的知识与技能，具有观摩教育实践的经历与体验，具有参与教育实践的经历与体验，具有研究教育实践的经历与体验。

2. 幼儿园教师教育课程体系

幼儿园教师教育课程系统反映着各自课程的性质和功能，彼此相互独立，又相互联系、相互制约，构成有机整体。它反映了本专业教育类课程体系的整体性功能和同学们学习的进程。

如图绪论-2，同学们学习幼儿园教师教育各课程，构建专业知识结构的逻辑顺序是由基础开始并逐级夯实并得以不断运用。学前教育要促进学前儿童身心全面和谐而富有个性地发展，必须遵循学前儿童身

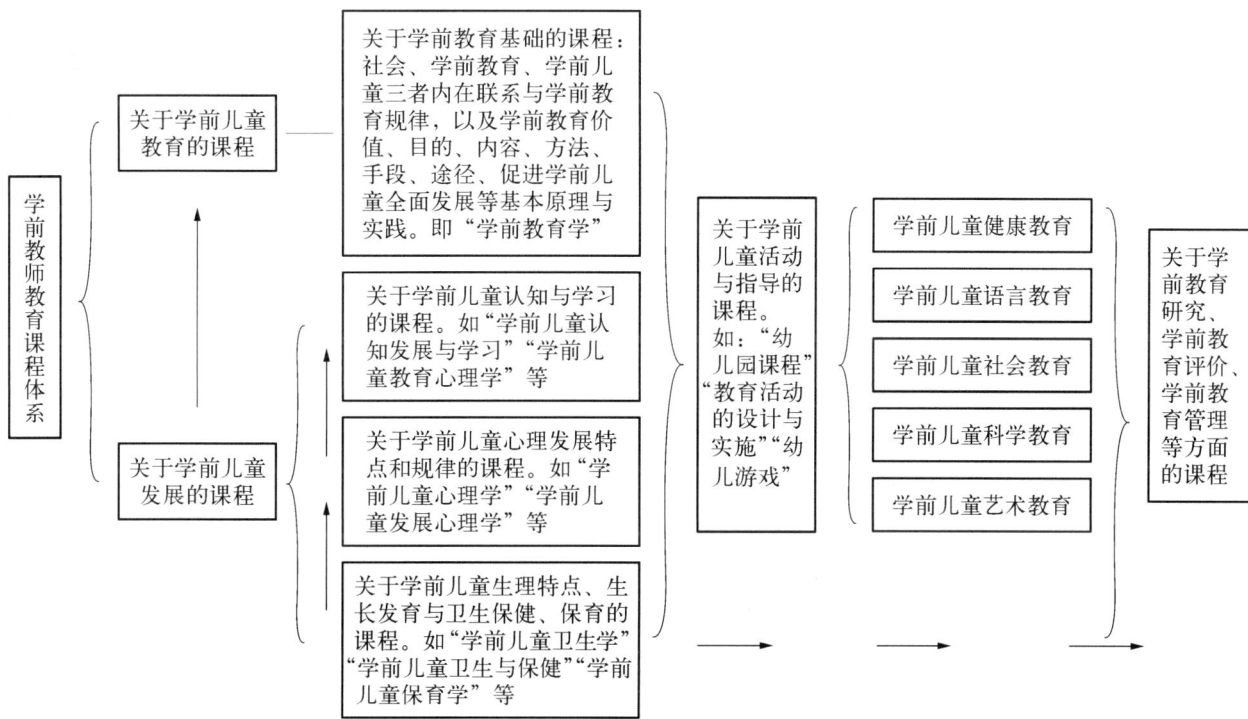

图绪论-2　幼儿园教师教育课程体系示意图

心发展规律,所以关于学前儿童发展的课程是最先修的课程,其中关于学前儿童的生理、生长发育等内容,又是学习学前儿童心理发展课程的基础。学习关于学前儿童教育的"学前教育学"课程既以关于学前儿童发展的课程学习为基础,又在学习中得到运用。如,学前儿童身心发展特点与规律的基础知识,是学前教育目标确定和教育内容、手段、方法、策略、教育形式等选择的依据,是学习理解"学前教育学"的基础,又在学习理解和教育实践中得到运用。同理,"学前教育学"课程,是后续学前教育课程、学前儿童活动与指导、幼儿游戏、幼儿园班级管理等课程以及学前儿童健康、语言、社会、科学和艺术等领域教育课程的基础,在专业课程体系中以学前教育全局视野、理论与实践的入门指导发挥着引领性和基础性的作用,并在后续的课程学习中得以运用和深化。关乎学前儿童发展的课程和"学前教育学"课程贯穿于整个专业课程体系,是基础性、引领性的核心课程。

(二)学习学前教育学的意义

从同学们的学前教育专业知识结构看,学前教育学知识是其不可缺少的基础,并处于核心地位。合理的知识结构既是形成技能技巧、适应职业需要的必要条件,又是发展专业智慧、培养能力、焕发创造精神的根本保证。正如一个不精通外国语的人不可能成为出色的翻译家一样,一名没有深厚的学前教育科学知识的学生不可能成为一名出色的幼儿园教师。

学习学前教育学可以打开学前教育的全局视野,理解学前教育关乎学前儿童发展、民生福祉、国民素质基础,提高同学们对学前教育重要性的认识,对学前教师职业的认同感,增强对学前教育事业的热爱和责任感。从幼儿园教育工作的实际需要看,学前教育学是教师把握学前教育规律、走向成功的理论指南。如,出色的特级教师也正是凭借学前教育学的理论睿智,才敏锐地观察到幼儿在教育活动过程中的学习行为和心理反应,恰当地运用客观条件和教育智慧,激发幼儿积极主动地与周围环境互动,充分感知、探索学习,构建对事物的认知,积累有益经验,获得身体动作、认知、语言、情感与社会等全面而富有个性的发展。所以学前教育理论才是学前教育实践的指南,尤其是同学们缩短毕业后的工作适应期、不断积累经验、尽快成长为一名胜任型幼儿园教师的根本向导。

学习学前教育学有助于传播、发扬学前教育理论,推动学前教育改革的实践和学前教育理论的发展。学前教育改革与实践的发展需要学前教育理论作指导,与此同时在学前教育实践中出现的新情况、新问题需要分析研究予以解决,在学前教育改革实践中产生的新经验、新方法需要总结概括。有了学前教育理论,就能更好地指导我们科学地分析教育改革中出现的问题,将学前教育实践中产生的新经验上升为科学的理论,使得学前教育理论得到不断的发展和完善。

四、学习学前教育学的方法与要求

(一)了解学前教育学课程目标

同学们首先要阅读了解《幼儿园教师专业标准》(简称《专业标准》)、《学前教育专业师范生教师职业能力标准(试行)》(简称《职业能力标准》)的基本内容,以它们为指引,进一步思考"学前教育学"课

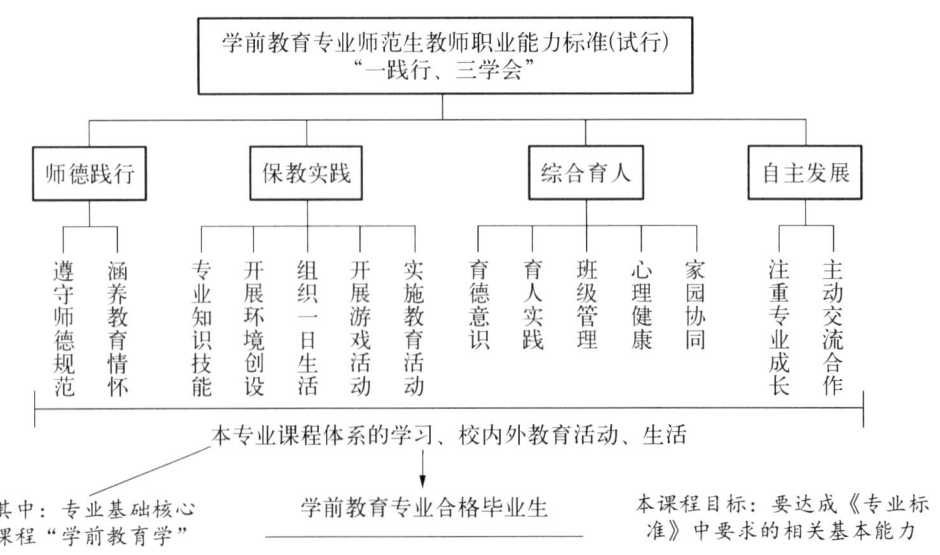

图绪论-3　落实学前教育专业师范生教师职业能力培养的"学前教育学"课程

程（图绪论-3）与学前教育专业其他课程之间的关系，学习了解"学前教育学"课程目标。

"学前教育学"是学前教育专业基础性核心课程，对"一践行、三学会"要求具有重要的支撑作用，其课程目标包含以下几方面的内容：

一是，践行社会主义核心价值观，理解党的教育方针和"立德树人"内涵，理解并阐释学前教育价值与专业性，遵守师德规范，具有依法执教意识，践行新时代幼儿园"四有"好老师，热爱、尊重幼儿，并能在幼儿园尝试性实践中运用所学专业知识细心、耐心启蒙和引导幼儿。

拓展阅读
绪论-1

二是，理解并运用学前教育基础知识、基本理论，发现、审视、分析学前教育实践中的一些现象、问题或案例；了解幼儿保育教育的有关知识和方法；根据幼儿班教育目标和幼儿发展实际，尝试拟订和实施包含活动环境创设，设计并实施幼儿的日常生活、游戏与区域等活动，对尝试实践过程中的现象和问题进行反思分析、提出改进措施；参与并体验幼儿节日、外出等活动。

三是，理解并阐释幼儿园班级管理的功能、内容、基本要求和方法；理解并阐释园所文化、班级氛围等环境育人和一日生活育人的价值；理解并阐释幼儿园全员育人以及与家长合作协同共育幼儿的重要性；评析班级各种育人和综合育人的实际或案例，参与和体验营造班级良好育人氛围、一日生活育人和综合育人的实践。

四是，能根据本课程学习目标拟订学习计划，并认真实施与反思、改进。能伴随课程学习，预习、研读《学前教育学》教材，并积极拓展学习专业书刊等多媒体课程资源，关注学前教育改革发展动态、汲取新信息；积极参与课堂互动交流、合作学习、发表独到见解。能评析本课程见习活动、反思自身所尝试的教育实践。每人完成主持一个以上由3—5人参与的合作学习与实践项目。

（二）学习学前教育学的方法与要求

1. 认真钻研教材，倡导研究性学习

学前教育专业理论的学习，首先要认真学习教材，在初步了解学前教育学的基本结构的基础上，深入理解和领会学前教育学的基本概念、基本知识、基本观点和基本原理以及章节之间的内在联系。除了本教材之外，还要与其他专业课程联系起来学习，相互补充、迁移、印证，融会贯通。还要有联系地广泛阅读有关参考书籍和文献资料，拓宽视野、加深认识。在自己学习的基础上和老师同学相互交流看法，课堂上积极参与讨论、勇于发表自己的见解。课下，同学们可以组织学习小组，就一些观点、问题，开展小组研究性学习，查阅学前教育研究资料，讨论切磋，相互启发，既培养思考和分析能力，又能更全面、准确地理解和掌握学前教育学基本理论。

2. 联系学前教育实际，开展实践性学习

学前教育理论来源于学前教育实践，而学前教育实践经验一旦形成了学前教育理论，就反过来指导学前教育实践。理论联系实际是学好学前教育学的必由之路。同学们学习学前教育学要紧密联系学前教育实际，积极参与课堂上的案例教学，学习分析说明教育案例所蕴含的学前教育原理，学习用学前教育原理剖析案例，思考案例背后的学前教育理念、观点是否正确，学前教育行为是否符合学前教育规律、有什么问题，提出改进建议。要重视每一次的实践教学活动，珍惜每一次考察、调查和见习的机会，结合所学的内容，做到带着问题、有目的地、有充分准备地到学前教育现场观察、记录、思考、收集案例，学习运用学前教育理论知识解释学前教育现象，运用所学的学前教育理论对幼儿园教师组织指导教育活动、与幼儿互动的过程进行分析，在对照理论、运用理论的过程中加深对理论的理解，并培养理论联系实际的能力和观察发现问题与分析问题的能力。在见习的基础上，运用所学的学前教育基础知识，尝试开展幼儿园日常生活、游戏活动等环节的教育实践，并进行反思，丰富学前教育实践体验，锻炼教育实践能力，为后续学习关于学前儿童活动与指导的课程以及学前儿童健康、语言、社会、科学和艺术领域教育等课程积累感性经验。

3. 培育学前教育专业信念，努力实现课程学习目标

教师职业是一种专业性的职业，学前教育是一项专业性要求很高的工作，幼儿园教师的专业素质、专业发展与成长是保证学前教育质量和适应时代进步的关键性因素。教师的发展经历准备阶段、新手阶段、成熟阶段，如果能进一步发展，就会迈入专家阶段。同学们现在处于打基础、做准备的阶段，就要有当好幼儿园教师的意识，培育学前教育专业信念，引领、调节、激励自己努力学习，在准教师阶段夯实专业基础，获得最好的专业成长。

学前教育专业信念是幼儿园教师个体对学前教育专业和从事这一职业的认知、情感、意志和行为的美好憧憬和倾向，是个体努力学习、做优工作的内在导航和动力系统。同学们从学习学前教育学开始就要结

音频视频
绪论-1

合课程的学习,培育学前教育信念:正确理解与深刻认识学前教育专业内涵,深信学前教育和学前教师职业的特殊价值与意义;培养热爱学前教育事业的情感,认真学习学前教育的基础知识和技能,树立正确的儿童观、教师观、教育观和相应的行为,体验专业学习和教育实践的乐趣;坚定学前教育专业意志,有毅力克服课程学习过程中遇到的困难,并落实于自觉的行动,认真、有质量地完成课程各单元的学习任务,为实现学前教育专业师范生"师德践行、保育和教育实践、综合育人和自主发展"的幼儿园教师职业能力目标夯实学前教育学基础。

绪论小结

　　本绪论指明了什么是学前教育和学前教育学,以及学前教育学的研究对象与任务;阐发了"学前教育学"在学前教育专业人才培养课程体系中的地位,以及学习"学前教育学"的意义、方法和要求。

复习与思考

1. 教育与学前教育的概念都有广义和狭义之分,你是怎么理解的?
2. 阐释学前教育学,简述学前教育学的研究对象与任务。
3. 就"学前教育专业课程体系示意图",简述幼儿园教师教育课程体系的构成及其逻辑关系。
4. 浏览本教材,熟悉本教材的结构以及"学前教育学"课程目标。

同步实训

　　结合本教材的目录,对照《职业能力标准》,分小组讨论:学习"学前教育学"课程有助于培养哪些职业能力;交流分享关于学好"学前教育学"的想法和打算。

01 第一模块
学前教育概述

- 第一单元　学前教育的发展
- 第二单元　我国学前教育的性质与制度

第一单元 学前教育的发展

■ **本单元将帮助你:**

◆ 了解学前教育的不同形态
◆ 了解学前教育机构的产生与发展
◆ 了解中外著名教育家主要的儿童教育思想及其贡献
◆ 理解学前教育与社会发展的关系、与儿童发展的关系
◆ 学习运用学前教育与社会发展关系、与儿童发展关系的理论分析学前教育的现实问题

问题情境

　　王老师是非师范学校的大专学生,由于她很喜欢孩子,因此,上学时便立志当一名幼儿教师。毕业后,她幸运地得到了这样一个机会,她今年要进入幼儿园工作啦! 但是幼儿园到底是一个什么样的机构,它和小学有什么区别? 怎样才能成为一名受孩子喜欢的老师? 她的工作对象有什么样的特点? 她反复地思索这些问题,但依旧没有得到答案。如果王老师能翻阅本章,也许可以从这里得到一些启示。

　　学习本章可以初步了解学前教育的概貌,了解它的基本框架。本章不仅给你清晰地勾勒出学前教育产生、发展的轨迹,还能使你对教育的本质、对学前教育的价值、对教育者和受教育者在教育过程中的地位及其相互作用及原理等有一个较清晰的认识。

第一节 学前教育的产生和发展

学前教育以不同的形态存在并对儿童发展、家庭幸福和社会进步发挥着作用。

一、学前教育的形态

教育形态是指教育作为一种社会现象存在的外在形式和状态。学校的出现是教育形成自己相对独立形态的标志,从形式看,教育经历了从非形式化到形式化再到制度化的过程。学校教育制度简称学制,它的建立是制度化教育的典型表征。从教育的存在形态上看,存在着家庭教育、社会教育和学校教育三种基本形态。

（一）制度化与非制度化的学前教育

依据学前教育活动的组织程度和制度化水平的程度,学前教育的形态可分为制度化学前教育和非制度化学前教育。

1. 制度化的学前教育

制度化教育主要指的是正规教育,也就是指具有层次结构的、按年龄分级的教育制度,它从学前教育、初等学校教育延伸到大学的高等教育,并且除了普通的科学文化和学术性学习以外,还包括适合全日制职业技术训练的许许多多专业、职业教育和培训。就学前教育而言,制度化的学前教育其核心特点有四个方面:其一,教育者和受教育者相对稳定(幼儿与老师);其二,有稳定的教育场所和设施(幼儿园等学前教育机构);其三,教育内容相对规范;其四,有稳定的政府投入和政府制定的政策法规为办园依据。

我国学前教育中3—6岁幼儿教育制度化程度相当高,2021年毛入学率达到了88.1%,专任幼儿教师319.10万人,全国共有幼儿园29.48万所。从中央到地方,各级政府不断加大对学前教育的投入,2021年全

国普惠性幼儿园覆盖率达到了87.78%。依据国家《宪法》《未成年人保护法》《教育法》《教师法》等法律，国家制定颁发、实行《幼儿园管理条例》(简称《条例》)、《幼儿园工作规程》(简称《规程》)、《纲要》、《指南》、《托儿所幼儿园卫生保健管理办法》、《中小学幼儿园安全管理办法》、《专业标准》等法规规章，学前教育依法治教、依法执教，不断推进学前教育普及普惠安全优质发展。

2. 非制度化的学前教育

相对于制度化教育而言，非制度化教育是指那些没有从日常的生产或生活中分离出来的，未能形成相对独立的又客观存在的教育形式的教育形态。它是与生产和生活紧密结合、高度一体化的"教育"，已成为世界学前教育发展的一大潮流，成为正规学前教育发展的重要补充。

非正规学前教育是由政府、社会组织或个人发起，针对无法接受正规学前教育的学前儿童，特别是如残疾儿童、家庭经济困难及部分少数民族学前儿童等处境不利的学前儿童，依托社区资源因地制宜开展的多种形式的学前教育。非正规学前教育与社区生活紧密结合，然而又与生活中的非正式教育不同，是有目的、有计划、有组织地选择适合于特定学前儿童及其社区成员的内容。非正规学前教育是以教育需求为导向的，有什么样的教育需求就提供什么样的教育形式，而不是实施划一的、固定的、标准化的教育。

非正规学前教育的实施对象不仅是学前儿童，还包括家长以及其他社区成员，学前儿童、家长、其他社区成员同步接受教育，是社区教育的一种形式，植根于社区，利用一切可利用的社区资源，如社区的活动场所、活动材料，包括风俗、习惯、传统以及社区成员的个人经验等，以满足特殊群体的特殊需要服务，教育的目标、内容、组织形式必须符合该群体的特殊条件和需求，通过各种途径，给各种文化背景的、贫困的、单亲家庭的学前儿童提供教育，以补偿该群体学前儿童因家庭照顾和教育不足而带来的发展缺失，保障他们的受教育权，维护教育公平，同时着眼于教育与社区建设互为条件、相互促进、共同发展。

在我国，有很多非正规学前教育形式，其中比较著名的是"四环游戏小组"，它由北京师范大学教育学部学前教育系张燕教授带领师生创办，为北京市四环市场流动学前儿童提供几乎是免费的学前教育。自2006年成立以来，它与市场里的学前儿童联系日益紧密，400多名学前儿童参加四环游戏小组，并从这里"毕业"，上小学后受到老师好评。

(二)家庭、社会、机构中的学前教育

依据学前教育活动的场所划分，学前教育形态可以分为家庭中的学前教育、社会中的学前教育和机构中的学前教育。

1. 家庭中的学前教育

孩子出生后家庭就是他们成长的最直接土壤，是孩子接受教育的初始场所，父母是孩子的第一任教师，父母或其他年长者在家庭内有意识或无意识地都在影响着孩子的发展。家庭中的学前教育具有亲情性、个体性、启蒙性、生活性、细致性、权威性、复杂性等特点。从亲情性和权威性来看，父母及其他长者对孩子的感染力巨大，如果教育得当，其效果显著。从启蒙性和生活性来看，家庭和周围环境中能接触到的事物都是学前儿童学习的内容，孩子就在生活中学习，理解具体、形象、初步、浅显的知识，为后续的发展积累直接经验。

家庭教育是学前教育的基石，社会和学前教育机构对学前儿童家庭中的教育予以关心、提供科学育儿的指导。父母提升自己的素质，学习掌握学前儿童心理发展的基本规律，优化家庭物质环境和心理环境使其有利于孩子的学习与发展，营造良好的家庭教养氛围和家庭文化环境。

2. 社会中的学前教育

社会中的学前教育是指一切影响学前儿童身心发展的社会生活。除了上述非制度化、非正规的学前教育以外，还包括以社会政治、经济、文化为背景的社会环境以及自然环境下对学前儿童产生潜移默化影响的各种教育。它比学前教育机构教育、家庭教育具有更广阔的活动空间。基于此，政府和社会都越来越重视创造条件、营造环境，让学前儿童受到教育影响。如设立少儿图书馆、少儿科技馆、儿童博物馆、儿童创意活动中心、公园游乐场、社区儿童活动中心、少儿图书室、儿童公园，等等。还出版和编制各类学龄前儿童的报刊图书、少儿影视节目等，而且越来越丰富、越适宜。随着社会的进步与发展，国际上学前社会教育正朝着规模小型化、活动多样化、组织灵活化和环境家庭化、资源多样化方向发展。

3. 机构中的学前教育

(1)托儿所等托育机构

托儿所等托育机构主要指以照顾婴幼儿并协同家长共同促进婴幼儿身心健康、全面和谐发展的服务机构,也指公共场所中因父母不在而由受过训练的服务人员临时照顾孩子们的机构。正规的托儿所等托育机构,是经过政府有关部门核准,在安全、设施、场地、保教人员等方面有政府监督保障的。托儿所发展得比较早,组织托儿所最初的主要目的是为妇女分担一部分育儿责任,使妇女可以尽可能参加生产劳动和其他各方面工作,婴幼儿又能够得到较好的照顾。如今,我国政府大力推进发展普惠托育,为照护婴幼儿有困难、需要托育的家庭提供托育服务,并通过多种方式使家长树立婴幼儿早期教育的先进理念,学习科学育儿知识、掌握科学育儿方法,帮助家长解决在婴幼儿养育过程中遇到的困难和问题,提高科学育儿的能力和水平。

（2）早教中心

早教中心是0—3岁婴幼儿早期教育服务中心等机构的简称,是专门为3岁前婴幼儿的父母或家人提供早期教育指导和帮助的服务机构。早教中心的主要服务对象是孕妇和婴幼儿及其父母和家人。需要特别注意的是,早教中心并不是要教婴幼儿什么,主要是通过亲子教育与指导活动和咨询活动指导婴幼儿父母和家人,学习在日常生活中与婴幼儿互动时能给予其关爱,并能渗透启蒙教育,开发婴幼儿潜能,培养他们的良好生活习惯、良好的个性等,进行全方位的指导和帮助,使婴幼儿的心智及身体更好地发育。

（3）幼儿园

幼儿园是对3—6岁幼儿实施保育和教育的机构,是基础教育的有机组成部分,是学校教育制度的基础阶段。幼儿园适龄幼儿一般为3周岁至6周岁,一般为三年制。幼儿园从经营的经济性质上分大体有三种:一种是政府教育系统等财政经费所办的公办园;第二种是集体力量办的集体制幼儿园;还有一种是个体经营者办的私立幼儿园。幼儿园的任务是贯彻国家的教育方针,按照保育与教育相结合的原则,遵循幼儿身心发展特点和规律,实施德、智、体、美等全面发展的教育,促进幼儿身心全面和谐发展。幼儿园同时面向幼儿家长提供科学育儿指导。

二、学前教育机构的产生与发展

（一）世界学前教育机构的产生与发展

1. 世界学前教育机构的产生

世界上第一个幼儿园于1837年在德国布兰肯堡建立,专门招收3—7岁的儿童,1840年取名为"幼儿园"（Kindergarten）,建立这所幼儿园的是世界著名的幼儿教育家福禄贝尔,他被誉为"幼儿园之父"。

2. 世界学前教育机构的发展

拓展阅读
1-1

进入20世纪以来,随着科学的发展,特别是生理学、脑科学、心理学、教育学、社会学等研究表明学前教育对人一生的发展有重要意义,学前教育的发展和提高与科学的发展提高密切相关。学前教育的社会价值和教育价值开始为全社会所公认,学前教育机构得到了前所未有的发展。纵观过去的幼教发展历史,可以看出,学前教育机构的发展呈现了以下几个方面的特征:

（1）学前教育机构规模的扩大化

生产力的发展促使现代物质文明高度发展,社会有能力创办更多的学前教育机构,幼儿园数量增加很快。特别是第二次世界大战之后,随着生产力的发展,尤其是科学技术被广泛地运用到生产中,这一趋势改变了社会对劳动力素质的要求。欧美等发达国家普遍重视学前教育,幼儿园普及很快,入园率都在90%以上。另一方面,由于世界各国经济水平、教育政策、文化传统、生活习惯等的不同,幼儿入园率差别较大,幼儿园发展速度、规模、教育质量也各不相同。

（2）学前教育机构的多样化

在社会飞速发展的过程中,为适应普及学前教育的需要,满足现代社会家长的各种需求,学前教育机构越来越多样化。由国家、团体、企业、教会、私人等开办了各种托幼机构,在结构、规模、办学目的、教育方法、教育内容等方面各不相同,各有特色,相互竞争,促进了学前教育机构向着形式多样化、功能多样化、组织多样化、教育多样化的方向发展。

（3）师资质量和教育质量的提高

这是学前教育机构发展的重要标志。由于教师水平的提高是高质量教育的重要条件,因此,师资质量就成为教育质量提高的重要标志。20世纪中叶,世界各发达国家如法国、德国、日本、英国、美国和苏联等,都将学前教育师资提高到了大专以上水平,并实行专门的教师资格、聘任、考核、进修及福利制度。这些发达国家越来越重视学前教育师资的专业化发展。同时,随着教育思想的广泛传播,教师的教育价值观、儿童观都取得了进步。尊重儿童,保障儿童权利,让儿童全面发展已经成为世界儿童教育工作者的共识。这一切使学前教育质量的提高有了根本的保证。

（二）我国学前教育机构的产生与发展

1.我国学前教育机构的产生

我国政府创办的第一所学前教育机构是1903年9月（清光绪二十九年八月）在湖北武昌创办的湖北幼稚园,湖北巡抚端方在武昌寻常小学堂内创办了这所幼稚园,聘请了户野美知慧等三名日本保姆负责经办,由户野美知慧任园长,并拟订了《湖北幼稚园开办章程》,开中国儿童公共教育的历史先河。1904年1月,清政府颁布《奏定学堂章程》,将湖北幼稚园更名为武昌蒙养院。1907年,福建公立幼稚园、上海公立幼稚园相继开设,1911年湖北省女子师范学校也创办了附属蒙养院。随之北京、湖南、江苏等地的蒙养院也相继诞生。

2.我国学前教育机构的发展

（1）民国时期学前教育机构及其发展状况

民国时期,中国共产党领导下的农村革命根据地、抗日民主根据地和解放区里,出现了一批适应战争环境和当地政治经济特点的各种类型的托幼组织,如边区儿童保育院和托儿所等,其宗旨是为革命战争服务、为生产建设服务、为广大工农群众服务。在国民政府统治地区,也出现了一批教育家,如陶行知、陈鹤琴、张雪门等,他们批判封建主义的儿童教育,反对儿童教育的奴化和贵族化,积极提倡变革并躬行实践,创办了为平民子女服务的幼儿园。例如,陶行知先生的"乡村儿童团"、陈鹤琴先生的南京鼓楼幼稚园、张雪门先生的"北平香山慈幼院"等就是这样的机构。

（2）中华人民共和国学前教育机构及其发展状况

1949年10月,中华人民共和国成立。国家从帝国主义手里彻底收回了教育权,接管了由教会办的幼稚园,以老解放区教育经验为基础,借鉴苏联经验,进行了整顿、改造和发展。在办园方向上,幼儿园向工农子女开门,为国家建设服务,让普通劳动人民的子女成为幼儿园的受教育者。在教育目标上,提出幼儿园要遵循党的教育方针,对学前儿童进行初步的体、智、德、美全面发展教育,使他们的身心"在入小学前获得健全的发育"。幼儿园数量大增,1965年我国幼儿园的数量是1950年的10倍多,1950年全国共有幼儿园0.18万所,到1965年增加到1.92万所。与此同时,幼儿园教师队伍也基本建立起来。幼儿园教育的各项规章制度大体确立,一个社会主义学前教育的新体系基本形成。不过在发展中因为经验不足,也走过一些弯路。如学习苏联的经验时,犯了生搬硬套的错误;批判旧教育思想时,把合理的部分也一起否定了。1958年"大跃进"中急躁冒进,盲目发展幼儿园,造成大起大落。而后还出现过把学前教育批判为"培养修正主义的苗子"而关闭幼儿园,"文化大革命"中,学前教育也遭到了严重的挫折和损失。

1978年,党的十一届三中全会召开,我国社会主义建设进入了崭新的历史阶段。随着改革开放,教育部相继出台《城市幼儿园工作条例》《幼儿园教育纲要（试行草案）》《关于发展农村幼儿教育的几点意见》。1989年经国务院批准颁发实施《条例》学前教育行政法规,原国家教委颁布试行、1996年正式施行的《规程》提出"幼儿园的任务是:实行保育与教育相结合的原则,对幼儿实施体、智、德、美诸方面全面发展的教育,促进其身心和谐发展。幼儿园同时为家长参加工作、学习提供便利条件",不断发展和规范学前教育。2001年教育部印发《纲要》,进一步指导幼儿园深入实施素质教育。2009年我国学前教育三年毛入园率达到了50.9%。进入21世纪,学前教育大发展,入园儿童数量大大增加,从2002年到2011年,全国幼儿园增加5.5万所,共有16.68万所,幼儿园园长和教师增加83.67万人,共有149.60万人,全国学前三年毛入园率达62.3%。

2012年,党的"十八大"召开,中国特色社会主义进入新时代。中共中央、国务院高度重视学前教育事业,习近平总书记就学前教育改革发展多次作出重要批示指示。2012年教育部又相继出台《专业标准》《指南》,加快了学前教育科学化、专业化进程。党的十八大以来,我国学前教育取得跨越式发展,学前教育资源总量迅速增加,2021年全国幼儿园数达到29.5万所,比2011年增加12.8万所,增长了76.8%;园长和专任幼儿教师总数超过350万人,比2011年增加200万人,增长了1.3倍;学前三年毛入园率由2011年的62.3%提高到2021年的88.1%,增长了25.8个百分点,学前教育实现了基本普及,其中普惠性幼儿园覆盖率达到87.78%,历史性破解了"入园难""入园贵","幼有所育"普及普惠水平大幅提高,充分体现了党和政府以人民为中心的发展思想。学前教育机构保育和教育的科学化、专业化、规范化水平不断提高,努力办好人民满意的学前教育,为我国深入实施人才强国战略,培养造就大批德才兼备的高素质人才奠定学前阶段的基础,学前教育事业迈进高质量发展的新阶段。

三、学前教育思想的发展

（一）福禄贝尔（1782—1852）

1. 生平与主要贡献

弗里德里希·威廉·奥古斯特·福禄贝尔,德国教育家,被公认为是19世纪欧洲最重要的几位教育家之一,是现代学前教育的鼻祖。他不仅创办了第一所称为"幼儿园"的学前教育机构,而且他的教育思想迄今仍在主导着学前教育理论的基本方向,是近代学前教育理论的奠基人。福禄贝尔曾到瑞士访问了裴斯泰洛齐的学校,深受其教育思想的影响。1831年,他49岁时因为战乱流亡瑞士,担任一所孤儿院的院长,后来回到故乡,创办了世界上第一所幼儿园。在教育实践中,他积累了丰富的教育思想,集中体现在《人的教育》一书中。

2. 学前教育的主要思想

（1）幼儿教育应顺应自然,做到遵循和保护

福禄贝尔认为,幼儿期是人一生中最重要的时期,是"内心东西开始向外表露"的时期,幼儿是有自身需求和潜力的发展者。教育要顺应自然,要遵循幼儿发展的自然规律,保护幼儿的天性和个性。幼儿自我活动是由兴趣、愿望所引起,应该自己决定自己的行动,成人不加以干涉,让幼儿借此来认识自己,知道自己的能力,成人辅导他们自我操练,通过他们的行动、工作,启发他们的潜在力量。福禄贝尔认为人类生命的发展,是由内部连续进行,彼此是有关联的。福禄贝尔曾批评说,有的父母对幼儿时期的儿女,要求他们的行为各方面要像青年一样成熟,这是错误的要求,生命的发展具有连续性,如此的要求会妨碍他们未来的种种发展。福禄贝尔曾特别强调,对正常的幼儿,不能从小就施予过分的教育。教师的任务在于遵循自然,引导幼儿的成长,提供一切成人智慧的帮助,促进幼儿的发展而不是强迫它、干涉它。

（2）游戏是幼儿自发表现,具有重要的教育价值

福禄贝尔认为,游戏是幼儿的内在本能、生活的一部分,不应加以束缚、压制,也不应拔苗助长,而是应当顺应其本性,满足其本能的需要,如同园丁顺应植物的本性,给植物施以肥料,配合以合适的日照、温度。如此,人性的光辉逐步被唤醒。福禄贝尔是教育史上第一个阐扬游戏的教育价值的人。他认为游戏具有重要的教育意义,游戏是幼儿起于快乐而终于智慧的学习,其主动性和创造性正是在游戏中表现出来的。幼儿早期的各种游戏,是一切未来生活的胚芽,人的整个未来生活,其根源全在于这一生命阶段,将来对生命的态度、对人和自然的关系的认识,也与这一时期的游戏活动有关。他强调成人要允许幼儿自由地、尽情地游戏,不可以随意干涉和破坏,而且要关注和指导幼儿的游戏。

（3）重视幼儿劳作体验和理解生活、认识世界

福禄贝尔认为人的劳动和生产活动是连续发展的关系。人的劳动、生产不只是维持衣、食、住,而是要把隐藏于内部的精神表现出来,为了认识自己而劳动和创造是最主要的,而劳动所得的结果如衣、食、住是次要的东西。福禄贝尔说小孩从小学会勤劳地生活,这是人性之要求。他提倡不论幼儿、少年、青年每天至少要有一小时或两小时,专心于制作或从事生产活动,从而体验和理解生活。如果教育只重视学科,而忽略了劳动,就是等于停止了"儿童的无限的力量",如果教育者重视勤劳教育,便能够挽回。

福禄贝尔认为幼儿需要有适合他们完成的作业。他根据自然界的法则、性质、形状等原理,用简易的物体制成系列的玩具和作业材料,主要有绘画、纸工、小木棒或小环拼图、串联小珠、刺绣等,他设计圆球、立方体和圆柱体等整套玩具,取名为"恩物",意为"神恩赐之物",供幼儿游戏和作业时使用。除此之外他还让幼儿开展一些劳动活动,如初步的自我服务和照料植物等,并开辟劳动园地,组织幼儿进行栽种。

（4）重视幼儿亲子教育、健全情感教育和协调性发展

福禄贝尔重视家庭教育,认为要让幼儿在爱中成长,首先必须教育母亲。他创立了世界上第一个母亲"讲习会",专门写了《母亲之歌与爱抚之歌》一书。他也非常重视父亲的教育作用,倡导父亲要担起育儿的责任,唤起父亲的合乎理性的爱。福禄贝尔还强调宗教心、道德心的萌芽,他说幼儿期的感情,特别是幼儿的微笑是共同感情最初的表现。这社会性的感情是联结在父母、兄弟、姐妹精神的基础上的,而这种共同感情的最初萌芽和发端,是由母亲培育的。

福禄贝尔认为幼儿不只是家族一员,也是全民族、全人类的一员,是宇宙的一分子。所以,幼儿的发展是与人类发展的过去、现在、未来的要求紧密相关的,我们应该让幼儿的成长与周围环境、社会、自然结合,协调一致。

（二）蒙台梭利（1879—1952）

1. 生平与主要贡献

玛丽亚·蒙台梭利,是意大利著名的女教育家、女医学博士、医生。她于1907年在意大利"贫穷、黑暗、愚昧、悲惨"的罗马圣罗伦佐贫民区创办了"儿童之家",并以其所用教具和训练方法,引起了社会各界的强烈反响,也引发了许多教育家和心理学家的广泛讨论。蒙台梭利重视儿童的早期教育,并从事了半个多世纪的教育实验研究。她善于学习、总结和批判地汲取先辈及当代教育家的研究成果,勇于实践、创造革新、不断地改进和完善自己的理论和方法。蒙台梭利独特的幼儿教育理论和方法,极大地促进了现代幼儿教育的改革与发展,影响深远。

2. 学前教育的主要思想

（1）儿童生长是"内在的生命力"的发展

这种生命力是一种积极的、活动的、发展着的存在,它具有无穷无尽的力量。蒙台梭利认为,生长是由于内在的生命潜力的发展,使生命力显现出来,它的生命力量是按照遗传确定的生物学的规律发展起来的。教育的任务是激发和促进儿童的"内在潜力"的发现,并使儿童按其自身规律获得自然的和自由的发展。她主张儿童不是成人和教师进行灌注的容器,也不是可以任意塑造的蜡或泥。教育家、教师和父母应该仔细地观察儿童,研究儿童,了解儿童的内心世界,发现"童年的秘密"。热爱儿童,尊重儿童个性,在儿童自由和自发的活动中,帮助儿童智力的、精神的和身体的、个性的自然发展。

（2）儿童发展是个体与"有准备的环境"交互作用的结果

由于儿童内在生命力的驱使或生理和心理的需要而产生一种自发性活动,从而不断地与"有准备的环境"交互作用而获得经验,积累经验,促进儿童生理和心理的发展。"有准备的环境"就是蒙台梭利教育理念的核心与精髓。其中"有准备的环境"是由两大部分构成的:一个是物质的环境,而另一个则是精神的环境。物质环境主要就是指各种各样的蒙台梭利教具,以及符合儿童发育中的体形尺寸的室内设施,还有教师自己制作的一些教学材料。精神环境主要包含儿童生长过程所处的环境中对儿童身心健康发展有好处的温馨、舒适、民主的人文环境以及良好的氛围。蒙台梭利一直主张儿童的成长过程中应该充满自由、爱、营养、快乐和便利。

蒙台梭利认为"有准备的环境"应该有这样的一些特点:① 自由的氛围。这种精神上的自由发展环境,就是教师要同意儿童依据自己的需求和爱好,对自己喜爱的活动方式以及交往的伙伴进行选择。② 结构与秩序。儿童成长的环境应表现外面世界的结构与秩序,以使儿童能够了解、接受,在那里安静而有规律地活动,进而建立自己精神上的秩序。③ 真实与自然。儿童的成长环境中接触到的设备应该尽量贴近自然生活,这样能够让儿童提前适应社会。④ 和谐和美感。这种简洁、明快、生机勃勃的环境,使儿童在那里充满生机、快乐、不疲倦、精神饱满地自由活动。⑤ 拥有符合儿童年龄特点、身心发展需要,体现对儿童的教育要求,包含丰富教育内容的教具材料。

（3）儿童发展的"敏感期"是教育的最好时机

她分别论述了各年龄阶段儿童心理、生理发展的特点及其教育的任务、内容和方法。感觉训练和智力发展是蒙台梭利研究的重点,她从生物学在动物实验中发现"敏感期"得到启示,促使她观察和研究儿童各年龄阶段的感觉活动及其心理特征,从而发现儿童心理发展和学习过程中也存在着"敏感期",并指出儿童心理发展过程的"敏感期"的含义是:在不同发展阶段儿童表现出对于某种事物或活动特别敏感或产生一种特殊的兴趣和爱好,学习也特别容易而迅速,是教育的最好时机。但是,这种现象经过一定时间便随之消失。因此,教师和父母必须随时留心观察儿童的实际生活及其表现,发现和把握儿童在各个阶段出现的这种心理现象,并及时地进行引导、帮助和鼓励。

（4）感觉教育作为儿童发展的准备状态、重要的教育内容

感觉教育在蒙台梭利教育体系中占有重要的地位,并成为她的教育实验的主要部分。蒙台梭利基于对感觉的极大重视,使感觉教育在她所提出的运动、感觉、语言和智力操练这一程序教学结构中处于十分重要的地位。蒙台梭利的感觉教育包括触觉、视觉、听觉、嗅觉和味觉等感官的训练。蒙台梭利希望通过这种感觉训练,使幼儿成为更加敏锐的观察者,增进和发展他们的一般感受能力,并且,使他们的各种感觉

处于更令人满意的准备状态,以完成诸如阅读和书写等复杂的动作。

(5)幼儿的自由和作业组织相结合,使自由与纪律和谐统一

蒙台梭利认为,让幼儿自由和教师组织幼儿作业是一个统一体的两个侧面。她批评传统教育理论把纪律仅仅看作是"维持教育和教学的外部秩序的手段",从而制定出一整套"威胁、监视、惩罚、命令和禁止"的方法,以压制儿童天生的"野蛮的顽皮性"。蒙台梭利指出,采用种种强迫手段培养的外表纪律,完全是虚假的,而且是不能持久的。蒙台梭利所说的作业涉及各个领域,教师通过提供各种教具和精心设计的让幼儿主动学习的方法,给幼儿发泄能量的机会,满足自我学习与发展的可能性,但绝不能"把无端任务强加给儿童","纪律必须通过自由而实现"。幼儿根据自己的兴趣选择自己的工作并愉快地克服力所能及的困难,完成作业,"使有序状态的行动变得更加协调和熟练""学会反思自己的行为,经历了从起初混乱的活动向自发有序的活动过度"。蒙台梭利认为,作业组织为幼儿的自发活动、自我学习和自由发展创造了条件。真正的纪律是积极的、活动的、主动的、内在的和持久的,而不是消极的、静止的、被动的、外表的和暂时的。有独立自主精神的人,无论何时何地,当他意识到,需要遵从某些准则的时候,他能够节制自己的行为。

拓展阅读
1-2

(三)杜威(1859—1952)

1.生平与主要贡献

约翰·杜威是美国现代哲学家、心理学家、教育家,是实用主义教育思想的代表人物。杜威1859年出身于美国佛蒙特州的柏林顿镇的一个商人家庭。他猛烈批判学校脱离社会、脱离儿童,提出著名的生活教育理论。1896—1906年,他创建了"芝加哥实验学校",在4—13岁的儿童中试验自己的教育主张,以儿童中心、活动中心取代教师中心、教材中心,采用生活活动课程。通过实践,他开创了美国的进步主义教育运动。《我的教育信条》《学校与社会》《儿童与课程》《民主主义与教育》《明日之学校》等是他的主要教育著作,这些著作充分表达了他精心构筑的全新教育理想。《民主主义与教育》是他最集中、最系统地阐述其实用主义教育思想的经典著作。杜威建构的哲学和教育学理论不仅在当时对世界上许多国家产生了广泛而深刻的影响,而且为后学留下了宝贵的学术遗产。

2.学前教育的主要思想

(1)反对以教师、教材为中心的传统教育,提出儿童中心论

"儿童中心论"是杜威教育理论的重要内容。杜威认为传统教育以"书本、教师、课堂"为中心,过分强调了教师的作用,课堂中儿童只是被动地学习知识,教师往往会采取单一的、"填鸭式"的教学方法,儿童是被动地记诵教师所教的知识,忽视了儿童的天性和本能,直接导致的结果是遏制了儿童的个性和主动性,不利于儿童生长。他在对传统教育的种种弊端进行了抨击和批判之后,提出了"儿童中心论"的观点,被认为给教育界带来了一场哥白尼式的革命,让儿童成为"太阳系"的中心,成为教育的出发点和中心,"教育的一切措施要围绕他们而组织起来"。教师要尊重儿童的本能和天性,关注儿童的兴趣和需要,成为儿童生活、生长和经验的启发者、引导者。

(2)"教育即生长""教育即生活"的生活教育

杜威提出"生长"是生物的根本特征。既然人是一种生物,也应具有生长的特性。他指出:"教育就是各种自然倾向和能力的正常生长"。[①]而且不仅常态的儿童在生长,就是成人也在不断生长。"生长"是人生的目的,因而也是教育的目的。"教育即生长",杜威改革儿童静坐听讲、记诵教材的传统教育,充分考虑儿童的本能或先天的能力,一切都从学生的需要出发,以促进儿童的生长为重心。

杜威提出"教育即生活",认为"教育是生活的过程,而不是将来生活的准备",他把教育与生活、生长与发展视为同一意义的概念,家庭生活、学校生活、集体生活、社会生活都是教育,尤其是道德教育。教育既始于社会又将归于社会,因此,在学校生活、家庭生活和社会生活三者之中,社会生活是整合其他两种生活的关键,教育丝毫也离不开生活。

(3)"教育即经验的连续不断的改造",要在"做中学"

杜威反对让学生静听、记诵的"填鸭式"教育,极力主张"做中学"。认为"做中学"是儿童的天性表现,是儿童寻求真正知识的途径,儿童天生的主动倾向就在活动中得以调动。他确信真正的教育从经验中产生,一切学习都来自经验,也就是"从经验中学""从活动中学"。认为"所有这种继续不断的经验或

---

① [美]杜威.学校与社会.明日之学校[M].赵祥麟,任钟印,吴志宏,译.北京:人民教育出版社,1994.

活动是有教育作用的,一切教育存在于这种经验之中"。[①]教育过程是一个不断改组、改造和转化的过程。无论是儿童、少年、青年,在经验的任何一个阶段,真正学到的东西,都具有同等的价值。任何一个阶段生活的主要任务,就是使生活过得更丰富、更有意义。杜威由此得出一个关于教育的专门定义:"教育就是经验的改造或改组。这种改造或改组,既能增加经验的意义,又能提高后来经验生长的能力。"

（四）维果斯基（1896—1934）

1. 生平与主要贡献

维果斯基是苏联杰出的心理学家,也是一位享誉世界的大学者。他1896年出生于白俄罗斯奥沙,1917—1923年,在一所学校教授文学和心理学,并负责成人教育中心的剧场部门,做了很多场演讲,谈论文学和科学的问题,发行文学刊物。不久,他出版了他的第一个文学研究成果,也就是后来重新发行的《艺术心理学》。他还在教师训练机构中设立了一个心理实验室,教授关于心理学的课程,课程内容后来整理为《教育心理学》出版。在1925年到1934年之间,维果斯基聚集了一大群擅长于心理学、残障及心理异常等领域的年轻科学家一起工作。他也对医学产生兴趣并接受医学的训练,起初在莫斯科的医学机构工作,后来在乌克兰神经心理学院教授心理学课程。维果斯基创立了心理发展的文化历史学派,同时对儿童概念的发展、教学与儿童智力发展的相互关系等进行了深入的研究,其著名的"最近发展区"理论对教育实践产生了深刻而深远的影响。

2. 学前教育的主要思想

（1）儿童是在社会文化环境影响下发展的

维果斯基强调人的心理发展是受社会的文化历史发展的规律所制约的。他把人的心理机能区分为"低级心理机能和高级心理机能"两种形式,前者是自然的、直接的形式,后者是社会的、间接的形式。人的心理发展是从低级心理机能向高级心理机能发展的过程,是以社会活动、符号中介、内化和最近发展区的跨越为条件的。儿童生来就处在一定的社会文化环境之中,在与成人交往的过程中,掌握了能对高级心理机能起中介作用的心理工具——语言符号,逐渐发展起高级心理机能。也就是说,儿童个体行为心理起源并受制于社会文化历史的发展和社会交往活动。他用"脚手架"这一比喻来描述成人对儿童发展的重要作用。维果斯基的"教学"概念分广义的和狭义的两种。广义的教学是指儿童通过活动和交往掌握精神生产的手段,它带有自发的性质;而狭义的教学则是有目的、有计划地进行的系统的交际形式,它"创造着"儿童的发展。

（2）学前儿童发展遵循着自己的大纲

维果斯基在其论文《学前教学与发展》中提出了儿童的"大纲"和教学的"大纲"两个概念,这二者与教学的关系不同,构成自发型教学、自发—反应型教学、反应型教学。他认为3岁前儿童应是"按照自己的大纲进行学习",3—6岁儿童处于过渡期,应是自发—反应型教学,而中小学的教学则是反应型教学,例如,比较复杂的数学教学就是一种反应型教学,这类教学一般适用于较大年龄的学校教育。维果斯基认为,自发型教学和反应型教学比重应当随儿童年龄的变化而发生变化。学前教育成功与否,取决于"教师的大纲变成儿童自己的大纲的程度",大纲的实施要符合他与一般概念相联系的思维特点,成人或教师的大纲如果偏离了儿童自己的大纲,是难以实现的。

（3）教学应确定并在"最近发展区"激发和促进儿童发展

首先,"最近发展区"是维果斯基为了解决教学与智力发展的复杂关系而提出的。最近发展区是指,在有指导的情况下借成人的帮助所达到的解决问题的水平与在独立活动中所达到的解决问题的水平之间的差异。就条件而言,维果斯基认为教学要想对儿童的发展发挥主导和促进作用,就必须走在儿童发展的前面,为此,教师必须首先确立儿童发展的两种水平:一是儿童已经达到的发展水平,一是儿童可能达到的发展水平,即儿童在他人帮助下能够达到的发展水平。如同儿童独自摘不到果子,而在成人的帮助下跳一跳就摘到了果子。所以维果斯基曾特别指出:"我们至少应该确定儿童发展的两种水平,如果不了解这两种水平,我们将不能在每一个具体情况下,在儿童发展进程与他受教育可能性之间找到正确的关系。"

其次,维果斯基提出"教学应该走在发展的前面"。这是他对教学与发展关系问题的最主要的结论。教学应当走在发展的前面包含两层含义:第一,教学主导着或者说决定着儿童的智力发展;第二,教学创造着最近发展区,儿童的第一发展水平与第二发展水平之间的动力状态是由教学决定的。教学一方面应

---

① ［美］杜威.学校与社会.明日之学校［M］.赵祥麟,任钟印,吴志宏,译.北京:人民教育出版社,1994.

适应儿童的现有水平,但另一方面也是更重要的是发挥教学对发展的主导作用。

最后,关于学习的最佳期限,维果斯基揭示了教学的本质特征不在于"训练""强化"业已形成的内部心理机能,而在于激发、形成目前还不存在的心理机能。关于如何发挥教学的最大作用,维果斯基强调了"学习的最佳期限"。因此,开始某一种教学必须以儿童的成熟和发育为前提,但更重要的是教学必须建立在正在开始形成的心理机能的基础上,走在心理机能形成的前面。

（五）陶行知（1891—1946）

1. 生平与主要贡献

陶行知是我国著名的人民教育家。陶行知1891年生于安徽歙县,1914年金陵大学毕业,1915年,赴美国哥伦比亚大学教育学院留学,师从哲学家、教育家约翰·杜威。1917年回国,与蔡元培等发起成立中华教育改进社,主张反对帝国主义文化侵略,收回教育权利,推动教育改革。1918年起任南京高等师范学校教务长、国立东南大学教授等。1923年与晏阳初等人发起成立中华平民教育促进会总会,后赴各地开办平民识字读书处和平民学校,推动平民教育运动。1926年发表《中华教育改进社改造全国乡村教育宣言》1927年在南京北郊晓庄创办晓庄试验乡村师范,创办第一所乡村幼儿园——燕子矶幼稚园。1931年开始发起"科学下嫁"运动,主持编辑《儿童科学丛书》和《大众科学丛书》,向人民大众介绍通俗易懂的科学知识。1932年创办山海工学团、流浪儿童工学团等,首创"小先生制",成立"中国普及教育助成会",大力普及教育。他以"捧着一颗心来,不带半根草去"的赤子之心,毕生从事旧教育的改革,推行生活教育、大众教育,推动贫民教育,创立了"生活即教育""社会即学校""教学做合一"的生活教育理论体系,为我国教育做出了突出贡献,被毛泽东和宋庆龄等称为"伟大的人民教育家"和"万世师表"。

2. 学前教育的主要思想

（1）明确提出幼儿教育是根本之根本

陶行知认为,幼儿园自从诞生和发明就让世人得其重要,"幼儿教育实为人生之基础"。他批判当时中国的幼稚园存在"外国病""花钱病""富贵病"等三大弊病,反对"少爷、小姐、政客、书呆子"的教育特权,主张面向大众普及教育,他强力主张改造旧教育,创办"中国的""省钱的""平民的"幼儿园并躬行实践,亲自创办了一批平民幼儿园。他强调"教人要从小教起""小学教育是建国之根本,而幼稚教育则是根本之根本,小学教育应当普及,幼稚教育也应当普及",要趁早为幼儿建立习惯、态度、倾向等智力和非智力的稳固打好基础。

（2）"生活即教育""社会即学校""教学做合一"的生活教育理论

生活教育理论是陶行知整个教育理论体系的核心,主要由"生活即教育""社会即学校""教学做合一"构成。

在陶行知看来,教育和生活是同一过程,教育含于生活之中,教育必须和生活结合才能发生作用,他主张把教育与生活完全熔于一炉。"生活即教育"的核心内容是"过什么生活便是受什么教育"。陶行知认为,生活教育的目标包括:健康的体魄、农人的身手、科学的头脑、艺术的兴味、改革社会的精神这五个层面。在此基础上,陶行知提出儿童生活教育的内容包括:健康的生活即是健康的教育、科学的生活即是科学的教育、艺术的生活即是艺术的教育、改造社会的生活即是改造社会的教育。幼儿每天从入园到离园的每一个环节、在园内所进行的每一项活动都能成为幼儿学习的内容,将幼儿的各项活动作为教育内容渗入幼儿生活,使幼儿在园的全部生活成为教育过程。

陶行知认为,把大社会看作是一所大学校,"教育的材料,教育的方法,教育的工具,教育的环境,都可以大大地增加",学生、先生也可以多起来。"社会即学校"是与"生活即教育"紧密相连的,是"生活即教育"同一意义的不同说明,也是它的逻辑延伸与保证。他主张用社会各方面的力量,打通学校和社会的联系。幼稚园周围的山川河流、日月星辰、动植物园等一切自然景物和商店、街道、人际关系、节日气氛等社会环境,都可以成为幼儿教育的内容、范围和场所。

"教学做合一"用陶行知的话说,是生活现象之说明,即教育现象之说明,在生活里,对事说是做,对己之长进说是学,对人之影响说是教,教学做只是一种生活之三方面,不是三个各不相谋的过程。"教学做合一"既是陶行知生活教育理论的方法论,又是其幼儿教育的教学法。"怎样做,就怎样学;怎样学,就怎样教""教学做是一件事,不是三件事。我们要在做上教,在做上学"。在陶行知看来,"教学做合一"是生活法,也是教育法,其实质是根据生活的需要来进行教和学,"做"就是在"劳力上劳心",动手又动脑,这是儿童获取真知的源泉,把教育内容融入实际生活,通过"做"来达到"教"与"学"的统一,使教育有效促进幼儿发展。

（3）尊重儿童，解放儿童的创造力

陶行知高度重视尊重儿童，他在《教师歌》中号召教师"来！来！来！来到小孩子的队伍里"。教师要成为儿童的一分子，要去发现儿童的价值、了解儿童、解放儿童、信仰儿童、与儿童共同创造好的教育。他在《创造的儿童教育》中提出要解放儿童的"双眼、大脑、双手、嘴、空间和时间"的"六大解放"，成人要为儿童的"六大解放"创造条件，要给儿童学习的全面自由，学自己渴望学的学问，干一点他们高兴干的事情，鼓励儿童在接受教育的过程中勤于思考、善于动手实践，使其创造力得以解放。

（六）陈鹤琴（1892—1982）

1. 生平与主要贡献

陈鹤琴，浙江上虞人，中国著名儿童教育家、儿童心理学家、教授，中国现代幼儿教育的开拓者、奠基人，被誉为"中国的福禄贝尔""中国幼教之父"，一生致力于探索中国化、平民化、科学化的幼儿教育道路，创立了幼儿教育和幼儿师范教育的完整体系。陈鹤琴早年毕业于国立清华大学，留学美国五年，1919年获得哥伦比亚大学硕士学位。先后担任南京高等师范学校教授、国立东南大学教授和教务主任、国立中央大学师范学院院长和南京师范学院（现南京师范大学）校长。他于1923年采取实验法创办了中国第一所实验幼稚园——南京鼓楼幼稚园，创立了活教育理论。开创了我国儿童心理的科学研究，首创运用观察实验的方法系统地研究我国儿童的心理发展，著《儿童心理之研究》。创办了我国最早幼儿教育的研究刊物《幼稚教育》。还创办了我国第一所公立实验幼稚师范学校——江西省立实验幼稚师范学校，呼吁建立儿童教育师资培训体系，提升教师素养。还研究家庭教育，著有《家庭教育》等著作，编写幼稚园、小学课本及儿童课外读物数十种，设计与推广玩具、教具和幼稚园设备，留下的400多万字教育著作，是我国学前教育史上的宝贵财富。

音频视频
1-1

2. 学前教育的主要思想

（1）系统的学前"活教育"理论体系

陈鹤琴批判只重视书本的传统教育，针对"教死书、死教书、教书死；读死书、死读书、读书死"，提出要把这死气沉沉的教育变为前进的、自动的、活泼的和有生气的教育，创立我国第一套系统的学前"活教育"理论体系。它包括目的论、课程论和方法论及教学原则。

目的论。"活教育"的目的是"做人，做中国人，做现代中国人"，三个层次依次递进。首先，从"做人"开始，提倡学习如何做人，如何求社会进步、人类发展。学习建立完美的人际关系，借以参与生活，控制自然，改进社会，追求个人及人类的幸福。其次，"做中国人"就是要培养每一个国民保卫祖国、建设祖国的爱国主义品质，使其热爱祖国、热爱人民，这体现了教育目的民族性。最后，教育目的要归结到"做现代中国人"，要有健全的身体、建设的能力、创造的能力，要能够合作，要有服务精神。

课程论。陈鹤琴反对幼儿园课程脱离实际，重视儿童的环境，要让儿童在与自然和社会的直接接触中获得直接的经验，"应把幼稚园的课程打成一片，成为有系统的组织"，即儿童健康活动、社会活动、自然科学活动、艺术活动、文学活动，这五方面的活动构成有机整体，如同人的手指与手掌骨肉相连、血脉相通，被称为"五指活动课程"。

方法论及教育原则。陈鹤琴倡导"教学做合一"的教育方法，认为要让儿童在"做中学，做中教，做中求进步"，这是"活教育"方法论的出发点。在做的同时，要强调思维的作用。活教育的教学过程的步骤是：实验与观察、阅读与参考、发表与创作、批评与研讨。这四个步骤是教学过程的一般程序，不是机械的、割裂的，体现儿童以"做"为基础的主动学习。教师的责任在于引发、供给、指导和欣赏。教育过程要十分注意"计划性"与"灵活性"相结合，注意物质环境的创设和材料提供，采用游戏式的教学法教导儿童，多采取小组教学法，多提供户外活动的机会，应当成为儿童的朋友，使儿童不害怕、肯接近。

（2）重视家庭教育以及幼儿园与家庭的合作

陈鹤琴十分重视家庭教育对儿童的影响，认为应该创设良好的家庭教养环境，包括物质的环境与人的环境，而人的环境尤为重要；还包括良好的精神环境、游戏环境、艺术环境和阅读环境等。父母应随时注意自己的眼神、表情、语言交流、行为举止、性格表现、作风习惯和对儿童的态度等，这些都在无形之中给儿童以很大的积极或消极影响。陈鹤琴认为，父母对子女教育应遵循儿童身心发展的规律，第一步应从了解幼儿的心理入手，采用整个教学法，把儿童所应该学习的东西整个地、有系统地去教儿童学，还应加强家庭与幼儿园之间的联系，二者不能脱节，因为儿童的生活和发展都是整体的，外界环境的作用也是以整体的方式对儿童产生影响的,"儿童教育是整个的,是持续的。"

（七）张雪门（1891—1973）

1. 生平与主要贡献

张雪门生于1891年,浙江鄞县人,我国著名的学前教育家,与陈鹤琴一起被称为"南陈北张",即南有陈鹤琴,北有张雪门。张雪门于1918年在自己的老家宁波创办了星荫幼稚园,担任院长。1920年4月,又与人合办了两年制的幼稚师范。1924年去北平大学任职员,同时在教育系学习,计划用一年时间研究福禄贝尔,一年时间研究蒙台梭利,再用一年时间研究世界各国的幼稚教育,然后以毕生精力研究我国的幼稚教育。1929年开始主持北平香山慈幼院的工作,抗战期间香山慈幼院分院即北平幼师迁往湖南,后又辗转广西,为各地培养幼儿教师促进幼教发展。1944年幼师迁重庆,开展儿童福利制度的实验,组织拟订保育员训练规程和幼稚园办法和推广工作。1946年应邀赴台湾办理儿童保育院,而后一直从事儿童教育工作。张雪门一生中撰写的教育论著达200多万字,后人将其整理成《张雪门幼儿教育文集》。他的著作涉及的范围在时间上跨越半个世纪,在地域上遍及海峡两岸,在内容上包括幼儿教育的理论、原则、机构设施和幼儿园、幼师高师的专业课程、教材、教法,以及其本人多年的实际工作经验等。

2. 学前教育的主要思想

（1）形成了幼儿游戏的基本思想体系

张雪门通过对游戏、手工和音乐的深入分析,揭示了游戏在幼儿身体和心理上的独特价值。他认为,游戏的目的在于增进幼儿身体的健康与快乐;发展筋肉的联合作用并训练感觉和躯体的敏捷反应;养成基本的优良态度、习惯,训练互助、协作、合群、守纪律、公正、耐苦等社会性。张雪门根据部颁的幼稚园课程标准将游戏分为感觉游戏、社交游戏、竞争游戏、猜测游戏、表演游戏和其他游戏六类。他注重从生活中引起幼儿的游戏动机,强调游戏应从幼儿生活中取材,应以满足幼儿的需要为出发点,要符合幼儿的身心发展水平,不仅使幼儿获得经验,而且使之获得经验的创造和美的陶冶。张雪门以游戏设备指代幼儿玩具,认为有的游戏不需要器具,但自发的游戏活动像滑、拉、摇等,必须有滑梯、车子、秋千,才能提高其效能。他非常重视游戏设备唤起幼儿动机、引发动作、扩充生活经验等价值。他基于幼儿的本性与国情来制定游戏玩具的标准,并不断丰富游戏设备的种类,这些游戏玩具材料多是源于生活和低结构的,有利于发挥幼儿的想象力和创造力。对于如何指导幼儿游戏,张雪门认为,教师应该会玩游戏,须有熟练技术与精神同化,能够融入幼儿游戏中;教师要提供设备丰富的环境,满足幼儿的需要,要鼓励幼儿参加户外活动;要尊重幼儿的主体性,多给幼儿自由选择、自我发表以及自我订正的机会,不要用成人的眼光看待幼儿游戏,不嘲笑幼儿、不过多干涉,要多鼓励;还应给幼儿提供均等的游戏机会,同时还要注意游戏时间的长短,随时观察幼儿有无疲劳的现象。

（2）构建了完整的幼儿园行为课程

张雪门提倡幼儿教育生活化,幼儿生活教育化,经过长期的实践和理论研究,形成了完整的幼儿园行为课程,包括课程的内涵、目标、内容、组织和实施等。他认为"课程是什么? 课程是经验,是人类的经验。用最经济的手段,按有组织的调制,用各种的方法,以引起孩子的反应和活动。"他强调:"幼稚生对于自然界和人世界没有分明的界限,他看宇宙间的一切的一切,都是整个儿的。""生活就是教育,五六岁的孩子们在幼稚园生活的实践,就是行为课程。""幼儿园的课程,须根据儿童自己的直接经验。"也就是要根据幼儿已有的生活经验、兴趣和需要编制课程。这些经验不是零散的,也不是无序、不讲效益的自然经验,而是有目的、有计划、有组织地通过活动让幼儿获得的有益经验。行为课程的两大核心要素是生活和实际行为。编制课程时,应兼顾社会和个体两方面的需求。关于行为课程的方法,张雪门认为应该采用单元教学法,认为应该打破学科之间的界限,将不同内容有机结合,这一点与陈鹤琴的教育方法相似。

第二节　学前教育的发展规律

一、学前教育与社会发展

学前教育与政治、经济、文化等社会要素之间存在着千丝万缕的联系,从社会生态学的角度看,学前教育只是社会这个大丛林中的一株树木,学前教育这株树木的发展必然会受到社会这个丛林的制约和影响,所以,脱离社会因素去看学前教育,就是"一叶障目,不见泰山"。

（一）学前教育的社会制约性

1.社会政治对学前教育的制约

社会政治主要由两部分构成:一是指理念、意识,其中包括政治观念、政治态度、政治信念、政治标准等;二是指权力机构,其中包括政治权力、政治制度、政权机关、政党等。这些构成因素都会对学前教育及其发展产生不同程度的影响与制约作用。社会政治对学前教育性质、领导权、受教育权、教育目的、教育内容、教育结构和教育体制,都有着制约作用。在不同形态的社会,由于社会政治的不同,学前教育的性质也就不同。学前教育是为社会培养人,对哪个阶级和阶层子女进行教育,进行什么样的教育,要培养他们成为什么样的人,这些有关教育和学前教育的领导权、方针政策、法令规章、目的任务及教育制度等主要是由社会政治所决定的。统治阶级代表本阶级的政治利益与经济利益,制定本社会的教育目的或干预教育目的的制定。

2.社会经济发展水平对学前教育的制约

社会经济发展水平对学前教育发展的规模和速度,学前教育结构与人才培养的规格,学前教育的内容、方法与手段都有着制约作用。

（1）社会经济的发展促使学前教育机构的产生

现代学前教育既是工业革命的产物,也是经济发展的客观需求。在资本主义大工业生产以前,世界上大多数国家还处在自然经济和小商品经济阶段,以畜力操作和手工操作为主,生产力的发展水平很低,人们参加社会劳动还不需要特殊的技术上的准备,学前儿童在日常生活和劳动中接受教育。因此,学前教育长期处在自然状态,发展十分缓慢。就我国学前教育发展来看,在20世纪上半期,社会经济发展缓慢,我国幼儿园发展也较慢,而且最先也是在经济较发达的沿海工业地区建立和发展的。中华人民共和国成立后,随着社会经济的发展,学前教育机构的设置才有了较快的发展。因为学前教育机构的设置与发展,需要以一定的财力与人力为基础,这都与社会经济发展的水平直接相关。而且社会经济发展水平还会影响社会对学前教育的需要、家长送托子女的需要。

（2）社会经济的发展水平制约着学前教育的发展速度与规模

学前教育机构的规模,必须考虑到社会经济发展水平。如果忽略社会经济发展水平而盲目扩大规模,就会使学前教育事业遭受挫折。如1958年,全国幼儿园由1957年的1.64万余所增至69.5万余所,后者是前者的42倍;而工农业总产值,1958年比1957年只增长18.2%。由于当时幼儿园的发展缺乏相应的经济基础,于是在1961年后又纷纷停办,逐渐恢复到1957年的水平。因此,学前教育机构的设置与发展只有随着社会经济的发展而稳步发展,才能促进学前教育规模的动态平衡发展。改革开放之后,我国经济飞速发展,学前教育规模随之迅猛扩大。据教育部统计,2011年,全国共有幼儿园16.68万所,毛入园率达到62.3%;2019年,幼儿园28.12万所,毛入学率达到83.4%;到了2021年仅2年时间,幼儿园数量就增长到29.48万所,毛入学率达到88.1%。

（3）社会经济的发展影响着学前教育的任务、内容、方法和手段

在以往的历史发展过程中,从总的发展趋势来看,学前教育的任务是不断变化的。幼儿园初创时期,主要是为工作的母亲照管儿童,承担起儿童生活与安全方面的照顾。随着社会经济发展,幼儿园教育不再限于看护儿童,更加重视促进儿童智力发展和养成良好习惯。随着科技和社会经济发展的突飞猛进,学前教育的主要任务在于促进儿童身体的、智能的、语言的、情绪和社会性的全面和谐而富有个性地发展,为儿童一生发展和提升社会人口素质奠定基础。与此同时,幼儿园游戏的内容与形式更为丰富多彩、多种多样,反映儿童所处的现代化社会环境与生活现实,教师组织各种观察、操作和实验活动,并且运用录音、幻灯片、电影、电视、录像及计算机等现代化教育辅助手段,不断提高学前教育质量。

3.社会文化对学前教育的影响作用

社会文化影响学前教育价值的取向、学前教育目的的确立、学前教育内容的选择,以及教学方法的使用。首先,文化是政治、经济作用于学前教育的中介,即通过文化传递一定的政治、经济的要求。如通过舆论、文章、书籍、广播、影视等反映政治经济的要求,从而影响学前教育的发展价值取向和保教目标。其次,文化还制约着学前教育内容的选择。不同的社会有不同的文化,不同的文化有不同的教育内容。如1949年以前中国的学前教育,由于传统社会文化是伦理型的文化,在这种文化内容倾向中生长的教育,注定要把人文作为教育内容的核心组成部分,而忽略了科学文化内容的教育。又如不同民族、不同地域的学前教

育内容必然反映出本民族、本地区的文化特征。最后,文化还影响学前教育的方法选择。在中国的传统文化里,把读书和求学看成是获得知识、增长才干的途径。读书求学就是聆听先生的教诲,这种文化传统长期影响着我国教育的方式,随着科学的发展,尤其心理学、脑科学、教育学、生态学的深入研究成果所构成文化的进步,促进了我国教育方法手段的深刻变革,使教育方法和手段更好地以儿童为主体,更有利于儿童发挥潜能和创造性发挥作用。

(二)学前教育的社会功能

1. 学前教育为政治经济制度培养所需要人才奠定基础

教育能为政治、经济制度培养所需要的人才,通过培养人作用于一定的政治、经济,这是教育对政治、经济作用的一个主要的方面。自古以来,任何一种政治制度,要想得到实现、巩固和发展,必须有一定的人才作支柱,而这些人才的培养,在很大程度上是依靠教育。教育可以培养大批的领导人才和管理人才,直接为政治制度服务,而学前教育为之奠定基础。另一方面,教育可以促进政治民主,一个国家的政治是否民主,这由国家的政体来决定,但与人民的文化水平、与教育事业的发展程度紧密联系。一个国家普及教育的程度越高,人的知识越丰富,就越能增强公民意识,认识民主的价值,推崇民主的措施,在政治生活和社会生活中履行民主的权利,推动政治的改革和进步。学前教育显然在为培养促进政治民主的合格公民、高素质公民发挥奠定基础的重要作用。

2. 学前教育为解放和生产劳动力,服务社会经济发展发挥重要作用

其一,工业革命之后,学前教育机构的产生补充和完善了家庭教育的功能,它不仅弥补了家庭教育的不足,而且将父母尤其是母亲从单纯的养育孩子中解放出来,走向职业领域和社会公共空间,为社会发展增加了劳动力。幼儿入园,在减轻家长养育子女负担的同时,也使他们有充沛的精力投入工作和学习,从而拥有了更多的就业机会、更好的学业进修和职业发展空间,直接保护和解放了劳动力。其二,学前教育是国民教育的基础之基础。学前教育为儿童一生发展、为提高未来劳动力素质奠定全面素质基础所发挥的作用,越来越为人们所重视。研究者对学前教育机构的教育质量进行经济学分析的结果表明:就生产力的提高、成本的节约、投资回报率而言,对早期教育的投资具有长远的社会效益,能使社会在未来得到巨额回报。关于公共财政投资学前教育的成本和社会效益的研究也表明,学前教育投资是社会回报率最高、收益最大的一种财政投资。此外,对于贫困儿童与贫困家庭而言,政府支持的学前教育能使他们获得改善自己现状的机会,使教育公平在底层首先得到保障,缩小贫富差距,走出贫困的恶性循环瓶颈,并给整个社会带来巨大的社会经济效益。

3. 学前教育对科学文化的传播、繁荣与精神文明建设发挥独特作用

教育本身就是社会的一种文化存在,学前教育是教育的重要组成部分,学前教育理论和实践的研究成果不断充实、完善教育理论,促进教育科学的繁荣与发展。先进的学前教育观念、知识方法体系,通过学前教育实践影响到家庭学前教育和儿童成长,还影响到家庭以及社会的教育观念和文化氛围。具有教育性质的学前教育机构,还具有社会公共服务性质,是所在社区不可缺少的社会组织之一,是社区文化建设的支持者、重要力量。如学前教育机构有专业教师、完善的教育设施和环境等优势服务社区的适龄儿童与家庭,通过支持社区的各种文化活动,活跃社区的文化氛围,通过学前教育机构的精神文明建设和教育宣传活动助力社区文化发展和精神文明建设。

二、学前教育与儿童发展

儿童的发展,是指儿童在成长的过程中,身体和心理方面有规律地进行量变与质变的过程。其中身体的发展,是指儿童肌体的正常生长和发育,包括形态的增长和功能的成熟。心理的发展,是指儿童的认识过程、情感、意志和个性的发展。对学前儿童来说,其身体的发展与心理的发展是密切相连的,其发展受诸多因素的影响,具体如下:

(一)影响儿童发展的诸因素

现代教育学把影响儿童的发展的因素归结为三个方面,即遗传、环境和教育("三因素论"),在这三个因素中,遗传素质是儿童身心发展的物质前提条件,没有这个前提条件谈不上儿童发展。环境(自然环境和社会环境)对儿童的发展起保障、促进或抑制作用。教育虽然也是一种环境,但它具有特别的意义,教育对儿童的发展发挥主导作用。

教育的主导作用主要体现为:教育对儿童实施有目的、有计划、有系统的引导和影响。它决定儿童的发展方向,有明确的保育和教育目标;由教育的专门机构和专门负责儿童教育工作的专职人员实施影响;遵循儿童的发展规律和特点,选择适宜的教育内容,创设良好的教育环境,运用科学的手段和方法引导、组织儿童的各种学习活动,注重的是儿童终身发展,是系统性地促进儿童身心健康、全面、和谐发展。

儿童的发展,除了受生物因素、家庭等环境因素和教育因素影响外,还取决于其自身的能动性,儿童是能动的实践主体、发展主体。儿童在发展过程中,不是消极被动地接受外部环境的影响,而是积极主动的建构者,他们对环境的刺激有较强的选择性,并表现出作为独立的生命体所具有的能动性;同样的环境对于不同的儿童可以产生不同的影响。儿童的发展绝不是某一种因素单独影响的结果,而是多种因素综合地、系统地相互作用的结果。我们不能孤立地、静止地强调遗传、环境和教育的作用,更不能忽视儿童主观能动性及其实践活动对其发展的重要作用。

（二）学前教育对学前儿童发展的作用

学前教育在儿童发展中起着奠定人生基础和主导发展的作用。实践证明,早期适宜的刺激和科学的教育不仅有助于大脑的发育,而且将有利于增进儿童身心健康、促进儿童全面和谐而又充分地发展,为今后成才和可持续发展奠定基础。

1.学前教育增进对儿童价值的认识

儿童价值包含着对儿童个体的价值和对人类的价值。对儿童个体的价值体现为,童年既影响人的一生发展又积淀其中,如同中国古话所言"三岁看大,七岁看老"。对人类的价值体现为人类进化而来的博大精深的生命智慧的展开以及人类的生生不息,均取决于童年的现实意义和儿童的发展。儿童价值的实现要基于对每一个儿童所拥有这一内在价值、个体尊严和完整人权的尊重和价值追求。

对儿童和儿童价值,人们经历长期的错误和片面的认识,儿童仅仅是满足成人需要的工具、实现成人目的的手段。长时期里,儿童隶属于成人社会,缺乏独立性,到了近代社会,卢梭在《爱弥儿》中写道:"在万物的秩序中,人类有它的地位;在人生的秩序中,童年有它的地位;应当把成人看作成人,把孩子看作孩子。"[1]这就把童年与成年区分开来,确立其独特价值。卢梭还认为,儿童内在价值是童年作为"童年",这个儿童作为"这个"儿童的价值,那个儿童作为"那个"儿童的价值。杜威说,内在价值是儿童的"绝对价值",它超越所有情境,具有普遍性;它不可比较,只能被尊重和欣赏;它是"无价之宝"。随着各学科的发展、儿童教育的实践以及对"人"自身的研究,人们对于儿童及童年的价值的认识不断深入。但现实中,还是有父母把孩子视为满足自身愿望的工具,未能正确认识儿童的价值,一味地禁锢与支配儿童,如有的父母总是控制孩子,不让孩子游戏玩耍,这不行、那不行;有的父母为了让孩子"赢在起跑线上""出人头地",逼迫孩子学这学那,进行各种训练。学前教育追求学前儿童的生命价值,尊重儿童的尊严、完整人权和个体差异,遵循学前儿童身心发展规律,创造条件、创设环境,充分发挥儿童的主体性,引导、支持和指导儿童主动、能动地在与环境的相互作用中,展开生命智慧,获得身心全面和谐而富有个性地发展,为一生发展奠定良好的基础。对儿童价值持怎样的认识和追求、对儿童尊重程度、遵循儿童身心发展规律的情况,直接影响学前教育效果。学前教育实践雄辩地证明了儿童的价值,学前教育能增进人们对儿童价值的深入认识。

2.学前教育挖掘学前儿童的潜能

（1）学前儿童的身体潜能

据现代医学研究表明,胎儿不仅具有视觉、听觉、活动和记忆能力,而且能够感受母亲的情绪变化。孕妇的情绪变化会通过神经和体液的变化,影响胎儿的血液供应、呼吸、胎动等。在妊娠期间,母亲保持愉快的情绪,采取适当的方法和手段,对胎儿的听觉和触觉实施良性刺激,通过神经系统传递到大脑,可促进胎儿大脑皮质的发育。学前儿童生长发育迅速,可塑性强;各器官尚未发育成熟,皮肉娇嫩,易受伤害;身体形态结构没有定型。合理的营养、充足的睡眠和适当的体育运动能促进学前儿童生长发育,反之,则会给学前儿童的健康带来严重的损害。学前阶段是人的一生中身体发展的起步和奠基阶段,是身体生长发育的高峰期,更是各种基本动作技能和习惯动作定型及心理发展的初期。

（2）学前教育挖掘学前儿童的认知潜能

学前期是人的认知发展最为迅速、最重要的时期,在人一生认知能力的发展中具有十分重要的奠基性作用。研究表明,婴幼儿具有巨大的学习潜力,比如,婴儿在3个月时便能进行多种学习活动;1岁婴儿能

---

① ［法］卢梭.爱弥儿［M］.李平沤,译,北京:商务印书馆,1978.

感知、学习指认物体的大小、形状、颜色和方位；幼儿具有很强的模仿力、想象力和创造力。这些认知潜能的展露与发展都存在关键期，在关键期内，个体对于某些知识经验的学习或行为的形成比较容易，而如果错过了这一时期，在较晚的阶段上再来弥补则是很困难的，有时甚至是不可能的。处于学前期的婴幼儿虽然发展变化迅速，具有巨大的学习潜力，但是这种发展特点只是说明了婴幼儿具有很大的发展"可能性"。要将这种发展的可能性变为现实性，需要成人提供适合于婴幼儿发展的良好环境，尤其是良好的教育影响。

3. 学前教育发展学前儿童的个性

个性是个体在社会实践中形成的独特性。集个体思想、情绪、价值观、信念、感知、行为与态度于一体的个性，确定了个体如何审视自己以及周围的环境。简单地说，个性就是个体独有的并与其他个体区别开来的整体特性，即具有一定倾向性的、稳定的、本质的心理特征的总和，是一个人共性中所凸显出的一部分。

学前教育对于学前儿童个性的养成具有积极的促进作用，学前教师在此时期可结合学前儿童性格特征与兴趣来实施适合幼儿教育的教学活动，这样不仅能帮助学前儿童从小形成良好的自主学习意识，而且还能为其个性发展起到促进作用。学前教育机构的教育是一种有目的、有计划、全面系统地对学前儿童施加符合年龄特点和发展规律影响的过程，它能利用集体的教育因素，优化学前儿童发展的环境，并根据个体差异因材施教，帮助学前儿童对发展的多种可能性做出判断和价值选择，从而完善他们的个性。

学前教育对于学前儿童个性的发展与完善包括两个方面：其一，学前教育促进学前儿童主体意识的发展。在某种意义上，学前教育通过对学前儿童德、智、体、美、劳的全面培养，从而提高学前儿童对自我的认识。受教育的过程也是学前儿童不断提升自我的过程，激发并张扬自我主体意识的过程。其二，学前教育促进学前儿童社会性的发展。儿童社会化是学前儿童在适应社会的要求，与社会交互作用过程中，通过学习与内化而形成社会所期待的及其应承担的角色，并相应地发展自己的个性的过程。学前期是个体社会化的起始阶段和关键时期，在后天环境与教育的影响下，在与周围人的相互作用过程中，学前儿童逐渐形成最初的、最基本的对人、事、物的情感、态度，奠定了行为习惯与个性的基础。儿童在学前期形成的良好的社会性有助于儿童积极地适应环境，顺利地适应社会生活，从而有助于他们的健康成长。

（三）学前教育受制于学前儿童身心发展规律

学前教育要发挥这种积极的作用，必须了解、理解并遵循学前儿童的发展规律，违背学前儿童身心发展规律的学前教育是不能起到正面的促进作用的。

1. 学前教育必须考虑学前儿童身心发展的水平

学前教育必须适应人的发展阶段特征和规律。学前儿童身心发展具有一定的顺序性和阶段性，学前儿童身心发展是一个复杂的矛盾斗争的过程。这一发展，一方面是连续的、渐进的；另一方面，身心的特点发展到一定时期或程度，就会发生质变，形成相对稳定的发展阶段，表现出阶段性。各发展阶段之间不仅是量的差异，也是质的差异。每一个阶段儿童身心发展有着不同的发展水平，有其主要的活动形式，标志着该阶段的特征。格塞尔双生子爬楼梯实验告诉我们，正常儿童行为模式的出现是有一定程序的，教育者、父母应遵守儿童的身心发展规律对儿童进行养育或施教，决不可拔苗助长。

教育是儿童发展的外部条件，要实现教育对发展的作用，必须使外部的教育要求符合儿童发展的需要，转化为他自己的行动、兴趣、情感和意志。外因要通过儿童的内因而起作用，教育影响必须通过儿童的内部矛盾和有意义的生命实践活动才能实现。学前阶段的儿童身心柔弱而发育、发展非常迅速，因此，学前教育以"保教并重"为原则，应特别重视学前儿童的身心保健，要为学前儿童创造良好的生活条件，如宽敞安全的活动场地，提供合理的喂养，充足的睡眠，正确地组织幼儿的一日生活，科学地护理幼儿的饮食起居，还要创设与幼儿身心发展相适宜的游戏环境，使幼儿在生活中、在游戏中学习，促进生长发育、身心健康全面发展。

2. 学前教育要以学前儿童为主体

学前儿童是学前教育的对象。幼儿教师的作用对学前儿童来说是外部影响，学前儿童要通过自身的活动来接受这些影响。儿童的发展是在个体自身与环境相互作用的过程中展开的，是遗传、环境与教育以及个体综合作用的结果。遗传、环境与教育为个体发展提供了可能，但必须通过主体有意义的生命实践才能转化为发展的现实。因此，学前教育必须以学前儿童为主体。具体而言，其一，教师要尊重学前儿童的人格和权利。了解他们的兴趣和需要，听取他们的想法，使他们充分感受到自己是活动的主人。其二，教师要尊重学前儿童的个体差异,每个学前儿童都是独一无二的、完整的个体,教师要平等地对待他们,这样才能做到因材施教,外因通过内因而起作用,保证每一个学前儿童获得充分的富有个性的发展。其三,强调学前儿童的主体性和个性并不是放任学前儿童随心所欲地发展。幼儿教师要明确《纲要》和《指南》中对学前儿童教育的目标和要求,真正成为学前儿童学习活动的支持者、引导者、合作者,有目的、有计划、科学地对学前儿童施加影响,使遗传、环境与教育和主体生命有意义的实践活动之间彼此相互渗透、相互影响,实现每个学前儿童身心全面和谐而富有个性地发展。

综上所述,一方面,学前教师应当在社会维度上理解学前教育的本质、目的和作用,理解学前教育与政治、经济和发展的关系,从而能够在宏观上分析学前教育中的社会现实问题;另一方面,学前教师应该深刻理解学前儿童身心发展的规律,科学施教,促进其发展,并进一步深刻理解学前教育对学前儿童成长、教师自身发展和社会进步的重要意义,不断坚定自己从事学前教育事业的职业信念。

本单元小结

本单元在详细介绍了学前教育形态的基础上,对世界和我国学前教育机构产生与发展的历史脉络做了梳理,并对中外著名儿童教育家主要的教育思想及其贡献进行了简要阐述。阐明了学前教育与社会发展的关系,深入分析了学前教育与儿童发展的关系,揭示了学前教育发展的基本规律。本章通过梳理学前教育发展的简要历程,揭示学前教育的不同形态对学前儿童发展所发挥的作用。

复习与思考

1. 学前教育有几种形态? 各对学前儿童发展发挥怎样的作用?
2. 请分别简述世界学前教育、我国学前教育的产生与发展。
3. 请用辩证主义的思维简要分析学前教育与社会发展、与儿童发展之间的关系。

同步实训

1. 请同学们在图书馆有计划地借阅《童年的秘密》《爱弥儿》《民主主义与教育》和《陈鹤琴教育文集》等教育名著,并做读书笔记。本周完成阅读一本,并撰写一篇读后感。
2. 请举例分析说明学前教育受制于学前儿童身心发展规律。
3. 请结合自身在接受教育过程中主体性充分发挥或未能得到发挥的典型事例,分析个体主体性在教育中的作用。

第二单元　我国学前教育的性质与制度

■ **本单元将帮助你：**

◆理解教育目的及其功能

◆理解我国学前教育的性质和任务

◆了解学前教育的特点,理解学前教育工作的意义

◆了解我国学前教育制度和法规体系

◆了解我国学前教育的改革动态与发展趋势

◆初步学习运用上述理论知识分析学前教育现象或案例

问题情境

　　小娟即将中学毕业,因喜欢小孩子天真活泼的笑容和总不满足的探究神情,她打算报考幼儿师范学院,希望将来成为一名幼儿教师。可临到决定时她又拿不定主意了,原因是这几天关心她的人对她说的一些关于幼儿教育的话常让她觉得矛盾。有人说:"幼儿教师这工作没什么意思,整天在幼儿园给别人带孩子,只要让幼儿不哭不闹就行了,这些事人人都能做,没什么前途。"也有人对她说:"学前教育是人生的开端教育,为人一生的发展奠定了基础,太重要了。越是发达国家越重视学前教育,而且学前教育专业性很强,需要学习的内容很多、很丰富。好的幼儿园,不仅现在,更是未来家长们争先选择的对象,而好的幼儿园关键在于要有好的幼儿教师,所以,这个职业的前途光明着呢!"小娟该如何选择呢? 本单元的学习一定会给像小娟这样有疑虑的同学解开疑惑的。

第一节　我国学前教育的性质与任务

　　"教育为立国之本",那么教育的本质是什么? 我国的教育宗旨、目的是什么? 学前教育就是教孩子学习知识吗? ……这些问题是作为未来教师的同学们必须深入学习和理解的。

一、我国教育方针与教育目的

（一）教育的本质

　　"本质"指事物本身所固有的根本的属性。人类为了培养自己的新生一代,使之更好地生存和发展,是教育的根本属性所在。我们从以下两个方面来理解教育的本质。

　　1. 教育是有目的地培养人的社会活动

　　教育伴随着人类社会的产生而产生,它一开始便是一种为了人的发展,是人类所特有的社会活动。

　　教育的本质就是培养人,这是教育活动区别于其他社会活动的根本特征。教育是有目的地培养人的社会活动,有目的地培养人,使之从生物人成长为社会人,成为适应一定社会和促进社会发展的人,是教育这一社会现象与其他社会现象的根本区别,是教育的本质特点。

　　2. 教育是引导受教育者能动学习与发展的活动

　　教育是培养人的一种社会活动,教育如何影响受教育者发展成为适应一定社会和促进社会发展的人? 教育如何把人类积累的科学文化、生产和社会生活经验转化为受教育者个体的成长和精神财富? 这一过程必须遵循受教育者的身心发展规律和教育规律,必须通过受教育者个体自身所处的不同水平、不同

性质的一系列的生命实践活动来实现的。教育是教育者引导受教育者能动学习与发展的活动,这是教育所独有的特性。

（二）我国的教育方针

1. 我国的教育方针

教育方针,又称教育宗旨,它是国家在一定历史阶段,根据社会政治、经济、文化发展的要求和个人发展的要求而制定的有关教育工作发展的总的方向和总的指导思想,是制定教育政策的总依据。教育方针是指导整个教育事业发展的战略原则和行动纲领。其内容包括教育的性质、指导思想、目的和基本途径等。教育目的是教育方针的核心要素。

《中华人民共和国教育法》(简称《教育法》)第五条明确表述我国的教育方针是:"教育必须为社会主义现代化建设服务、为人民服务,必须与生产劳动和社会实践相结合,培养德智体美劳全面发展的社会主义建设者和接班人"。我国的教育方针为我国教育事业的发展指明了方向,是教育事业发展的行动纲领。

2. 我国教育方针的发展

不同的历史时期有不同的教育方针;相同的历史时期因需要强调某个方面,教育方针的表述也会有所不同。我国教育方针的节点和发展如下:

① 1957年,毛泽东在《关于正确处理人民内部矛盾的问题》中提出:"我们的教育方针,应该使受教育者在德育、智育、体育几方面都得到发展,成为有社会主义觉悟的、有文化的劳动者。"它明确了我国教育的社会主义性质、方向、教育目的及培养规格,成为长期指导我国教育的方针,对中华人民共和国教育的发展影响深远。

② 1981年中共中央十一届六中全会通过的《关于建国以来党的若干历史问题的决议》中指出"坚持德、智、体全面发展,又红又专,知识分子与工人农民相结合,脑力劳动与体力劳动相结合"的教育方针。

③ 1985年5月27日《中共中央关于教育体制改革的决定》规定了"所有培养的人才,都应该有理想、有道德、有文化、有纪律,热爱社会主义祖国和社会主义事业,具有为国家富强和人民富裕而艰苦奋斗的献身精神,都应该不断追求新知,具有实事求是、独立思考、勇于创新的科学精神"。

④ 1993年,中共中央、国务院正式颁布的《中国教育改革和发展纲要》确定了我国新时期的教育方针,"教育必须为社会主义现代化建设服务,必须同生产劳动相结合,培养德、智、体全面发展的社会主义建设者和接班人。"

⑤ 1995年第一部《教育法》正式颁布,教育方针也明确写入《教育法》:"教育必须为社会主义现代化建设服务,为人民服务,必须与生产劳动相结合,培养德、智、体、美等全面发展的社会主义建设者和接班人"。2021年4月第十三届全国人民代表大会常务委员会关于修改《教育法》的决定,其修订的第五条规定"教育必须为社会主义现代化建设服务、为人民服务,必须与生产劳动和社会实践相结合,培养德智体美劳全面发展的社会主义建设者和接班人"。这是以教育基本法的形式、以最准确的文字对国家教育方针最完整的表述,体现了教育方针的权威性。

新时期的教育方针有三层意思,它们之间的关系是:

其一,教育必须为社会主义现代化建设服务、为人民服务,指明了我国新时期的社会主义性质和服务方向。

其二,教育必须同生产劳动和社会实践相结合,指明了实现教育目的的基本途径。

其三,培养德智体美劳全面发展的社会主义建设者和接班人,指明了学校教育所要培养人才的质量和规格,即教育目的。

这一教育方针确定了我国社会主义初级阶段教育对象的发展方向。它是一切教育活动的出发点和归宿。

（三）教育的目的、内涵与功能

人类任何社会实践活动都是有预期目的的,教育作为培养人的社会实践活动也同样如此。

教育目的有广义和狭义之分。

广义的教育目的:是指人们对受教育者在接受教育后所产生的身心方面积极变化的期望。现实社会中,国家、社会、学校、教师和学生家长对年轻一代寄予的期望,都可以理解为广义的教育目的。

狭义的教育目的:是指一定社会(国家或民族)通过教育,把受教育者培养成为一定社会所需要的人的总要求,它规定着受教育者身心发展应达到的质量和规格。它是教育工作的出发点和最终目标。

1. 我国的教育目的

1995年我国第一部《教育法》正式颁布,2021年4月第十三届全国人民代表大会常务委员会修订的第五条教育方针里明确规定我国现阶段的教育目的是"培养德智体美劳全面发展的社会主义建设者和接班人",这一教育目的是我国教育必须遵守的法律要求。

教育目的是教育工作的出发点和归宿,反映着办教育的主体对教育活动在努力方向、社会倾向和人的培养规格标准等方面的要求和指向。教育目的对明确教育方向、建立教育制度、确定教育内容、选择教育方法、组织教育活动、进行教育管理、评估教育质量等,起着决定性的指导作用。

2. 教育目的的功能

（1）定向功能

教育目的是对教育社会性质的定向,规定了"为谁培养人"和"培养什么样的人"的根本指导思想和受教育者发展的总方向。定向功能是指教育目的的内容所体现出来的定向和导向机制,教育目的所规定的学校教育和学生发展的根本方向,引导教育行为更符合这一方向,使办学思想、教育过程更符合办学规律,使学生学习的内容更趋于合理,引导学生的学习与发展朝着这一方向不断深化和提高。

（2）调控功能

教育目的规定了学校教育培养人才的基本质量和规格,对学校教育内容和活动方式起选择、协作、调节和控制作用。办学过程运用"反馈原理",了解教育工作中、学生学习中出现的问题,并及时调节教育教学,纠正偏差,使之朝着既定的方向,使教育过程不断改进和提高,不断完善和优化,实现应该达到的目标。

（3）评价功能

学校办学质量和学生发展质量如何,可以有很多标准来衡量,但根本标准乃是教育目的。凡是遵循教育目的并实现了贯彻教育目的下的学校培养目标,其教育质量就高。相反,偏离了教育目的,其教育质量就不可能高。评价功能主要是指教育目的具有激发行为动机,调动教育行为者的积极作用,使被评者看到自己的成就和缺陷,成功和失败,从而激励学校的社会责任感,激励教师和学生的内在需要和动力,增强和焕发高度的积极性。

（四）教育目的的层次

教育目的作为国家层面的为谁培养人、培养什么样的人的总要求,是国家一级的、第一层次教育的总目的、总体目标,它的实现需要不断具体化,构成一个层级体系,这一层级体系从抽象到具体依次为:教育目的——培养目标——课程目标——教学目标。这样一个系统将教育目的层层落实,转化为每一个教育教学目标,落实到学生的发展上。

1. 培养目标与教育目的

培养目标是教育目的在各级各类学校的具体化,是国家教育目的往下一层的具体化,属于第二个层次,是根据国家的教育目的、各级各类学校以及高校各专业所担负的培养任务和学生年龄、文化知识水平而制定的人才培养的特殊要求。中小学学校、高等学校各个专业可以有自己的培养目标,这一目标既有国家统一的要求,也有自己的特色之处。

教育目的是对各级各类学校的普遍要求,培养目标是针对各级各类学校人才培养的特殊要求。培养目标的制定,必须依据教育目的,同时考虑不同领域、不同类别、不同学校对人才培养的特殊性。

2. 课程目标与培养目标

课程目标是培养目标的进一步具体化,是特定类型学校、特定年级教育的课程教学所要达到的目标。培养目标的实现主要是通过学校所设置的课程而达成的,课程是实现培养目标的载体。

对于学前教育,培养目标体现为"保教目标",其五大领域课程的目标和要求是保教目标的具体化。对于中小学教育,是分学段进行科学文化基础教育,促进德智体美劳全面发展都有相应要学习的课程,各个学段课程目标都是相应学段培养目标的具体化。高等教育是培养专业人才的,各专业要实现其专业培养目标,就要设置与培养目标相对接的课程体系,培养目标就要具体化为课程目标,每一门课程都要为实现培养目标服务。如,同学们所学的学前教育专业,就要学习学前教育学、学前心理学、学前卫生学、学前儿童游戏、教育实习等课程,当同学们每一门课程学习都达到了课程目标,加之综合考评达标,也就达到了学前教育专业的培养目标,方可毕业。

3. 教学目标与课程目标

教学目标是师生通过教学活动预期达到的结果,是期望受教育者通过完成某一时段(如一节课、一个单元)的学习之后,在知识与能力、过程与方法、情感态度与价值观三个方面所产生的变化。众多的教学目标聚合完成课程目标,教学目标是课程目标在每一个教学时段的分解和具体化,是微观层次的教育目的,具有很强的操作性。

4. 教育目的、培养目标、课程目标、教学目标之间的关系

教育目的、培养目标与课程目标、教学目标之间的关系是抽象与具体的关系,教育目的作为最上层的教育总要求,起着统贯全局的作用,上层次的目标是下层次目标的依据,下层次目标是上层次目标的分解、具体化。相比而言,教育目的、培养目标总体上说是抽象的、概括的,课程目标与教学目标是具体的、可测量的。从教育目的、培养目标到课程目标和教学目标,是一个由抽象到具体不断细化的过程,是教育目的层层落实的过程。

二、我国学前教育的性质和任务

在人从出生到老年的终身教育中,学前教育是启蒙阶段,是其他各个阶段教育的基础。由于各个阶段的教育对象的年龄不同,身心发展水平不同,各阶段的教育要据此提出不同程度的教育要求。当前,我国学前教育主要分为两个阶段,即0—3岁婴幼儿的教育和3—6岁幼儿的教育,而0—3岁婴幼儿的教育主要在家庭中实施,因此,本章主要论述3—6岁幼儿在幼儿园这一学前教育机构中实施的教育。

音频视频
2-1

(一)我国学前教育的性质和意义

1. 我国学前教育的性质

(1)基础性

《教育法》规定,国家实行学前教育、初等教育、中等教育、高等教育的学校教育制度。学前教育是我国社会主义教育事业的组成部分,是我国基础教育的重要组成部分,是我国学校教育和终身教育的奠基阶段。

《规程》是遵循我国《宪法》和《教育法》的精神而制定的幼儿教育规章。2016年实施的《规程》明确指出:"幼儿园是对3周岁以上学龄前幼儿实施保育和教育的机构。幼儿园教育是基础教育的重要组成部分,是学校教育制度的基础阶段。"

《纲要》也明确提出:"幼儿园教育是基础教育的重要组成部分,是我国学校教育和终身教育的奠基阶段。城乡各类幼儿园都应从实际出发,因地制宜地实施素质教育,为幼儿一生的发展打好基础。"

《指南》中也明确指出:"以为幼儿后继学习和终身发展奠定良好素质基础为目标,以促进幼儿在体、智、德、美各方面的全面协调发展为核心,旨在引导幼儿园教师和家长树立正确的教育观念,了解3—6岁幼儿学习与发展的基本规律和特点,建立对幼儿发展的合理期望。"

由此可见,国家通过立法、制定方针政策来保证它的实施,通过行政管理体系来领导和贯彻落实。

(2)公益性

对国家来说,学前教育事业是国民教育的开端阶段,为提高基础教育的质量打好基础,对国民素质的整体提高发挥重要的奠基作用,关系着国家和民族的未来;对家庭来说,高质量的学前教育能满足人民群众重视子女教育的热切需求和对未来美好生活的期盼;对儿童个体来说,关系着儿童个体的健康成长,为一生发展奠定基础。

学前教育是民生的事业,学前教育促进儿童健康成长关系到家庭生活的和谐幸福和家庭生活质量。家庭是社会的最基本单位,家庭的稳定以及家庭生活的质量直接影响着社会的稳定和整个民族素质的提高。《国务院关于当前发展学前教育的若干意见》(国发〔2010〕41号)指出,"学前教育是终身学习的开端,是国民教育体系的重要组成部分,是重要的社会公益事业",关系到亿万儿童的健康成长、千家万户的切身利益和国家的未来。学前教育既是社会福利事业,也是重要的社会公益事业,具有显著的公益性。

2. 我国学前教育的意义

学前教育与儿童发展的关系、与社会发展的关系的本质特征,就体现了学前教育的意义。

(1)为儿童一生发展奠定良好的基础

通过有目的、有计划、有组织的学前教育,促进学龄前儿童在身体、认知、社会性和情感等方面健康全面和谐而富有个性地发展,为其一生可持续发展奠定良好的素质基础。

在身体发展方面：通过合理安排学前儿童的营养保健，科学组织学前儿童的体育锻炼，培养学前儿童良好的生活卫生习惯及基本的生活自理能力，增强体质和对环境的适应能力，从而促进学前儿童身体的健康发育，提高他们的身体素质。

在认知发展方面：通过为儿童提供适宜的学习环境和良好的教育影响，使儿童养成良好的学习习惯，形成正确的学习态度，产生强烈的学习动机，对儿童认知的发展和终身学习都会产生积极的影响。

在社会性和情感发展方面：通过对儿童有目的、有计划、有组织的教育影响，让儿童养成遵守纪律、诚实守信、友爱谦让、团结协作、礼貌教养、有责任感、坚强执着、乐观开朗等良好的社会性品质，对儿童一生的发展都会产生持续的影响，决定着儿童日后社会性人格发展的方向、性质以及发展水平。

（2）有利于家庭幸福、社会稳定与进步

学前教育的顺利开展有助于家庭的幸福和谐发展。现代社会中，学前教育儿童的父母大多数都在从事社会工作，没有过多的时间和精力来照顾幼小的子女。学前教育可以帮助父母承担一些本应由家庭承担的养育和教育任务，使年轻的父母有更多的时间和精力从事社会工作，学习和提升自己，尤其是母亲可以走出家庭参加社会工作，增加家庭收入，提高家庭生活质量，增强家庭生活的幸福感。

总之，学前教育作为我国基础教育的组成部分，不仅对儿童一生的发展起着至关重要的作用，而且关系到家庭幸福和谐、社会稳定与进步。因此，广大学前教育工作者必须深入学习，领会我国学前教育的意义，努力提高学前教育教学水平，促进儿童身心全面发展。

（二）我国学前教育的特点

学前教育的任务是教育目的在学前教育阶段的具体化。要做好学前教育工作，首先得了解学前教育的特点。

学前教育机构是对0—6岁的学前儿童实施保育教育的机构，学前教育是学校教育制度的基础阶段，但学前教育与学校教育制度的其他阶段相比，具有如下特点：

1. 非义务性

学前教育是基础教育的重要组成部分，是学校教育制度的基础阶段。虽然近年来我国学前教育发展十分迅速，但目前我国还没有将学前教育纳入义务教育。义务教育的三大特点就是强制性、免费性、普及性，而我国学前教育是非义务性的。学前儿童是否去学前教育机构接受教育是自愿的而非被迫接受的，由于学龄前儿童身心发展的特殊性，家长完全可以根据孩子和自己的各方面的情况，综合考虑是否送孩子进托儿所或幼儿园，0—3岁婴幼儿的教养更是以家庭为主的养育与教育。学前儿童在学前教育机构的学习可以很自主，是在教师所创设的适合于儿童生活和游戏的环境中、在教师的引导下的自主学习与发展。

2. 保教合一

学前期是儿童生长发育十分迅速而旺盛的阶段，也是身体各种器官、各个系统的机能还没有发育成熟和完善的时期。生理上，他们骨化没有完成，骨骼坚固性差，容易受损，容易变形。他们的肌肉柔嫩、力量弱，耐力性差，容易疲劳；心理上，由于他们的年龄小，生活经验少，活动能力、自我控制能力、生活自理能力都比较差，对成人的依赖性很强，需要和别人交往建立起关系，需要成人或年长的儿童带领他们进入社会，获取经验；在法律上，他们虽然具有同成人一样的权利，但他们无相应行为能力和责任能力，我国《中华人民共和国民法通则》规定，10岁以下儿童属完全无民事行为能力的公民，他们当然亦不对自己的行为承担相应的责任。《规程》明确指出："贯彻国家的教育方针，按照保育与教育相结合的原则，遵循幼儿身心发展特点和规律，实施德、智、体、美等方面全面发展的教育，促进幼儿身心和谐发展。"因此，对学龄前儿童的教育要特别强调保育与教育相结合，一切教育活动都是在保育的前提下进行的。

3. 启蒙性

学前教育的启蒙性，是指对学前儿童的教育要与他们的现实发展需要联系起来，要启于未发、适时而教、循序渐进，不损伤"幼嫩的芽"，并且要促使其茁壮成长。

学前时期是人生发展的早期，这一时期是人的生理发育、心智发展、个性萌芽的初级阶段，学前儿童开始了初步的社会化历程，面对世界，他们好奇、迷惑，并主动探索，展现自己内在的生命本质。这一时期的教育，在于使学前儿童的体力、智力、品德和情感都得到发展，为他们升入小学后较快地适应正式学习生活打基础，为他们一生的发展打基础。《纲要》明确指出："幼儿园的教育内容是全面的、启蒙性的，可以相对划分为健康、语言、社会、科学、艺术五个领域，也可作其他不同的划分。各领域的内容相互渗透，从不同的角度促进幼儿情感、态度、能力、知识、技能等方面的发展。"

因而在学前教育阶段,不以传授系统知识为主要目标,要防止片面性,尤其要避免只重知识和技能,忽略情感、社会性和实际能力的倾向。对于学前儿童来说,专门组织的教学活动,自由的游戏玩耍,甚至进餐、午睡、穿衣等都是结合他们的生活和在学前教育机构的一日活动来安排的,为他们提供的内容都是最基本的,具有启蒙性的。

4. 直接经验性

在学前教育阶段,儿童的学习是以直接经验为基础,在游戏和日常生活中进行的,这是由学前儿童的认知水平较低、知识经验欠缺所决定的,他们认识事物主要是通过感官和动作,与周围生活环境中的事物直接接触,进行感知和操作,获取直接经验。《规程》中已明确指出,要"注重幼儿的直接感知、实际操作和亲身体验,保证幼儿愉快的、有益的自由活动。"而且,学前儿童的思维方式主要是具体形象思维,学前儿童只有通过感官和动作确切地接触到事物,并操作它们,才会理解它们,因而学前教育具有直接经验性的特点。结合这一特点要求学前教师在学前教育过程中,要珍视游戏和生活的独特价值,创设丰富的教育环境,合理安排一日生活,最大限度地支持和满足幼儿通过直接感知、实际操作和亲身体验获取经验的需要,严禁"拔苗助长"式的超前教育和强化训练,注意为学前儿童提供丰富的实物材料和真实的生活情形,帮助他们获得直接经验。

拓展阅读
2-1

（三）我国学前教育的任务

在我国,学前教育具有促进儿童的全面发展和为家长服务的双重任务。一是为学前儿童一生的发展打好基础;二是为家长参加社会工作和学习提供便利条件。

学前教育是人从出生到老年终身教育的起始阶段,是其他各个阶段教育的基础。人的发展既有阶段性,又是一个连续的过程,前一阶段教育是后一阶段教育的基础,后一阶段教育是前一阶段的继续。教育目的的实现是一个长期的、连续的教育过程,由于各个阶段的教育对象的年龄不同,身心发展水平不同,其各自的教育任务和教育目标也不相同。各阶段完成教育任务、实现教育目标的过程,也就是教育目的逐步实现的过程,学前教育的任务就是根据我国的教育目的,结合学前儿童身心发展水平而提出的,它是教育目的在学前教育阶段的具体体现。当前,我国学前教育是在家庭和托儿所、幼儿园等学前教育机构中实施,而幼儿园是更有目的、有计划地实施学前教育。学前教育任务具体说来就是包括托育等早教机构、幼儿园的任务。

1. 0—3岁婴幼儿早期教育的任务

在我国,20世纪0—3岁婴幼儿教育机构主要是托儿所。1956年教育部、卫生部、内务部下发《关于托儿所幼儿园几个问题的联合通知》,各地的卫生行政部门、厂矿、机关、团体、学校、街道、乡村、群众等根据实际需要,自主决定开办托儿所。托儿所具有双重任务,一是为0—3岁婴幼儿母亲参加社会工作解除后顾之忧,二是照顾教养婴幼儿,促进其健康成长。1981年,卫生部妇幼卫生局颁发了《三岁前小儿教养大纲（草案）》,提出托儿所的保教总目标是:"培养小儿在德、智、体、美几方面得到发展,为造就体魄健壮、智力发达、品德良好的社会主义新一代打下基础。"进入市场经济时期,在市场经济的压力下,托儿所萎缩。进入21世纪,随着脑科学、心理学等研究的深入,人们越来越重视早期教育,我国早期教育机构也应运而生,人们对0—3岁婴幼儿的早期教育需求猛增。

2019年5月,国务院办公厅下发《关于促进3岁以下婴幼儿照护服务发展的指导意见》,强调要以"家庭为主,托育补充""政策引导,普惠优先""安全健康,科学规范""属地管理,分类指导"为基本原则,从国家、社会、家庭等方面明确各方责任义务与协同办法,"加强对家庭婴幼儿照护的支持和指导,加大对社区婴幼儿照护服务的支持力度,规范发展多种形式的婴幼儿照护服务机构。"保障和推进0—3岁婴幼儿良好照护与教育服务。可见,在新时代,0—3岁婴幼儿早期教育要集聚多方资源,面向成长中的0—3岁婴幼儿、面向家庭,落实其主要任务如下:

其一,为家长提供0—3岁婴幼儿早期发展指导服务,增强家庭的科学育儿能力。通过多种方式使家长树立0—3岁婴幼儿早期教育的先进理念,学习科学育儿知识、掌握科学育儿方法,帮助家长解决在婴幼儿养育过程遇到的困难和问题,提高科学育儿的能力和水平。

其二,为照护有困难、需要托育的家庭提供0—3岁婴幼儿的托育服务。托育机构根据家庭托付的时间,如提供计时制、半托、日托等婴幼儿托育服务,把婴幼儿的安全、健康和照护工作放在首位,遵循婴幼儿身心发展规律,创设适宜的环境,在日常照护和游戏等过程中保教融合,同时加强与家长针对婴幼儿在家与在托发展情况的沟通,协同增进婴幼儿健康,促进婴幼儿动作、认知、语言、情感与社会性的全面发展。

2.3—6岁幼儿教育的任务

幼儿园是对3—6岁的幼儿进行保育和教育的机构,《规程》第三条明确指出,幼儿园的任务是:"贯彻国家的教育方针,按照保育和教育相结合的原则,遵循幼儿身心发展特点和规律,实施德、智、体、美等方面全面发展的教育,促进幼儿身心和谐发展。幼儿园同时面向幼儿家长提供科学育儿指导。"

（1）实施科学的保育与教育,促进幼儿身心和谐发展

我国"培养德智体美劳全面发展的社会主义建设者和接班人"的教育目的,体现在幼儿阶段的教育,其根本任务是遵循幼儿身心发展规律和特点,按照一定的顺序,符合幼儿发展的需要和可能,实施科学的保育和教育,促进幼儿德智体美劳全面和谐而富有个性地发展,为其日后接受初等教育等阶段的教育,成为社会主义建设者和接班人奠定良好的基础。

（2）为家长提供服务,指导幼儿家长科学育儿

在我国,幼儿教育是一项社会公益事业,幼儿教育的发展水平关系到广大人民群众的根本利益。学前教育机构不仅是一个教育机构,也是一个社会服务机构。《规程》第五十二条规定:"幼儿园应当主动与幼儿家庭沟通合作,为家长提供科学育儿宣传指导,帮助家长创设良好的家庭教育环境,共同担负教育幼儿的任务。"幼儿园为幼儿家长服务,除了使家长能解除照顾幼儿的后顾之忧、安心参加社会工作和学习,还要指导幼儿家长科学育儿,家园协同育儿,共同促进幼儿身心全面和谐发展。

| 第二节 | 我国学前教育的制度 |

一个国家要发展,必然要培养各级各类人才,大力发展教育事业,就必须设立相应的教育机构,建立相应的教育制度。教育制度是一个国家各级各类教育机构与组织体系有机构成的总体及其正常运行所需的种种规范、规则或规定的总和。

一、我国学前教育制度建设与改革发展

（一）我国教育制度

我国现代教育制度始于清代。1840年鸦片战争后,中国沦为半殖民地半封建社会,帝国主义的疯狂侵略和国内资本主义势力的兴起,迫使清政府不得不对延续了几千年的封建教育制度进行改革,采取了"废科举,兴学校"的措施,改革教育,制定现代教育学制。

现代教育制度的核心是学校教育制度。学校教育制度简称学制,是指一个国家各级各类学校的系统及其管理规则,具体规定着各级各类学校的性质、任务、培养目标、入学条件、修业年限、领导体制及关系。1902年,清政府颁布了钦定学堂章程,亦称"壬寅学制",这是我国正式颁布的第一个学制,但未及实施。1904年年初,又颁布了《奏定学堂章程》,亦称"癸卯学制",这是我国第一个以法令形式颁布并正式实施的现代学制。它以日本学制为蓝本,保留了尊孔读经等封建教育的内容,其特点是教育年限长达26年。1912—1913年(阴历为壬子年到癸丑年)间,孙中山为首的民国政府制定颁布了"壬子癸丑学制",设普通教育、师范教育、实业教育3个系统。配套发布了《小学校令》《中学校令》《专门学校令》《大学令》《师范教育令》和《实业学校令》,对各级各类学校的目的任务、课程设置、学校设备、入学条件、教职员任用、经费及领导管理都作了具体规定。1922年民国北洋政府以大总统令颁布的《学校系统改革案》规定学制系统,称"壬戌学制"。

中华人民共和国建立以后,国家非常重视学校教育制度的建设,中央人民政府政务院于1951年11月1日颁布了《关于改革学制的决定》,确定了中华人民共和国的新学制。从层级与类别上看,我国实行的教育制度可划分为四类:学前教育、初等教育、中等教育、高等教育的学校教育制度,这个学制还在1995年颁布的《教育法》里得到了确认。

（二）我国学前教育制度的发展

1904年的《奏定学堂章程》中的《奏定蒙养院章程及家庭教育法章程》是我国第一个以法令形式颁布并正式实施的现代学前教育制度。它确定机构的名称为蒙养院,招收三岁以上至七岁儿童,蒙养家教合一,"保育教导儿童,专在发育其身体,渐启其心知,使之远于浇薄之恶风,习于善良之轨范。"设置游戏、歌谣、谈话、手技等课程。蒙养院附设在育婴堂、敬节堂内,由乳媪、节妇充任保姆。

1912—1913年的"壬子癸丑学制"中把蒙养院改名为蒙养园；1922年的"壬戌学制"中把蒙养园改名为幼稚园，明确了学前教育是学制的第一阶段；1932年颁布了《幼稚园课程标准》，1939年颁布了《幼儿园规程》，1943年又修改为《幼儿园设置办法》，这时我国幼儿师范教育已得到不断的发展，学前教育机构在数量上也不断增加，西方的幼儿教育思想也相继传入我国。战争年代，中国共产党领导下的农村革命根据地、抗日民主根据地和解放区，办起了儿童保育院、托儿所以及战争环境下的"马背摇篮"，于1941年由陕甘宁边区政府颁发了《关于保育儿童的决定》予以管理和指导。

拓展阅读
2-2

中华人民共和国成立以后，我国幼儿教育事业的发展掀开了新的篇章，党和政府高度重视学前教育，关注解放妇女和学前儿童的健康成长，极大地推动了我国学前教育事业的发展。1951年10月，中央人民政府政务院颁布了《关于改革学制的决定》，将幼儿教育列为第一部分，制定了《幼儿园暂行规程（试行草案）》《幼儿园暂行教学纲要（试行草案）》，实施幼儿教育的机构为幼儿园，招收3—6岁的幼儿，规定了中华人民共和国幼儿园的双重任务以及教养目标，使学前教育有章可循，空前发展。

拓展阅读
2-3

随着我国改革开放和学前教育事业的发展，进一步加强统一领导，分级管理，科学保教，颁布了一系列专门的学前教育法规，如：1985年12月7日颁布了《托儿所、幼儿园卫生保健制度》；1989年8月20日颁布了《幼儿园管理条例》（简称《条例》）、《幼儿园工作规程（试行）》[简称《规程》（试行）]，《条例》是中华人民共和国成立以来第一个经国务院批准颁发的、比较系统地调整学前教育法律关系的规范性法律文件，它使我国学前教育管理跨入了法治化轨道；1996年3月9日颁布并于6月1日起实行《幼儿园工作规程》（简称《规程》）；2001年7月2日颁布实行《幼儿园教育指导纲要（试行）》（简称《纲要》），标志着我国学前教育课程变革进入一个更新的阶段；2012年10月颁布施行《3—6岁儿童学习与发展指南》（简称《指南》）。[①]这些保障学前教育正常有效运行的法规规章的颁布和实行，极大地推动了我国学前教育事业的科学发展。

拓展阅读
2-4

拓展阅读
2-5

（三）我国学前教育改革动态与发展趋势

随着科学发展，尤其生理学、心理学、脑科学、教育学、社会学等多学科相关研究的深入，学前教育的重要性日益彰显。学前教育对于儿童终身发展、国民教育质量与全民素质的整体提升以及国家综合国力的增强均具有基础性和全局性的重要价值，这已是国际共识。我国学前教育事业在曲折中大踏步前进。随着改革开放，国家专业研究机构、各高等院校学前教育学科专业以及群众性的研究组织相结合，展开了对学前教育理论和实践问题的广泛而又深入的科学研究，取得了学前教育体制机制创新、公共服务体系建设、学前儿童发展与保教质量提升等重大、众多的研究成果，与国际先进的学前教育相接轨。国家关于幼儿园《条例》《规程》《纲要》等法规、规章的颁发与实行，《国家中长期教育改革和发展规划纲要（2010—2020年）》《关于幼儿教育改革与发展的指导意见》的贯彻以及三期的学前教育行动计划的实施，极大地推动了我国学前教育事业的发展和保教质量的提升，呈现出以下几个方面的改革与发展趋势：

1. 致力于推进学前教育的民主化进程，不断提高学前教育的普及率

其一，表现为学前教育普及率持续上升。教育机会均等是教育民主化的基本内容，学前教育机会均等是学前教育民主化的前提。我国是人口大国，特别是近年来，随着二孩、三孩政策的实施，对学前教育资源总量的需求大大增加，国家和地方在加大了对学前教育投入的同时，也鼓励、支持民办学前教育，以满足人民群众的需要，多形式、多渠道促进学前教育普及发展。学前教育普及率的提高使适龄幼儿受教育的机会得到了增加。

其二，学前教育的公平性不断加强。以往，我国农村学前教育发展缓慢。因此，国家在配置学前教育资源时，重点关注农村，关注民办学前教育，制定公平性政策，大大提高农村学前儿童的受教育机会。明确政府在学前教育方面的职责，确保公办和民办幼儿园相同的待遇，教育资源优先向处境不利的地区和家庭倾斜，使每一个幼儿的生命都有一个良好的开端，保障每一个儿童享有受教育的权利。

2. 越来越看重学前教育在人一生发展中的基础性价值

我国学前教育界从20世纪80年代初开始，就对60年代和70年代以"智力开发"代替早期教育的倾向进行深刻的反思，呼吁教育要从"智育中心"转向促进学前儿童富有个性的全面发展，特别是社会性和情感的发展。1999年世界学前教育组织和国际儿童教育协会共同制定的《全球幼儿教育大纲》认为："优秀的幼儿教育课程是针对儿童整个身心健康而设计的，必须考虑儿童的身体状况、认知水平、语言能力、创造

---

① 以上法规在前文已有简称，但为了表示教育制度名称颁布时的完整性，在此用全称。

能力、社会性与情感的发展状况等",十分重视培养身心健康的"完整儿童"。国际竞争的加剧、知识经济的发展和全球化的进程,对人的整体素质提出了前所未有的要求,尤其对人的主体性品质,如积极主动性、创造性、批判性思维、责任感等品质的重视更是超过了以往任何时代,这促使各国学前教育朝着学前儿童全面发展的方向,强调培养富有个性的"完整儿童",成为有尊严和价值的个体,为儿童的终身发展奠定基础。我国不同地区的学前教育目标也反映出同样的趋势:如香港地区1996年颁发的《学前教育课程指引》中,对学前教育的目标作了这样的规定:香港地区的学前教育机构应使儿童"在体能、智能、语言、社群及情绪等方面有均衡的发展,并培养他们对学习的兴趣,为日后的教育做好准备"。台湾地区幼儿园教育其目标较侧重培养良好习惯、合群习性,充实生活经验,增进伦理观念等。1987年颁布的《幼稚园课程标准》对学前教育目标进一步扩展,在10条课程目标中,更加全面地照顾到幼儿的各方面,特别是幼儿多方面的兴趣、态度、积极的情感和人际关系的发展等。我国教育部于1989年出台《规程(试行)》,1996年修订并正式颁布《规程》,2001年颁发《纲要(试行)》,2012年印发《指南》,都以促进学前儿童全面和谐而富有个性地发展为宗旨,并不断加强与深化指导,使之落实于学前儿童的发展上。

3. 加强婴、幼、小三个阶段教育的相互衔接

学前教育涵盖了从出生至入小学前的整个年龄阶段,随着教育改革的深入和世界人才竞争和教育竞争的日趋激烈,教育及其改革的重心下移,儿童的早期教育受到重视。婴幼儿是人的一生中生长和发展最迅速、变化最大的阶段。各方面的科学研究都证明人类出生最初三年的教育,对人一生的身心发展具有极为重要的意义,"教育从0岁开始"这一理念正在被愈来愈多的人所接受。而0—6岁这一人生的初始阶段,是一个相对完整的年龄阶段,有必要实施整体性的教育影响。在加强0—3岁婴幼儿早期教育与指导的同时,将婴幼儿教育的两大阶段进行整合,根据0—3岁婴幼儿和3—6岁幼儿的不同发展需要,有目的、有计划地分别施以不同而又互相衔接的教育。

学前教育作为基础教育的重要一环、开端阶段,还要与小学密切衔接,而且要与基础教育的其他阶段构成一个不可分割的整体,正如美国卡内基教学促进基金会原主席波伊尔先生所说的那样,"我越发地相信教育是一个整体网络,每一个学习阶段与其他阶段都关联着"。我国也很重视婴、幼、小三个阶段教育的相互衔接,把幼儿园纳入教育整体规划中统筹考虑。

4. 逐步形成"家、园、社区"共育的学前教育模式

社会经济、文化、科技的发展,特别是大众传播媒介的发展和由此带来的人们生活环境、生活方式、家庭结构等的变化对学前教育产生了很大的影响,儿童的家庭和周边环境的质量对幼儿健康成长的重要意义和作用也随之越来越受到重视。因此,各国学前教育为适应社会的变化而在开放中求发展,在与家庭、社区的结合中求教育的高质量发展。

我国学前教育机构,特别是香港、台湾地区也都主张学前教育机构与家庭社区"通过正式和非正式接触",实现"频密、开放和双向的"、不同层次、不同方式的沟通与合作。我国的广大地区学前教育在贯彻《规程》《纲要》《指南》实施课改的进程中,越来越重视幼儿园与家庭、社区的合作,与家庭共育并利用社区资源,广泛动员并组织协调各方面力量发展幼儿教育事业,发挥整体教育影响,提高教育质量,更好地促进幼儿的发展。

5. 学前教育内容的生活化

学前教育越来越强调幼儿的实际经验、直接知识的重要性,强调幼儿自身生活的教育价值。如具有影响力的意大利瑞吉欧教育,其课程来自幼儿的生活,从中发现并形成幼儿喜欢探索的"课题(Project)",而不是由教师为他们设计要探索的单元和主题。美国著名学前教育专家凯兹高度地评价道:"瑞吉欧方法表明,对于日常生活中的意义的充分提示可能对于幼儿具有深刻的价值和趣味。"瑞吉欧的教育特别强调,幼儿"从他们自己的日常生活经验中创造意义","我们并不把创造性当成圣物顶礼膜拜,我们也不认为它有什么特别的地方,它很可能只是从日常经验中演变出来"。我国《规程》强调"合理地综合组织各方面的教育内容,并渗透于幼儿一日生活的各项活动中,充分发挥各种教育手段的交互作用"。《纲要》要求"幼儿园应为幼儿提供健康、丰富的生活和活动环境,满足他们多方面发展的需要,使他们在快乐的童年生活中获得有益于身心发展的经验"。健康、语言、社会、科学、艺术各个领域的教育,都强调在幼儿的生活中进行,更加注重学前教育内容的生活化。

6. 不断加强学前教育的国际交流与合作

我国的改革开放,为学前教育打开国门,放眼世界,增进交流和学习创造了机会。我国学前教育积极

借鉴与学习国际先进经验,深入开展学前教育改革研究,产生了多元化的学前教育模式,逐步与国际高质量的学前教育接轨,不断建设具有中国特色的学前教育理论体系和实践体系,使我国的学前教育快速发展。我国于1989年加入了"为全世界儿童工作"的世界学前教育组织(法文缩写:OMEP),并对学前教育的科学研究以及国际交流与合作发挥作用。2013年7月,我国在上海由中国学前教育研究会·OMEP中国委员会、华东师范大学共同承办了以"学前教育机会与质量"为主题的世界学前教育组织第65届国际学术研讨会。2021年在杭州由中国学前教育研究会·OMEP中国委员会、浙江师范大学、浙江省学前教育研究会承办"幸福儿童　美好亚太"世界学前教育组织(OMEP)亚太区域研讨会。三十多年来,中国学前教育一直在加强国际交流与合作,促进了各成员在学前教育实践和研究方面的交流。

我们在以开放的态度学习、借鉴世界先进的学前教育理论和经验的同时,继承和弘扬我国学前教育的优良传统,立足本国实际,建设适合中国国情的学前教育体系,追求普及普惠的学前教育;追求科学、安全优质的学前教育;追求均衡发展、教育公平的学前教育;追求以儿童为本、多元共存,具有国际视野的学前教育。

二、我国学前教育法规体系

(一)我国教育法规体系

教育法规体系是根据一定的生产力发展的水平和具体的教育发展状况以及国民教育制度的性质,由从一般到具体的不同层次的规范组成的法规系统。

我国法律法规是指我国现行有效的法律、行政法规、司法解释、地方性法规、地方规章、部门规章及其他规范性文件以及不时所做的修改和补充。这是法的统称。中国特色社会主义法律体系是以宪法这一国家的根本法为统师,以法律为主干,以行政法规、地方性法规为重要组成部分,由宪法相关法、民法商法、行政法、经济法、社会法、刑法、诉讼与非诉讼程序法等多个部门法组成的有机统一整体。其法律关系可以分为纵向(隶属)的法律关系和横向(平权)的法律关系。法律的效力大于法规,法规的效力大于规章,高层级法规为低层级法规制定的依据,低层级法规为高层级法规的具体化。

作为我国法律法规体系重要组成部分的教育法律法规体系,其纵向层面是由宪法、教育法、教育行政法规、地方性教育法规、自治教育条例、部门规章构成的统一体。其横向层面依据现行《教育法》调整对象的不同,有《学前教育法》(正在拟订、征求意见中)、《义务教育法》、《职业教育法》、《高等教育法》、《民办教育法》、《教师法》等。

(二)我国学前教育法规体系

我国目前已颁布的与学前教育有关的教育法律法规主要有:《宪法》《教育法》《未成年人保护法》《教师法》《民办教育促进法》等以及相应的法规和规章。除此之外,学前教育执法还包括其他部门法中涉及学前教育各要素的有关法律法规和规章。

我国现行的学前教育法律法规体系是指在学前教育方面的不同层次的法律、规章等方面的系统文件,主要由以下方面的内容组成:

1. 宪法中关于学前教育的条款

《宪法》第19条规定了国家"发展学前教育""鼓励集体经济组织、国家企业事业组织和其他社会力量依照法律规定举办各种教育事业"。《宪法》第49条规定了"儿童受国家的保护""父母有抚养教育未成年子女的义务"等。

2. 教育法律中关于学前教育的条款

《教育法》第17条已将学前教育纳入学校教育制度,并已规定为我国的教育基本制度。因此,该法确定的教育活动的基本原则、教育机构的法律地位和权利义务、教师和其他教育工作者的权益、教育机构与社会的关系以及教育投入与条件保障的条款,对幼儿园等学前教育机构都是适用的,也是举办、管理幼儿园等学前教育机构以及幼儿园保育、教育活动应遵循的最基本的法律规定。《教师法》第2条规定该法适用于在幼儿园专门从事教育教学的教师,因此其关于教师权利与义务、资格与使用、培养与培训、考核、待遇等的规定,都是幼儿园教师工作应遵循的法律规定。

3. 其他法律中关于学前教育的规定

学前教育涉及许多法律,但从儿童的年龄特点和儿童教育工作特点出发,最主要体现在两个方面的法律上:《未成年人保护法》在学校保护、社会保护两章中专门对儿童保护作出了规定;此外,在《残疾人保障法》中,专门对残疾儿童的学前教育做了规定。《传染病防治法》和《食品卫生法》,虽然不是专门针对幼儿园的,但鉴于幼儿园工作的特点以及幼儿园卫生保健的重要性,也应重点了解。

4.学前教育行政法规和学前教育规章

关于学前教育的专门法规有:自1990年2月1日起施行的《条例》。这是中华人民共和国成立以来,经国务院批准颁发的第一部幼儿教育行政法规,它是以《教育法》为依据制定的。《条例》对幼儿园的管理作出了全面的规范,包括幼儿园保育、教育工作的基本原则,幼儿园的管理体制,幼儿园的设置和审批规范,幼儿园的保育教育工作规范,幼儿园的行政事务规范等。它是制定《规程》和《纲要》的依据。

学前教育规章主要有:1985年12月7日颁布的《托儿所、幼儿园卫生保健制度》;经过6年的试行后,于1996年3月9日颁布并于6月1日起施行的《规程》;2001年7月2日颁布的《纲要》;2011年12月颁布的《专业标准》;2012年10月颁布的《指南》。

本单元小结

　　本单元阐明了教育的本质、我国教育方针及教育目的、功能、层次;对我国学前教育的性质、意义、特点和任务做了较为详细的阐述;介绍了我国学前教育制度的发展以及我国学前教育法规体系;总结了我国学前教育改革与发展的趋势。本章旨在使学习者把握学前教育的正确方向、树立先进的学前教育观、依法执教和为后续的深入学习打好基础。

复习与思考

1. 试析教育目的及功能。
2. 请阐释幼儿园教育作为人生发展的奠基教育的重要性及其特点。
3. 幼儿园的双重任务是什么?

同步实训

1. 请以图表的方式整理教育目的的层次结构。
2. 结合见习或调研,以小组为单位交流对幼儿园教育特点的认识。
3. 查阅、整理有关文献资料,以图示或图表的方式呈现我国学前教育法律法规体系。

o2 第二模块

学前教育基本要素及其关系

第三单元 学前教育的基本要素

■ 本单元将帮助你：

◆理解学前教育的构成要素及其对学前儿童发展的意义

◆理解生活、游戏与探索实践是学前儿童最重要的学习方式

◆理解幼儿园教师的职业特点、专业要求和角色，学习规划自身的专业发展

◆理解学前儿童全面发展教育的内涵和意义，了解学前各领域教育的内容与要求

◆理解学前教育环境的内涵、独特作用与创设要求

◆学习运用理论知识评析学前儿童与教育的实际或案例，并开展和体验研讨活动

问题情境

小莉刚刚毕业，进入幼儿园工作后，她发现小朋友不像她想象的那样"听话"，有好几次，她提出要求的时候，有好几个"调皮"的孩子还顶撞她。她还发现，小朋友不大爱听她讲的故事，她老讲故事、念儿歌、唱歌，小朋友就慢慢不喜欢了，班上总是乱哄哄的。她真没想到平时看上去那么可爱的小朋友，却能让她束手无策！当老师不就是靠一张嘴和一支粉笔？大家想想，学前教育就像小莉所认为的那样靠的是老师的嘴巴和粉笔吗？构成学前教育的要素除了教师和学前儿童外，还有哪些？各因素之间有什么关系？教师又该如何把握呢？

构成学前教育的要素主要包括：学前儿童、教师、教育内容以及教育环境。学前儿童在教育活动中既是接受教育的人，更是学习与发展的主体；教师与学前儿童在教育过程中发生着十分复杂的互动关系，教师在教育过程中要按照学前教育规律引领和促进学前儿童发展，发挥主导作用；教育内容是教育活动的载体；教育环境是学前儿童学习与发展不可或缺的物质资源和精神氛围。以上教育的四要素是教育活动必不可少的，这些要素在教育过程中又是相互作用、相互影响地发挥各自的功能。

第一节 学前儿童和教保人员

学前儿童是构成学前教育的核心要素，是各种教育活动中儿童学习与发展的主体。我们在"学前卫生学"和"学前心理学"等课程中已经全面学习了学前儿童的身心发展规律，下面我们将从教育学的视角分析学前儿童身心发展的独特性，进而进一步了解学前儿童学习与发展的主要方式及其与其他各要素之间的关系。

一、学前儿童

（一）学前儿童身心发展的独特性

学前儿童是指从出生到入小学前的0—6岁儿童。根据学前儿童的身心发展特征，其教育又分为0—3岁婴幼儿的早期教育和3—6岁的幼儿教育。

1.0—3岁婴幼儿的身心发展

儿童刚出生时还是一个自然实体、自然人，在父母的哺育下，生理、心理和行为都迅速发展。

其一，大脑的发育。大脑以一种惊人的速度迅速生长，新生儿大脑重量相当于成人人脑重量的25%，到2岁时幼儿大脑重量已达到成人脑重量的75%。儿童大脑的发育包括大脑结构的变化、神经系统的发

展和大脑的分化、发展等。其二,身体的发展。0—3岁婴幼儿身体的生长发育十分迅速,表现在身体大小、比例的变化和骨骼的生长,其动作技能伴随着神经系统的发展而发展,逐渐能够掌握自己的身体。其三,语言的发展。哭是新生儿的一大特征,刚出生时哭声是未分化的,一个月后婴儿的哭声就渐渐分化,得以让父母能辨认是饥饿还是痛苦等不同的哭叫声。随着其在母亲不断地与之交流过程中牙牙学语,一岁左右的婴幼儿就开始学叫爸爸妈妈,渐渐进入单词句阶段,用简化的语言、简单的句子与人谈话。如果发展得好,两岁的幼儿就很通畅地表达自己了。其四,认知的发展。婴幼儿行走、抓握等动作技能的发展,使之有能力在更大的范围里学习探索周围世界,大大促进其感知觉及其整合能力的发展、思维的发展。0—3岁婴幼儿的思维发展是以直觉行动性思维为主要特征,并逐渐发展其直观形象思维。其五,情绪与社会性的发展。新生儿就渐渐开始有感兴趣、痛苦、厌恶和快乐的情绪表现,而后出现愤怒、悲伤、欢乐、惊讶和害怕等情绪情感,半岁以后又出现惊奇、害羞和嫉妒等情绪,而且在与父母的相处中表现出一定的情绪情感的辨别能力,形成自我意识,逐步增强自我调节能力,萌生道德感,获得早期社会性发展。

2.3—6岁幼儿的身心发展

儿童出生以后,在一定的社会生活和教育条件下,经过三年的时间,已从一个弱小的个体发展到能够到处走动,广泛操纵物体,进行初步的言语交际,并且能从事一些简单的活动。

（1）身体与动作的发展

大脑的两半球分别控制着身体的不同区域,各自执行不同的功能。幼儿6岁时大脑的重量就已经接近成人。随着脑的发展,幼儿身体的各部分也相应得到了发展,尤其是动作的协调性发展。随着身体变得更加成熟、中枢神经系统不断发展以及活动范围更加广泛,幼儿开始不断校正自己的动作,以适应新的环境的挑战,并要达到更新的目标。随着幼儿的体形变得更加趋向于成人,不再头重脚轻,幼儿的平衡能力发展很快,运动促进了走、跑、跳、投掷、攀登等大肌肉动作的发展。如同大动作一样,小肌肉动作也得到了较大提升。幼儿手眼协调能力和对小肌肉的控制能力迅速提高。能够搭积木、用剪刀、粘贴、涂涂画画、自己穿衣、吃饭等。

（2）心理发展的独特性

幼儿各种心理过程带有明显的具体形象性和无意性,抽象概括性和随意性只是刚刚开始发展。幼儿在不断形成一般表象和低级的概念,渐渐能对事物进行分析、综合、抽象、概括,从而进行初步的逻辑思维。但由于知识经验的贫乏,言语发展还不够,主要还是以直观表象的形式来认识外界事物,概念处在具体形象水平上,逻辑思维都具有直观性和形象性,需要直观形象的不断支持和强化,否则会产生认知困难。

同时,由于幼儿知识经验的贫乏和言语发展还不够,他们还不能有意识地控制和调节自己的行动,心理过程都带有很大的无意性,心理活动也带有很大的不稳定性。在很大程度上,幼儿很容易受外界新鲜事物的吸引而改变自己的心理活动,有目的、有系统地独立思考的能力很差,容易受权威的支配和影响。从4岁开始,特别是到了五六岁,幼儿的各种心理过程的随意性和稳定性都不断增长,为其进入小学学习做了充分的准备。

幼儿行为的自觉性逐渐得到了发展,相对于婴儿而言,幼儿能逐渐使自己的行为服从于较远的目的,自我意识得到进一步发展。婴儿的行为主要是受直接作用于他的事物所支配的,把这些事物挪开了,婴儿的心理活动也就随之停止或改变,婴儿的思维带有很强的直觉行动性。在教育影响下,大脑皮质抑制迅速发展,言语系统初步发展。到了幼儿时期,幼儿对周围的人有了一定的了解,交往能力不断提高,喜欢与同伴一起游戏。随着自我意识的发展,幼儿对性别角色的认识、初步的道德感、友谊感也得以发展,形成最初的个性倾向,并形成人的一生发展的基础。

3.陈鹤琴谈学前儿童心理发展的独特性

我国的幼儿教育专家陈鹤琴先生也对幼儿进行了长期的观察研究,他在1925年出版的《家庭教育》一书中总结出学前儿童心理的七大特征。

（1）喜欢游戏

"小孩子可以说是生来好动的,是以游戏为生命的。"两三个月大的婴儿就能在床上不停地敲手踢脚,独自玩弄。再大一点看见东西就要抓来玩。到了三四岁的时候,他的游戏动作增多了、游戏方法方式也更丰富了,能够假想。如从前他只能把棒头敲敲作声以取乐,现在他要背着棒当枪使了。到了六七岁的时候,他的身体比从前更加强健,精力旺盛,知识也渐渐丰富了,喜欢玩各种竞争游戏了。

（2）喜欢模仿

小孩在一岁左右就能模仿简单的声音和动作了。如模仿鸡啼羊叫,模仿大人刷牙等。到两岁左右时就能模仿复杂的动作了,如模仿父母扫地、做饭等。到三四岁的时候,他的模仿能力就发展得更强了。模仿学习成人言语、所看到的风俗、各种技能等,如模仿结婚等。

（3）生来好奇

小孩子生来就好奇,几个月听见声音就要转头去寻找,一看见东西就要伸手抓。到了四五岁,他的好奇动作就更多了。看见路上的汽车,总要停住脚看看。听见外面的声响,总要跑出去看看。很爱问问题。总之,对新奇的东西都会产生好奇心。陈鹤琴引用柏拉图的话说:"好奇者,知识之门""学问千千万,起点是一问"。

（4）喜欢成功

小孩子很小的时候就不仅喜欢动作,更喜欢动作有成就。大一点的孩子不但喜欢做事情,同时还喜欢成功。"因为事情成功,一方面固然自己很有趣的,另一方面可以得到父母和老师的赞许。小孩子一有成就,就增强自信。成就愈多,自信心愈强。自信心愈强,愈容易成功。两者互相为用。"

（5）喜欢野外生活

大多数小孩是喜欢到野外去玩的,许多小孩在家里哭的主要原因也正是想出去玩。小孩子"到门外去就喜欢,终日在家里就十分不高兴""他们在旷野里跑来跑去,看见野花就采采,看见池塘就抛石子入水以取乐。这种郊游于小孩的身体、知识、行为都有很好的影响"。许多动植物、地理等知识是从自然界中获取,玩沙、玩水都会有收获,小孩子正是在户外、郊外发展了天性、强健了体魄。

（6）喜欢合群

凡人都喜欢群居,这种天性在小孩子一出生就表现出来。几个月的孩子哭的时候,一听到母亲的声音就不哭了。只要有人与他一起玩,小孩子就很高兴。一两岁的孩子就愿与同伴游玩,六岁孩子的乐群心就更强了。

（7）喜欢被称赞

拓展阅读
3-1

小孩子喜欢"听好话",喜欢被别人表扬、称赞,如要是穿了一件新衣服、一双新鞋子,就要给父母看看、给同伴看看。陈鹤琴举例说:"假使他不愿意刷牙齿,你可以指着一个牙齿洁白而肯刷牙齿的小孩子说:'他的牙齿多好看,多清洁,你若天天刷牙齿也会像他这样整齐好看呢!'小孩子听了你的话,恐怕就要去刷了。若刷了之后,你可就称赞他说:'呀!你的牙齿是白一点了,好看得多了。'他听了必然觉得非常的高兴,下次洗脸时就喜欢刷牙了。"

（二）学前儿童学习与发展的主要方式

1. 游戏活动

游戏能有效满足学前儿童自愿自主参加的充分展现自我、实现自己的个人愿望、快乐体验的心理发展需要,获得身体动作、认知、语言、情感与社会性的发展。1岁进入幼儿期的学前儿童,由于身心各方面的发展,初步产生了参加社会生活的愿望。这就是说,学前儿童开始产生了新的需要,即渴望参加成人的社会实践活动,特别是劳动和学习活动的需要。但是,另一方面,我们也会看到,学前儿童的能力还是非常有限的,他还不能很好地掌握自己的行动,他的知识经验还非常缺乏,还不能很好地控制自己,使自己的行为服从于比较远大的目的。因此,儿童渴望独立参加社会实践活动这种新的需要跟从事独立活动的经验及能力水平之间产生了重大的矛盾。这是学前儿童心理上的主要矛盾。而游戏活动就是解决这一矛盾的主要活动形式,在游戏活动中,学前儿童心理的主要矛盾逐步得到解决,从而也就推动了学前儿童心理不断向前发展。

2. 直接参与

学前儿童的学习是以直接经验为基础的,其身心是在与周围环境的相互作用中发展的。学前儿童通过直接参与日常生活活动、游戏活动、学习做事与完成一定任务等实践活动,获得直接经验,发展身体动作、认知、语言、情感与社会性。教师要创设丰富的教育环境,合理安排一日生活,最大限度地支持和满足学前儿童通过直接感知、实际操作和亲身体验获取经验的需要,严禁"拔苗助长"式的超前教育和强化训练。重视学前儿童的学习品质。学前儿童在活动过程中表现出来的积极态度和良好行为倾向是终身学习与发展所必需的宝贵品质。要充分尊重和保护学前儿童的好奇心和学习兴趣,帮助学前儿童逐步养成积极主动、认真专注、不怕困难、敢于探究和尝试、乐于想象和创造等良好学习品质。忽视学前儿童学习品质培养、单纯追求知识技能学习的做法是短视而有害的。

二、学前教师

在构成学前教育的基本要素中,学前教师处于主导地位,与各种非学前教育专业的学前教育机构的其他工作人员相比,学前教师的作用无与伦比。学前教师职业与其他教师职业一样,是培养人、造就合格社会成员的职业,同时又因教育对象的特殊性使这一职业具有其自身的特点。

（一）学前教师的专业身份

1.学前教师是专业人员

我国《教育法》第十七条规定:"国家实行学前教育、初等教育、中等教育、高等教育的学校教育制度。"《中华人民共和国教师法》(简称《教师法》)第三条指明"教师是履行教育教学职责的专业人员",学前教育是我国学校教育制度的起始阶段,学前教师与其他学段的教师一样,都是专业人员。我国2011年颁布的《专业标准》进一步明确"幼儿园教师是履行幼儿保育和教育职责的专业人员"。

拓展阅读
绪论-1

作为基础教育的重要组成部分的学前教育,3—6岁的幼儿教育有着一百多年的历史。改革开放后幼儿教育的理论研究与实践探索取得了瞩目的成就,形成具有中国特色的幼儿教育理论体系和实践体系。《条例》(1989年)、《规程》(1996年)、《纲要》(2001年),都对幼儿园教师提出专业素质要求。

所谓专业,是指经过专门的教育和训练、具有独特的专门知识和技术,按照一定的专业标准从事专门化的工作、为社会提供专门性的服务。学前教育教师职业已向专业化的方向发展,已成为需要经过学前教育专业培养和训练才能取得任教资格的"专业人员"。幼儿园教师是经过学前教育专业专门培养、训练的对幼儿实施保育和教育职责的专业人员。自1994年1月1日开始,我国实行了幼儿园教师资格制度。2000年颁发《〈教师资格条例〉实施办法》。2011年颁布《专业标准》并首先在浙江省、湖北省试点"国标、省考、县聘、单位用"的教师准入和管理制度,2015年开始在全国全面实施。

《专业标准》是幼儿园教师履行专业职责和进行专业活动的基本规范与要求,是幼儿园教师培养、准入、培训、考核、管理等工作的重要参考依据,它从基本理念、内容与要求、实施和建议三个方面提出要求。

2.《专业标准》的基本理念

（1）幼儿为本

幼儿园教师保育和教育工作目标是促进幼儿体、智、德、美等全面发展。《专业标准》遵循幼儿为本的理念,要求幼儿园教师在保教工作中,要尊重幼儿的主体地位和个性差异,遵循幼儿身心发展规律,因材施教,促进幼儿生动、活泼、主动地发展,使每个幼儿学会求知,学会做事,学会做人,学会合作,得到全面而健康的发展。

（2）师德为先

幼儿园教师要热爱学前教育事业,具有职业理想,践行社会主义核心价值体系,履行教师职业道德规范。包括三层含义:一是具有职业理想与职业道德;二是尊重和热爱幼儿;三是为人师表、教书育人。

（3）能力为重

幼儿园教师保育和教育工作是实践性很强的专业工作,不同的情景、不同的条件、不同的儿童心理行为反应及其含义可能不同,要求幼儿园教师必须具备较强的专业能力。《专业标准》强调幼儿园教师专业能力的不断生成和培养,引导教师把理论学习与教育实践相结合,鼓励教师通过实践—反思—再实践—再反思,提升专业能力,形成教育智慧。

（4）终身学习

幼儿园教师是终身学习者。幼儿园教师既是保教工作者,又是与幼儿、与教育改革以及社会不断共同成长的学习者。《专业标准》把终身学习作为幼儿园教师重要的价值追求和行为准则,鼓励教师在不断变化的社会和教育改革中,不断追求新知,通过持续不断的专业学习与实践,与时俱进。

3.《专业标准》的内容与要求

（1）专业理念与师德

对职业的理解与认同。要做到热爱幼儿教育事业,理解幼儿教育和保育工作的内容,具有职业理想;贯彻国家教育方针政策,遵守教育法律法规;认同教师职业的专业性,重视自身专业素养的提高与完善;具有良好的职业道德,为人师表;具有团队合作精神,积极开展协作与交流。

对幼儿的态度与行为。要做到关心和爱护幼儿,将幼儿的生命安全和身心健康放在首位;尊重和保障幼儿的独立人格与合法权益,平等、公正地对待幼儿;尊重幼儿的个体差异,接纳幼儿的独特性,愿意倾听幼儿的心声,满足幼儿发展的不同需要;尊重幼儿生活的价值,让幼儿拥有快乐的幼儿园生活。

对幼儿教育和保育的态度与行为。要做到遵循幼儿身心发展规律和幼儿教育规律,保教结合,做好保教工作;注重保护幼儿的好奇心、培养幼儿的想象力、帮助幼儿形成良好的行为习惯;重视环境和游戏对幼儿发展的独特价值,为幼儿创设富有教育意义的环境,保证幼儿游戏的时间与条件;懂得探索、交往等实践活动是幼儿最重要的学习方式,重视在一日生活中丰富幼儿多方面的直接经验;重视自身日常言行对幼儿发展的重要影响与作用;重视幼儿园、家庭和社区的合作,综合利用各种资源促进幼儿健康全面发展。

个人修养与行为。要做到富有爱心、耐心、细心和责任心;热情开朗、乐观大方,有亲和力,积极好学;衣着整洁得体,举止文明礼貌;能较好地调节和控制自己的情绪,保持平和的心态。

（2）专业知识

幼儿发展的知识。要了解国家有关幼儿生存、发展和保护的相关法律法规与政策;掌握不同年龄阶段幼儿身心发展的特点、规律和促进幼儿身心健康全面发展的策略与方法;了解幼儿在发展水平、速度与优势领域等方面的个体差异和促进不同幼儿发展所需要的策略与方法;了解幼儿发展中容易出现的问题或障碍与基本的妥当应对方法;了解有特殊需要幼儿的身心发展特点及教育策略与方法。

幼儿教育和保育的知识。要理解我国幼儿园教育的目标、任务、内容、要求和基本原则;掌握幼儿园教育的主要途径、组织形式、活动方式以及各领域教育的知识与策略;掌握幼儿园环境创设、一日生活、游戏与教育活动合理安排的有效策略;掌握幼儿园班级管理的常规内容与基本要求,熟知幼儿卫生保健与急救的基本方法;熟知幼儿园的安全应急预案,掌握暴力袭击、摔伤、火灾、地震等意外事故和危险情况下幼儿安全防护与救助的基本方法;掌握观察、谈话、记录等了解幼儿的基本方法的知识;了解0—3岁婴幼儿保育教育和幼小衔接的有关知识与基本方法。

通识性知识。要具有一定的自然、社会和人文科学知识,掌握幼儿园各领域教育的学科特点与基本知识;具有良好的语言表达能力,能使用符合幼儿年龄特点的语言进行保教工作;具有良好的艺术修养,有健康的审美观和一定的艺术表现力;具有一定的信息技术知识和技能。

（3）专业能力

环境的创设与利用。应能建立良好的师幼关系、同伴关系和班级氛围,使幼儿感到温暖和愉悦;能建立符合幼儿年龄特点的班级秩序与规则,使幼儿感受到安全、舒适;能根据幼儿年龄特点并结合教育目标和保教活动的需要,创设有助于促进幼儿成长、学习、游戏和探索的教育环境;能根据需要合理利用资源,并能为幼儿提供并制作一些适合其年龄特点的玩教具和学习材料,引发和支持幼儿的主动活动。

一日生活的组织与保育。应能遵循保教结合原则,合理安排和组织一日生活的各个环节,将教育灵活地渗透到一日生活中;能对幼儿进行科学的日常生活照料,指导和配合保育员做好班级常规卫生保健工作;能鼓励幼儿参与班级共同生活常规的建立与实践;能妥善处理一日生活中的偶发事件,并能对幼儿进行随机教育;能有效保护幼儿和处理幼儿的常见事故,在危险情况下优先救护幼儿。

游戏活动的支持与引导。应能根据幼儿兴趣需要、年龄特点和发展目标,提供开展各种游戏的条件;能充分利用与合理规划游戏活动空间,提供丰富、适宜的游戏材料,引发、支持和促进幼儿的游戏;能鼓励幼儿自主选择游戏内容、伙伴和材料,支持幼儿主动、创造性地开展游戏,充分体验游戏的快乐和满足;能引导幼儿在游戏活动中获得身体、认知、语言和社会性等多方面的发展。

教育活动的计划与实施。应能根据教育目标和班级幼儿的实际需要,制定阶段性的教育活动计划和具体活动方案;能在教育活动中用心观察幼儿,根据幼儿的表现和需要,调整活动,给予适宜的指导;能在教育活动的设计和实施中体现趣味性、生活化和综合性;能根据教育活动的目标、内容和幼儿的发展需要,运用个体、小组和集体等不同的组织形式和适宜的教育策略;能给幼儿提供更多的操作探索、交流合作、表达表现的机会,支持和促进幼儿的主动学习。

激励与评价。应能有效运用观察、谈话、家园联系、作品分析等多种方法,全面、客观地了解和评价幼儿;能将对幼儿的观察与评价作为教育引导幼儿和开展教育活动的依据;能发现和赏识每个幼儿的点滴进步,注重激发和保护幼儿的积极性、自信心。

沟通与合作。能善于倾听幼儿的心声,能与幼儿进行有效的沟通;能与同事合作交流,分享经验和资源,共同发展;能有效进行家园沟通与合作,共同促进幼儿发展;能协助幼儿园与社区建立合作互助的良好关系。

反思与发展。应能坚持终身学习与发展,制定适宜的个人专业发展规划,并通过多种途径不断提高自身专业素质;能主动收集、分析自身教育工作的相关信息,并不断进行反思,改进保教工作;能结合自身教育工作中的现实需要与问题,进行探索和研究。

（二）学前教师的劳动特点

1. 劳动的全面性和综合性

学前儿童教育专业教师劳动的全面性和综合性,首先是由学前儿童教育任务和教育过程的全面性和综合性决定的。学前教育任务是为学前儿童德智体美劳等全面发展奠定基础,教育任务的实现过程是一个系统工程。教育要在有限的时间里通过多种因素的协同作用,完成一项综合性任务,这个过程必然要求教师考虑到每一个方面的因素。其次,学前儿童的成长因素是多方面的,它包括遗传、环境与教育、学前儿童能动性及自身的生命实践等因素,哪一方面受到忽视,都可能给儿童成长带来损失。最后,学前教师劳动的全面性和综合性是由学前儿童的年龄特点所决定的,学前儿童生长发育是迅速的,但身体各器官及机能比较稚嫩,发育不完善,对外界的适应能力和对疾病的抵抗力较差,易受损伤、易感染疾病。这就促使学前教育专业教师要在做好教育教学工作的同时,做好管理和卫生保健工作,让儿童学得好、玩、吃、睡得好,使其身心得到全面健康的发展。因此学前教育教师的工作任务是全面性的、综合性的。

2. 劳动的创造性

学前儿童处于人生的起始阶段,也是发展最迅速的阶段,不同遗传因素、不同家庭环境的影响使学前儿童存在个体差异,这给学前教师的保教工作带来极大的挑战。相比中小学教育有教材、分学科教学,学前教育更具有创造性。学前儿童是在与周围环境的相互作用过程中获得发展的,这种学习不是无目的地追随学前儿童的随意、自发的活动,教师要根据对学前儿童发展的现有水平、发展需要、兴趣的观察及所做的价值判断不断生成课程活动,不断调整课程计划,在与学前儿童的互动中,提供支持和帮助,促进其发展。如,幼儿园教育中的生活化课程就是建立在对幼儿的仔细观察上,因而更符合幼儿的兴趣与发展需要,更能调动幼儿参与课程活动的主动性、积极性,从而有效学习与发展。但是,在一个容量较大的班集体中,幼儿不同的兴趣点会生成不同方向、不同内容的课程,这也给教师的环境创设与指导工作带来诸多困难与挑战,如果把握不好,很有可能会陷入自由混乱的状态。教师在实施保育与教育过程,还必须因人而异,寻求适合每个幼儿的教育,根据其兴趣、发展变化、水平和发展需求,不断进行调整,以有效的教育内容、方法和形式因材施教,使幼儿在各自的基础上得到最大限度的发展。与此同时,幼儿在活动过程中还会产生各种不同的兴趣和认知需求,给课程的发展和生成带来不确定性与零散性,要把这样的偶发性内容有机地融入综合性很强的课程计划中,指向幼儿系统、长远的发展,教师需要具备很高的创造能力。

3. 劳动的示范性

学前教育是教师通过实施教育影响并培养学前儿童的。学前儿童思维特点是直觉行动思维和具体形象性思维占主导,并富于模仿性和易受暗示,他们把教师看作知识、智慧的化身,高尚人格的代表,教师成了学前儿童天然的模仿对象。教师的言行举止、精神面貌、科学态度、思维方式都对学前儿童起着示范作用。不管教师是否意识到这一点,自觉还是不自觉,教师的一举一动无时无刻不在向儿童进行示范,教师的人格是教育的重要组成部分,教师的言谈举止、举手投足,无不在熏陶着学前儿童。教师以自己的语言、形象、活动和激情表现知识内涵,能帮助学前儿童达到对知识内涵的把握,并留下深刻印象。可见,学前儿童会毫不怀疑地接受教师的言行,他们的身上常会反映出教师的某些个性品质。可以说,教师自觉不自觉地在用自己的知识、技能、能力、世界观和思想感情去影响学前儿童,用自己的人格去感染学前儿童。教师劳动的效果取决于其自身的素质水平,教师只有不断学习,提高修养,完善自我,才能成为学前儿童的表率。

4. 劳动的长期性

学前教师劳动的长期性的一个重要表现,就是劳动的效果需要很长时间才能得到检验。从微观的层面来讲,由于学前儿童的神经系统发育不完善,认知水平不高,动作稳定性和精细化程度不够,因此,教师在指导幼儿学习和一日生活的各环节时,往往需要极强的耐心、持续的关怀和引导。例如,幼儿的某些行为偏差,教师需要长期的关注、反反复复的引导、纠正才能达到一定的效果。与此同时,幼儿良好习惯培养方面更是需要长期的不懈努力,需要家长和幼儿园的长期合作,并保持教育的一致性和一贯性,这样才能形成合力、达到预期的教育效果。从宏观层面来讲,教师劳动社会效果的长期性,既表现为后效性,又表现为长效性,即人才成长和教育效果在人的一生中都将发挥作用。正如中国春秋时期的管仲所说:"一年之计,莫如树谷;十年之计,莫如树木;终身之计,莫如树人。"[1]

---

① 温端政.中国俗语大辞典［M］.上海:上海辞书出版社,2011.

一个人能够成才,需要幼儿园、小学、中学、大学等各个教育阶段教育者共同的努力。学前教师从事的是人才培养的奠基工作。教师对学前儿童的影响是极其深刻的,甚至会影响儿童的一生。教师劳动的长期性,要求教师有高瞻远瞩的精神和战略的眼光。今天的学前儿童是明天的希望,是祖国现代化建设各条战线上的主力军。因此,学前教师所关心的不仅是学前儿童当前的发展,而且是他们的未来、他们的一生,并要为此而付出自己全部的心血和精力。

（三）学前教师的专业角色

1.学前教师是学前儿童学习与发展的观察者和研究者

拓展阅读
3-2

学前教师是学前儿童学习与发展的观察者和研究者,观察是教师采取其他任何教育行为的基础。观察能够为教师提供有关学前儿童的发展水平、特点、兴趣和需要等方面的信息;提供理解个别学前儿童需要的线索,以便有针对性地满足合理的需求,支持、帮助他们解决问题。观察学前儿童是引导他们学习与发展的基础。同时,观察也能够帮助教师决定如何与学前儿童进行互动。观察是研究的基础环节,研究还包括主动收集分析相关信息,不断进行反思,改进保教工作。教师以研究者的视角针对保教工作中的现实需要与问题,进行探索和研究,不断提高工作的时效性。作为研究者,学前教师需要制定符合自身特点和学前教育实际需要的专业发展规划,积极参加专业培训,不断提高自身专业素质。

2.学前教师是学前教育活动内容的选择者、组织者和保教环境的创设者

学前教育活动内容的选择和组织对于学前儿童的现有水平要有一定的挑战性,既符合学前儿童的当下成长需要,又有利于其长远发展;既要贴近学前儿童的生活来选择学前儿童感兴趣的事物和问题,又要有助于拓展学前儿童的经验和视野。在设计教育活动时,应充分考虑学前儿童的学习特点和认知规律,各领域的内容要有机联系,相互渗透,注重综合性、趣味性、活动性,寓教育于生活、游戏之中。除教育活动之外,保教环境也是重要的教育资源,保教环境是学前教育的载体,学前儿童是在与环境的互动中获得经验与发展的,环境对学前儿童还起着潜移默化的、持久深远的影响。作为学前儿童生活、学习、游戏的场所,学前教育机构必须将环境创设作为日常工作中的重要组成部分。教师是保教环境的创设者,应创设和利用良好、适宜的保教环境来有效地促进学前儿童的身心发展。

3.学前教师是幼儿学习活动的支持者、合作者、引导者

在有形的支持方面,学前教师应该充分利用学前教育机构的空间、设施、活动材料引发、支持学前儿童的游戏和各种探索活动,即引发、支持学前儿童与周围环境之间积极的相互作用。在无形的支持方面,教师的态度和管理方式应有助于形成安全、温馨的心理环境;教师的言谈举止应成为学前儿童学习的良好榜样,让学前儿童在教师营造的良好氛围中健康成长。教师需随时关注学前儿童在活动中的表现和反应,敏感地察觉他们的需要,及时以适当的方式回应,形成合作探究式的互动关系。教师需要尊重学前儿童在发展水平、能力、经验、学习方式等方面的个体差异,因材施教,努力使每一个学前儿童都能获得满足和成功。此外,教师应该获得家庭的支持,应本着尊重、平等、合作的原则,争取家长的理解、支持和主动参与,并积极支持、帮助家长提高教育能力,共同促进学前儿童健康成长。

4.学前教师是学前儿童保教活动的组织者及教育资源的整合者

学前教师是学前儿童在学前教育机构的生活、游戏与学习活动的组织者,还是家庭、社区等教育资源的整合者,以实现保育与教育有效促进学前儿童身心全面和谐而富有个性地发展。教师要根据学前儿童的年龄特点和身心发展需要组织安排其一日生活活动和游戏等教育活动。学前教育机构一日生活的组织在时间安排方面应有相对的稳定性与灵活性,既有利于形成秩序,又能满足学前儿童的合理需要,照顾到个体差异;在组织形式方面,教师直接指导的活动和间接指导的活动相结合,保证学前儿童每天有适当的自主选择和自由活动时间。教师直接指导的集体活动要能保证学前儿童的积极参与,避免时间的隐性浪费。在教育活动内容的组织方面,教师应充分考虑学前儿童的学习特点和认知规律,各方面的教育要有机联系,相互渗透,注重综合性、趣味性、活动性,寓教育于生活、游戏之中。教育活动的组织形式应根据需要合理安排,因时、因地、因内容、因材料灵活地运用。此外,学前教育机构是一个开放的体系,它的良好运行需要社区、家长的大力支持,作为一名学前教育教师,必须学会和家长、社区沟通,整合各种有用的资源为学前儿童发展做好服务。

（四）学前教师专业发展

1.学前教师专业发展的阶段划分

对于学前教师专业发展阶段的研究相对较少,这里主要还是借鉴教师专业发展阶段的有关观点和研

究方法。美国学前教育专家凯茨（Katz，1972）以美国的学前教师为对象，针对学前教师的训练需求与专业成长进行划分，将学前教师的专业成长分为四个阶段：生存阶段、巩固阶段、更新阶段、成熟阶段，并概括出每一阶段学前教育教师专业成长的重点，强调通过满足学前教师的专业训练需求来促进教师的专业成长。

我国学者北京师范大学庞丽娟教授在关于幼儿园教师发展阶段的研究中，提出幼儿园教师专业发展的五阶段论：准备阶段（师范教育）、求生阶段（任职1—2年）、巩固阶段（任职3—4年）、更新阶段（任职第4、5年）、成熟阶段（四五年后），并且提出对幼儿园教师而言，在不同阶段具有不同发展特征和侧重点。北京师范大学张燕教授把幼儿园教师专业成长划分为八个阶段：职前关注阶段、入职适应阶段、能力建立阶段、热心职业提升阶段、职业停滞阶段、更新阶段、生涯低落阶段、退出职业生涯阶段。华东师范大学姜勇教授等以"教师自主"为新视角，揭示了幼儿园教师的专业发展经历了五个阶段：新手—动机阶段（工作1年内）、适应—观念困惑阶段（工作2—5年）、稳定—行动缺失阶段（工作6—11年）、停滞—发展乏力阶段（工作11—15年）、更新—动机增强阶段（工作16年以上）。该五阶段论强调是一个动态的过程，关注幼儿园教师长远发展，为有关方面制定幼儿园教师发展计划提供了指导和依据。但是无论哪种阶段划分理论都不是严格按照年限来划分的，时间只是反映了当今幼儿园教师群体的成长过程。

2. 学前教师专业发展的基本规律及路径

（1）学前教师专业发展是一个连续的过程

学前教师专业发展是一个连续的过程，始于专业学习及入职适应期，终于以退职、退休为标志的职业消离期，其顺序大体是固定的，从新手到成熟，有的还发展为专家，从渐进性的量变到跃进性的质变，表现出若干个连续的阶段。下一阶段的一些特征在上个阶段末尾已开始萌芽，而上一阶段的一些特征在下一阶段开始时常常还留有痕迹。就同一发展阶段说，开始和末尾也是有很大变化的。不应把各发展阶段的划分看成是绝对的、无联系的或突变的。

（2）学前教师专业发展是曲折往复、螺旋上升的

如果把学前教师专业发展视为一条登山的蜿蜒长路，可看到它呈螺旋上升状态，但上升的坡度或者说速率是变化着的。在总体上升的同时，也会有平路，甚至有转折、下行道路夹杂其中。学前教师从新手、入门者、胜任者、熟练者到专家的发展，往往不是一帆风顺的，而是曲折反复的。当入门、逐步熟悉时，往往会产生自己继续往哪个领域发展的"成长选择"的茫然状态；当比较熟练、习惯时，往往会出现"发展乏力"的倦怠状态。教师发展的内外因素作用的结果是，学前教师发展所能达到的发展阶段有所不同，多数能成为"胜任者""熟练者"，由于个人等多种因素影响，不是所有学前教师的专业发展都能达到"专家"阶段。

（3）学前教师专业发展带有鲜明的个人色彩

学前教师专业发展总趋势和基本特征可预测，各发展阶段特征的描述符合多数学前教师的总体发展状况，具有相对的稳定性。但对某一位特定的学前教师而言并不完全具有必然的适用性和针对性。在现实中，每位学前教师的专业成长是一个复杂的、具有个体差异性的过程，这个过程是在外部社会因素影响下，通过教师自身内部不断完善、更新、探索而不断向前延续和拓展的，伴随着教师的整个教育职业生涯。职前受训情况的不同，职后成长环境的不同，个人努力程度和发展策略的差异，决定其各阶段的发展特点带有鲜明的个人色彩。

（4）勤奋努力与反思性实践对学前教师专业发展至关重要

一旦教师开始了自己专业生涯的"第一步"，就应该将这项计划与最初的职业梦想一同进行下去。教师应基于不同发展阶段的特征，选择做恰当的事情。在勤奋努力的前提下，不断尝试各种新的想法，敢于冒风险，敢于向困难挑战而不贪图安逸，这样才能成为一名优秀的专业教师。当然这种冒险不是盲目和狂妄，它要求教师具有坚实而深厚的专业知识和技能基础、坚毅的自信心和积极的自我价值认同感。在教学中，要努力使自己成为一个反思型的教育实践者，并使这种思考成为职业生涯的一种习惯，经常有意识地对自己的教育行为、实践活动以及教育的有效性进行回顾、重建和重现，对自己的行为表现和学前儿童的行为表现能用事实进行深入的分析与解释，或者坚持每天写点工作日记，就个人参与学前儿童成长活动当中的所见所想及一些学前儿童发展中的问题，尝试做些观察研究。这些反思，还有助于平衡自己的心态，激发热爱儿童的深厚情感，坚定个人的专业信念。要从各个专业发展阶段的发展任务出发，解决主要矛盾，循序渐进，实现发展目标。

（5）学前教师专业发展需要有针对性的分类指导

针对学前教师专业发展阶段特征，对学前教师进行群体管理时要注重分类指导，满足不同阶段教师的

发展需求。如对职前学习期的后备师资来说，要着重帮助他们解决专业定向问题；对新手教师来说，要着重帮助他们解决职业适应问题；对处于"熟悉—成长选择"和"习惯—发展乏力"状态下的教师来说，要着重帮助他们解决职业倦怠问题；等等。学前教师管理人员，应该为教师制定促进教师专业发展的培训计划并切实执行，如帮助新教师掌握教育成功所必需的技能、技巧，辅导他们处理教育过程的组织管理、时间安排、人际关系等方面的问题；通过组织学前教师参加学前教育观摩活动，促使教师之间相互交流观点和经验；通过召开家长会，让教师与家长倾心座谈，相互询问，交换意见和看法，利用社会资源改善教师自己的教育，加强与家长的联系；经常组织理论学习，参与专业团体的交流和讨论，使教师自身的发展与学前教育专业的最新发展相一致，不断提升专业素质。

三、学前保育保健人员

学前教师是学前教育的关键要素，对学前儿童发展起主导作用。学前儿童的发展特点决定了学前儿童是在日常生活和游戏中学习与发展的，学前儿童在生活与教育过程中需要成人的照顾、做好保健和保育工作，做到保教结合。因此，学前教育除了教师以外，还配备有保育员，配合每一个教师协同做好保教工作，学前教育机构还按其规模配备有1—3位的保健员。

（一）保育员及其工作

保育员是指在托幼园所、社会福利及其他保育机构中，从事儿童基本生活照料、保健、自理能力培养和辅助教育工作的人员[①]。保育员在学前教育机构负责照料管理学前儿童的生活、卫生，辅助保健人员和教师的学前儿童卫生保健、养育和教育工作。学前儿童的保育是托幼园所工作的重要组成部分，它直接关系到学前儿童的正常发育与健康成长。学前儿童保教工作需要在教师的引领下，教师与保育员双方配合一致，协同育人，真正做到保教并重、保教合一，积极促进学前儿童的和谐全面发展。现代保育不仅关注学前儿童身体健康，除了要做好学前儿童及其生活、活动用具、场所的清洁与护理，在保健人员的指导下执行学前儿童保健、卫生消毒制度和各项安全制度，学前儿童的生活环境创设、日常起居照护和教玩具、生活与活动用品的卫生与管理，还要关注学前儿童心理健康和社会性发展。因此，保育工作应该从传统的保护身体发育扩展到促进学前儿童心理和社会适应能力的发展，即实施"生理—心理—社会"的全面保育。

生理保育：注重学前儿童的疾病防治和健康促进，加强营养和锻炼，搞好安全保护工作。要求科学护理学前儿童的生活，根据学前儿童生长发育的规律及特点，合理安排与照顾婴幼儿的饮食、睡眠等生活起居活动，为学前儿童身心健康发展创造良好的生活条件。

心理保育：这是对学前儿童心理及其能力的保护与增进，使其心理不受伤害，能正常发育，通过积极培养以增强其心理能力。当前，学前儿童心理健康问题已成为家长、教师乃至于全社会都日益关注的问题，也成为现代学前儿童保育工作要加强的重要内容。学前儿童心理的保育，应注重情感保育，培养学前儿童良好的情绪和个性，提高其心理健康水平。在托幼园所每日生活中不仅要关注学前儿童的身体健康，而且还要关注学前儿童的心理健康，满足学前儿童合理的心理需要。

社会性保育：改善学前儿童的生活环境，培养学前儿童的探索精神和社会适应能力，增进友好交往。学前儿童在学前教育机构能否心情愉快地生活，也与学前儿童自身能否与同伴建立良好的关系有关。教师和保育员要协同帮助指导学前儿童学习与同伴交往、友好相处的社会交往技能。

国家制定有保育员的职业资格和等级制度，最低学历要求是初中毕业，经过职业培训和岗位工作实践要求，最高有五级晋升空间。初级保育员为五级资格，中级保育员为四级资格，高级保育员为三级资格，再经岗位实践一定年限经考核还可往技师以及高级技师资格晋升。

（二）保健员及其工作

保健员是受过基本的医药卫生训练的卫生保健人员。学前教育机构保健员上岗前必须经过当地妇幼保健机构组织的卫生保健专业知识培训并考核合格。保健员在学前教育机构负责全园的卫生保健工作，按照《托儿所幼儿园卫生保健工作规范》，制定工作计划、措施、制度，并组织实施、检查、总结。负责全园师生的卫生保健、膳食营养、健康、安全等工作的宣传、指导、监督与管理，及时了解、认真分析，主动反馈并调查，确保师生身心健康。密切与县（区）保所、疾控中心联系，做好教师等工作人员和学前儿童体检及疾病防治的宣传、指导等工作。负责做好学前儿童医疗及保险方面的登录、统计、申报等相关工作。妥善

---

① 《保育员国家职业标准》，中华人民共和国人力资源和社会保障部，2019年.

保管好医疗器械、消毒用品和药品等。协助做好保育员与营养员的服务、指导与监督考核工作。定期向园长、后勤主任汇报工作并接受检查、指导与监督。负责做好相关资料的收集、整理与归档工作。此外,保健员要做好对学前教育机构全体学前儿童健康的管理。如班级卫生保健、学前儿童服药的指导、检查、健康建档等。

学前教育机构全体工作人员必须以学前儿童的健康成长、身心全面和谐发展为核心,团结协作,形成合力,将保教结合原则渗透到学前儿童的一日活动之中。学前教育机构的日常生活包括入园、盥洗、进餐、午睡等。这些活动虽然很平常,但是教师、保育员、保健员应该从这些琐事中培养学前儿童良好的行为习惯。在一日生活中和游戏等各种活动中,所有人员都要了解每个学前儿童的情况,针对不同的个体采取不同的教育方法。抓住学前儿童的特点,利用平时的机会,多与学前儿童交流。教师通过开展各种游戏活动来培养学前儿童的自信心、相互之间的协调能力,使学前儿童与同伴之间能友好地交往,并能提高学前儿童的生活自理能力和安全防护意识。全体工作人员通力合作,通过保育与教育合理的融合,真正做到"保中有教、教中有保",促进全体学前儿童全面和谐而富有个性地发展。

第二节　学前教育内容

教育内容是指为实现教育目标,经选择而纳入教育活动过程的关于德、智、体、美、劳等方面的内容。学前教育内容是为实现学前儿童德、智、体、美、劳全面发展的保教目标,根据学前儿童身心发展特点和需求而选择和组织实施的内容,它可相对划分为健康、语言、社会、科学、艺术五大领域。

一、学前儿童全面发展教育

在我国,学前教育主要分为0—3岁婴幼儿早期教育和3—6岁幼儿教育两个阶段,而0—3岁婴幼儿早期教育是以家庭教育为核心、为主的教育,在此,我们主要讨论3—6岁幼儿在幼儿园中实施的教育。

（一）幼儿全面发展教育的含义

人的发展是个体生命过程中所发生的一系列生理、心理和社会适应的变化过程,是整个人的、系统的、连续性的变化。培养和促进新生一代德、智、体、美、劳全面和谐而又充分发展,是中华人民共和国成立以来教育的出发点和始终努力追求的目标。幼儿全面发展教育是指以幼儿身心发展的现实与可能为前提,遵循幼儿身心发展的特点和规律,有目的、积极、适宜地影响和促进幼儿德智体美劳全面和谐而富有个性地发展,为其一生的成长奠定教育基础。

幼儿全面发展教育是由体智德美劳等构成的有机整体,五育在幼儿发展中具有各自独特的作用和价值,同时又是相互依存、相互渗透、相互影响地构成教育的整体。因此,各育都不可偏废、不可相互取代,也不可相互割裂、各自为政地孤立开展,而应该充分发挥各育的独特作用,有机联系和有效整合地实施全面发展教育,提高教育的整体效益,形成教育合力,促进幼儿身心整体的协调发展,为幼儿一生的发展打下良好的基础,为国民素质全面提高打下良好的基础。对幼儿实施德智体美劳全面发展教育是我国幼儿园教育目标的根本精神和幼儿园的出发点,也是我国幼儿教育法规所规定的幼儿教育任务。

（二）幼儿全面发展的保教目标

《规程》第三条中指出,幼儿园的任务是:"贯彻国家的教育方针,按照保育与教育相结合的原则,遵循幼儿身心发展特点和规律,实施德、智、体、美等方面全面发展的教育,促进幼儿身心和谐发展。幼儿园同时面向幼儿家长提供科学育儿指导。"在促进幼儿身心和谐发展的规格和要求上,《规程》对幼儿全面发展教育目标作出了具体规定。

1. 体育目标

《规程》指明幼儿发展教育的体育目标:"促进幼儿身体正常发育和机能的协调发展,增强体质,促进心理健康,培养良好的生活习惯、卫生习惯和参加体育活动的兴趣。"

幼儿生长发育、肌体健康既是保证全面发展的物质基础,又是发展素质结构中的重要成分。幼儿处在一个柔弱的、不完善的、未成熟的生长阶段,对环境的适应能力很弱,抵抗疾病的能力都比较差,各种器官的运动机能还不完善。加上生活经验不丰富,从事活动的能力、自控的能力、协调自己行为的能力都比较差。这就要求教师创设适当的环境,给予精心的照料、引导和教育。通过开展丰富多样、适合幼儿年龄特点的各种身体活动,如走、跑、跳、攀、爬等,鼓励幼儿坚持下来,不怕困难不怕累,从而激发幼儿参加体育活动的兴趣,养成锻炼的习惯,增强幼儿参加体育活动的主动性,进而促进他们身体良好的发育,增强他们的体质。

2. 智育目标

《规程》指明幼儿的智育目标:"发展幼儿智力,培养正确运用感官和运用语言交往的基本能力,增进对环境的认识,培养有益的兴趣和求知欲望,培养初步的动手探究能力。"

《规程》强调要"培养正确运用感官和运用语言交往的基本能力""培养有益的兴趣和求知欲望,培养初步的动手能力",这是因为幼儿在活动过程中表现出的积极态度和良好行为倾向是终身学习与发展所必需的宝贵品质。幼儿的思维具有具体形象的特点,他们是通过直接感知和具体行动进行思维。这要求教师在教育教学活动中,要充分尊重和保护幼儿的好奇心和学习兴趣,帮助幼儿逐步养成积极主动、认真专注、不怕困难、敢于探究和尝试、乐于想象和创造等良好学习品质,要利用和创造大量的机会,引导他们运用多种感官和语言去与物接触交往,才能增进他们对环境的认识,培养有益的兴趣和求知欲望以及正确运用感官、运用语言交往的能力和动手的能力,发展智力,忽视幼儿学习品质培养和单纯追求知识技能学习的做法都是短视而有害的。

3. 德育目标

《规程》指明幼儿的德育目标:"萌发幼儿爱祖国、爱家乡、爱集体、爱劳动、爱科学的情感,培养诚实、自信、友爱、勇敢、勤学、好问、爱护公物、克服困难、讲礼貌、守纪律等良好的品德行为和习惯,以及活泼开朗的性格。"

《规程》中对幼儿在情感、品德、行为、习惯乃至性格培养上都提出了具体要求。幼儿年龄小、经验少,只能从他们身边的、具体的、看得见摸得着的情景出发,有秩序地、渐进地进行引导,才能帮助他们形成正确的是非观,萌发初步的道德情感,培养良好的品德、行为和习惯。学前教育阶段的品德教育应着重从情感教育入手,比如要萌发幼儿爱祖国的情感,要从幼儿对自己的父母、亲属、教师、同伴、邻居的爱开始,然后引导他们到对家庭、对家乡、对周围接触到的社会生活的爱,以形成他们对祖国的爱。因此,对幼儿情感的培养,对幼儿良好的品德、行为和习惯的培养,教师都应根据幼儿特点,由近及远、由此及彼、由具体到抽象地进行。

4. 美育目标

《规程》指明幼儿的美育目标:"培养幼儿初步感受美和表现美的情趣和能力。"幼儿园的美育并非强调幼儿必须掌握多少的艺术技能技巧。作为艺术启蒙教育,要求幼儿园教师要注重引导幼儿接触周围环境和生活中美好的人、事、物,丰富他们的感性经验和审美情趣,激发他们表现美、创造美的情趣,从而萌发幼儿初步的感受美和表现美的情趣和能力。

特别需要提出的是,幼儿园的教育目标是和谐统一的,促进幼儿在德、智、体、美等方面全面和谐的发展。这既反映了时代要求的未来建设者和接班人应具有的素质结构,也反映了幼儿身心发展特点的内在要求。幼儿的发展是一个有机的整体,要注重领域之间、目标之间的相互渗透和整合,促进幼儿身心全面协调发展,而不应片面追求某一方面或几方面的发展。幼儿园教师既不能片面偏重也不能偏废某一方面,才能促进幼儿整体的协调发展,为幼儿一生的发展打下良好的基础,为国民素质全面提高打下良好的基础。

二、幼儿园教育的主要内容

幼儿园是对3—6岁的幼儿进行保育和教育的机构,要认识幼儿园的保教目标,首先要了解这一时期幼儿身心发展的特点。这一时期的儿童生长速度较之前的0—3岁时期会缓慢些;脑的功能虽不断趋向成熟,但仍易疲劳;各种心理过程带有具体形象和不随意的特点,抽象概括和有意思维刚刚萌发;三四岁已能掌握全部语音,五六岁时连贯性口头语言的表达能力有较大的提高;情感容易激动、变化、外露而不稳定,道德感、美感、理智感开始形成,坚持性、自制力发展较快;个性倾向开始萌芽,逐渐表现出性格、兴趣、能力等方面的个人特点;逐步参加成人的社会实践活动,游戏是最好的活动形式。

幼儿园教育内容是为实现保教目标服务的,应与幼儿身心发展特点和发展需求相适宜。《纲要》明确指出:"幼儿园的教育内容是全面的、启蒙性的,可以相对划分为健康、语言、社会、科学、艺术五个领域,也可作其他不同的划分。各领域的内容相互渗透,从不同的角度促进幼儿情感、态度、能力、知识、技能等方面的发展。"为了实施全面发展的幼儿教育,《纲要》对各领域的教育内容也作了相关要求:

（一）健康领域

● 建立良好的师生、同伴关系，让幼儿在集体生活中感到温暖，心情愉快，形成安全感、信赖感。

● 与家长配合，根据幼儿的需要建立科学的生活常规。培养幼儿良好的饮食、睡眠、盥洗、排泄等生活习惯和生活自理能力。

● 教育幼儿爱清洁、讲卫生，注意保持个人和生活场所的整洁和卫生。

● 密切结合幼儿的生活进行安全、营养和保健教育，提高幼儿的自我保护意识和能力。

● 开展丰富多彩的户外游戏和体育活动，培养幼儿参加体育活动的兴趣和习惯，增强体质，提高对环境的适应能力。

音频视频
3-1

● 用幼儿感兴趣的方式发展基本动作，提高动作的协调性、灵活性。

● 在体育活动中，培养幼儿坚强、勇敢、不怕困难的意志品质和主动、乐观、合作的态度。

（二）语言领域

● 创造一个自由、宽松的语言交往环境，支持、鼓励、吸引幼儿与教师、同伴或其他人交谈，体验语言交流的乐趣，学习使用适当的、礼貌的语言交往。

● 养成幼儿注意倾听的习惯，发展语言理解能力。

● 鼓励幼儿大胆、清楚地表达自己的想法和感受，尝试说明、描述简单的事物或过程，发展语言表达能力和思维能力。

● 引导幼儿接触优秀的儿童文学作品，使之感受语言的丰富和优美，并通过多种活动帮助幼儿加深对作品的体验和理解。

● 培养幼儿对生活中常见的简单标记和文字符号的兴趣。

● 利用图书、绘画和其他多种方式，引发幼儿对书籍、阅读和书写的兴趣，培养前阅读和前书写技能。

● 提供普通话的语言环境，帮助幼儿熟悉、听懂并学说普通话。少数民族地区还应帮助幼儿学习本民族语言。

（三）社会领域

● 引导幼儿参加各种集体活动，体验与教师、同伴等共同生活的乐趣，帮助他们正确认识自己和他人，养成对他人、社会亲近、合作的态度，学习初步的人际交往技能。

● 为每个幼儿提供表现自己长处和获得成功的机会，增强其自尊心和自信心。

● 提供自由活动的机会，支持幼儿自主地选择、计划活动，鼓励他们通过多方面的努力解决问题，不轻易放弃克服困难的尝试。

● 在共同的生活和活动中，以多种方式引导幼儿认识、体验并理解基本的社会行为规则，学习自律和尊重他人。

音频视频
3-2

● 教育幼儿爱护玩具和其他物品，爱护公物和公共环境。

● 与家庭、社区合作，引导幼儿了解自己的亲人以及与自己生活有关的各行各业人们的劳动，培养其对劳动者的热爱和对劳动成果的尊重。

● 充分利用社会资源，引导幼儿实际感受祖国文化的丰富与优秀，感受家乡的变化和发展，激发幼儿爱家乡、爱祖国的情感。

● 适当向幼儿介绍我国各民族和世界其他国家、民族的文化，使其感知人类文化的多样性和差异性，培养理解、尊重、平等的态度。

（四）科学领域

● 引导幼儿对身边常见事物和现象的特点、变化规律产生兴趣和探究的欲望。

为幼儿的探究活动创造宽松的环境，让每个幼儿都有机会参与尝试，支持、鼓励他们大胆提出问题，发表不同意见，学会尊重别人的观点和经验。

● 提供丰富的可操作的材料，为每个幼儿都能运用多种感官、多种方式进行探索提供活动的条件。

● 通过引导幼儿积极参加小组讨论、探索等方式，培养幼儿合作学习的意识和能力，学习用多种方式表现、交流、分享探索的过程和结果。

● 引导幼儿对周围环境中的数、量、形、时间和空间等产生兴趣，建构初步的数概念，并学习用简单的数学方法解决生活和游戏中某些简单的问题。

● 从生活或媒体中幼儿熟悉的科技成果入手，引导幼儿感受科学技术对生活的影响，培养他们对科学的兴趣和对科学家的崇敬。

● 在幼儿生活经验的基础上，帮助幼儿了解自然、环境与人类生活的关系。从身边的小事入手，培养初步的环保意识和行为。

（五）艺术领域

● 引导幼儿接触周围环境和生活中美好的人、事、物，丰富他们的感性经验和审美情趣，激发他们表现美、创造美的情趣。

● 在艺术活动中面向全体幼儿，要针对他们的不同特点和需要，让每个幼儿都得到美的熏陶和培养。对有艺术天赋的幼儿要注意发展他们的艺术潜能。

● 提供自由表现的机会，鼓励幼儿用不同艺术形式大胆地表达自己的情感、理解和想象，尊重每个幼儿的想法和创造，肯定和接纳他们独特的审美感受和表现方式，分享他们创造的快乐。

● 在支持、鼓励幼儿积极参加各种艺术活动并大胆表现的同时，帮助他们提高表现的技能和能力。

● 指导幼儿利用身边的物品或废旧材料制作玩具、手工艺品等来美化自己的生活或开展其他活动。

● 为幼儿创设展示自己作品的条件，引导幼儿相互交流、相互欣赏、共同提高。

第三节　学前教育环境

一、学前儿童成长的环境

学前儿童成长的环境是指影响学前儿童身心发展的一切外部条件的总和。

学前儿童成长的环境是一个系统，以学前儿童为中心，环境这一系统由近及远、关系密切程度不同，分为学前儿童成长的微观环境、中观环境和宏观环境，如图2-3-1所示。

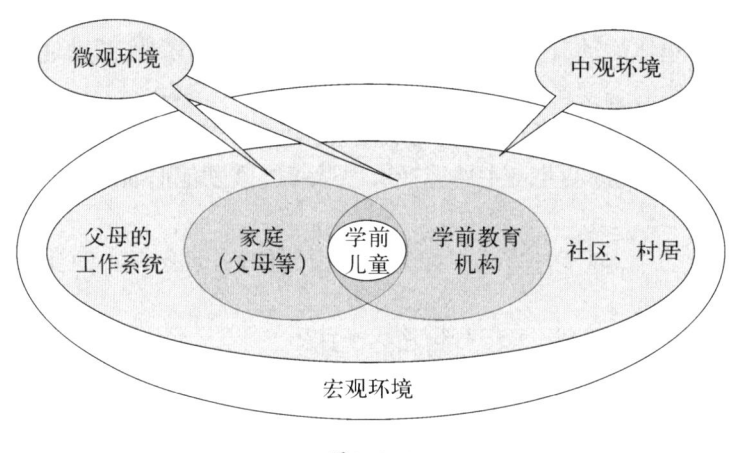

图2-3-1

（一）学前儿童成长的微观环境

学前儿童成长的微观环境主要包括学前儿童成长的家庭教育环境和学前教育机构中的环境，后者包括幼儿园和早教机构等。学前儿童生活、学习所处的家庭、幼儿园，其人、事、物等及其关系构成微观环境系统，直接影响着学前儿童的发展。

家庭是以血缘关系组成的、人一出生就生活在其中的社会群体，是学前儿童成长最自然、最重要的微观环境。学前儿童与父母等家庭成员共同生活，是其成长最基本的、不可或缺的生态环境。家庭人文环境，包括家庭成员及其与学前儿童之间关系、文化修养与氛围、家庭的生活方式、父母的文化与教育观念、教育方式，以及家庭物质条件与环境设置，都对学前儿童的发展产生重要的影响。家庭成员之间形成的氛围、言谈举止等心理道德环境是家庭环境的核心，对学前儿童情感与社会性发展产生潜移默化的影响，并进而影响其他方面的发展。如，家庭是团结和睦的还是矛盾分裂的，是积极向上的还是消极颓废的，是热情温暖的还是孤独冷漠的，是有节奏有条理的还是懒散杂乱无章的，都直接影响着学前儿童心理素质的形成。

学前教育机构中的环境是指在学前教育机构中,对学前儿童身心发展产生影响的一切物质和精神环境的总和。《纲要》对幼儿园有效创设和利用环境做了专门的阐述:"环境是重要的教育资源,应通过环境的创设和利用,有效地促进幼儿的发展。① 幼儿园的空间、设施、活动材料和常规要求等应有利于引发、支持幼儿的游戏和各种探索活动,有利于引发、支持幼儿与周围环境之间积极的相互作用。② 幼儿同伴群体及幼儿园教师集体是宝贵的教育资源,应充分发挥这一资源的作用。③ 教师的态度和管理方式应有助于形成安全、温馨的心理环境;言谈举止应成为幼儿学习的良好榜样。④ 家庭是幼儿园重要的合作伙伴。应本着尊重、平等、合作的原则,争取家长的理解、支持和主动参与,并积极支持、帮助家长提高教育能力。⑤ 充分利用自然环境和社区的教育资源,扩展幼儿生活和学习的空间。幼儿园同时应为社区的早期教育提供服务。"

学前教育机构中的环境是专门为学前儿童设置的,符合学前儿童的年龄特点和生活、教育的需要,具有专业性、规律性、符合时代的社会需求等特点,是有明确目的、有计划、有组织的,它与其他环境相比,更能使学前儿童朝着保教目标发展,对促进学前儿童健康发展起重要作用。

（二）学前儿童成长的中观环境

学前儿童成长的中观环境是指除学前儿童所处的家庭和学前教育机构之外的、可经常涉足或能影响家庭生活的环境,如社区、村庄环境以及父母工作系统的环境等。

社区、村庄环境对学前儿童认识自然与社会、扩大视野极为重要,教师及学前儿童家长应当注重开发和利用社区、村庄环境以及父母工作系统的环境。作为教师,我们应当利用好社区、村庄环境以及父母工作系统的环境中的公共设施和公共资源,为学前儿童健康成长服务,促进学前儿童身心和谐发展。同时,在社区、村庄环境以及父母工作系统的环境中,长辈的教育态度和教养方式,邻里和社区居民、村庄村民以及父母工作系统环境中人的言谈举止、精神风貌等都直接或潜移默化地影响着学前儿童的发展。

（三）学前儿童成长的宏观环境

学前儿童成长的宏观环境指学前儿童成长的社会大环境,主要指学前儿童及其家庭所处的社会发展大环境,包括社会政治经济、文化等方面。这一问题,我们在第一单元第二节的"学前教育与社会发展"部分已经讨论过,社会政治经济制度决定学前教育性质、领导权、受教育权、教育目的、教育内容、教育结构和教育体制,进而决定学前儿童享有怎样的教育,进而影响其成长。伴随着我国改革开放经济、科技迅猛发展,党和政府越来越重视学前教育,相继出台政策法规促进学前教育普及普惠安全优质发展,从制度上确保学前教育的健康发展,进而不断优化学前儿童发展的中观环境和微观环境,实实在在地使广大学前儿童受益,使其获得良好的教养而身心健全发展。社会文化、社会风气、网络和媒体等环境,也会通过中观环境和微观环境影响学前儿童的发展。如,友好的邻里关系,友爱的同伴关系,和睦的家庭关系,能使学前儿童与他人建立良好的人际关系,学前儿童心情愉悦,有利于学前儿童身心健康;健康的网络和媒体能为学前儿童提供积极的榜样示范,有利于学前儿童确立正确的偶像观,能明辨是非,知道美丑和好坏;良好的社会风气和优良的社会文化环境有利于学前儿童从小受到良好的社会环境影响,为树立正确的世界观和高尚的价值观奠定基础。

总之,良好的教育环境对于学前儿童的发展是至关重要的,它不仅可以发展学前儿童认知能力,而且对于塑造儿童健康的人格有着十分重要的作用。

学前儿童成长的不同环境之间不是孤立的,家庭、学前教育机构、社区等教育环境以及社会大环境,交互作用,相辅相成。学前儿童从出生到学龄初期,家庭教育占特别重要的地位。家庭是学前儿童健康成长的第一个也是最重要的生活场所,家庭教育是任何教育所不能代替的,学前教育机构教育、社会教育都是在家庭基础上的延伸、扩展和提高。要真正了解一个学前儿童,首先要了解其家庭,另一方面,学前教育机构的教育与社会教育的影响又不断地反映到家庭中来,实践证明,重视与家庭协同共育的学前教育机构,若能充分发挥家长的作用,教育工作就顺利;反之,忽视家庭教育的学前教育机构,就会事倍功半。要保证学前儿童的全面发展,学前教育机构与家庭必须紧密配合,同心协力地对学前儿童进行教育。由此可见,环境的教育价值对学前儿童来说非常地明显,学前儿童是在与环境的互动中获得各方面的能力和发展的。

二、幼儿园教育环境

（一）幼儿园教育环境的内涵

幼儿园教育环境是教育者根据既定的教育目标,有目的、有计划地运用环境中的各种要素,创设出来的具有教育功能的环境。

幼儿园教育环境主要包括物质环境和人文环境。

1.幼儿园物质环境

幼儿园物质环境是指幼儿园中对幼儿有影响作用的、有形的、静态的各种物质要素的总和,包括学前教育机构的建筑、设施、班级规模、空间设计、物质材料等等。

幼儿园物质环境是幼儿生活、学习、娱乐的重要场所,它为幼儿进行各种活动提供了设施、游戏与学习材料和各种物质保障。良好的幼儿园物质环境能让幼儿在其中自由探索发现,感知和认识事物,从而开发幼儿的潜能,促进幼儿全面和谐发展。因此,创建符合幼儿身心成长需要的物质环境非常重要。

2.幼儿园人文环境

幼儿园人文环境即幼儿园精神环境,是指在幼儿园中对幼儿产生影响的一切无形的、动态的人文精神因素的总和,主要指人际关系和心理氛围。包括幼儿园教师的教育观念和行为、师幼关系、同伴关系,幼儿园的文化氛围和风气等。

幼儿园人文环境包含:① 幼儿园内外环境的净化;② 幼儿园内环境的绿化、美化、儿童化,这里包含了幼儿园班级环境的整洁美观、安静舒适、高雅和谐、符合幼儿精神世界需求以及班级富有教育性的物质环境;③ 为教育活动创设的健康、丰富的生活和活动环境以及人际交往中的安全、温馨的心理环境;④ 尊重、平等、合作的家庭和社会环境等。

幼儿园教育环境是实施幼儿教育的重要载体,良好的幼儿园环境除了为幼儿教育提供了物资保障、财力保障、人力保障、制度保障、信息保障、人文与精神保障外,对于具体的教师教育活动来说,更是实施保育和教育、达到保教目标的重要载体。没有相应的环境资源,再好的教育理念、教育方案都难以实施。不同的环境对幼儿身体、认知、情感与社会性等发展的影响不同,适宜的空间环境、丰富多样的幼儿教育环境有利于引发、激发和支持幼儿的游戏与学习,使幼儿主动地在与环境的相互作用中获得发展。否则,如同拥挤而又缺乏玩教具的环境易于引发幼儿的吵闹、攻击等行为一样对幼儿产生不良的影响。

环境是重要的教育资源和幼儿发展条件,幼儿身心发展的各方面,无一不受环境的作用和影响,幼儿是在与环境的相互作用中变化成长的。家庭和社区都是对幼儿的发展起重要作用的环境因素,幼儿园则是环境中的自觉因素,通过主动、积极地组织多方面的力量,创设适宜幼儿学习与发展的环境,充分发掘和利用社区环境、获得家庭的协作,会取得良好的教育效果,有效地促进幼儿的发展。

（二）幼儿园教育环境创设的意义

音频视频
3-3

环境是重要的教育资源,幼儿园良好的育人环境能展示出一个幼儿园的办园宗旨和办园理念,幼儿园教育环境创设则是幼儿园课程实施及教育目标落实的重要组成部分。

幼儿园是促进幼儿身心健康发展的重要场所,良好的幼儿园教育环境,就是一本立体的、多彩的、富有童趣的无声教科书,处处都能彰显出环境的教育力量,让幼儿感受环境之美,活动之欢,生活之乐,这极大地提高幼儿活动的质量。如幼儿一年四季都置身于美丽的校园,看到各种鲜艳的花朵,闻到不同季节花草的香味,这将促进幼儿感知能力的发展;幼儿园为幼儿提供观察大自然、感受四季变化的机会,这必然能促进幼儿了解四季与各种植物之间的关系。通过运用各种感觉器官,感知事物的变化,观察内容丰富的环境,有利于提高幼儿的观察力、理解力,从而提高幼儿的想象力和创造力,促进幼儿智能发展;在幼儿园教育环境创设过程中,幼儿教师引导幼儿积极参与环境创设,如,根据不同季节的变化引导幼儿一起布置体现不同季节的环境,鼓励幼儿勤于动手,学会观察,利用生活中的废旧物品制作玩具,学会合作与交流;心理相融、亲切和蔼的老师,友好友爱、合作互助的同伴等,这些在日常生活和学习中不知不觉就对幼儿进行了生动、直观、形象和综合的教育,有利于幼儿感知、观察能力,交流与合作能力的发展,对培养幼儿关心集体、乐于参与集体活动、善于表达自己思想有促进作用,同时对幼儿情感、态度价值观的形成也具有积极作用。

总之,在幼儿园里感受到环境的舒适、空气的清新、事物的美好、老师的关爱、同伴的友好、交流的乐趣、合作的快乐,这对于幼儿健康成长起到积极作用。幼儿园环境创设的根本目的是要为幼儿提供良好的生活环境和学习环境,为幼儿身心健康、全面和谐发展创造良好条件。

（三）幼儿园教育环境创设的基本要求

幼儿园教育环境创设是指教育者根据幼儿园教育的要求和幼儿身心发展规律、需要,充分挖掘和利用幼儿生活环境中的教育因素,并创设有利于幼儿与环境、材料积极互动学习的生活、游戏与学习的丰富环境,充分发挥其环境的教育因素,促进幼儿身心主动发展。

1.体现幼儿教育的特点

幼儿园作为幼儿生活学习的重要场所,应该符合幼儿身心发展特点,体现学前教育的功能特点,要为幼儿提供健康向上、丰富多彩的生活、游戏与学习的环境条件,满足他们德、智、体、美多方面发展的需要,使他们在快乐的童年生活中获得身心健康和学习成长的经验。幼儿园环境创设要体现安全性、启蒙性、教育性的幼儿园教育环境的特点。

安全性是指对幼儿园环境的创设,要充分考虑3—6岁的幼儿身心发展极不成熟,在生活学习中缺少必要的知识和日常生活经验,自我保护意识和能力都较差的特点,在幼儿园教育环境的创设与布置中,一定要把安全放在第一位。《规程》也明确提出:"幼儿园的设备设施、装修装饰材料、用品用具和玩教具材料等,应当符合国家相关的安全质量标准和环保要求。""幼儿园应当把安全教育融入一日生活,并定期组织开展多种形式的安全教育和事故预防演练。"幼儿园只有在环境的创设过程中,真正将幼儿的安全放在第一位,才能保护好幼儿的身心健康。

启蒙性是指在学前教育阶段,不以传授系统知识为主要目标,幼儿园通过各种途径对幼儿身心发展产生影响,尤其是要创设符合幼儿身心发展特点和发展需求的特定环境,提供的内容是最基本的,具有启蒙性,幼儿才能从环境中获得许多有益的经验,并能运用自己已有的经验去影响、作用于环境。

教育性是指幼儿园环境的创设,不仅是为了幼儿园美化的需要,更是幼儿园教师为了实现教育目的的重要"媒介",把教育的目的隐含在环境中,处处都能让幼儿在环境中受到潜移默化的教育影响,从而引发幼儿应有的行为。因此,幼儿园教育环境创设要处处体现教育性的特点。

音频视频
3-4

2.彰显幼儿园教育环境育人的特殊功能

幼儿园教育不以传授系统知识为主要目标,而是通过生活、游戏等各种途径对幼儿身心发展产生影响。幼儿园教育环境的创设,必须体现幼儿的年龄特点,具有启蒙性,才适合幼儿,才能激起幼儿与之相互作用,从而获得许多有益的经验,进而又能不断地运用自己已有的经验去影响、作用于环境,建构新的认知。《纲要》指出:"环境是重要的教育资源,应通过环境的创设和利用,有效地促进幼儿的发展",明确强调了环境的教育作用必须以幼儿的发展为本。《纲要》还指出:"幼儿园的空间、设施、活动材料和常规要求等应有利于引发、支持幼儿的游戏和各种探索活动,有利于引发、支持幼儿与周围环境之间积极的相互作用",这就需要幼儿园教师通过创设良好的教育环境,合理组织教育内容,提供丰富的玩具和游戏材料,开展适宜的教育活动,有效促进幼儿的发展。

(1)环境创设要与保教目标一致

这也是环境创设的教育性要求。环境创设也是课程实施及教育目标落实的重要组成部分。在进行幼儿园教育环境创设时,幼儿园教师要有目标意识,以保教目标为指导,真正落实《规程》所规定的幼儿园任务——"贯彻国家的教育方针,按照保育与教育相结合的原则,遵循幼儿身心发展特点和规律,实施德、智、体、美等方面全面发展的教育,促进幼儿身心和谐发展。幼儿园同时面向幼儿家长提供科学育儿指导。"幼儿园教育环境创设决不允许与教育目标相悖的因素存在。幼儿园教育环境创设要与教育目标相一致,不能片面追求幼儿智力的发展,也不能片面追求某一办园特色,而忽视幼儿品德、身体素质、情感、意志以及社会性等方面的发展。幼儿园教育环境创设要有利于保教目标的全面实现,从幼儿的兴趣、发展需要出发,环境的设置和材料的投放要有针对性,充分体现环境的教育价值。

(2)环境创设要适合幼儿的年龄特征

这也是环境创设的适宜性要求。幼儿的年龄特点决定了他们认识事物的方式与成年人不同。在进行幼儿园教育环境创设时,应当以幼儿为本,充分考虑幼儿的身心发展特点和年龄特征,从幼儿知识经验、认知水平、兴趣与发展需要、个体差异出发,有目的地通过环境的创设,吸引、激发、扩展和推动幼儿积极、主动活动,诱发幼儿通过丰富的物质材料,进行积极探索和思考,使幼儿园环境中的一切都成为幼儿教育的要素,处处显示出学前教育独特的文化内涵,彰显出幼儿教育的魅力,真正做到环境为幼儿服务,提高幼儿与环境互动、对环境探索的主动性和积极性,达到环境育人的目的。

(3)环境创设要体现幼儿的参与性

《规程》第三十条指出:"幼儿园应当将环境作为重要的教育资源,合理利用室内外环境,创设开放的、多样的区域活动空间,提供适合幼儿年龄特点的丰富的玩具、操作材料和幼儿读物,支持幼儿自主选择和主动学习,激发幼儿学习的兴趣与探究的愿望。"可见,教师、幼儿共同参与环境创设的活动,是幼儿获得发展的重要途径之一,因此,在进行幼儿园环境创设时,无论是环境的设计和布置,还是材料的投放、幼儿

音频视频
3-5

作品的展示等,都应当从幼儿的实际出发,都应有幼儿参与其中,给予幼儿充分发表意见的机会,让幼儿做一些力所能及的事,让幼儿成为环境中的主人,让幼儿同教师共同完成幼儿园的环境创设,在此过程中,使幼儿能感受参与的乐趣,培养合作精神和能力,积累丰富的经验,体验成功的快乐,增强主动性、责任感和自信心。

（4）环境创设要有发展性

环境创设应随着幼儿的发展变化而动态调整,使环境促进幼儿发展更加有效。幼儿具有明显的发展特点,在教育过程中,不能静止地看待幼儿,而应当将幼儿看成动态的发展的人。同样,环境也不是孤立的、静止的、不变的,它也会随着季节、节日以及幼儿园课程内容的不同而发生着变化。因此,教师在进行幼儿园教育环境创设时,既要考虑季节、节日以及幼儿园课程内容的不同,让环境始终对幼儿有新鲜感和吸引力,又要不断深入观察了解幼儿,考虑幼儿的兴趣、能力的不同,把握幼儿与环境互动的情况,及时调整使环境与幼儿的发展实际更贴近,让幼儿能在环境中有效互动,增长经验,获得全面发展。

（5）环境创设要美观实用低成本

《规程》指出:"幼儿园应当有与其规模相适应的户外活动场地,配备必要的游戏和体育活动设施,创造条件开辟沙地、水池、种植园地等,并根据幼儿活动的需要绿化、美化园地"。因此,在进行幼儿园教育环境创设时,应力求布局结构合理,色彩鲜艳协调,风格多样独特、情趣深远高雅,从而使幼儿萌发对美好事物的审美情趣,激发幼儿的积极情感体验。同时,幼儿园环境的创设要把平面和立体有机结合起来,充分利用空间,要根据幼儿园自身的经济条件勤俭办园,不盲目攀比,发挥幼儿教师和幼儿的聪明才智,因地制宜,就地取材,利用无害的废物,努力做到一物多用,不浪费资源,增强和提高办园效益。

本单元小结

本单元讨论了学前教育的构成要素及其对学前儿童发展的意义。介绍了学前儿童身心发展的独特性,阐述了生活、游戏与探索实践是学前儿童最重要的学习方式,分析了幼儿园教师的职业特点、专业要求和角色,阐明学前儿童全面发展教育的内涵和意义,指明学前儿童健康、语言、社会、科学、艺术等各领域教育的内容与要求,讨论了学前教育环境的内涵、独特作用与创设要求。

复习与思考

1. 简述学前教育的构成要素及其对学前儿童发展的意义。
2. 举例分析学前儿童身心发展的独特性。
3. 请举例说明学前儿童是以生活、游戏与探索实践为主要的学习方式。
4. 试述你对幼儿园教师的职业特点和专业角色的理解。
5. 阐释幼儿园的全面发展教育。
6. 试述你对"学前儿童成长受其微观环境直接影响"的理解。
7. 试说明如何彰显幼儿园教育环境育人的特殊功能。

同步实训

1. 对照《幼儿园教师专业标准》,试分析当前自身素质的突出优点和薄弱点。
2. 根据学前教师专业发展的有关知识,结合自身实际,尝试拟订一个切合实际且富有个性的职业生涯规划。
3. 结合见实习中的观察与实践,阐述保育员与幼儿园教师协同工作的主要内容。
4. 以小组为单位,分别评析幼儿园环境和见实习班级的环境创设情况。
5. 以小组为单位,在了解近期所见实习班级幼儿游戏与学习情况基础上,尝试利用废旧物品等材料充实和优化班级活动区角,并对设计与意图、采光要求、物品摆放、玩具投放等细节做文字说明。

本单元将帮助你：

◆理解学前教育基本观念的内涵及教师观念体系的基本构成

◆了解儿童观的历史演变,理解并初步树立正确的学前儿童观

◆理解并初步树立正确的学前教师观

◆理解并初步树立先进的学前教育理念

◆理解学前有效教育的内涵及其主要因素

◆理解适宜的师幼互动及其教师的教育行为,并进行尝试性教育实践

◆学习从儿童观、学前教师观和学前教育理念及教育原则的角度分析学前教育实际或案例,
　开展和体验教研活动

问题情境

　　两天A、B两个幼儿园见习后的课堂讨论中,第二见习小组的同学对两园中班的半日活动应如何安排、教育活动如何开展既有不同看法,又有困惑。黄苏认为,B园张老师的半日活动安排得井井有条,"数学"教幼儿学习"6","音乐"教幼儿学唱歌曲《我的老师像妈妈》,小朋友跟着老师学。而A园中班李老师组织的半日活动,小朋友除了一起做早操,其他时间都在活动区、走廊玩各种玩具、材料。李老师连点心都由着小朋友自己去吃,这样的幼儿教育靠谱吗? 薛燕则认为,中班幼儿学习"6"有必要像张老师这样教吗? 课上,不少幼儿会回答老师的问题,看上去他们已经会了,生活中天天都会接触到数数取物。而李老师组织的半日活动,幼儿学习的内容很丰富,小朋友自主玩或与同伴一起玩,做各自感兴趣的"事",在尝试、探索中发现、学习。小朋友还没耽误吃点心,说明小朋友的自理能力还是很强的。同样是中班的半日活动,张老师和李老师为什么会有这么大的差异? 他们各自是怎么想的,基于怎样的考虑? 希望同学们通过本单元的学习,能够做深入的分析。

　　学前教育观念是指关于学前教育现象和问题的基本观念体系,它不仅涉及对学前教育的本质、价值、功能、目的等核心问题的基本认识,还涉及对学前儿童、教师等主体以及如何处理教师与学前儿童之间关系的基本看法,而且还涉及对学前教育内容与环境、途径等方面及其相互关系的基本看法。学前教师个体的学前教育基本观念体系主要包括学前儿童观、教师观和教育理念等。

　　本单元将从理论和制度的层面具体探讨关于对学前儿童、教师自身职业应有的基本看法,以及对学前教育各要素之间关系应有的基本看法。希望同学们随着课程的学习进程和实践,在各自已有认识基础上,不断汲取、转化和构建科学的学前教育观念体系,以指引自己的学前教育行为,更好地实现促进学前儿童全面和谐而富有个性地发展的价值追求。

第一节　儿童主体与学前儿童观

　　儿童观是指人们认识、看待和对待儿童观念的总和。它涉及儿童的特质、地位与权利、生长发展的特点与规律、儿童期的意义与价值等诸多问题。儿童观决定了人们对待儿童的看法、态度和相应的行为,是实施学前教育的思想基础和行为向导。

一、历史上不断演进变化的儿童观

在人类社会漫长的发展过程中，人们对儿童的认识不尽相同。随着历史的演进，儿童观的内涵也不断在发生变革和更新。儿童观并不是一成不变的，随着社会的不断发展和进步，特别是随着人类文明程度的不断提高，人们对儿童的地位及权利等问题的认识也会不断提高。从古至今，人们对于儿童的看法和认识随着历史的变迁也在发生变化，并留下了时代的印记。

（一）西方历史上典型的儿童观

1.古代的"儿童就是小大人"

在古代，人们尚未发现儿童和成人有什么根本的不同，因而也没有明确的儿童观。对于原始氏族来说，由于当时生产力水平极端低下，原始人急切地希望儿童加入成人行列，因此他们没有把儿童作为儿童看待，而仅仅当作氏族部落的未来成员，当作缩小的成人。儿童概念很长时间被淹没在黑暗中。即使在被后人认定为相当文明的古希腊，世人对于儿童的社会存在仍然视而不见。所以他们的儿童观就是儿童就是小大人。

2.中世纪的"儿童生而有罪"

中世纪（5—15世纪）时期（即欧洲的封建社会），教会变成了维护封建制度的强大精神支柱，僧侣阶级也获得了最高贵的地位。这种政治经济状况必然决定着当时的社会意识形态。教会认为人生而有罪，自然而然便认为儿童也是具有原罪的。这种儿童观中暗含的逻辑是把"儿童"和"上帝"相对，儿童是需要加以鞭笞和惩戒的，以便使儿童能不断地进行赎罪。因此可以责骂、鞭打儿童，对儿童施行体罚是应该的。但这一时期，也有些学者倡导爱儿童，给儿童自由。这对近代儿童观的诞生起到了一定的作用。

3.文艺复兴时期的"儿童是上帝的种子"

文艺复兴运动催生了新的人生观，这沉重地打击了中世纪基督教会所谓的"原罪说"儿童观，并为近代儿童观的诞生铺平了道路。直到16世纪，伟大的教育思想家伊拉斯谟认为要研究儿童的自然能力和才智，不要想象他们的兴趣与成人的一样，不要指望他们有像大人一样的举止。他明确指出，对待儿童，"首先是爱。然后渐渐随之以某种自然和温柔的尊严，而不是畏惧，前者比后者更有价值，用恐怖的手段来使儿童弃恶，乃是一种奴性的做法"。这一时期捷克教育家夸美纽斯提出了著名的"种子论"，他出版《母育学校》，这是世界上第一部学前教育专著，他在著作里把儿童比作"上帝的种子"，认为儿童是"无价之宝"。他认为儿童生来就自然地撒播有知识、道德和虔诚的种子，对儿童发展要有信心。他还相信一切儿童都可以造就成人。尽管这一时期承认了儿童的兴趣与自由，但否定儿童对于父母的绝对服从关系。因此把儿童作为父母的所有物的儿童观依然占统治地位。

4.启蒙时代的"儿童是白板"和"儿童具有独立存在的价值"

到17世纪，英国出现了一种新的儿童观和学前教育观：儿童生来就是没有原罪的、纯真无瑕的存在；反对体罚，主张激励和竞争的学前教育。最有代表性的是洛克的"白板说"，他认为儿童来到人世间时其精神方面是一块"白板"。"白板说"使"原罪说"的儿童观遭受了致命的打击。他还主张给儿童自由。

而法国著名的教育家卢梭并不认为儿童是"白板"，他认为儿童生来便有自然赋予的冲动，而这种冲动不是天生的罪恶，而是未经污染的纯洁的心灵。他发表了《爱弥儿》，认为儿童期的存在是自然规律。他提出，大自然希望儿童在成人以前就要像儿童的样子，人们应当尊重儿童，尊重儿童期，不能打乱这个次序，否则我们将造就一些年纪轻轻的博士和老态龙钟的儿童。他还认为儿童具有不同于成人的精神生活。儿童是有他特有的看法、想法和感情的，儿童是真正意义上的人，儿童具有独立的存在价值。由此可见，卢梭"发现了儿童"，他否定了儿童期仅仅是为将来的成人生活做准备这一观念，而指出儿童亦有独立存在的价值，卢梭被誉为"教育上的哥白尼"，在儿童观演变史以及学前教育史上具有重大的意义。

拓展阅读
4-1

5.19世纪"教育要与儿童心理特点和人性规律相一致"

继卢梭之后，教育领域出现"学前教育心理学化"运动。瑞士教育家裴斯泰洛齐首次明确提出"使教育、教学心理化"的主张，认为教育应当与儿童心理特点和人性规律相一致，使儿童在发展中处于主动地位。德国哲学家、心理学家和学前教育家赫尔巴特最先提出教育的首要科学是心理学；福禄贝尔接受裴斯泰洛齐的主张，认为儿童的本性是善良的，学前教育就是要循序渐进地使儿童善良的天性发展起来。19世纪末20世纪初，始于欧洲的新教育运动和始于美国的进步主义学前教育运动，进一步强调儿童是学前教育的主体和中心，强调儿童期自身的价值。1882年，德国生理学家、心理学家普赖尔出版了《儿童的精神》，这本著作是他对其儿子从0—3岁末的系统的观察日记，它的出版标志着实证的儿童心理学的创立。

6. 20世纪的"儿童中心""儿童的世纪"

在19世纪向20世纪的过渡中，伴随着科学的儿童心理学的建立，尊重儿童的呼声日益高涨，儿童成为全人类共同瞩目的焦点之一。在这一世纪，出现了著名的儿童学前教育家，如杜威和蒙台梭利，他们都强调尊重儿童，坚信儿童的发展潜能，主张学前教育应当在不违背儿童自然本性的前提下进行，强调避免学前教育压迫儿童；同时，出现了空前的儿童研究盛况，格塞尔、皮亚杰等著名的儿童心理学家，以科学方法研究儿童心理，揭示儿童心理的内部机制和发展规律，创立了各具特色的儿童心理发展理论，为科学地认识儿童丰富的心理世界做出了贡献。

（二）中国历史上多元的儿童观

中国儿童观的演进与中国纷繁复杂的历史有着密切的关系，具有多元性，既有主流也有支流。自古以来，我们的祖先在日常和社会生活中，就对儿童有所观察和了解，关于"儿童"就有多达数种的称呼，如甲骨文就有"儿""童""孩"等词。对不同龄的儿童就有不同的称呼，如将新生儿称为"婴儿"，将一周岁以内的孩子称为"襁褓"，将1—3岁的孩子称为"孩提"。除此以外，还有"婴孩""孩童""幼童""学童""童蒙""童孺"等观念与称呼。但是，在漫长的封建社会，受"三纲五常"束缚和影响，"儿童是依附于成人的"儿童观长期成为主流思想。

1. 古代"工具主义""慈幼""人性论"等多元观念

（1）儿童是"家庭和家族的隶属品"

"子子"即"君君臣臣父父子子"中的"子子"。四个并列的主谓结构，就是传统儒学心目中的伦理纲常，行为准则，道德规范——"礼"的具体化。子女怎样才像子女呢？甚至社会上还出现"君让臣死，臣不得不死，父让子亡，子不得不亡"的极端思想。很显然，子女在父亲面前是没有自身权利的，父亲掌握着子女的生死予夺大权。父母可以随意打骂子女，可以自由安排子女的命运，就如暴君可以随意对待子民一样。

（2）儿童是"缩小的成人"

中国传统文化是以成人为本位的，儿童在传统文化中受到蔑视。人们"对于儿童多不能正当理解，不是将他当成缩小的成人，拿圣经贤传尽量地灌下去，便是将他看作不完全的小人，说小孩懂得什么，一笔抹杀，不去理他"。传统文化要求儿童尽快结束儿童期。成人用长袍马褂将儿童打扮成成人的样子，以成人的规范要求儿童，用四书五经作为催熟剂灌输给儿童，这只能使儿童备受折磨。

（3）儿童是"传宗接代""光耀门楣"的工具

传统儿童观基本上是属于工具主义的，把儿童当工具。这是中国古代儿童观的主流。首先，把儿童看成是传宗接代的工具。人们认为子女是父母身体和精神的后代，是家族权利和财产的继承者。人们错误地把子女看成小祖宗，看成传宗接代的工具。其次，把子女当作光耀门楣的工具。中国人大都把子女的出人头地看成是自家门庭的无上荣光，"父以子贵""母以子贵"。再次，养儿防老。这是中国一种传统的文化心理，是父母抚育子女的一种主观愿望。最后，性别歧视。这种思想不仅表现在政治和社会生活中，也明显表现在家庭生活中。

（4）"慈幼""人性论""自然主义"和"童心说"

春秋战国时期就出现主张"慈幼"的儿童观支流，极力提倡"父慈子孝"。这主要出于中国的父母把子女看作是自己身体和精神的延续，深爱子女，上至贵族，下至百姓。另外，宗教也影响了中国古代的儿童观，如佛教"不杀生"的训诫影响着人们要善待婴儿。

先秦时期，"百家争鸣"展开人性大辩论，"人性论"影响着对儿童的看法，体现环境对人影响的观念。如"性近习远"，孔子曰"性相近也，习相远也。"又如，老子的"自然人性论""恒德不离，复归于婴儿"。墨子提出"素丝论"，认为人的本性像没有颜色的丝一样，关键是放在什么样的环境中，"染于苍则苍，染于黄则黄，所入者变，其色亦变。"这比西方洛克的"白板说"要早2 000年。又如孟子的"性善论"和荀子的"性恶论"，东周世硕提出"性各有阴阳善恶，在所养焉"。战国告子提出"人性之无分于善不善也，犹水之无分于东西也"。无论"性有善有恶"和"性无善无恶"都强调环境和教育对儿童成长的影响。

南北朝时期，颜之推是"自然主义"的代表，他认为，"人生小幼，精神专利，长成已后，思想散逸"，要趁早对儿童进行教育。唐代柳宗元以"能顺木之天，以致其性焉尔"比喻应该顺应儿童天性教育儿童。明代思想家王阳明强调"满街都是圣人"，不必盲从所谓"圣人"的平等思想，他在《教约》曰："大抵童子之情,乐嬉游而惮拘检,如草木之始萌芽,舒畅之则条达,摧挠之则衰萎。"强调从本性出发,因势利导,不可拔苗助长。李贽提出"童心说",认为:"童子者,人之初也;童心者,心之初也。"反映了物质之自然的真实人性、追求个性自由的观念。

2. 近现代发现儿童、解放儿童、儿童本位的观念

近代,康有为、梁启超等维新派人士,面对鸦片战争和中日甲午战争造成国家存亡危机,致力于改造中国传统思想,吸收西方天赋人权论、进化论等思想,通过教育塑造"新人"。梁启超认为儿童的教育是"新民"之始。他在《论幼学》中主张"春秋万法托于始,几何万象起于点,人生百年,立于幼学。"

"五四"新文化运动力争解放"人",高度关注儿童问题。

鲁迅先生提出了"儿童本位"的儿童文学观,认为儿童文学必须以儿童为本位,适应儿童心理、服务于儿童,使之成为儿童喜爱的文学。他在《狂人日记》中呐喊"救救孩子",强调"父母对于子女,应该健全的产生,尽力的教育,完全的解放"。蔡元培强调"夫新教育所以异于旧教育有一要点焉,即教育者非以吾人教育儿童,而吾人受教于儿童之谓也",突显"儿童本位"。陶行知疾呼:必须唤醒国人明白幼年的生活是最重要的生活,幼年的教育是最重要的教育。他主张以儿童为中心,解放儿童的眼睛、头脑、双手、嘴巴、空间、时间的"六大解放",还生命和生活的世界于儿童。陈鹤琴强调儿童不是"小人",游戏是儿童的生命,主张儿童有其不同于成人的独特的生理和心理特点,深信儿童蕴藏的潜力和创造力。

二、应当确立基本的儿童观

拓展阅读
4-2

20世纪,人们已开始将儿童研究与理解人类精神文化的发生联系在一起。1946年联合国创建联合国儿童基金会,1959年,联合国第14届大会通过了历史上第一个关于保护儿童权利的国际性公约《儿童权利宣言》,1989年,联合国第44届大会进一步通过了《儿童权利公约》(简称《公约》)于1990年生效,截至2015年10月,缔约国为196个。如今整个社会给予儿童越来越多的关怀和注意,时代精神的光辉开始聚集在儿童身上。

(一)儿童观系统

儿童观作为一种指向儿童的观念,有内在的逻辑结构,是一个观念系统。

1. 自然构成——儿童是自然的存在

儿童的身体、身体组织是在自然界的制约下长期进化、发展的产物。作为生物个体,一方面,儿童具有独立性、个体性和完整性,有其自身生理发展规律;另一方面,儿童又具有对外部世界和周围事物的依赖性。儿童作为自然的存在,在其生长发展的历程中,逐步形成和发展着维持其生命的一般能力,这种能力的发展是一个自然的、有规律的历程。因此,儿童并不是被动的,儿童的发展是儿童自身生命成长的结果。

2. 社会构成——儿童是社会的存在

由于儿童的存在,社会才得以延续和发展,社会生活才更加绚丽多彩。儿童作为社会的存在,一方面,儿童应享有相应的社会地位和权利;另一方面,儿童的发展受社会环境的影响,儿童需要有一种有利于其成长和发展的社会环境和文化氛围。

3. 精神构成——儿童是精神的存在

儿童作为正在成长和发展中的个体,有丰富的精神世界、丰富的情感、独立的人格、鲜明的个性。只有了解了儿童丰富的内心世界,才能切实地尊重作为精神存在的儿童。

(二)应当树立科学的、基本的儿童观

科学的儿童观是指符合时代要求和儿童成长需要的有关儿童的观点,它涉及儿童的权利与地位、儿童的特性与意义、儿童是如何发展的等基本问题。学前教师应当深刻理解和树立"儿童是独立的人——权利观和地位观""儿童是独特的人——特质观和差异观""儿童是发展的人——发展观和期望观"等科学、正确的基本观念。

1. 儿童是独立的人

儿童是独立的人、特殊发展时期的人,体现了儿童成长的主体性特征,包括儿童是自身权利的主体、是自身学习的主体。

(1)儿童是自身权利的主体

儿童是独立的人,是自身权利的主体,而非客体。儿童生来拥有全面的个人存在的权利和意义,与成人平等地拥有尊严、享有普遍人权,应该得到充分的尊重和保护。成人应该公平地对待儿童,每个成人都

有尊重和保护儿童各项权利的义务。正如《公约》所言，儿童虽然年龄小，但他们和成人一样都是社会的公民，具有独立的社会地位，依法享受各项社会权利，应该得到全社会的关爱和保护。《公约》赋予了所有儿童各种权利，如受学前教育权、健康权、受父母照料权、娱乐权、闲暇权、隐私权、表达权等。

儿童是独立的人、是家庭和社会的主人。儿童的生存和发展是家庭、社会存在和发展的第一要素，是家庭的希望、国家和人类的未来，其地位凸显。儿童又是独立于成人的存在，是本真的，拥有自己独特的生活世界和精神世界。家庭、教育机构、社会要以儿童为本，保证儿童的尊严和地位。成人不可扩张权力和威严，强加以成人意志的各种要求、压力和掌控，而要充分尊重儿童，让儿童充分自主，充分表达所思所想、感受和见解，要保障儿童作为独立于成人的存在、拥有自己独特的生活世界和精神世界，以确保儿童应有的主人地位，使儿童的天性得以展现，获得身心健康、全面和谐而富有个性地发展。

（2）儿童是自身学习与发展的主体

儿童是自身学习与发展的主体。有良好的条件、适宜的环境，激发其主观能动性和生命实践活动，就能使发展潜能得以充分开发、获得主动发展。儿童的发展，除了受客观因素，如遗传、环境和学前教育等因素影响外，还取决于其自身的能动性。这是决定儿童发展方向与发展水平的不可忽视的内在因素。人既是认识的主体，又是实践的主体，具有主观能动性。儿童的主观能动性包括儿童的独立性、积极性、自主性和创造性。儿童的发展自始至终都是一种主体的自我调节活动。

儿童在发展过程中不是消极被动地接受外部环境的影响，而是积极主动的学习者，他们对环境的刺激有较强的选择性，并表现出作为独立的生命体所具有的能动性。在学前教育过程中，儿童不是被动的加工对象，而是学习和发展的主体。任何学前教育的影响都必须经过儿童主体的主动实践、吸收、转化才能生效。因此，同样的环境对于不同的儿童可以产生不同的影响，不同的儿童在同样的环境中表现出巨大的个体差异性，发展水平也存在着很大的差异。

儿童的主体性是可以培养的，但教师不能把自己的意愿强加给儿童，他们只能创设激发儿童兴趣的活动情景，尊重儿童的认知规律，引导儿童主动发展。教师应该尊重儿童的感受，尊重儿童的选择，鼓励儿童的创造。因为，没有儿童自身能动性和实践，其他因素的作用也难以取得好效果。

2. 儿童是独特的人

儿童是独特的人，包括不同于大人的独特、不同于其他年龄段儿童的独特，以及每个儿童与其他同龄儿童在各个方面都存在着个体差异的独特。儿童的独特性和个体差异性，对其一生的发展具有不可忽视的重要意义。忽视和违背儿童的独特性和个体差异性，必将贻误儿童的发展或对儿童发展造成危害。

（1）儿童不同于大人的独特

儿童是正在发展中的独特的人，而不是一个缩小的大人。个体出生时生理发育远未完成却拥有巨大的成长力量和个体特征，其身体结构、生理和心理均不同，具有自己的特殊规律、自己的发展"大纲"，成人必须遵循这个规律、"大纲"，既要给予精心"养护"，又要尊重、顺应、开启和彰显儿童天性这一自然法则予以"培育"，抓住儿童身心、社会性发展的敏感期、关键期。任何学前教育，如果与儿童身心发展规律对抗，对儿童来说都是不道德的，也亵渎了学前教育本身。成人必须把儿童视为有自身特点的独特个体，充分了解儿童的发展、理解儿童发展规律、善待儿童，从而更好地教育儿童。

（2）学前儿童不同于其他阶段儿童的独特

学前儿童是人生的开端阶段，其身心处于极其稚嫩而又快速发育、发展的时期。正如在教育部组织专家研制《教师教育课程标准》时华东师范大学李季湄教授所指出的那样，学前期这一生命阶段的特性在于："这是对人的一生有着重要影响的时期，然而又易被成人忽视、小孩自己却全然不知其价值、全然不能把握其进程的时期；这是一个蕴藏着巨大发展潜力和可塑性而又非常脆弱、非常容易被错误定向的时期；这是一个稚嫩的、需要成人精心照顾和保护的时期，然而又是其自理、自立、迈向独立的需要日益增长的时期。"

（3）每个儿童都具有不同于其他同龄儿童的个体差异

每个儿童是一个独立、完整的个体，他和其他儿童在各个方面存在着差异。这些差异体现在以下三个方面：首先，先天的遗传素质方面每个儿童是有差异的；其次，每个儿童在生活环境方面有其差异性；最后，家庭的教养方式也是有差异的。以上三个方面的基本差异，可导致儿童在性格、气质、优势智力、生活习惯等多方面的差异。因此，作为教师应当认识儿童的个体差异，尊重儿童的个体差异，这样才能做到因材施教，促进每一个儿童最大可能的充分发展。

3.儿童是发展着的人

儿童是发展着的人,体现了儿童的发展性特征。儿童具有巨大的发展潜力,其发展是朝着一定的方向和顺序,由简单到复杂、由低级到高级、由混沌到分化逐步建构与完善的,既不会逆向发展,也不可逾越。儿童的发展是生理成熟与心理发展的协调统一,其身心是一个有机整体,是身心系统全方位不断发展的。儿童是在与周围环境相互作用中获得发展的,其发展的可能性要成为现实的发展,必须通过儿童生命主体的能动实践。

（1）儿童具有巨大的发展潜力

儿童是具有巨大发展潜力的个体,他们的身心发展蕴藏着极大的可能性。在发展过程中,儿童具有很强的主动性和开放性、变通性和可塑性。儿童的发展是指儿童在成长的过程中,身体、心理及社会性方面有规律地进行量变与质变的过程。其中身体的发展是指儿童肌体的正常生长和发育;心理的发展是指儿童的认识过程、情感、意志和个性的发展;社会性的发展是指儿童逐渐被社会化,由一个生物的个体向社会的个体不断转化。儿童的发展是一个由量变到质变的发展过程,是在遗传与环境等各种因素的作用下,沿着一定的发展规律逐步发育、成熟、不断发展的。

（2）儿童的发展是整体的发展

儿童身心各方面的发展是相互影响、相互制约的。对儿童来说,其身体的发展、心理的发展及社会性的发展是密切相关的。年龄愈小,其身体、心理和社会性发展之间的相互影响也就愈大。儿童是完整的个体,是有自己思想、情感、个性的完整的人。从心理学的角度来说,儿童在认知、情感、意志及个性方面都需要得到全面发展。从社会学的角度来说,儿童具有独立完整的社会地位,他一出生,就是社会的成员,享有社会赋予他的各种权利。随着年龄的增长,儿童也要承担一定义务,因此,儿童是完整的社会人。从发展的角度来说,儿童应当在体、智、德、美、劳等各方面得到充分的发展,任何一方面都不能偏废。

（3）发展必须通过儿童自身生命实践才能得以实现

儿童的发展是儿童个体与周围环境的相互作用的结果,是儿童先天特质与后天环境影响的合金。儿童个体先天性遗传素质,为发展提供了巨大的潜在可能性,儿童后天的家庭生活和教育等自然与社会的环境因素,是儿童生存与发展的必要条件。儿童先天遗传素质是个体发展基础,后天的环境与教育因素是个体发展的条件和资源,但它们不会自动转化为儿童的发展,必须通过儿童自身的生命实践才能起作用。儿

童的生命实践包括生理活动、心理活动和社会实践活动,是推动个体发展的直接的现实力量,对个体发展起决定作用。遗传素质再好,生活、教育等环境条件再优越,如果成人都不让孩子动手动脑,如同剥夺了孩子的生命实践与学习,其身心素质和能力就不可能发展得好。儿童个体的发展就是通过自身所参与的各种不同性质、不同水平上的一系列的生命实践活动来实现的。儿童是在与周围环境中的人和物的不断相互作用中逐步建构动作、认知、语言、情感和社会性等方面的发展,儿童生活和游戏的过程就是实践的过程、学习与发展的过程。

拓展阅读 4-3

拓展阅读 4-4

第二节　教师主导与学前教师观

《教师法》第三条指明"教师是履行教育教学职责的专业人员,承担教书育人,培养社会主义事业建设者和接班人、提高民族素质的使命"。"教育大计,教师为本""教师是教育的关键"道出了教师对于教育培养人、提高民族素质的重要性。教师在培养人、影响受教育者发展中发挥着引导和促进的作用。教师的教育观念及其教育行为对教育效果和人才培养质量的影响最为直接和突出。

一、学前教师观及其作用

我们在第一、二单元学习时,探讨了学前教育的本质、价值、功能和目的等学前教育的核心问题,对这些问题的理解、认同和内化,是教师个体建构形成学前教育基本观念系统的重要组成部分和基础。

（一）学前教师观的内涵

教师观是指关于教师职业的基本观念的总和。学前教师观,是对学前教育这一专门职业的价值与责任、角色定位与行为等方面的认识与看法。学前教师观直接影响着教师在保教过程中的知觉、判断,进而影响其教育行为及其教育效果。

学前教师观是学前教师依据自身和社会的需要对待职业、职业行为和工作结果的稳定而具有概括性和动力作用的一套观念系统。它是由思想政治、道德修养、心理素质、专业知识和专业能力等相互支撑所构成,其核心是对学前教师职业活动的性质、内容及其社会价值和个人意义等认可和认同的学前教师职业价值观。这是学前教师的人生目标和人生态度在职业选择方面的具体表现,也就是个人对职业的认识和态度以及他对职业目标的追求和向往。

学前教师作为一个教育工作者,不仅承担着一份社会责任和义务,更是身兼重大的使命,需要真正的奉献精神才能让学前教育充满生机和活力。当学前教师超越了物质追求,关注自我发展、精神价值以及因独立创造而获得的内在尊严与快乐的生命价值,他们的内心就会变得更加充实和满足,从而在自己平凡的工作岗位上能够找到自己的人生坐标,不断地实现自己的职业价值。

（二）学前教师观的作用

1. 正确的学前教师观是学前教师专业发展的基础

正确的学前教师观是学前教师专业成长的基础。正确的学前教师观是指学前教师对其所从事职业的社会价值等所持有的看法和社会对该职业的评价、期望相一致。它包括个体对幼教职业本身的特点、社会职能和社会地位等的正确认识和看法;对从事幼教职业应具备素质的正确认识;个体乐于从教的意愿以及从教时积极愉悦的情感体验,如自我实现与满足的心理表征等。学前教师对学前教育职业的认同是教师情感最持久的原动力,是从事幼教职业的基本心理准备。

2. 正确的学前教师观有利于学前教师专业稳步发展

对学前教师这个职业有正确的认识和态度,能够有目的地为将来从事的职业做好知识和能力方面的准备,能够顺利地度过从业之初的适应阶段,尽快进入学前教师的角色,因此在学前教育专业学生的教育中加大职业认同的培养力度就显得尤为重要。这就要求我们在学前教育专业学生的培养过程中,除了传统的幼儿教育理论和技能的培养,还应重视学前教育专业学生坚定的职业信念和职业理想的培养,这样才能将我们学前教育专业学生的在校学习与就业相衔接,更好地体现人才培养的针对性和实用性。让学前教育专业的学生在职前教育中逐步形成优良的思想政治觉悟、良好道德修养、稳定的心理素质、丰富的专业知识和过硬的专业技能。

3. 正确的学前教师观是学前教师促进学前儿童学习与发展的基础

长期以来,传统的教师观推崇教师成为传道、授业、解惑者,教师以教为主,而忽视了学前儿童的学。科学的教师观要求教师从"教"的角色中解放出来,以促进学前儿童的"学"为重心,以促进学前儿童和谐、全面、健康发展为最终旨归。进一步而言,教师不应该以传授知识为重点,而是成为学前儿童学习与发展的启迪者和引导者,发挥学前儿童学习的主观能动性,培养学前儿童探索精神,从而促进学前儿童的全面发展。可见,正确的学前教师观是学前教师促进学前儿童学习与发展的行动基础和向导。

4. 正确的学前教师观能够使学前教师不断研究与创新

在传统的学前教育过程中,学前教师和教育研究者的角色是分离的,学前儿童教师只负责教,而对于学前教育研究都是教育专家的事。正确的学前教师观要求学前教师从教书匠向教育家转变,要科学育人,所以要以研究者的身份在保教实践中不断地研究和把握学前儿童的发展实际,研究探索和实施与学前儿童发展实际相适宜的课程、环境、教育途径以及方式方法;要以教育家的眼光看待学前儿童教育过程中出现的问题,对自身进行反思,对实际问题进行研究寻求解决策略,从而积累经验,对学前教育规律形成科学认识,不断创新实践,研发有利于本园所学前儿童发展的课程和课程资源,实施富有针对性的、能有效促进学前儿童充分发展的保育与教育。而在传统的幼儿园教学中,教师只负责教学,照本宣科,机械执行,教师是教学材料的照搬者,没有自己的内化、理解和创造性的实施,长此以往,幼儿园教学活动组织和园外专家幼儿园课程开发相分离,学前教师丧失了研究幼儿发展与教育的能力、学前儿童教育课程的研发能力,而桎梏于灌输教育,而正确的教师观引领学前教师成为学前儿童发展与自身教育实践的研究者、幼儿园课程的建设者和开发者。

二、学前教师的职业认同与角色观念

（一）学前教师的职业认同

学前教师的职业认同是指教师对所从事的学前教师职业在内心里对它的社会价值与个人意义的认定、明确其责任,并能够从中体验到乐趣与幸福。它是学前教师观的综合体现,既指一种过程,也指一种状态。"过程"是说学前教师从自己的学习与经历中逐渐发展、确认自己的学前教师角色的过程;"状态"是说教师当前对自己所从事的教师职业的认同程度。学前教师职业认同存在心理层次上的差距,这个心理层次由低到高依次表现为三个层面:对自己的了解和认同;对学前教师职业的理解和认同;对学前教师角色定位与应有行为的理解和认同。这三个层次反映了学前教师对自己、对学前教师职业以及对学前教师角色的基本态度和专业情意。

学前教师职业认同有两种较为典型的状态。其一,是勉强回应职业的需要,把学前教师职业作为一种谋生的手段,工作和忙碌只是源于外在的职业要求,一旦得不到应有的报酬、职称、荣誉等,就很容易失去价值感和自我效能感;其二,是通过职业体现生命的价值,这类教师在学前教育中实现了自我,在他内心,教育本身就是很有价值的、很有意义的事情。对学前教师职业的认同感越强、心理层次越高,个体就会以比较积极、主动、愉悦的心态投入这项职业,化解各种压力和矛盾,并从心底里爱上这一职业,甚至在思想上进一步升华,把从事学前教师职业当作一种幸福和崇高的事业。

学前教师的职业认同一般是在学习学前教育专业和从事学前教师职业活动过程中,对该职业的性质、内容,职业社会价值和个人意义,甚至对职业用语、工作方法、职业习惯与职业环境等都熟悉和认可的情况下形成和加深的。职业认同感是学前教师努力做好本职工作,达成学前教育目标的心理基础。学前教师的职业认同感会影响其对学前教育工作的责任感与态度、向上力与成就感、事业心和幸福感。

（二）学前教师的角色观念

1. 学前教师的多元角色

学前教师角色是指教师在学前教育中,为实现与其身份地位相对应的权利和义务时,所表现出来的符合社会期望和学前教育规律的态度和行为模式。教育是以培养人为核心的社会实践活动,教育所培养的人是整体性的人,这就要求教育不可窄化为教知识、练技能、发展智力,而必须是德、智、体、美全面发展的整体性教育。学前教育作为人生开端阶段的教育,对人的一生发展起着至关重要的奠基作用,是以促进学前儿童身心全面和谐而富有个性的整体人的发展为目标,学前教师在学前教育过程中的专业角色定位应是立德树人,即符合学前儿童发展特点和学前教育规律所应有的多元角色的行为模式。

在学前儿童、学前教师、学前教育内容与环境等学前教育要素中,学前教师是关键要素,在学前教育促进学前儿童发展过程中通过多元角色起主导作用。学前教师在学前教育中的多元角色主要有:学前儿童学习与发展的观察者和研究者,榜样和示范者,教育内容的选择与组织者,保教活动环境的创设者,生活与游戏等学习活动的支持者、合作者、引导者,学前教育资源的整合者以及实践反思与自我发展者。

2. 学前教师角色观念

学前教师角色观念是指学前教师个体在学前教育这一特定的社会关系中对所需要扮演角色的认识、情感与态度的总和。它由学前教师社会角色的观念和专业角色的观念构成。

（1）学前教师社会角色观念

学前教师社会角色观念要与社会对学前教师角色期待的社会共识相符合。一是教师个体对自己所处学前教师地位的角色地位观念。二是对自己所应履行的遵纪守法、师德、保护儿童生命和合法权益、促进其身心全面整体发展的角色义务职责观念。三是对自己所扮演的社会角色行为模式,如应端庄而有教养、为人师表、"四有好老师"的角色行为观念和角色形象观念。学前教师社会角色观念主要包括对上述学前教师角色地位、角色义务职责、角色行为与形象的理解、认同和情感态度。

（2）学前教师专业角色观念

学前教育对象是处于人生开端阶段这一特殊发展阶段的学前儿童,学前教师通过创设适合于学前儿童身心发展特点和规律的环境、支持引导学前儿童与环境相互作用,使其在生活及游戏与学习过程中获得身心全面发展。由于学前教育不同于以课堂教学为主的中小学教育,其学前教师的专业角色较之中小学教师专业角色更加多元。一是作用于学前儿童的观察者和研究者,榜样和示范者,教育内容的选择与组织者,保教活动环境的创设者,生活与游戏等学习活动的支持者、合作者、引导者;二是作用于学前儿童家长的协同育人宣传者与合作者;三是作用于社区的服务社区学前教育和整合学前教育资源的合作者。学前教师专业角色观念主要包括对上述学前教师多元的专业各角色的理解、认同和情感态度。

（三）学前教师专业发展取向与信念

1. 学前教师专业发展取向

"专业是指一群人在从事一种必须经过专门教育或训练,具有较高深和独特的专门知识和技术,按照一定的专业标准进行的活动,通过这种活动将解决人生和社会问题,促进社会进步并获得相应的报酬和社会地位。"[1]学前教师专业发展是教师个体内在学前教育专业素质结构的不断更新、演进、丰富及其专业素养的不断提升。《专业标准》是国家对幼儿园合格教师专业素质的基本要求,是教师实施保教行为的基本规范,是引领教师专业发展的基本准则。学前教师专业发展要以《专业标准》为引领,"育人"与"育己"有机结合,朝着学前儿童生命成长和自身身心与专业实践生命成长的卓越方向发展,在持续学习和培养学前儿童的过程中感悟生命、激扬生命,在无限的生命活力中追求专业成长、实现生命的自我价值和社会价值。

2.学前教师自我效能感

学前教师自我效能感是指教师对自己在学前教育情境中所拥有的影响学前儿童发展的能力的自信程度和期望,它包括结果预期和效能预期两部分。所谓结果预期是指个体对自己某种行为可能导致什么样的结果的推测,而效能预期则指个体对自己实施某行为的能力的主观判断,它"是教师对主体自身的一种主观判断和自我感受,是一种教师情感上的体验""反映了教师在教育活动中的主体性、积极性和创造性"。[2]学前教师自我效能感影响教师对学前教育工作的态度、应对各种挑战时的心态和教育行为,教师个体对某特定教育行为的效能期望决定了完成这一行为过程中的努力程度、面对困难压力的承受力,以及思维过程。

自我效能感高的教师勇于、乐于承担具有挑战性的工作,确定较高的目标,内在潜力被激发,并努力去实现、获得职业幸福感。

学前教师自我效能感提升与专业发展之间相互促进,共同发展,良性互动。具体而言,学前教师自我效能感与专业情意、专业知识和专业能力的发展关系密切。教师自我效能感是专业自主发展的内在动力,能够有效地帮助个体更好地发现自我、认识自我,良好的效能感有助于增强专业信心,制定适合于自己的专业发展规划并努力践行,提升专业素质。反过来,教师专业发展,如专业素养和专业能力的提升,又会增强其专业自信心,提高自我效能感。此外,教师主体在学前教育中成功的直接经验、与之能力相近的其他教师成功的间接经验,以及他人的鼓励,均有利于提高教师的自我效能感。

3.学前教师专业信念

学前教师专业信念是教师个体在对学前教育感受理解基础上形成的关于学前教育本质、目的、价值和保教工作与生活等方面坚定不移的看法,是对所从事学前教育专业的深刻而又强烈认同、价值深信、坚守和执着追求的动力系统。它是深埋教师内心深处的对学前教育专业的知、情、意、行的倾向,是做优学前教育工作的内在导航和力量。"知"即深刻理解学前教育的内涵性质,认同、深信其独特价值,深知和认同学前教师的角色、素质要求和使命;"情"即对学前教育事业的热爱和憧憬,乐于沉浸在引领、支持和帮助学前儿童成长的保教工作中,体验协同家长研究学前儿童、探索教育创新的乐趣,享受与学前儿童、与同伴、与家长共同成长的美好和幸福;"意"与"行"即专业意志坚定并具有相应的行为倾向,具有克服困难的决心和毅力,恪守专业原则,以学前儿童为中心,保护其生命安全、捍卫其合法权益,追求卓越学前教育实践,为学前儿童更优发展、学前教育事业更发达而努力奋斗。可见,教师专业信念中包含着责任与使命、爱心与真情、坚持不懈与持之以恒。教师个体专业信念形成后,不论遇到什么困难,都不会动摇自己的专业坚守和努力。

学前教师专业信念体现教师个体内心的专业信仰、心理状态和内在精神世界,是战胜各种困难和实现职业理想的精神支柱和内驱力,对学前教育工作和专业持续发展具有引领、调节、激励和推进作用,决定着个体专业成长与发展的方向和高度。学前教师要以《专业标准》为引领,"育人"与"育己"有机结合,在专业学习、实践及其成长过程中不断培养和建构自己的专业信念。一是,在学前教育专业学习和实践中,不断丰富专业知识、完善知识结构、提升专业能力。二是,在学前教育反思性实践中,不断自主探索发现问题、深入学习与思考分析,寻求解决问题的方法和策略,实现自我改进、自我完善、培养教育智慧。实践与反思融为一体,通过实践—反思,再实践—再反思的循环,不断进步。三是,在学前教师共同体的教师专业发展生态系统中,基于教师之间的开放、互信和支持的文化,弘扬团队合作精神,开展学前教育合作研究性学习、合作探究性实践,提升专业发展新境界,增强专业信念,携手实现共同的理想抱负。

---

①　教育部师范教育司组织编写.教师专业化的理论与实践[M].北京:人民教育出版社,2003.
②　洪秀敏,庞丽娟.论教师自我效能感的本质、结构与特征[J].教育科学2006(8).

第三节　学前教育理念与实践指引

一、学前教育理念与教育原则

（一）学前教育理念与教育原则

教育的本质是培养人，是引导受教育者能动学习与发展的活动，这是它区别于其他社会活动的根本特征。学前教育这一影响活动是教育者引导学前儿童能动学习与发展的过程，必须遵循学前儿童的身心发展规律和教育规律。

学前教育理念是在学前教育实践与思维活动中形成的对"学前教育应然"的理性认识和主观要求，是建立在学前儿童发展与教育规律基础上的、能反映学前教育本质和时代特征的"好教育"的观念。它具有导向性、前瞻性、规范性的特征，指引着学前教育的思考方式和教育行为。

学前教育理念包含关于学前教育性质、宗旨价值、目的目标、内容要求和教育原则等。它既反映学前教育性质、宗旨、价值、目的等学前教育宏观、上位层面的观念，也反映在上位层面的教育观念具体化的、学前教育实践层面的诸多理性认识。关于学前教育性质、宗旨、价值、目的等学前教育宏观层面的观念，我们在第一、二单元做了阐述和讨论，0—3岁婴幼儿的早期教育我们将在第四单元进行简述，本单元我们主要以幼儿园教育为重点，阐述和探讨学前教育实践层面应秉持的学前教育理念及其原则和方法。

教育原则是教育理念的组成部分，反映教育的规律、原理，是基于正确教育观念的具体化认知，是进行教育所必须遵循的基本要求。教育原则是根据教育目标、任务和受教育者成长规律，并在总结了长期教育的实践经验基础上而制定的教育活动必须遵循的基本要求，是教师进行理性教育行为的根据。幼儿园教育的原则是教师在对幼儿进行教育时必须遵循的基本要求，应始终贯穿于学前教育工作的全过程，既包括学前教育课程的编制阶段，也包括学前教育课程的实施阶段。在课程的实施阶段，既适用于游戏、日常生活活动，也适用于教学活动等各种类型的活动；既适用于活动计划的预设、内容的选择，也适用于环境的创设、材料的提供、活动区的设置等。总之，只要是对儿童有影响的教育各方面、各环节、各流程等，都应该遵循这些原则。

（二）儿童教育的一般原则

1. 保障权益原则

儿童权益是指儿童以合法身份享有的基本权利，儿童权益由法律予以保障，不受侵犯。作为学前教育对象的学前儿童既享有人的尊严和权利，又享有儿童的特殊权益。没有对儿童权利、权益的保护和尊重，就谈不上真正的教育。因此，教师不仅是儿童的"教育者"，也应当是儿童权益的实际维护者。贯彻权益保障的基本要求是：

① 保障儿童的权利和权益。儿童毕竟是稚嫩、弱小的个体，他们对自己权利的行使还必须通过成人的教育和保护才能实现。因此，教育机构及其教师必须保障和维护儿童各方面的权益，使之免遭侵犯和损失。

② 尊重儿童的人格尊严。儿童从一出生就具有人格尊严，他们同样也是一个社会成员，不能因为他们幼小而歧视，要杜绝任何对儿童随意敷衍、盲目指责、任意羞辱的粗暴行为。教师要将儿童作为具有独立人格的人来对待，尊重他的思想感情、兴趣、爱好、要求和愿望等。

③ 国家的宪法和法律明确规定儿童的权利和利益。如儿童受国家保护；父母对子女有抚养、教育、保护的义务；禁止虐待、残害儿童；儿童有受教育的权利等。教育机构及其教师应认真履行法律责任、岗位职责和义务，保护和维护儿童的权利和权益不受侵害。

2. 发展性原则

发展性原则是指通过适宜有效的教育促进儿童身心各方面在原有基础上持续不断地充分发展、健康和谐而富有个性地成长。深刻理解发展性原则，必须从以下三个方面着手：首先，教育者需要研究理解儿童的发展特点和规律；其次，基于儿童发展的实际，实施适宜性教育；最后，教师所有的努力旨在促进儿童全面和谐而富有个性地发展。贯彻发展性原则的基本要求如下：

① 既符合儿童的现实需要，又有利于其长远发展。具体而言，所提出的教育目标，既不可任意拔高，

也不能盲目滞后,教育活动内容的设计、实施以及教育活动过程既适合儿童的现有水平,又有一定的挑战性,注重儿童的学习准备,符合儿童的最近发展区。

② 教育必须促进儿童智、德、体、美诸方面全面发展。每一个方面的发展也应该是全面的、整体的发展,包括生长发育、动作、语言、认知、情绪、情感、社会性、创造性的发展等,不能偏废任何一个方面。

③ 为每个儿童着想,关注个体差异。教育必须面向每个儿童,保证每个儿童享有同等的机会,教师必须平等地、一视同仁地对待所有的儿童,并因材施教,使每个儿童都能在原有发展水平上充分地发展。

3. 主体性原则

主体性原则是指在教育过程中,要正确认识教师主导和儿童的主体地位,使教师和儿童两方面的主动性、积极性和创造性都得以充分发挥,让教育过程处于师生协同活动、相互促进的状态,促进儿童全面发展。儿童在教育中的主体性体现在以下几个方面:首先,把教育看作是自在的、自为的、有自己的存在方式和发展规律的活动;其次,教育中既要承认和确立教育者的主导地位,也要确立和尊重受教育者的主体地位。要充分认识儿童是一个独立、完整、成长着的、拥有极大发展潜能的主体;再次,教育过程是追求真、善、美和自主、自由和创造的过程;最后,教育活动的环境应是宽松的、自由的、民主的,儿童的主动性、能动性、创造性被充分激发。贯彻主体性原则的基本要求如下:

① 教师主导、儿童主体,外因要通过内因起作用。教师必须深刻认识到:儿童是学习的主体,只有儿童积极参与、主动建构,课程才能内化为他们的学习经验,促进其身心发展。

② 满足主体发展需求、尊重主体地位、发挥主观能动性。这就要求,教师要把活动的主体地位让给儿童,让儿童真正成为活动的主人。

③ 教师充分发挥其主导作用,研究了解儿童、创设良好环境、激发主动性。在学前教育中,教师要充分扮演好环境的创设者、儿童学习的观察者、引导者、合作者的角色,体现"导"的艺术。

④ 研究、了解、尊重个体差异,想方设法满足不同发展需求。

4. 整合性原则

整合性原则是指将教育看作是一个完整的系统,从宏观上综合化地整合教育资源的各要素,从微观上整合课程的各要素,实施教育,保证儿童身心整体、健全、和谐地发展。教育的整合性就内涵而言包括:活动目标的整合、活动内容的整合、教育资源的整合以及活动形式和活动过程的整合。贯彻整合性原则的基本要求如下:

① 家园协同共育。家庭是儿童成长最自然的生态环境、是个人成长的第一所学校,家长是儿童的第一任教师、是最重要的教育力量。学前教育机构及其教师应做好家园合作共育工作,积极协作密切配合,使教育方向一致,互为补充,相互为用,形成教育合力,增强课程计划的可行性、课程实施的适宜性、教育的连续性和有效性。

② 开放合作办学。社区、村庄、街道、商场、市场等公共场所和设施,都存在着丰富的教育资源,都对儿童发挥着强大的影响作用,其广泛性、灵活性、多样性、即时性,是学前教育机构的教育难以比拟的。学前教育机构要坚持开门办学,与社区合作,让儿童走进社会的大课堂,使学前教育机构的教育变得更为生动、更富有时代气息。

③ 整合课程各要素。为保证儿童身心整体健全和谐地发展,要综合化地整合课程的各要素,实施全面发展教育。其保教目标应是整个人的发展,并做好教育活动内容的整合,使同一个领域的不同方面的内容或不同领域的内容之间产生有机的联系;综合运用教育的方法、形式和手段,使各方面教育、各种教育活动一致地对儿童的成长产生积极、有效、综合的影响。

（三）幼儿园教育的特殊原则

1. 保教合一的原则

保教合一,也称保教结合,或保教并重,指对幼儿保育和教育要给予同等的重视,并使两者相互配合、有机联系、融为一体。保教结合是由幼儿身心发展特点所决定的,是我国幼儿教育的一大特色,也是幼儿园一贯坚持的原则。全面理解这一原则对提高幼儿园教育质量,促进幼儿全面发展有着至关重要的意义。首先,"保"就是保护幼儿的健康。健康的内涵十分广泛,有身体方面的,有心理方面的,还有社会方面的;其次,"教"即幼儿园的教育教学,这是按照体、智、德、美的要求,有目的、有计划地对幼儿进行全面发展的教育;最后,深刻理解"保"和"教"之间相依相存,相互促进的关系。

贯彻保教合一原则的基本要求如下。

①坚持保教并重。保育主要是为幼儿的生命安全、生存与发展创设有利的环境和提供物质条件,给予幼儿精心的照顾和养育,帮助其身体和机能良好地发育,促进其身心健康地发展;教育则重在培养幼儿良好的行为习惯、态度,发展儿童的语言、认知、情感与社会性等,这两方面构成了学前教育的全部内容。教师应从幼儿身心发展的特点出发,保教并重、保教合一,确保幼儿身心健康、全面和谐发展。

②保教有机融合。幼儿保育和教育不可分割的关系是由幼儿教育工作的特殊性和幼儿身心发展的特点决定的。要在统一的保教目标指引下,保育必须与教育相互渗透、有机融合。教师、保育员以及其他工作人员要密切配合,只有形成合力,做到保中有教、教中有保,将保育和教育融为一体,才能实现保教合一,促进幼儿身心健康、全面发展。

2. 以游戏为基本活动的原则

以游戏为基本活动的原则是指要把游戏作为幼儿园教育的主要活动形式,并渗透于幼儿的一日生活中。其内在原因包括:首先,游戏最符合幼儿身心发展的特点,是幼儿最愿意从事的活动,最能满足幼儿的需要,有效地促进幼儿发展,具有其他活动所不能替代的教育价值。其次,游戏是幼儿学习的主要方式,而且是一种更重要、更适宜的学习,幼儿最自然的活动方式就是生动活泼的游戏,游戏活动最充分地反映与体现幼儿学习与发展的主体性。总之,游戏是幼儿最基本的活动,是幼儿最基本的学习方法,也是幼儿获得发展最基本的途径。贯彻以游戏为基本活动原则的基本要求有以下三点:

①创设良好的游戏环境。教师要充分发挥游戏对幼儿发展的作用,保证游戏的时间和空间,提供丰富的游戏材料,使幼儿充分自主、愉快地游戏,通过游戏促进身心发展。

②让幼儿成为游戏的主人。游戏是幼儿神圣不可剥夺的权利,游戏应该与幼儿的主动、自发相关联,游戏所涉及的内容与幼儿的兴趣、生活相关联的,游戏应该与幼儿的行为相关联,游戏应该与幼儿的主动、自发相关联。

③明确游戏既是教育的内容也是教育的途径,坚持以游戏为基本活动,让幼儿在充分自主的游戏中获得有益的经验,促进其身体、智能、道德品质、情感与社会性、创造性等全面发展。

3. 教育的活动性和直观性的原则

(1) 活动性原则

活动性原则是指幼儿园教育活动设计应以活动为基本形式,在活动中学习,促进幼儿全面发展。幼儿认知直觉行动性与形象性的方式和特点,决定了他们必须通过活动去接触各种事物和现象,与人交往,实际操作物体,才能逐步积累经验,获得真知。幼儿的学习只有在活动中展开,才是有意义的学习,只有在探索中的学习才是理解性的学习,因此要让幼儿动起来。

贯彻活动性原则时要做到以下三点:

①给幼儿充分的活动机会。在教育的设计、组织、实施过程中,教师要为儿童提供丰富的材料和充分的活动空间、时间,开展以游戏为基本活动的各类活动,为幼儿积极主动活动提供可能。

②激发幼儿主动活动。教师既要相信幼儿,放手让他们进行各种活动,在活动过程中要了解幼儿的活动状态,包括幼儿心理发展水平、兴趣点和需要、活动准备状态、习惯性行为等,教师既要相信幼儿,放手让他们进行各种活动,又要不断激发幼儿的探索行为和活动动机,激发幼儿参与活动的积极性、主动性和创造性,适时地给予支持和引导,进行必要的指导和帮助,促进幼儿充分发展。

③发挥各种活动的作用。教育活动的内容、形式不同,在幼儿发展中的作用是不一样的。幼儿园的活动类型有幼儿游戏、日常生活活动、教学活动、亲子活动、劳动等;活动涉及健康、社会、语言、科学、艺术等领域;活动的表现形式有表现表达活动、运动、制作活动、小实验活动等;活动的组织形式有集体活动、小组活动、个别活动。教师要根据幼儿的发展需要,灵活运用、适宜开展各种活动,以充分发挥各种活动的教育作用和整体效益,促进全体幼儿全面发展。

(2) 直观性原则

直观性原则是在向幼儿传授知识技能时,应当通过实物或教具材料,让幼儿获得直接具体的感知。这是由幼儿思维的具体形象性和第一信号系统占优势的特点所决定的。幼儿需要通过各种感官直接感知来认识周围事物,只有在获得丰富的感性经验的基础上,才能理解事物,形成初级的概念。

贯彻直观性教学原则应注意:

①根据教育教学活动的任务、内容及幼儿实际恰当地选择直观手段,根据幼儿不同年龄的身心发展水平,运用各种形式的直观教学手段,从观察实物、标本等直观向图片、模型、语言直观等过渡,从具体的、

有情节的事物向无情节的事物过渡。

② 运用直观手段特别要注意与教师语言指导和动作示范相结合。教师通过演示、示范、运用范例等直观教学手段，在变抽象为形象、化枯燥为生动的同时，还可以辅以形象生动的、声情并茂的教学语言，帮助儿童理解教学内容。

③ 恰当地运用直观教具，讲求实效，克服形式主义。通过具体可见或可操作的活动，使幼儿比较容易直观形象地理解所学的内容，更快地获得和积累各种知识经验，直观教具的使用要以是否激发了幼儿求知欲、探索兴趣、深度思考为基本依据。

4. 教育生活化和生活教育化的原则

教育生活化和生活教育化的原则是指，一是，要把教育融入幼儿的一日生活中，让幼儿在生活中学习如何生活、认识食物、发现和思考解决问题；加强教育与生活的联系，把生活内容纳入课程体系，如，课程安排依照幼儿园生活的自然秩序展开，课程内容可以依据节日顺序或者时令、季节变化来组织等。二是，在生活中适时引导幼儿学习，将幼儿日常生活和游戏中已获得的经验，加以系统化、条理化，促进幼儿全面发展。这是由幼儿期作为人生开端阶段的特点所决定，幼儿通过在生活中学习，才能从完全依赖成人逐步发展为能初步生活自理、适应周围生活、认识身边事物。这一过程又需要发挥教育的作用，及时抓住机会对幼儿实施教育，帮助幼儿构建认知结构，促进全面发展。

贯彻教育生活化和生活教育化的原则的基本要求：

① 充分认识和利用一日生活中各种活动的教育价值。通过合理组织、科学安排，让一日活动发挥一致的、连贯的、整体的教育功能，寓教育于一日活动之中。

② 善于捕捉生活中的课程资源，给幼儿提供生活实践的机会。以生活为线索，选择适合的教育内容，设计融入生活中。在这里，生活就是课程，课程设置的主人应是幼儿和教师，课程应是班本化的。

③ 把一日生活的主动权交给幼儿，引导幼儿学习积累和整理经验、发展能力。教师要相信幼儿，大胆地把幼儿的生活交还给幼儿，不可包办代替，要引导和鼓励幼儿在生活中学习，并适时地帮助幼儿整理和系统化已有经验、发展能力，获得全面发展。

二、学前有效教育及主要因素

（一）学前有效教育

1. 有效教育的内涵

有效教育指教师实施教育使得儿童获得具体的进步与发展，儿童具体的进步、收获、发展的效果越好、效率越高、效益越大，说明教育越有效。

有效教育是一个比较宽泛的概念，更多的研究集中在"有效教学"上。教学有没有效益，并不是指教师有没有教完内容或教得认不认真，而是指学生有没有学到什么或学生学得好不好。自教学活动诞生起，教育实践者和教育研究者都一直在追求以最少的教学所耗获得最大的教学所得，重视并不断寻求有效教学的方法和途径。如夸美纽斯提出的"班级授课制"，巴班斯基提出的最优化教学理论，无不是追求以较少的教学投入（人力、物力、时间）来获得最大的教学效果。"有效教学"关心的是如何使用恰当的教学策略提高教学的效率。我国学者研究认为，有效教学的重点是教学，这种有效的教学应是一种有目的性的活动。有效教学包括正确的教学目标，即指向学生的全面发展；包括各种充分的教学准备；包括对教学内容、活动、策略、秩序的合理而科学的组织；包括对学生清晰明了的教学；包括教师对学生的课堂感染和影响，等等。[1] 当前，对有效教学的研究大多集中在中小学，探讨某一学科的有效教学策略，而对幼儿园的研究则很少。

2. 幼儿园有效教育

幼儿园教育的根本是滋养与培育幼儿，落脚点是幼儿的全面发展，教师所做、所言要体现对幼儿发展特点和规律的理解，并且与之相适宜。只有这样，教育过程才能使幼儿感到被尊重、感到舒适，情感和智力潜能才能被激发、才能与环境中的物和人产生有效互动，获得身心滋润、生长和全面发展。

从教育效果来看，教师教育的效果如何并不是指他多认真、做了多少教具、教了多少知识，而是指幼儿发展的特点和规律得到了尊重、内在的发展需求获得了满足、情感得到了陶冶、智力潜能得到了激发、思想

---

① 姚利民.有效教学研究［D］.上海：华东师范大学,2004.

得到了启迪、能力得到锻炼和提高、获得有益经验、自信心得到增强、习惯得以培养,身心获得滋润和生长。幼儿园教育效果如何,是很有效还是低效、是正向还是负向,都将受制于教师的教育理念、对幼儿发展特点和规律的理解和把握,以及教师的爱心、责任感和专业能力。

从教育效益来看,教师教育使幼儿所获得的知识和经验有多大的效益,并不是指灌输了多少知识、认识了原该小学学习的多少个字、背诵了多少首唐诗,而是指幼儿在教育过程中获得了该年龄应获得的、能应用于他们健康生活、社会生活和对学习发展有益有用的经验的多少和解决问题能力的大小,获得为其一生发展奠定基础素养的价值大小,以及与社会和个人发展的需求相吻合的程度。

从教育效率来看,单位教育投入内所获得的产出,教育效率与教育产出成正比,与教育投入成反比。对于具体的教育实践过程,教育投入是指单位时间里教师做出怎样的投入,以及幼儿获得怎样的教育效果和效益。如果教师在教育过程中花大精力为幼儿灌输知识,可以说教育效率是低的,因为这一教育过程教师投入时间多、精力大,而产出小,即幼儿获得少且无多大价值,教育效果和效益低下。

有效教育是从教育效果、效益和效率三个维度追求教育的有效性。教师要充分发挥主导作用,使儿童主体性充分彰显,主动地与周围环境充分作用,获得能运用于生活的有益经验,其身心得到滋润、求知欲得到激发和满足、潜能和创造性得到释放、能力得到锻炼、获得有益经验、自信心得到增强,获得奠定其一生发展基础的健康、体质、动作、认知、语言、情感与社会性、品质等素质的最大限度发展。教育过程,师幼关系是有效教育的核心,对于具体的各种教育活动,教师主导作用的发挥与幼儿主体地位的保障要以准备的教育、适宜的师幼互动和反思性、研究性教育为基础。

（二）有准备的教育

"有准备的教育"这一教育理念来自蒙台梭利,她认为,儿童必须得到尊重,成人应该试着以儿童的视角看世界,创设适合儿童生存和发展的环境。"有准备的环境"是她送给儿童、送给人类最珍贵的礼物。她创造了适宜儿童生存和发展的环境,使儿童在成人的帮助下学会照顾自己、关注环境、传承文化。她设计了适合儿童活动需要的"工作材料",这些材料的大小、重量以及形状都依儿童的特点而设计,使儿童能按照自己的方式、自己的学习节奏自由选择、反复操作。"有准备的环境"是我们学习蒙台梭利教育法时必须把握的关键问题,它使儿童通过适合其身心特点和能力需要的环境了解自然、了解人类文明、建构自我。蒙台梭利教育中的环境包括物质环境和人文环境。物质环境包括园地、校舍、运动场、各种各样的设施及儿童的工作材料。其中,儿童的工作材料是蒙台梭利学校中必备的物质环境。人文环境包括幼儿园中众多的儿童和教师,以及儿童的家长和亲属。

1. 资源和环境准备

《纲要》从以下五个方面提出幼儿园要为实现学前有效教育做好必要的环境准备:① 幼儿园的空间、设施、活动材料和常规要求等应有利于引发、支持幼儿的游戏和各种探索活动,有利于引发、支持幼儿与周围环境之间积极的相互作用。② 幼儿同伴群体及幼儿园教师集体是宝贵的教育资源,应充分发挥这一资源的作用。③ 教师的态度和管理方式应有助于形成安全、温馨的心理环境;言行举止应成为幼儿学习的良好榜样。④ 家庭是幼儿园重要的合作伙伴。应本着尊重、平等、合作的原则,争取家长的理解、支持和主动参与,并积极支持、帮助家长提高教育能力。⑤ 充分利用自然环境和社区的教育资源,扩展幼儿生活和学习的空间。幼儿园同时应为社区的早期教育提供服务。

《专业标准》也明确提出,"环境的创设与利用"是幼儿园教师的一项重要的专业能力,包括四个方面:① 建立良好的师幼关系,帮助幼儿建立良好的同伴关系,让幼儿感到温暖和愉悦;② 建立班级秩序与规则,营造良好的班级氛围,让幼儿感受到安全、舒适;③ 创设有助于促进幼儿成长、学习、游戏的教育环境;④ 合理利用资源,为幼儿提供和制作适合的玩教具和学习材料,引发和支持幼儿的主动活动。

教师应该根据幼儿身心发展规律及特点,结合本园、本班的客观现实情况,准备尽量充足的实物、模型和图像并辅以直观性的语言描述作为教育的重要手段,同时教师对所准备的教育内容中的相关知识和技能等也要有清楚的理解与熟练的掌握,并能用幼儿理解的方式呈现给幼儿,以作为教师自身的经验储备资源。所创设的环境和材料的准备要充分激发幼儿的学习兴趣、满足不同层次水平幼儿学习与发展的需要。

2. 幼儿认知和经验的准备

幼儿已有的认知和经验是游戏与学习等教育活动的源泉和基础。教师要深入研究本班幼儿身心各方面的发展,准确了解、理解幼儿的发展现实和发展需求、潜力以及个体差异,把握其最近发展区。要不断丰富幼儿的生活经验,使教师有的放矢地为幼儿游戏等学习活动创设具有一定挑战性的环境,使幼儿主动与之互动的游戏与学习的主题、内容多姿多彩。与游戏相关的生活经验和学习经验是幼儿进行游戏与学习的良好准备,如角色游戏来源于幼儿的生活,幼儿想象自己像成人一样做事、生活和工作,游戏所呈现的是幼儿生活中常出现的场景,因此生活经验对于开展角色游戏是不可缺少的准备。

3. 教育方案的设计

教育方案的设计是有准备的教育的重要方面,资源和环境材料的准备和对幼儿发展的研究及对幼儿身心各方面实际发展的了解、幼儿认知和经验的准备,都要通过教育方案的设计形成对幼儿有目的、有计划、系统的教育影响方案。教育方案的设计要以《纲要》《指南》为指导,以幼儿身心发展特点、规律及发展实际为依据,从幼儿园的课程体系设计与建设到各年龄段学期计划拟订,再到幼儿班级学期计划的拟订,逐层具体化到阶段教育方案、周教育方案的预设,最终落实于一日生活和保教工作的安排和教育活动设计。执行所预设的保教计划和教育活动方案时,可根据幼儿发展、经验等实际情况做适时、适当的调整,使幼儿的认知和经验的准备更为充分,通过教育过程幼儿主体与有准备的环境充分互动,产生更好的教育效果。

(三)凸显幼儿主体性

有效促进幼儿的发展,是学前教育的根本任务。幼儿的发展包括身体和心理等各个方面的全面、整体的发展,它是通过幼儿自身的实践活动,即个体与外界环境相互作用的过程来实现的。幼儿生活自理能力的提高,是在日常生活活动中,学习穿衣、吃饭等满足其生理需要的过程中实现的;幼儿认知发展、提高思维等各种能力,发展心理活动的指向性和稳定性,是在游戏与探索活动中,在感知观察、动手操作、理解、记忆、思考、做出判断、交流等过程中实现的;幼儿扩展自己对周围人与事的知识,发展其社会性是在日常生活和人际交往中实现的。

《纲要》总则部分明确提出:"幼儿园应为幼儿提供健康、丰富的生活和活动环境,满足他们多方面发展的需要,使他们在快乐的童年生活中获得有益于身心发展的经验。"其实就是对幼儿教育有效性提出的总的要求;《指南》进一步要求在教育过程中要做到三点:① "关注幼儿学习与发展的整体性。不应片面追求某一方面或几方面的发展;尊重幼儿发展的个体差异,切忌用一把'尺子'衡量所有幼儿。"② "理解幼儿的学习方式和特点,要珍视游戏和生活的独特价值,创设丰富的教育环境,合理安排一日生活,最大限度地支持和满足幼儿通过直接感知、实际操作和亲身体验获取经验的需要,严禁'拔苗助长'式的超前教育和强化训练。"③ "重视幼儿的学习品质,要充分尊重和保护幼儿的好奇心和学习兴趣,帮助幼儿逐步养成积极主动、认真专注、不怕困难、敢于探究和尝试、乐于想象和创造等良好学习品质。忽视幼儿学习品质培养,单纯追求知识技能学习的做法是短视而有害的。"《纲要》指明了实现幼儿园有效教育的理念与原则。

三、幼儿主体活动与师幼互动

(一)幼儿主体的行动与体验

幼儿是通过与环境中的人和事物相互作用获得经验和发展的,也就是说幼儿需要亲身经历,如运用各种感官观察、动手操作与探索感知和发现周围事物、构建认知经验、获得各方面发展。幼儿日常生活、游戏与探索等生命实践活动是发展的最重要途径。

1. 观察学习

幼儿对世界的认识始于观察,借助于形状、颜色、声音等认识周围事物。观察是幼儿最早出现的心理活动之一,也是幼儿认识周围事物的起点和重要方式。观察力是幼儿的首要智能,是幼儿探究世界、了解世界的重要能力。幼儿很早就对周围的物品、成人的活动、动植物进行观察、辨别。教师要有意识地满足幼儿亲近自然的喜好,引导幼儿关注、观察周围事物和环境的变化,有目的、有计划地在幼儿日常生活、游戏等教育活动中顺应幼儿的自主观察,不断激发幼儿自主学习,并在幼儿学习自主观察的过程中引导、帮助幼儿构建观察方法,培养观察的目的性、计划性,通过综合多种感官、经验、思维来认识观察对象,使观察内容逐步深刻,不断提高观察发现周围各种现象发生变化以及人们活动形态等方面的敏感性,提高观察认识事物的能力。通过引导幼儿同伴间或集体交流各自的观察发现、认识和体验,互相启发、激励,分享彼此观察经验,观察与分享交互作用,以激发幼儿带着分享中的新经验、新问题,投入后续的自主观察活动中去。

2. 操作与探索学习

幼儿期是人好奇心最盛、动手探索欲最强的时期,他们对周围世界有着极强的求知欲,总要用自身的肢体活动来对感兴趣的物体施加作用和影响,以探索个究竟、看看会有什么变化,从中认识该物体,发现该

音频视频
4-1

物体与自己的动作、与其他物体之间的相互关系。幼儿就在这一过程中感知、认识周围事物,获得相应的个人经验和体验。操作与探索学习具有亲历性、动作性、主动性、脑体并用、印象深刻等特点,它对幼儿直接经验的获得、培养主动学习能力、促进身心的全面发展具有重要价值。因此,教育要发挥幼儿主体性作用,就要珍视幼儿操作与探索学习的主动性和积极性,对幼儿平时的探索行为,要抓住教育契机及时鼓励支持、正确引导和帮助。幼儿区域等游戏及科学、数学等教育活动,都要彰显幼儿的主体性,为幼儿创造充分操作与探索的机会,有目的、有计划地投放适宜操作材料,激发幼儿的兴趣和探究的好奇心,给予充分的操作、探索时间,为幼儿提供适度、及时、有针对性的引导、指导和支持帮助,使幼儿充分感受操作与探究的过程,从而积累有益的经验,发展各种能力。

拓展阅读
4-5

3.学习做事

一岁多的幼儿随着身体的发育,大脑功能的发展,就会强烈要求自己动手做事情,如:尽管勺子还用不好,吃饭一定要自己吃,吃得杯盘狼藉,却吃得很香、很满足。做事的过程也是幼儿与环境相互作用的过程。幼儿学习做事,就是幼儿多感官地、全身心地投入和行动,在与物体和人的相互作用过程中,用正确的方法把要做的事情做成功,并在这亲身经历和体验的过程中将之转化为自身的能力。

生活中的一切事物都可以成为幼儿学习的对象,幼儿能够自己做到的事情自己做,就自然与生活融为一体。幼儿力所能及的事情,让幼儿学着自己做。幼儿学习把自己的事情做成功,体验成功的快乐,得到成人的肯定就会进一步激发学习做更多的事情,在老师的引导下除了会自己吃饭、穿衣、整理自己的衣物用品和玩具图书等事情以外,还乐意做服务他人、服务集体的力所能及的事情,以至于参与简单的种植、饲养、打扫卫生、帮厨捡菜等劳动。

教师要充分满足幼儿的自主、自立、自强的发展需求和合理愿望,为幼儿自主游戏、自主做事提供支持性的环境和条件,把发展的主动权交给幼儿,不可包办代替,要发挥幼儿主体性的作用。在一日生活和游戏等活动过程尽可能让幼儿做力所能及的事,所创设的环境要能吸引和激发幼儿自主游戏、做适宜的事,为幼儿持续做适宜的事创造条件,如可循序渐进地设计具有一定挑战的任务,激发、引导幼儿去想办法完成,让幼儿在持续的行动中不断经历、体验和积累经验。教师要追求和把握幼儿生命有意义的实践和最佳发展成效,发展幼儿的主体性、办事能力、劳动技能、自信心、自理自立习惯、责任感、助人为乐精神等综合能力和优良品质。

(二)适宜的师幼互动

师幼互动是指贯穿于幼儿一日活动中的教师与幼儿之间的相互作用、相互影响的行为及过程。学前教育促进儿童发展的核心因素是幼儿,关键因素是教师。学前教育是师幼互动和共同发展的过程。再先进的教育理念、再适宜的教育目标、再好的教育方案总要通过人际互动尤其是贯穿于保育和教育过程的师幼互动才能逐步成为现实。

1.师幼关系与师幼互动

由于学前儿童处于人生发展极为特殊的开端阶段,幼儿教师既是教育者,同时还是幼儿生活的照顾者,贯穿幼儿在园的所有生活和游戏学习的全过程。师幼关系既是教育者与被教育者的关系,同时又迁移有亲子般的依恋关系。因此,师幼关系较之任何学龄段的师生关系更具有显著的情感特征。这就是为什么学前教育那么强调要热爱幼儿,缺乏爱心的幼儿教师不是好教师。

师幼互动包括言语互动和非言语互动,教师与幼儿集体互动、小组互动和个体互动,教师发起的互动、幼儿发起的互动。无论哪一种的师幼互动,教师的言行都指向幼儿的情感和行为,使之处于或积极的或消极障碍的师幼关系中。在积极的师幼关系中,教师对待幼儿热情、关爱、细心、密切交流、给予支持;在消极障碍的师幼关系中,教师对待幼儿冷淡、疏远、粗心、妄自尊大、批评与惩罚,经常与幼儿发生冲突。教师如何与幼儿互动以及构建起怎样的师幼关系受制于其儿童观、教师观和教育理念。教师与幼儿建立起积极和谐、平等、互相关爱依赖与促进的师幼关系,就会帮助幼儿建立安全感、归属感,积极正向地与环境中的物和人相互作用,进而获得身心全面和谐与个性的充分发展,反之则不然。

2.师幼互动行为事件

师幼互动贯穿于幼儿的生活、游戏等各种活动的各个场景。幼儿园一日保教活动现场观察研究表明,[①]任何一个师幼互动行为事件的发生、发展总是由一方向另一方发出启动行为信息从而引发对方的反

---

① 刘晶波.师幼互动行为研究[M].南京:南京师范大学出版社,1999.

应,经过双方行为上的交互往来而形成的。师幼互动的行为事件,由教师开启的主要有照顾生活、抚慰情绪、指导活动、提问、询问、共同游戏、表达情感、让幼儿做事、约束纪律等,由幼儿开启的主要有寻求指导与帮助、寻求关注与安慰、请求、发表见解、询问、共同游戏、帮助教师做事、表述情况、告状等。或由教师施动或由幼儿施动开启师幼互动,各施动者开启师幼互动行为总是带有一定的目的性,受动者对之做出或是肯定、接受,或是否定、拒绝的反应选择。

师幼交往、互动建立起来的师幼关系体现为具有情感特征的心理关系。教师与幼儿通过交往、互动而形成的师幼间的心理关系,又是后续师幼互动发生的心理背景,影响着师幼互动的性质、强度、方式和效果。幼儿园保育与教育过程的师幼关系状态和互动直接影响教育效果,体现为显而易见地,或者潜在地促进或干扰幼儿自我建构与发展。

（三）幼儿教育过程中的教师教育行为

"教育行为是教育意识的外在表现。教育活动中为实现某种教育意图所采取的具体的教育行动。""既包括教育发展规划的设计和落实,如确定教育的发展速度、规模、体制、结构等,也包括对具体教育过程的设计及实施,如确定与实施教育的具体目标、计划、内容、方法、组织形式等。"[1]这里主要讨论教师在幼儿教育过程中,为引导、影响、促进幼儿学习与发展以及增强教育效果所做出的行动。

1. 呈示行为

依据使用手段的不同,呈示行为可分为口头语言呈示、书面文字呈示、图声像呈示和动作呈示等。其中,口头呈示、动作呈示和图声像呈示较为常用,主要有讲述与讲解、演示与示范和图声像媒体的使用。

（1）讲述与讲解

讲述与讲解是最基本、使用最广泛的教师呈示的教育行为,是教师运用口头语言向幼儿呈现、说明与解释知识,并使幼儿理解。讲述与讲解的基本功能有两种:一是说明是什么或怎样做,让幼儿能初步理解或领会知识要点或操作方法;二是解释为什么,如分析、阐述某种现象产生的原因。教师通过通俗易懂的语言讲述或讲解,引导幼儿了解、理解所学习的内容。

教师可以从以下三个方面做到有效讲述与讲解:一是讲述与讲解内容要准确,符合科学性和启蒙性,照顾到幼儿的年龄特点与个体差异。二是注意语音清晰、语速适中。语音要清晰、咬字要准、声音洪亮、语速适中、富有表现力,在学前教育机构一般不使用方言而采用普通话(少数民族地区除普通话外还可以使用本民族语言)。语速适中,太快或太慢都会影响幼儿的接受与理解。三是语言简明扼要、重点突出。幼儿注意力容易分散,教师讲述、讲解时间过长,语言过于啰嗦、过细,幼儿就抓不住重点。此外,还要注意讲述与讲解的时机,注意与其他方法结合,等等。

（2）演示与示范

演示、示范是指教师通过自己的语言、动作(也可让幼儿来进行)所做的表演,为幼儿提供具体模仿的范例。演示、示范在学前教育机构中经常和范例一起用,其实这两个概念很接近,只是表述的侧重点不同。演示、示范更多强调的是教育教学行为的过程展示,范例法更多的是强调教育教学行为的结果(成品)展示,两者都是教师的呈示行为。

演示、示范的基本功能有:一是通过真实场景或行为的展示,激发幼儿的兴趣,增加感性认识;二是通过具体的展示过程,使幼儿更容易学会、理解或掌握有关知识或方法;三是可以培养幼儿的观察能力、分析能力和推理能力。演示、示范在学前教育的不同类型活动中均为常见的呈示行为,如健康、艺术教育活动中使用较多。

教师的演示、示范要做到:第一,演示、示范要有明确的目的性,比如要给幼儿看什么、怎么看,要事先向幼儿交代,或者教师在演示、示范时要做到"心中有目标、眼中有孩子";第二,演示、示范要正确、适度,不要什么都演示或示范,都全程演示、示范,一般只要做其中部分或有难度的环节演示、示范即可;第三,注意演示、示范的位置,如根据实际情况选择正面或侧面或镜面示范,又如在户外,不要让幼儿面向阳光、风向。

（3）应用图声像等媒体

幼儿教育过程,教师为了使教育内容更加直观形象、生动活泼,往往会选用图片、录音、录像、动画视频、课件等图声像媒体作为辅助手段,使教育内容更加直观形象、生动活泼地呈示给幼儿,以引起幼儿学习

---

① 刘晶波.师幼互动行为研究[M].南京:南京师范大学出版社,1999.

的兴趣,帮助幼儿获得感性认识,理解有关内容。教师可依据教育需要,对图声像媒体的画面、声音进行主动调控,利用图声像媒体与具体的教育环境产生的情景交融的整体效果,调动幼儿多种感官,积极主动参与有关内容的教育活动,增强其教育效果。教育技术的发展,还可以把图声像等多种媒体结合在一起来呈示,就能把形象的画面,丰富的颜色,悦耳的声音结合在一起,显得更加活泼、生动,很容易吸引幼儿的注意力,使其印象深刻。

图声像等媒体只是一个辅助,不能单纯图新鲜、图简单吸引幼儿、单纯地让幼儿观看。图声像媒体的使用仍应强调幼儿是学习与发展的主体,要对图声像各媒体以及多媒体使用有一个正确的认识,挖掘这些媒体在本教育活动中激发幼儿学习兴趣、建立与已有经验的联系、激发思考与表达等各种功能及作用,精心设计和引导幼儿多感官投入、积极思考与表达互动。在使用过程中不断地发挥教师的引导作用,并及时与幼儿进行互动,鼓励幼儿大胆说、大胆讲,并使幼儿与所使用的图声像等媒体所承载教育因素产生共鸣。必要时,还可以给幼儿机会亲自操作所提供的图声像等媒体,以提高、加深幼儿的感受性。同时,还可根据需要结合运用其他教育手段,让幼儿多动手、多动脑,在实际操作、玩耍、游戏中学习,让图声像等媒体能够更好地为幼儿教育所用,以达到促进幼儿身心全面发展的目标。

2.语言引导与评价激励

幼儿年龄小,对教师语言的理解能力有限,教师的语言尤其是评价对幼儿语言的发展、行为能力、认知能力产生着巨大的影响。

(1)问答与引导讨论

问答由"问"和"答"组成,所以,问答的质量取决于两个方面:"怎么问"和"如何答"。问答的功能主要有:一是引起幼儿的学习动机,激发探讨兴趣和活动愿望;二是可以提供幼儿参与的机会,提供练习和反馈的机会,帮助幼儿学习;三是启发幼儿思考,通过设置问题情境、开放性的问题,探讨问题的解决办法,锻炼幼儿童的想象力、思维能力等。

幼儿园活动中的提问与回答是一种最直接的师生互动活动。在幼儿园集中教学活动中,问答用的机会最多。

提高问答质量,教师要注意:一是增强提问的目的性,避免发问单一、狭窄。如在文学故事活动中,一些经验不足的老师会问幼儿:"这是什么地方?""故事里有谁?""他们在干什么?"而有经验的教师则会跳出故事的具体内容,从激发幼儿自身的经验、体验故事情节的精妙等方面来设置问题。二是问题要清晰,措辞精练、具体,符合幼儿的年龄特点。如果提问模棱两可、太笼统,幼儿的回答就容易跑题或答非所问,回答质量不高。教师要了解每个幼儿的不同经验、水平和个性,正确估计幼儿的能力,有针对性地提出不同程度的问题。三是要注意提问的启发性、价值性。在活动中类似"是不是""好不好""对不对""高不高兴""喜不喜欢"的提问无思考价值。此外,还要注意问题的多样性,以促进幼儿从多种角度来思考。

引导讨论是指在教师引导、指导下全班或小组围绕某一个中心问题通过发表各自意见和看法,共同交流,相互启发,最终取得比较一致认识。讨论也是一种典型的师幼互动形式,在集中教育和小组活动中使用比较常见。由于讨论需要学前儿童具备一定的知识经验,更多在中大班采用。教师语言要力求简洁明了、准确,让幼儿容易理解;要防止包办代替、缺乏启发性或急于干预幼儿;要把握时机,适时适度地引导,做到因年龄而异、因人而异,使幼儿乐于、易于接受。

(2)评价与激励

① 评价。由于认知水平有限,幼儿对自我的认知和评价在很大程度上依赖于外部评价,幼儿教师的地位和身份决定了教师的评价是幼儿心目中的权威,是幼儿自我评价时依赖的外部评价之一。教师要承认和关注幼儿的个体差异,避免用划一的标准评价不同的幼儿,在幼儿面前慎用横向的比较。要以发展的眼光看待幼儿,既要了解现有水平,更要关注其发展的速度、特点和倾向等。要关注幼儿日常表现,及时发现和赏识每个幼儿的点滴进步,注重激发和保护幼儿的积极性、自信心。

对于不同性质的评价,教师应特别注意采取不同的评价方式。如肯定评价时,在全班面前进行分析评价,大大的表扬、鼓励可以使表扬效果最大化;而否定评价时,在全班面前只做概述、简单的评价更能保护幼儿的自尊心,而事后通过个别交流、进行评价分析,既让幼儿清楚地认识到自己的不足,又能保护其自尊心不受伤害。教师要引导幼儿参与评价,使幼儿感受到老师对他们的尊重、信任,同时发展其评价能力,学会用自己的眼光去发现优点和缺点,这既是一种对"镜像自我"的评价,又能通过比较自己与教师的评价,学习如何评价自己和他人,练习社会比较,提高幼儿的评价能力。

② 激励。激励是指教师通过肯定、赞许、表扬等语言激发和鼓励幼儿做正确的事情。教师对幼儿除了口头表扬还要经常以拥抱等方式激励做得对、做得好的幼儿,会让幼儿很高兴,极大地激励他们进一步表现好的欲望。激励幼儿时要注意以下三个方面:一要认识幼儿发展的阶段性以及个别差异性,更多关注和及时肯定幼儿所付出的努力。二要赞赏幼儿的优势领域,善于抓住幼儿的闪光点,对于幼儿的点滴进步和成功给予及时、切实的赞赏和鼓励,引导他们看到自己的点滴进步,认识到自己的优点和长处,从而积累起"我也行"的积极的情感体验,充满信心地面对自己。三要在教育活动中兼顾不同层次的幼儿,尽可能地使每一个幼儿都能获得成功的体验,都能在原有水平上获得不同程度的发展。当幼儿屡遭失败和挫折时,应想方设法让其体验成功,以不断积累积极的情感体验,相信自己,树立自信心。

3. 幼儿活动中的有效指导

在幼儿的活动中教师的指导必不可少。缺乏教师的有效指导,很多活动的价值就大大下降。不同的指导策略意味着活动的效果不同。指导策略是教师为促进幼儿发展,在与幼儿互动过程中所采取的一系列特定的指导方式、方法,是教育活动科学性与艺术性的统一。它有如下特征:一是,以观察为基础。没有观察,没有了解,就无从指导或指导流于形式。二是,指导既要面向全体,又要注意个体差异,点面结合。三是,适时介入,既不干预太多,又不错失任何一个具有教育价值的指导时机。什么叫适时? ① 当"认知结"出现时,就是适时介入指导的好时机。"认知结"是指幼儿在探索和思考的过程中,遇到可能会使其行为受到阻碍后产生停顿的某个问题或困难。② 当幼儿的探索兴趣即将消失时,教师的介入指导就是适时的。过早介入,幼儿就丧失了本应有的学习机会;太迟介入,幼儿都没兴趣了,教师再介入指导就会事倍功半。四是,以直接或间接的多种方式介入,如在活动中,教师可以角色身份介入,或者以旁观者或以指导者介入。

4. 回应与理答

回应与理答是作为教师对幼儿互动的呼应,教师对幼儿发起的互动要及时回应,而且要充分地去理解幼儿的用意、想法、需求并予以解答,提供支持与帮助。教师要灵活应对来自幼儿的多种信息,并进行有效的回应与理答,这是一个学前教育教师必备的教育素养。教师要对来自幼儿的信息作出价值判断,要有敏锐的观察力和判断力,及时捕捉和分析来自幼儿的信息,在分析的基础上及时作出回应与理答。在活动前、活动中、活动后,教师的回应与理答都是必需的。当然,一般在活动中和活动后教师的回应与理答更多些。回应与理答质量高低的关键仍在于教师对幼儿的观察和判断。只有教师了解幼儿的所思、所想、所作、所为,了解年龄特点、发展规律和最近发展区,尊重幼儿的想法和做法,才能发现幼儿的需要,及时满足他们的需要,从而作出有效的回应与理答。教师要根据幼儿不同的情况采取不同的回应与理答策略:① 迅速而坚定地给予肯定,如说"很好""你的回答很正确"等等。② 运用多种回应的策略,如表扬、设疑、追问和参与等。③ 采用参与这一回应策略。在区域活动、游戏等中,教师常采用参与的方式来呼应幼儿的互动。

(四)教育过程问题的处理

在学前教育过程中,教师经常会碰到许多问题。如安全问题、规则问题、幼儿争吵问题等等。这些问题的处理是否恰当、适宜,会极大地影响教育的有效性。

1. 安全问题

关于教育,《纲要》明确提出:幼儿园必须把保护幼儿的生命和促进幼儿的健康放在工作的首位。树立正确的健康观念,在重视幼儿身体健康的同时,要高度重视幼儿的心理健康。既要高度重视和满足幼儿受保护、受照顾的需要,又要尊重和满足他们不断增长的独立要求,避免过度保护和包办代替,鼓励并指导幼儿自理、自立的尝试。这个要求实际上是让教师在实际问题的处理上找到一个平衡点。教师要重视幼儿的生命安全,除了做好各种防患工作,还要开展适宜、多样的安全教育活动,提高幼儿的安全教育意识,学会更多的安全及自我保护方法。教师要熟练掌握学前教育机构安全防患和处置的制度要求和知识技能,遇到安全问题,幼儿为先、为重启动安全预案。

2. 规则问题

良好的规则是一切活动的保障。《纲要》明确指出,幼儿园的常规要求应有利于引发、支持幼儿的游戏和各种探索活动,有利于引发、支持幼儿与周围环境相互作用。学前教育机构的规则着重在培养幼儿的规则意识,让幼儿知道规则和遵守规则的重要性和必要性。首先需要考虑规则设置的原则与合理性,在制定规则时一定要吸纳幼儿的意见;还可通过让幼儿参与规则的制定、体验、评价,培养幼儿的规则意识,抓好日常生活中的教育机会,激发幼儿对规则的自我体验,增强教育的有效性。教师要处理好规则与自由的关系、小组活动与集体活动的关系等,让规则真正发挥作用。

3. 幼儿之间的争吵、冲突

幼儿成长过程难免会产生或遇上争吵、闹纠纷或冲突。适当的争吵、冲突有利于幼儿心智和交往等方面能力的提高。教师一方面要重视幼儿的一些争吵、冲突给幼儿带来的价值,另一方面也要注意"度"的把握,防止过多的争吵、冲突占用了幼儿的大量时间,对幼儿产生不良影响。教师对于幼儿之间的纠纷、争吵的解决方法可以有以下三种:一是积极面对,对双方可先采取冷静的方式,缓解矛盾,然后弄清原因,帮助争吵、冲突双方解决问题并恢复同伴关系。二是引导幼儿自己提出解决方法,通过创设问题情境、角色扮演、社会体验、移情等方式尝试学习解决生活中产生的争吵和冲突。三是抓住契机,对偶发的争吵、冲突进行现场处理,趁机对幼儿进行教育。

四、教育者间的合作

除了以上提到的主要教育行为之外,教育者之间的沟通与合作、反思与发展也是必不可少的,就像非智力因素一样,有时候甚至决定教育的成败。

（一）教育者间的沟通与合作

1. 保教人员之间的合作共育

教师在幼儿心目中有很高的威信,教师的言行潜移默化地影响着幼儿。教师与保育员之间是否能分工合作、互相配合,会对幼儿产生直接的影响。如,一教师组织幼儿进行操作活动时,另一教师主动帮着摆放、分发材料;保育员搞卫生时,教师帮着擦玻璃、抬桌子,这在无形中都为幼儿提供了积极的行为榜样。反之,保教人员间的不友好、不合作就会对幼儿产生消极影响。因此,教师要注意自身行为,协同保育保健人员为幼儿树立正面的榜样,并通力合作、精心实施保教,促进全体幼儿全面发展。

2. 与家长、社区间的合作

家园共育工作和与社区的合作是幼儿园教育的重要组成部分,教师既要注意与家长合作,也要注意沟通的方式和方法。

（1）教师应主动、真诚地本着尊重、平等、合作、支持的原则,一方面积极争取广大家长对幼儿园工作、对儿童教育的理解、支持与主动参与;另一方面要以专业化的知识、判断和反应积极地支持和帮助家长更新教育观念,改善教育行为,掌握更多适宜、有效的教育策略和方法,增进亲子间的积极互动,提高教育能力,家园共育,形成合力促进幼儿全面、健康地发展。

（2）要充分发掘学前教育机构所在地的各种教育资源为幼儿发展服务,主动与社区及商场、商店等公共场所的人员联系、沟通,以获取他们的支持和帮助。当然,在现代社会中,可影响幼儿教育与学习的因素越来越多,教师应善于发现和有效选择、运用这些社区资源来帮助、支持自己的教育教学和幼儿的学习。通过带领幼儿走出去和把社区人力资源引进来的方式,让幼儿感知了解社会和成人的各种工作、劳动,扩大视野、加深体验。

（二）教师自我反思与合作学习

1. 反思与研究性教育

教师要着眼于幼儿观察与分析的教学研究过程。只有研究幼儿,才能有效教育,这是当前大家达成的共识。近年来,教育实践研究已经成为大家关注的一个重要领域,人人参与教研,这是一种时代的进步。因为,只有了解具体的幼儿,才能说我们了解幼儿。只知道幼儿年龄阶段与特点的教师,不一定真懂幼儿,因为,大家都知道每个幼儿都是独特的,但是又是怎样的独特?这是教科书里没有告诉过我们的。研究幼儿是教育的前提和基础,还要研究适合于幼儿发展实际的内容与环境材料、教育方法,教育研究是教育的应有之义。研究不一定非要像教育专家、学者那样开展教育科学研究。教育实践研究对教师来说,是自然职责,不是额外的任务,教师的教育实践研究必定是把研究过程与教育过程统一起来的,教师的研究来自教育过程,也归于过程。研究是为了解决问题的,研究的问题可大可小,小问题的解决有助于解决大问题。教师要对日常工作保持一份敏感和研究探索的习惯,通过记录与分析幼儿在生活、游戏与探索、交往等丰富多彩的活动中研究幼儿、研究教育的适宜性,判断和反省自己的工作。研究还为了教师自身的专业成长,教师要在教育实践中,不断学习,不断观察研究、自我审视、反思、改进、总结,使自身的教育实践智慧在发现问题、理解问题、分析问题、反思问题和解决问题中得到丰富和发展,与幼儿共同成长,共同进步,并从中深刻体验幼儿教师职业的内在魅力,使自己不断获得专业成长与成熟,自身的生命价值在研究性教育实践中得到历练和提高。

2. 构建学习与发展的共同体

除了教师个体在教育过程中要潜心于反思与研究性教育,还应该加强同事、同伴间的互动交流,共同探讨幼儿教育现象、问题解决,互相启发、分享成功经验。幼儿园应该建立分级的教研制度,培育学习社群,共同寻求保教实际问题解决,交流反思与研究性教育、不断改进和有效促进幼儿发展的做法,互相启发学习,梳理、积累幼儿教育实践性知识,共享成功经验,分析揭示内隐的教育理念和深层次的教育价值,增长教育智慧,激发其提升专业素质的内驱力,动态化推进教师队伍整体素质的持续提升和幼儿教育质量的不断提高。

本单元小结

　　本单元从学前教育基本观念的内涵及教师观念体系的基本构成切入,较全面地阐述了儿童观及历史演变,学前教师应树立正确的儿童观、学前教师观和先进的学前教育理念及应遵循的学前教育原则;阐述学前有效教育的内涵及主要因素、适宜的师幼互动及学前教育过程中的教师教育行为,并结合学前教育实际为学习者做了树立学前教育基本观念和实践的指引。

复习与思考

1. 阐释学前教育基本观念的内涵及其教师观念体系的基本构成。
2. 分别简述西方和中国20世纪中叶之前儿童观的演变。
3. 阐述学前教师应树立怎样的儿童观。
4. 阐释学前教师观的内涵,简述学前教育教师应树立的学前教师观。
5. 阐释学前教育理念及其与学前教育原则的关系。
6. 简述学前教育应遵循的主要原则。
7. 阐释学前有效教育,简述影响学前教育有效性的主要因素。
8. 从师幼关系的角度阐释师幼互动对幼儿发展的重要性。
9. 简述学前教育过程中应把握的教师教育行为。

同步实训

1. 分小组通过访谈或问卷,分别开展学前教师儿童观、教师观的调查,形成调查报告。
2. 观察记录幼儿班半日活动,选取遵循或不符合学前教育原则的片段,做深入的分析,并谈谈所得到的启发或提出改进的建议。
3. 选择适合于所见习班级幼儿发展实际的内容,对一个或几个幼儿进行讲述与讲解、演示与示范、问答与引导讨论等方面的尝试性实践,并撰写实践体会或实践反思。

0—3岁婴幼儿早期教育

■ 本单元将帮助你:

◆ 理解0—3岁婴幼儿身心发展的独特性和哺育与抚养过程的教育性
◆ 理解0—3岁婴幼儿早期教育的含义及价值取向
◆ 理解以婴幼儿为本的早期教育内涵和教育指导的基本要求
◆ 理解不同年龄段婴儿的照护与教育指导的要点

拓展阅读
5-1

问题情境

　　李彤经常发现校园里有一群推着婴儿推车在校园里散步的同学,他们亲切地抱起婴儿交流,给他们喂奶、拍嗝。她走近一看,发现原来是仿真婴儿,便好奇地询问:"你们是什么专业的,为什么要抱着娃娃溜达呢?"这几位同学神秘地回答:"我们是早期教育专业的学生,我们学的是0—3岁婴幼儿的养育与教育呢,嘻嘻,有意思吧?"李彤思考着学前教育专业和早期教育专业有多大的区别,她特别想将自己的专业领域拓展至0—3岁年龄段。本单元,我们将对0—3岁婴幼儿早期教育的含义、价值取向等内容进行介绍,以帮助大家更好地理解0—3岁婴幼儿早期教育,为做好3—6岁幼儿教育与0—3岁婴幼儿早期教育的衔接打好基础。

第一节　0—3岁婴幼儿早期教育及其价值取向

　　早期教育的实施必须建立在0—3岁婴幼儿发展的基础上,那么作为人生起点的0—3岁婴幼儿是怎么发展的? 他们的生命成长具有哪些特点和规律呢? 同学们已经学习了学前儿童发展的有关课程,在此我们仅结合医学和心理学的研究成果,对与0—3岁婴幼儿早期教育密切关联的作简要分析。

一、0—3岁婴幼儿的生命成长

（一）0—3岁婴幼儿发展的独特性

1. 脑部发育的巅峰期

音频视频
5-1

　　为什么说0—3岁时婴幼儿脑部发育是生命个体脑部发育的巅峰期呢? 这是因为0—3岁婴幼儿大脑发育是个体生命中发育最快的时期,也是大脑发育的黄金时期。婴儿出生时,脑重已达到350—400克,约为成人脑重的1/4。婴儿6个月时,脑重增长到700—800克,已经相当于成年人的一半,脑结构在婴儿出生的第一年是增长最快的时期。到第24个月时,幼儿的脑重约为出生时的3倍,相当于成年人的3/4;到达3岁时,他们的脑重量已经接近成年人。幼儿从4岁到8岁,脑重仅增长10%,而其后的发展速度减慢。0—3岁婴儿脑部脑神经细胞的数量和髓鞘化的完成,为脑机能的发展奠定物质基础,他们大脑皮层细胞不断网络化,逐渐形成人类独有的高级思维的神经系统,包括动作、语言、认知、情绪情感等心理机制。神经细胞树突之间的联结速度在3岁之后迅速减慢,6岁之后趋于终生缓慢平衡状态。总之,为0—3岁婴幼儿脑部发育提供丰富营养和外界刺激,能有效促进脑部功能的开发与利用,为今后个体心理发展奠定重要基础。[1]

---

[1] ［美］罗恰特.婴儿世界［M］.许冰灵,郭琴,郭力平,译.上海:华东师范大学出版社,2005.

2. 个体生命健康的储备期

0—3岁婴幼儿处于个人生命发展的初期,在身体发育和功能使用上还处于储备期,简而言之就是要为婴幼儿早期生命健康与健康成长提供保障,才能有未来的健康体魄。这是因为0—3岁时期机体的功能运作与成年人有很大差异。例如,婴幼儿食管呈漏斗状且短而狭窄,黏膜柔嫩,腺体缺乏,管壁肌肉组织与弹力纤维尚不发达,易受损伤。应避免让婴幼儿吃花生、豆类等小颗粒的过硬食物,以免引起婴幼儿食管的损伤和阻塞。比如,呼吸系统是胎儿期发育成熟最晚的,需要婴儿脱离母体独立呼吸后才能不断成熟,因此呼吸器官和功能都较成年人有很大差异。婴幼儿缺少鼻毛,过滤空气能力差,容易被感染,喉部呈漏斗形,喉腔窄,声门狭小,黏膜柔嫩,易引发气管异物和感染,导致气管炎、支气管炎,造成呼吸道狭窄与阻塞。如果在这个时候不注意婴儿的疾病与保健、营养均衡、意外伤害等,非常容易造成婴幼儿个人生命发育中不可逆转的损伤,甚至失去生命。另外,很多疾病,如果婴幼儿时期能早发现早治疗早干预,比如足内翻、髋关节发育不良、唇腭裂等,能有非常良好的预后效果;如果早期未能发现或忽视治疗,有可能错过最佳治疗时间,影响日后生活质量。因此,保障婴幼儿生命平安、健康成长,才能有未来发展的可能性。

3. 运动能力发展的奠定期

人类个体的成熟运动能力都是由个体婴儿期的各种基本外显动作,以阶段性、规律性变化不断积累发展起来的。婴儿期的动作与成年人差异很大,它体现在动作从无到有,又体现在新增动作技能由少到多,从不熟练到完全掌握,由低级向高级转化的过程。正是这个过程见证个体运动机能的不断发展与提高,为生命运动能力奠定重要基础。所以我们可以看到新生儿从出生起就具备很多无条件反射,为离开母体独立生存作了准备,然后在出生的半年之后,这些无条件反射逐渐被更多的条件反射所取代。在学习新的动作反射时,他们获得的新技能不断增多:4个月就能扶着坐;5个月,能依靠靠垫坐,但会左右摇晃,甚至伏倒;6个月,会坐在有扶栏的椅子上,坐着时身体前倾,会用手支撑身体;7个月不靠成人或其他东西的扶持能独自坐一会儿;9个月时能单独坐直10分钟或更长一些时间;10个月,能毫不费力地从躺转向坐起;12个月,站着时能自己坐下;绝大多数幼儿在14个月之后独立行走,这些动作获得是运动能力发展的一个又一个里程碑。婴幼儿正是因为运动神经高速发展,机体生命新陈代谢处于旺盛期,他们乐于走、跑、跳、攀爬、指尖摆弄,才让我们惊喜地看到,在刚出生的短短的一年时间,人类婴幼儿由柔弱无助迈向全方位自主探索外界空间的可能,为他们未来的社会生活奠定生命基础。但是0—3岁婴幼儿虽然动作能力飞速发展,但他们的运动器官和功能还需要不断发育完善。例如,婴幼儿颅骨、四肢骨、脊柱骨、骨盆等都还没有闭合,骨头含水量高,由软骨组成,随着年龄的增长逐渐骨化。因此,他们的骨头容易变形、承力量很小,不能搬、提重物;关节窝比较浅,周围韧带较松,容易发生脱臼。婴幼儿肌肉所含水分比成人多,而蛋白质、脂肪、糖类和无机物较成人少。肌肉柔嫩、能量储备差、力量小、收缩力差且易疲劳,尤其是过量运动、久站、静坐等,容易造成婴幼儿肌肉的疲劳。所以这个时期我们既要重视婴幼儿动作技能的获得,也要让他们保持安全适量的运动,只有这样才能促进婴幼儿运动能力的发展。[①]

4. 健全情感发展的保护期

社会性和情绪情感发展是婴幼儿心理发展中相当重要的一个方面,它对婴幼儿未来成为人格健全、心理健康、自尊自信的人起着重要的作用;社会性和情绪情感的发展也决定婴幼儿自我意识、同伴交往、社会协作的发展,从而影响整个人生参与周围世界的质量。良好的社会性和情绪情感的发展,是其他各领域健康发展的基础。

出生后第一个月,婴儿逐渐会用眼神与成人沟通,例如眼睛会时常盯着母亲,有时看着母亲会停止吮吸,身体一动不动。2—3个月以后,婴儿会主动发起与成人的交往,当生理需求未被满足时或需要父母关注时就会哭,需求满足了,他就不哭了。除了哭,他们也会用笑来吸引家长的注意。家长陪他玩,用不同的声调说话,对他做不同的表情,都会让婴儿很开心,发出"咯咯"的笑声。随着婴儿慢慢长大,他们还会用声音引起家长的注意,发出一些无意义的音节和成人像对话般交流。5—6个月时婴儿出现认生现象,对熟悉的人和陌生的人有了不同的行为模式,与人交往开始出现选择性行为,喜欢熟悉亲近的人,对陌生人开始有了抗拒反应。陌生人抱他,他会有哭闹、转头不看等拒绝行为;熟悉的人抱他,他会显得放松、愉悦。认生的出现表明婴儿认知和社会交往能力有了进一步发展,它不但体现了婴儿感知辨认能力和记忆能力的发展,能区分熟悉的人和陌生的人,也体现了婴儿会将情绪与人际关系进行关联,慢慢开始形成对

---

① 孙雅婷,周津.0—6个月婴儿综合发展与指导[M].南京:南京大学出版社,2020.

主要抚养人的依恋。

依恋是个体从出生开始在与主要抚养者(通常是母亲)的相互交往和感情交流中逐渐形成的。在这一社会性交往过程中,母亲对婴幼儿发出信号的敏感性以及对婴幼儿的关心均会影响婴幼儿依恋情感的形成。如果母亲非常关心婴幼儿所处的状态,注意婴幼儿发出的信号,并能正确地理解,及时给予必要的回应,婴幼儿就自然而然会信任和亲近母亲,形成安全型依恋;反之则不能。为了帮助婴幼儿建立安全型依恋,一定要让婴幼儿与照护者(一般都是妈妈)形成稳定的抚养关系,这个时期不宜随意更换照护者或者生活环境,尽可能满足婴幼儿的所有情感需求,抚摸、亲吻、拥抱、陪伴等亲子情感互动是最好的表达方式,为婴幼儿健全情感提供最温暖的保护。[①]

5. 认知探索形成的萌发期

认知探索指的是个体与周围环境互动时的信息加工过程,即个体感知、理解事物或现象,利用保存在大脑中的知识经验,通过推理和判断,解决各种问题的过程,包括感觉、知觉、注意、记忆、思维等一系列的心理过程。[②]人的认知发展是一个综合的多方面相互影响相互制约的动态发展过程,并且在生命的不同阶段也有着自己的独特特征,每一阶段都体现着发展的阶段性和承接性,前一个阶段都在为后一个阶段的发展奠定认知基础。因此,了解0—3岁婴幼儿认知萌芽的特点,满足婴幼儿认知探索的好奇心,提供适宜性的科学指导,使婴幼儿形成认知探索的热情和态度是这个时期认知教育的重要工作。

在人生最初三年,婴幼儿主要依靠感知觉来探索世界、了解自我。在婴幼儿的认知能力中,最先发展且发展最好的是感觉。个体在胚胎期就已获得了某些感觉,而出生时就已具备感知能力。随着感觉不断发展,知觉逐渐丰富,视觉和听觉成为他们感知和探索这个世界的主要器官。因此,个体一出生就能看、能听、能尝味道、能闻气味;喜欢注视人脸;对人的声音特别敏感,尤其是妈妈的声音。满月以后至1岁,婴儿的视、听能力进一步发展。视觉变得更加灵活,不仅能注视眼前的事物,视线追随物体的移动,还会积极寻觅视听的目标。他们会主动用眼睛观察身边的人,注意周围的物品,主动寻找身边的玩具。1岁时婴幼儿触觉和语言、视觉相结合进行事物辨别能力逐渐发展起来,能够对更多材质、平面形、立体形和实物的轮廓进行触觉分辨。手部细微触觉也发展起来,能够对表面差异比较小的物体进行触觉分辨。到了2岁,幼儿已经开始理解的空间概念包括形状认知、大小认知、距离认知和方位认知,不断提高准确性。可以辨别物体的形状、说出物体与物体之间的距离、指出一物相对于另一物的位置、描述物体移动的方向。

在出生后一年里,婴儿处理问题的思维能力也大大提升,虽然只是初步的思维表现,还具有很大的内隐性,但是他们已经展现出作为人类的独特高级思维。以偶然的无意注意为主,注意时间与物体特性有关,共同注意水平低。而进入到2岁,幼儿的思维出现一个快速发展期,如能够判断动作、工具与想要获得物体之间的关系,而找来棍子去够床下的球。对一些事物的内在简单联系也会进行关联匹配。3岁时,幼儿的逻辑思维开始萌芽。他们开始逐渐地能将物品按颜色、形状、大小等特征分类,在熟悉物品的使用功能后能够按照物品的功能进行简单归类。

6. 语言理解与表达的关键期

0—3岁是婴幼儿语言发展的关键期,在这个连续的、有次序的、有规律的发展过程中,婴幼儿的语言表达能力经历了由量变到质变的积累过程。从个体呱呱坠地只能大声哭泣到后来咿呀学语,能用单词句、双词句进行简单表达,再到逐渐能用相对完整的句子与他人沟通,直至最后能熟练使用自己的母语,这项看似非常复杂的任务对于婴幼儿来说仿佛极其容易。事实上,婴幼儿语言发生发展的过程是在先天因素和后天的社会因素相互作用下进行的,先天因素为婴幼儿的语言发展提供了前提,后天的环境和教育对婴幼儿的语言发展起到了决定性的作用。

在掌握语言之前,婴幼儿只能通过直接的方式来理解和探索世界。他们对世界充满了好奇心,但他们只能用眼睛、鼻子和手来感知世界。直到理解和掌握了语言,婴幼儿认识世界的方式开始发生根本性的变化。当成年人带领婴幼儿观察他们周围的世界,在互动过程中传授知识和技能,并解释行为准则时,语言都在发挥着重要作用。语言传递的信息更加丰富,传递的范围也更加广泛,就更有利于婴幼儿进一步认识世界、探索世界。

倾听理解、交流表达、早期阅读是婴幼儿语言发展的三个有效途径。其中,倾听是婴幼儿对语言的感

---

① [英]琳恩·默里.婴幼儿心理学[M].张安也,译.北京:北京科学技术出版社,2020.
② 张向葵,刘秀丽.发展心理学[M].长春:东北师范大学出版社,2002.

知和理解的行为表现,是感知和理解语言的关键。倾听理解是婴幼儿语言学习和发展中不可缺少的一种行为能力,是婴幼儿语言交际的基础。交流表达是婴幼儿将特定的语言内容通过口头表达的方式说给其他人听的过程。只有乐于、善于倾听,才能真正理解语言内容,只有乐于并愿意分享自己的思想,且具备一定语言表达技巧的人,才能在真实的语言交往环境中准确、清晰地表达自己,达到交流的目的。早期阅读是婴幼儿借助阅读材料从口头语言向书面语言过渡的阶段,主要在于激发婴幼儿早期阅读和早期书写的兴趣,为日后养成良好的阅读习惯、掌握读写技能打好基础。

0—1岁婴儿期是个体学习和掌握口头语言的关键期。婴儿时期发音器官在结构和功能上初步成熟,使婴儿语音的发生成为可能,他们以听为主,为之后的语言表达积累经验。

进入到1岁之后,他们在倾听熟悉发音的基础上开始学会语言表达重要前提——语言含义的理解。在这一阶段的初期,幼儿的倾听理解能力得到迅速发展。有研究发现,此时的幼儿在能够使用许多名词和动词之前,就理解这些词语所代表的特定意义。这意味着,1岁左右的婴幼儿,甚至可能更早,他们能够理解的语言超过他/她能够自己表达的语言。这一阶段也称为短暂的沉默期,婴儿能听懂的多,会开口说的少。到13个月大时,大多数幼儿能够理解每个词所代表的特定的事物或事件,并且能够迅速地学习新词的含义。到2岁时,他们已经可以听辨完整简单句的发音,并理解句子的含义,作出回应。照护者会发现,婴幼儿似乎突然能理解你所说的一切。例如,当照护者提示婴幼儿午餐时间到了,他们会来到餐桌或餐椅前等候;当照护者告诉婴幼儿玩具不见了,他们会去寻找玩具等。

从2岁到3岁是幼儿学习口语的最佳年龄。这阶段幼儿已经掌握了基本的发音规则,具备了一定的词汇量,能够运用一些简单句型,所说的话基本上符合语法,但这种语言发展水平仍然处于初级,通常是与幼儿的具体动作和活动结合在一起,边比画边说话。他们的语言发生还不能脱离具体情境,幼儿在生活经验中需要依靠语言交往拓展自己的能力,他们需要多看、多听、多接触现实生活中的人和事,引发语言需要情境,激发他们语言表达的兴趣。

(二)哺育与抚养过程的教育性

大家都知道,人出生时身心发育很不完善,远未成熟的特征和脆弱性决定了要完全依赖成人的哺育与抚养而生存、发展;与此同时,人出生时又带着人类进化至今所积淀的极大天赋能力、家族特性和个体自身的独特性和能动性。新生儿这一开放的生命体,在成人的哺育与抚养下,能够不断地从外界汲取自身发展所需要的生理的和精神的养料,并加工内化,使其成为身体生长、心理与社会性的发展,哺育与抚养这一过程充满着教育性。

我们从上述的0—3岁婴幼儿发展的独特性可见,婴幼儿个体无不是在与母亲等哺育、抚养他们的身边人的互动过程中学习与发展的。而在个体急速发展的头三年的关键期里,这一影响是否缺失,是否适宜、科学,关系到个体所蕴藏的人之发展潜能能否得以顺利展开并充分发展。因此,在0—3岁婴幼儿哺育、抚养和照护过程中的教育性不可忽视,应做到科学育儿,以对婴幼儿产生全面、正向和适宜的影响,促进其身心全面和谐而富有个性地发展。

0—3岁婴幼儿教育融合于哺育、抚养与照护过程,体现"教不离养、养中有教、教养融合",婴幼儿哺育、抚养、照护与教育相融,形成一个整体系统。

1. 生活环境中的教育

0—3岁婴幼儿的生活环境充满教育性,环境伴随着婴幼儿生活的分分秒秒,影响着婴幼儿行为表现的点点滴滴,养育者要注意婴幼儿生活环境的影响,创设适合于婴幼儿发展的良好环境,尽可能避免来自外界环境中的不良刺激。为婴儿提供一个舒适、稳定的生活居所,室内温馨、整洁,室外自然、丰富的社会环境,让婴儿与环境形成良好的互动关系,在环境中不断被刺激、不断被改造、不断学习成长,学习适应外界的环境获得自身发展,是人类不断繁衍进化的动力。0—3岁婴幼儿成长需要稳定的家庭居所环境、温馨的家庭人际氛围,满足他们安全和情感需要;同样也需要感受外界环境的丰富刺激,在自然环境中感受鸟语花香、行云流水、风清日煦;在社会环境中感受车水马龙、街坊邻里的互动、人间百态都会对婴幼儿心理和社会性发展产生影响。

2. 生活照护中的教育

生活照护作为保障婴幼儿健康成长的生活保障,应渗透到他们的一日生活中,包括睡眠、喂养、进餐、盥洗、大小便、着装、活动等。为婴幼儿提供科学合理的一日生活安排,进行高质量的生活照护,保障婴幼儿成长中的营养和活动需求,有利于其形成良好的生活作息习惯。值得注意的是,母亲和其他照护者因为这些小小的生活必需环节与婴幼儿紧紧联系在一起,在精心科学的照护过程中,妈妈给宝宝穿衣服、爸爸给宝宝洗澡、奶奶给宝宝喂辅食、爷爷领宝宝逛街等生活中的点点滴滴,都是照护者与婴幼儿进行情感交流,婴幼儿学习倾听理解、交流表达和动作技能,获得认知经验的最佳教育机会,这样的教育方式会给婴幼儿带来生理上的满足和与人交往的信任感,并获得多方面的发展。让抚养与教育融为一体,是0—3岁婴幼儿教育的最有效形式。

3. 多样人际交往中的教育

成为一个社会人是人类物种进化的独特目标,个人的发展永远离不开与他人的交往合作,这既是人类社会化发展的最佳方式,也同样能满足人类对温暖情感的向往之情。初来乍到的新生儿,他们乖萌的模样让家长萌生关爱与呵护之情,母亲和其他照护者经常搂抱、抚摸婴儿,与孩子互动交流,让他们感受父母爱的温度,使他们读懂人世之情的最初模样。研究表明,经常接受家长爱抚的婴幼儿,成长速度明显快于缺少爱抚的婴幼儿,消除婴幼儿对陌生世界的恐惧感,有助于婴幼儿培养健康开朗、适应性强的心理素质。当充分感受了亲情,形成了安全稳定的亲子依恋关系之后,他们便具备寻找新朋友,感受不一样情感的自信。这时,婴幼儿开始关注同伴,关注他人,开始融入社会,学习与不同人相处的模式,或许一开始不是很顺利、很开心,但是他们会积极调整,不断尝试与他人的相处方式,直至找到最佳方式。在这样的过程中,婴幼儿的社会性、自我意识、语言表达、认知与思维就自然而然地发展了。让婴幼儿时刻感受到不同人际交往的过程,学习与人互动交流的方式,从而形成温馨和谐、幸福快乐的人际关系,帮助婴儿形成快乐、积极的情绪情感,是婴幼儿的重要教育形式。

4. 在与玩具材料互动中的教育

对于0—3岁婴幼儿来说,世界上的每一个事物、每一个人、每一个现象都是生命中初次遇见,他们欣喜兴奋、想摆弄、想探究,这是每个生命个体对未知世界的积极渴望和天性。我们应该充分相信婴幼儿能用双手来触摸、感知、发现周围的事物的内在奥秘。他们在一次又一次的探索中,不断丰富自己的经验,提升自己的认知水平。因此,为了给婴幼儿创造更多探究的机会,就需要给婴幼儿足够丰富的材料和宽阔多样的空间去伸展感知,活动手、胳膊、小腿,解放婴幼儿手脚,让婴幼儿自由活动。提供利于婴幼儿发展的游戏玩具和生活材料,供他们摆弄、探索。在生活中,家长可以用智力玩具和生活物品来训练婴幼儿手部的精细运动;提供便于抓握、带声响、颜色鲜艳、无毒、卫生、安全的材料,例如勺子、被子、夹子等,让婴幼儿练习抓拿小物件;鼓励婴幼儿自由捏拿、摆弄、敲打物品;提供各种安全的自然界物质材料,如水、泥、砂石、树叶等,鼓励婴儿动手探索,进行创造性表达,满足其探索欲望。但需要注意的是家长需要随时陪伴在婴幼儿身边,让威胁婴幼儿成长安全的物品或设施设备远离他们,保障他们操作安全。

二、0—3岁婴幼儿早期教育及其价值取向

目前,关于早期教育的定义与实施世界各国尚不一致,主要体现在对早期教育对象的年龄范围和实施教育的差异。全美幼儿教育协会(NAEYC)将其定义为针对0—8岁婴幼儿实施的各项发展适宜性的项目。英国开展"确保开端计划"(SURE START)以提升0—4岁婴幼儿及其家庭健康和福利状况作为早期教育的主要任务。新西兰"普鲁凯特计划"(PLUNKT)将0—3岁婴幼儿作为早期教育研究对象,提出从出生起就开始实施教育,并建议向3—4岁幼儿辐射。澳大利亚将其定义为针对0—8岁婴幼儿进行的教育,由早期教育机构负责实施,包括婴幼儿保育中心、学前教育中心、家庭日托、游戏小组、社区综合服务中心等。在我国,6—12岁为小学教育,6岁之前的教育为学前教育。学前教育分为0—3岁婴幼儿早期教育和3—6岁幼儿教育两个阶段。0—3岁婴幼儿早期教育主要在家庭融合于哺育、抚养和照护的过程中,家长获得婴幼儿卫生保健、教育等机构和社会团体等的科学育儿指导,以及早教、托育机构的服务,以影响和促进婴幼儿发展。

(一)0—3岁婴幼儿早期教育内涵

中华人民共和国成立以来,我国0—3岁婴幼儿教育事业经历了从以单位福利主导的享受托儿所服务,到市场为主的早教中心的亲子教育和托幼机构的托育服务,再到以政府主导的普及普惠的"幼有所育"供给模式。随着人们对于早期教育价值的深入理解,早期教育进入了发展快车道。党的十八大以来,以习近平同志为核心的党中央坚持以人民为中心的发展思想,让发展成果更多更公平惠及全体人民,在幼有所育、学有所教上不断取得新进展。党的十九大报告也明确提出,要坚持在发展中保障、改善民生。2013年国家开始实行"单独二孩"政策,并于2016年全面放开"二孩",2021年全面实行"三孩"政策,民

生对托育公共服务的需求与日俱增。我国陆续完善并出台了《关于促进3岁以下婴幼儿照护服务发展的指导意见》《支持社会力量发展普惠托育服务专项行动实施方案（试行）》等一系列政策法规与标准规范，以确保充分调动社会力量，鼓励开展多种形式婴幼儿照护服务，幼有所育不断提高质量。

1.0—3岁婴幼儿早期教育的内涵

早期教育有广义和狭义之分。广义的早期教育是指影响和促进0—3岁婴幼儿身体成长和认知，情感、意志、性格和行为等方面发展的活动。有人主张早期教育应向前延伸到生命开始，也就是始于对母腹中的胎儿施加教育影响。但关于胎教，科学研究还涉及得相当少，实施胎教要十分慎重，不宜无科学依据地进行所谓的胎教，否则将可能对胎儿个体发展带来不良影响，甚至危害。

由于0—3岁婴幼儿身心稚嫩，正处于人生发展最为迅速的时期，又主要是在父母的哺育、呵护、照料下成长。这一特殊性决定了早期教育的内涵复杂、丰富，既要指导父母科学育儿，在哺育、抚养、照护和保健过程中实施早期教育，还要对进入托幼机构的婴幼儿实施保健、抚育、照护及教育影响。这就需要多方协同，以最大限度地对婴幼儿实施科学、适宜的影响，促进其身心健康、全面充分发展。因此，狭义的早期教育是指教育工作者协同保健保育人员共同参与，并以家庭为核心，对0—3岁婴幼儿身心发展施加有目的、积极适宜、有系统的影响。以促进0—3岁婴幼儿健康、体智德美劳全面和谐而富有个性地幸福成长，为其一生的发展奠定基础。

0—3岁婴幼儿从生理特征、发育的基本规律上可划分为五个阶段：出生前（1—11周胚胎、12—40周胎儿）；出生后（1—28天新生儿、29天—12个月婴儿、13—36个月幼儿）。每个阶段的婴幼儿都有本阶段相对独立的生理和心理特点，因此早期教育实施过程中需要依据婴幼儿身心发展规律实施适应性教育影响。

0—3岁婴幼儿家庭是指子女年龄在0—3岁之间，以婚姻和血缘关系为基础的社会单位，包括父母、子女和其他共同生活的亲属等人员。即使家长因参加社会工作需要让孩子入托，0—3岁婴幼儿绝大多数时间还是生活在家庭之中，家庭成员关系和教养方式对于0—3岁婴幼儿身心成长影响极大，家庭是婴幼儿早期教育实施的主阵地，其重要性高于人生其他任何阶段。因此，家长学习掌握0—3岁婴幼儿发展特点规律和科学育儿知识，提高科学育儿的能力、智慧和水平，是婴幼儿充分发展、幸福成长的根本。

2.0—3岁婴幼儿早期教育的目标任务

0—3岁婴幼儿早期教育是以为婴幼儿的生命成长、一生发展奠定良好基础，为提高国民素质、培养大批高素质人才奠定基础为目的，以促进0—3岁婴幼儿健康、体智德美全面和谐而富有个性地幸福成长为目标。

0—3岁婴幼儿早前教育的主要任务包括提高家长科学育儿的素养与能力并协同促进婴幼儿身心健康发展。一是服务婴幼儿家长的科学育儿，把提供0—3岁婴幼儿早期教育的指导服务融入婴幼儿家庭保健、照护服务中，大力宣传科学育儿、普及科学育儿知识，通过多种方式帮助家长及看护人员提高科学育儿能力。二是增进婴幼儿的健康、强壮体格，促进其动作、语言、认知、情感与社会性全面和谐发展。即在生理层面促进婴幼儿身体健康，形成强壮体格的"养"和心理层面促进婴幼儿心理全面健康和谐发展的"教"，它们相互影响，相互制约，做到"教不离养、养中有教、教养融合"。

（二）0—3岁婴幼儿早期教育的价值取向

教育目的的价值取向是指进行教育目的的价值性选择时所具有的倾向性。由于人们所处的社会地位、经济地位不同，有着不同的社会感受和生活感受，有不同的文化背景、实践经验、认知水平、政治倾向、社会理想，有不同的利益和价值观念。① 不同的价值取向直接影响教育活动目的，引导着教育活动的目的考虑和选择的方向。① 0—3岁婴幼儿早期教育的价值取向是指早期教育价值进行选择的倾向性，它明确了早期教育的选择方向和确立的原则，主要包括个人价值取向和社会价值取向。

1.早期教育的个人价值取向

早期教育的个人价值取向是指把0—3岁婴幼儿作为教育目的根本所在的思想主张，其特点是：重视0—3岁婴幼儿的权利、个人的价值、个性发展及其需要，把0—3岁婴幼儿个体发展及其需要的满足看作教育的价值所在；认为教育目的的根本是使0—3岁婴幼儿个体所蕴藏的天性潜能得到自然展开与发展，使其发展的需要得到满足；主张应根据0—3岁婴幼儿身心发展的基础，满足婴幼儿作为完整独立个人的发

---

① 范红,刘建,费爱心.教育学［M］.北京:首都师范大学出版社,2016.

展需求和规律实施适宜的教育。

（1）早期教育保障婴幼儿的基本权利

20世纪60年代，世界范围内都出现了忽视儿童生存权、发展权、免受害和虐待权的现象，婴幼儿因缺乏养护和尊重而造成死亡的现象频发，儿童生存环境和状态令人担忧。世界范围内掀起关注儿童人权的浪潮，联合国于1989年通过一部有关保障儿童权利且具有法律约束力的国际性约定《儿童权利公约》，该公约旨在为世界各国儿童创建良好的成长环境。在此公约的影响下，各国政府部门纷纷出台早期教育的各项政策与法规，将保障婴幼儿个人生存权、发展权、受教育权作为早期教育改革目标。通过世界各国对早期教育改革的努力，到了2000年，5岁以下儿童死亡率降低1/3，产妇死亡率降低到1990年的一半水平，5岁以下儿童严重和重度营养不良现象减少到1990年一半水平。早期教育为婴幼儿的个人生存和发展权提供了有力保障。

2021年9月我国国务院印发了《中国儿童发展纲要（2021—2030）》，文件指出，党的十八大以来，保障儿童权利的法律法规政策体系进一步完善，全社会参与的儿童工作机制进一步巩固，儿童发展环境进一步优化。截至2020年底，婴儿、5岁以下儿童死亡率分别从2010年的13.1‰、16.4‰下降到5.4‰、7.5‰。农村留守儿童、困境儿童等弱势群体得到更多关爱和保护。儿童发展和儿童事业取得了历史性新成就。这个文件还表示，到2030年，保障儿童权利的法律法规政策体系更加健全，贯彻儿童优先原则，儿童在健康、安全、教育、福利、家庭、环境、法律保护等领域的权利进一步实现。同时，全面提高儿童综合素质，把儿童培养成为德、智、体、美、劳全面发展的社会主义建设者和接班人。

（2）早期教育促进婴幼儿个体健全发展

婴幼儿个体健全发展包括个人生理健康和心理健全两个方面。生理发育主要是指婴幼儿的大脑和身体在形态、结构及功能上的发育变化过程。0—3岁婴幼儿生理发展是个体生命中发育最迅速的时期。早期教育提倡在尊重婴幼儿生理发育的基本规律上，为0—6个月婴儿进行纯母乳喂养，提供合理膳食营养补充，重视婴儿生活照料和养护，预防早期婴儿传染性疾病，有计划地进行预防和接种，注重婴儿生活环境卫生安全，为婴幼儿开展适合生理发育的各项活动，增强婴幼儿对周围环境的适应能力，大大提高婴儿的身体素质，奠定人生健康成长的生命基础。心理健全是指早期教育在尊重婴幼儿发展规律和实际水平的基础上，为他们的认知、情绪情感与社会性、语言、动作以及运动能力的发展创设良好的环境，提供科学教育指导，满足他们的心理需求，奠定终身心理发展的坚实基础，以促进个体良好心理品质的形成。

（3）早期教育促进婴幼儿个性天然展露

随着婴幼儿基本生存需求保障和常规教育的达成，早期教育的研究也在不断深入，为婴幼儿提供促进个体发展的教育支持也在不断拓展。各国也在不断拓宽早期教育的内容和领域，研究发现高质量的个性化教养活动可以更好地促进婴幼儿天性施展。深入挖掘婴幼儿自身的潜能优势，创设适宜的发展环境，保留人性的天然部分，尊重每一个婴幼儿的喜好倾向，愉悦自身，对于婴幼儿亲社会行为和优良个性品质的形成有很大的促进作用。

2. 早期教育的社会价值取向

早期教育的社会价值取向是指：早期教育的目的应该是由社会发展需要所决定的。

（1）早期教育提高家庭科学育儿质量

由于0—3岁婴幼儿的抚育主要在家庭中进行，父辈、祖辈的教养态度、教养方式以及教养能力都对婴幼儿身心各方面的发展产生极大的影响。家庭作为社会的组成单位，其教育质量将关乎到全社会的早期教育实施水平。家庭通过学习婴幼儿身心发展规律、照护技能、卫生保健常识，树立正确科学育儿观，防止家庭教育中娇惯宠溺、百依百顺、放任自流、威胁暴力等不良家庭育儿方式，摒弃家长急功近利、过度攀比、揠苗助长、焦虑急躁等不良教育思想，树立科学育儿观和家庭教育观，促进家庭成员中父辈与祖辈之间协作共育，减少因育儿思想差异造成的家庭矛盾，形成家庭成员之间协同育儿意识，增进家庭和谐和幸福指数，以提高全社会婴幼儿早期教育质量。

（2）早期教育缓解家庭育儿压力

女性作为婴幼儿时期的主要照护者，承担了更多的家庭育儿工作。早期教育机构的兴起之初是为了解放妇女，让更多的妇女重返职场，实现自我价值，同时也减轻家庭负担，提高家庭收入，在一定程度上提高了家庭的婴幼儿生活水平。事实证明，普惠性的托幼机构提供多样化早期教育和育儿服务，包括全天、半天、计时型等多种服务形式，能有效帮助更多的家庭减轻家庭生活中人财物等方面的压力，双方协同育儿能明显提高婴幼儿的发展质量和水平。提高国家早期教育的经济投入,形成普及普惠优质的婴幼儿托育服务,共建大环境,是稳定人口增长、保障民生、促进婴幼儿健康成长的重要举措。

（3）早期教育奠定国家人才基础

2010年首届联合国教科文组织世界学前教育大会的主题定位为"构筑国家财富",会议以"通过满足所有幼儿的权利,以及培育他们的潜能,为其创造福祉,我们就是以积累国家财富"为主旨。大会指出学前教育具有极为重要的社会价值,投资学前教育比投资任何其他阶段的教育都拥有更大的回报,"早期教育和保育是对国家财富进行的投资""孩子是国家最宝贵的资源""投资于儿童就是投资于未来"。

美国经济学家詹姆斯·赫克曼通过长达数十年的跟踪调查研究,在其作出的成本收益分析中发现,当昔日的儿童成长到40岁时,其早期投入与总体回报率之比已高达1∶17.07。其中,对幼儿个人的回报率只有1∶4.17;而对社会的回报率更高,为1∶12.9。社会回报中,88%源于犯罪率的减少;4%源于特殊教育与辅导的减少;7%来源于收入税的增加;1%来自社会福利开支的减少。通过经济分析,绘制出赫克曼曲线,该曲线表明受教育者的年龄越小,教育投资回报率越大。国家对早期教育的投入非常值得,它会带来令人惊喜的回报。[①]

目前,我国早期教育坚持以"幼有所育"为指导思想开展早期教育服务工作,这既是尊重婴幼儿发展权利,帮助婴幼儿家庭实现早期教育个人价值取向的充分体现,也是党和政府高度重视办托育,解民忧,实现早期教育社会价值的最好印证。

第二节　0—3岁婴幼儿早期教育与指导

一、以0—3岁婴幼儿为本的早期教育

0—3岁婴幼儿不同月龄在教育内容选择和实施上存在明显差异,了解不同年龄段婴幼儿身心发展规律,树立科学的教育观、掌握教育指导要点,进行适合的生活照料、卫生保健、教育指导,才能促进婴幼儿成长、惠及家庭、服务社会。

（一）以0—3岁婴幼儿为本的早期教育

1. 以0—3岁婴幼儿为本教育的内涵

以0—3岁婴幼儿为本的教育蕴含着辩证的观点,一是0—3岁婴幼儿本位,这是教育的逻辑起点。教育要基于0—3岁婴幼儿身心发展规律和发展的具体阶段,站在0—3岁婴幼儿的立场,关注、理解、移情0—3岁婴幼儿,设身处地地感他们之所感、想他们之所想。二是为了0—3岁婴幼儿的发展,这是教育的价值追求。要把0—3岁婴幼儿的价值、权益、发展、福祉放在首位,把0—3岁婴幼儿的生命健康、促进其身心全面和谐而富有个性地发展作为教育的根本。以0—3岁婴幼儿为主体,实施符合0—3岁婴幼儿发展规律及发展实际的、能唤起0—3岁婴幼儿能动性和发展潜能的早期教育指导,使其在与周围环境的相互作用中积累有益经验,获得全面发展。"为了0—3岁婴幼儿"要以"基于0—3岁婴幼儿"为基础,"基于0—3岁婴幼儿"要以"为了0—3岁婴幼儿"为价值导向,我们要把二者辩证统一落实于早教实践,有效地促进0—3岁婴幼儿身心全面和谐、充分发展。

2. 加强基于0—3岁婴幼儿的早期教育

以"儿童为本"是大家耳熟能详的基础教育基本理念,教育是"为了儿童、为了儿童的发展",这一理念深入人心,但"基于儿童"、站在儿童的立场解读和理解儿童,还难以摆脱"成人本位"的"为了儿童"。我们急需加强"基于儿童",使其与"为了儿童"相辅相成,真正做到"儿童为本"。对于人生开端阶段的0—3岁婴幼儿早期教育,摆脱"成人本位"更有难度,因此,基于0—3岁婴幼儿更需大为加强。

（1）尊重每一位0—3岁婴幼儿个体

0—3岁婴幼儿处于个体身体和心理发展的生命初期,由于生理和心理发展的不成熟导致他们在个人和社会生活的各个方面都表现出天真和稚嫩,需要成年人的照顾和引导。但从个体角度来说,他们仍然是

---

① 周先利,刘映含.早期教育概论［M］.上海:同济大学出版社,2020.

具有独立人格和尊严的个人,有着该年龄段丰富的精神世界,有自身独特的认知思维、探索能力、沟通交流和情感表达方式。他们从不成熟迈向成熟的发展历程,正验证着人类社会进化与发展的轨迹。我们要承认与尊重每个0—3岁婴幼儿的个体价值,保证每一个0—3岁婴幼儿成为独特个体的生存与发展的权利,平等、无歧视地对待每一名0—3岁婴幼儿,为他们提供身体、心理、精神、道德和社会发展的生活条件,使其个体享有充分发展的可能性。

（2）发挥0—3岁婴幼儿发展主体的作用

主观能动性是指个人积极主动地认识世界、改造世界的心理倾向和实际行动。人具有认识和改造外部世界的能力。[①]个人的发展是主体与客体相互作用、相互影响、循环反复、多层交织的过程,是主动发展的,而不是被动接受的。0—3岁婴幼儿也不例外,他们具有主观能动性,能够通过反复操作摆弄各种材料,达到了解材料特性,熟练操作技能,提高动作的精准性,促进感知觉发展,提升社会交往能力。他们与成年人一样,有自己的主动性、选择性、需要和意志,他们逐渐依靠自己来支配行为,并日趋成熟。因此我们需要承认0—3岁婴幼儿是发展的主体,既不夸大成年人的能力,也不贬低他们的柔弱,他们早期看似被动的生活方式其实是在蓄积主动探索世界的可能,他们的发展无处不在。

（3）珍视0—3岁婴幼儿个体差异

孩子一出生,就成为一个非常独特的个体,他们受遗传基因、受孕和孕期情况的影响。虽然人类的发展具有一定的客观规律,需要经历共同的发展顺序和阶段,但由于存在遗传、社会生活环境、教育和主观能动性的差异,他们在发展的速度、水平及发展的优势领域上也千差万别,个体间呈现显著差异。如常模数据显示0—3岁婴幼儿在30个月左右都能基本掌握母语的日常最基本交流语言,也就是我们常说的能说话了,但是日常生活中仍有一小部分婴幼儿在这个时间段还是只能咿呀学语,不能交流。不过你会发现,这类小朋友能听懂日常交流语言并采取相应行为,说明他们在语音输入上和理解语言上不存在问题,但在语音输出上仍需要不断成熟。除此之外,0—3岁婴幼儿在动作发展、情感体验、社会性发展上都存在个体差异,每个0—3岁婴幼儿都是独立个体,发展水平与速度不同,不能用统一标准来一刀切,造成对0—3岁婴幼儿发展水平的错误评估,带来家庭教养焦虑,影响0—3岁婴幼儿发展。我们要尊重和珍视每一名婴幼儿的生理和家庭教育独特性带来的个体差异,这是人类社会发展多样性的个体基础,他们只有个性绽放、多样化发展才能激发出五彩斑斓的个体精神世界,从而铸造绚丽多彩的人类精神文明。既复杂又极为广泛且丰富多彩的0—3岁婴幼儿个体差异,是0—3岁婴幼儿相互激发、互动学习与发展的丰富资源,教师要充分发掘并引导0—3岁婴幼儿互动学习,从差异中获益。

（二）0—3岁婴幼儿早期教育指导的基本要求

1. 教育目标的全面性

早期教育目标指的是依据0—3岁婴幼儿身心发展规律,结合社会发展的政治、经济、文化基础,以教育理论的研究成果为导向,涵盖0—3岁婴幼儿身心健康发展的方方面面,包括生活照料、营养与喂养、保健护理、疾病预防与急救、教育理论、教学设计与实施、托育机构组织与管理、家庭教养拓展与指导、社区服务与实施等。

2. 教育内容的阶段性

在进行早期教育指导时,应该按照0—3岁婴幼儿的生理和心理的发展规律和特点进行,这也同样符合皮亚杰的认知发展理论,每个月龄的婴幼儿都有他能达到的发展水平,评估0—3岁婴幼儿现有发展水平,提供发展预期的科学指导内容,才能真正达到促进0—3岁婴幼儿身心健康成长的目的。但值得注意的是,目前社会上逾越0—3岁婴幼儿发展规律的标尺、拔苗助长、进行超前教育的现象还比较普遍,家长在缺乏科学教育理念的情况下开展的所谓早期教育,只能造成社会育儿冒进、家庭育儿焦虑,危害0—3岁婴幼儿的成长。

3. 教育实施的差异性

苏联教育家苏霍姆林斯基说:"教育工作的实践使我们深信,每个学生的个性都是不同的,而要培养一代新人的任务,首先要开发每个学生的这种差异性、独立性和创造性。"[②]可见,0—3岁婴幼儿的差异性是天然存在并且十分重要的。年龄段越小,0—3岁婴幼儿发展的差异更加明显。那么在进行早期教育

---

① 范红,刘建,费爱心.教育学[M].北京:首都师范大学出版社,2016.
② [苏]苏霍姆林斯基.给教师的一百条建议[M].北京:教育科学出版社,1984.

时,一定要了解每个0—3岁婴幼儿的出生方式、健康情况、家庭抚养方式,评估现有发展水平,才能进行针对性的适宜教育,照顾和尊重0—3岁婴幼儿个体差异,切实帮助0—3岁婴幼儿的个体成长。

二、0—3岁婴幼儿照护与教育指导要点

（一）0—1岁婴儿的照护与教育指导

新生儿在经历了十个月的孕育和艰苦卓绝的出生努力后,脱离母体成为独立的个体,正式开启个人生命之旅。在生命的第一年中,他们的身体和心理无时无刻不在发生着积极的变化。这一阶段婴儿发展有着相对统一的特点,了解这一阶段的发展特点,实施针对性的生活照护与教养指导,可以让婴儿在人生的头一年获得积极的发展。

1. 科学喂养照护,提供舒适生活

出生的头一年里,婴儿的生长发育速度惊人,正常足月婴儿在生后头3个月体重增加最迅速,平均每月增加的体重为1 000—1 200 g,生后3个月体重约等于出生时体重的2倍,第二个3个月每月体重的增加速度减慢一半,每月平均增加体重500—600 g,出生第一年是儿童出生后体重增长最快的时期,系第一个生长高峰。出生时身长平均50 cm,出生后第一年身长增长最快,出生后头3个月,平均每月身长增加4 cm,婴儿3个月时身长可以达到约62 cm,第二个3个月,平均每月增长2 cm,后半年每月平均增长1 cm。因此,加强科学喂养,适时进行辅食添加,保障营养供给均衡,才能为婴儿生长发育提供原材料,满足机体的健康发育。为此,在婴儿出生6个月之内尽量用母乳喂养,人工喂养则要选择适合婴儿个体的奶粉,不要过早添加辅食。如果是母乳喂养,妈妈就要尽量保持营养均衡,少吃容易过敏的食物和辛辣刺激的食物,多吃优质蛋白质和果蔬。如果是人工喂养,尽量给予适宜个体的配方奶,1岁内尽量不吃鲜牛奶,同时注意补充足量的维生素和矿物质。根据婴儿情况适时添加辅食,纯母乳喂养的婴儿6个月后开始添加辅食,人工喂养和混合喂养的婴儿从4个月开始添加辅食。辅食添加要及时、充足、恰当,把握好辅食添加的合适时机及正确顺序,喂养者要依据喂养方式确定添加辅食的最佳时间。

另外,要为婴儿创设安全稳定的生活环境、环境保持整洁。婴儿居住的房间应清洁、干净、通风、日照良好。注意保持婴儿的生活用品清洁卫生,入口之物如奶瓶、奶嘴、口咬胶要消毒,衣物和被褥要勤晒。每天沐浴清洁皮肤,保持皮肤干燥。及时更换尿不湿,保持大便顺畅,避免尿布疹。确保室内温度和穿着适宜,衣物添加适当,给婴儿穿宽松、吸汗、柔软的布料衣服,最好不要穿化纤和丝毛织物。形成相对规律的生活常规,做好一日生活安排,合理安排活动与睡眠时间,创设舒适的睡眠环境,保证充足的睡眠。

2. 预防疾病意外,保障生命安全

对0—1岁婴儿来说,由于身体免疫系统初建,身体的器官和功能发育都不完善,疾病以及意外伤害的发生概率很高,常见疾病包括:腹泻、肺炎、湿疹、幼儿急疹、鹅口疮、尿布疹等。为确保婴儿早期能够平稳、安全、健康地度过人生的脆弱时期,有效的常见疾病预防和护理措施可以达到促进婴儿身心健康、预防疾病、提高健康水平、减少疾病发生、降低婴儿死亡率的目的。照护者需要多加观察和警惕婴儿异常表现,特别是皮肤、饮食、作息、排泄出现异常症状,必要时及时就医获得治疗。按时接种疫苗,获得机体免疫,避免疾病侵入。婴儿8个月会爬行以后,一定要加强家庭安全防护意识,不能让婴儿独处,对于会造成婴儿生命安全威胁的家庭隐患要提前防范,比如尖锐、易碎、有毒、有害、高温、小颗粒物品都要远离婴儿,平时可以学习一些家庭急救技能,比如婴儿气道异物阻塞急救法(海姆立克急救法)、触电急救法等。户外活动时,建议去开阔舒适的自然环境,避免去人群密集、通风差的封闭环境。不要让婴儿与患呼吸道感染的人频繁接触,防止呼吸道感染。

3. 给予情感呵护,满足心理需求

新生儿柔弱、婴儿乖萌、幼儿活泼,都是人世间最纯真的模样,作为家长的我们,想表达也需要表达我们对新生命的关爱之情。0—1岁婴儿的早期情感获得对于人的一生具有重要影响,照护者的哺乳方式、断奶时间与方法、大小便习惯的训练、亲子关系的处理等都会影响个人心理健康的发展。家长要经常搂抱、抚摸孩子,与孩子互动交流,让他们感受父母爱的温度。0—1岁婴儿的首要照护者是母亲,让婴儿获得对母亲的安全型依恋,建立良好的亲子关系,重视母婴依恋时期的情感满足,是生命个人情感健康发展的基础。尽量避免因母子分离而产生的焦虑感,帮助婴儿建立对世界的基本信任感。研究表明,家长的拥抱、亲吻和欢笑都是婴儿最好的智力催化剂。让婴儿时刻感受到家人的关爱,能够积极主动地与环境互动,与家人密切交流,从而形成温馨和谐、幸福快乐的良好家庭环境,帮助婴儿形成快乐、积极的情绪情感。

4. 辅助动作练习,促进运动发展

0—1岁的婴儿处于生命起航的初期,心理发展的各个方面都需要在未来成长过程中慢慢获得,相对于认知、语言、情感和社会性的发展,动作与运动能力发展要明显、迅速得多。从新生儿柔软的骨骼躯干发展到个体独立行走的第一年中,他们先后经历了抬头、翻身、爬行、站立等动作发展过程。这一时期主要呈现为从头到四肢的发展趋势,对头部的控制先于对手臂和躯干的控制,而对手臂和躯干的控制又早于对大腿的控制。其次,运动发展从身体神经中枢向神经末端发展,也就是说对头、躯干、手臂的粗大动作先于手和手指间的精细协调动作。因此粗大动作的发展是这一阶段的重点内容,包括头部、手臂、腿部和三者的联合运动。婴儿的运动是建立在大脑发育趋向成熟和健康营养获得满足的基础之上,通过大脑皮层对运动中枢的控制与感知觉系统的配合协同完成的。良好的动作发展对婴儿认知、情感和社会性行为能力的发展又起着相互促进的作用,是人类个体获得独立生存、实现自身发展的重要方面,也是评估婴儿早期神经发育的重要指标。关注0—1岁婴儿粗大动作和精细动作的发展,采用科学规范的教育内容,促进婴儿动作发展,是这一阶段的重要教育内容。

5. 重视倾听输入,积累语言信息

在生命的头一年中,从个体呱呱坠地到后来咿呀学语,这个阶段他们具备对人类声音最强的敏感性,他们喜欢听别人的谈话,这些声音让他们感觉愉快。同时他们还具有一种令人意想不到的神奇能力,他们能辨别任何一类语言中的微妙区别,这是一种可以帮助婴儿们获取母语中语音代码的能力,因此母语便这样轻松获得了,而且认识世界的方式开始发生根本性的变化。

养育过程要关注0—12个月婴儿的前语言发展以及获得机制,为语言发展创设良好的语音输入信息与材料,有效促进婴儿母语的习得,是这个阶段的当务之急。简言之,获得良好的语言听力材料,发展婴儿的听力,增强婴儿的听力敏感性,以及产生对听说材料的兴趣,是这个月龄段的重要任务。

（二）1—2岁幼儿的照护与教育指导

婴儿1岁之后进入幼儿期,他们的运动能力迅速发展,到18个月左右,几乎所有发育正常的幼儿都可以独立行走,独立行走作为人类进化史上标志性的成就,对于幼儿个体发展也同样意义非凡。他们不再是一个完全依靠他人生活的柔弱个体,他们可以通过自己的行走,接触他们自己想获得的事物,满足好奇心,增进对世界的探索和体验。通过为期一年的努力,他们无论是运动、语言、情感和社会性还是认知都飞速发展,为接下来的独立社会生活做好准备。

1. 做好离乳过渡,提升食物兴趣

1岁以后的幼儿其生长发育虽不如出生后第1年迅速,但每年仍可增加体重2—3 kg,因此,其对营养素的需要量仍然相对较高。1岁以后的幼儿饮食应该由原来的以奶为主逐渐过渡到以粮食、奶、蔬菜、鱼肉、蛋为主的混合饮食。这一阶段幼儿的食物结构逐渐与照护者相近,每天最好按顿吃饭,以粮食（谷类）为主的混合饮食,质地为软的固体食物为主,食物种类多样化。婴儿食物需要全面合理搭配,除了优质的蛋白质,如各种蛋、肉、奶制品等,还需要提供热量的谷类食物,提供维生素的新鲜水果和蔬菜。上海市营养学会根据调查研究的结果,将1—3岁幼儿的食物量简单概括为:1—2瓶牛奶,1个鸡蛋,1—2份禽、鱼、肉,2份蔬菜与水果,2—3份谷与豆。

值得注意的是,牛奶仍然应该是1—3岁幼儿的主要食物之一,每日350克左右,切不可认为断奶就是将所有的牛奶或奶制品全部取消,而是应该继续食用并持续一生。另外,幼儿的咀嚼功能还不够发达,每天应该单独为婴儿加工、烹调食物,少用油炸或煎烤,以防脂肪过多、食物过硬,幼儿的食物加工要细且体积不宜过大,口味清淡,2岁前不添加糖及味精等。这一时期也是幼儿打开味觉通道、尝试各类新鲜食物的好时机,照护者不仅要选择合理健康的食物,也要适当添加各种口味的食物,包括酸、甜、苦、咸等不同味道,让幼儿感知、尝试、习惯并逐渐爱上各类健康食物,有意识地引导和教育幼儿不挑食,激发和养成自主进食的兴趣和习惯。①

2. 做好安全防护,扩大活动范围

从一岁开始,幼儿开始尝试独自站稳,向前迈腿,逐渐学会独立行走。能独立行走已成为这个年龄段幼儿动作发展的里程碑。在幼儿学习走路初期,由于腿部肌肉和骨骼仍在发育,下肢力量有限,使得他们在迈步时两腿之间的距离较宽,脚趾向外,走起来缺乏稳定性。因此初学走路的幼儿迈步既缓慢又小心,

---

① 孙雅婷,周津.0—6个月婴儿综合发展与指导［M］.南京:南京大学出版社,2020.

甚至摔跤，此时仍需要照护者的帮助或者自己扶着支撑物。幼儿在反复练习之后，会逐渐熟悉走路的动作，其平衡能力得到进一步提高，肌肉力量进一步增强。在这个阶段，独立行走不仅是体验控制身体的成就感，更是完全打开自己独立活动的新空间，让自己的活动范围和活动能力有了飞跃性的提升。在这一年之中，他们的行走、跑、跳、蹲、攀爬动作会陆续出现，且趋于熟练。多样化的户外运动，让幼儿自主游玩走跑，或者尝试大型游乐设施，如滑滑梯、跷跷板、攀爬架等运动，都可以增强肌肉骨骼的强健，提高动作发展的协调性，增强身体素质。

在精细动作的发展上，1—2岁幼儿的手部肌肉力量得到进一步增强，手眼协调能力进一步提高。在这一阶段，幼儿的手将会逐渐替代嘴巴，成为他们探索和了解世界的主要工具，他们开始从用整个手掌和五指一起去抓握物品，发展到能用两根手指去抓握并释放物品，抓握细小物品的准确性更好。

但是这样的发展也会带来更多生活的潜在威胁。保证幼儿活动环境的安全性，是这个时期的重要工作。幼儿走路、上楼梯时，一定要有照护者看护，必要时提供支持。在有条件的情况下，照护者尽量将家里有尖锐转角的家具装上防撞角，给幼儿可触及范围内的插座装上保护盖。在窗边尽量不要摆放可供幼儿攀爬的物品，或者安装窗户安全锁，防止幼儿爬上窗台翻窗而发生危险。小颗粒物品远离幼儿，防止误食造成气道异物阻塞。

3. 创造语言环境，鼓励沟通表达

1—2岁幼儿所能理解的词汇大量增加，以名词和动词为主，多与幼儿生活中熟悉的物品、人员、自身身体器官和身体动作等有关。这一阶段幼儿倾听理解能力得到迅速发展，能听懂的话比能说的话要更多。

创造丰富的语言环境，让照护者尽量创造与幼儿沟通、表达的口语交流情境，利用日常内容，与幼儿谈论发生的事情，身边的物品，熟悉的人物，鼓励他们用语言回应，并且帮助他们重复，学习简单的词语和句式表达；同时可以借助多媒体设备播放儿歌、动画片等音像资源，让幼儿多听，丰富幼儿的视听环境，帮助幼儿积累词汇，习得语言规则，促进语言的发展。在书面语言方面，照护者可以为幼儿提供大量形象生动的阅读材料，向幼儿示范正确的翻阅图书方法，持续进行亲子阅读。照护者也可以引导幼儿认识日常生活中常见的标志或符号。

另外，幼儿对言语的学习很大程度上是通过模仿他人而习得的。照护者与幼儿交流时，语言应清晰明确，使用简单的词汇和完整的句子，尽量使用与物体或动作相关的准确词汇，保持语言示范的规范性，减少日后在交流中的误解，有利于幼儿语言表达能力的发展。

4. 尊重个体独立，提供自主探索机会

1—2岁幼儿自我调控情绪的能力还是很弱，特别是在面对陌生环境和人时，容易出现回避、躲闪甚至哭泣等情况。但随着月龄的增加，他们识别他人情绪的能力也在不断增强，从感受，到识别，再到控制，使得自我意识不断提高，对于人、事、物的接纳能力显著提高。生活环境不断扩大的同时，他们开始萌发自己的需求和爱好，为了保证这一时期幼儿社会性的平稳发展，照护者需要意识到每个幼儿都是一个独立的个体，尊重幼儿的想法和意愿，满足他们的好奇心和探索欲。帮助婴儿在自我探索的过程中，意识到自己的独特性，帮助他们理解他人会有与自己不同的想法和感受，为他们自我概念的终身扩展提供实践经验。面对这一时期幼儿表现出的强烈自我中心行为，照护者更需要保持理解和接纳的态度，顺应幼儿的发展，避免强硬直接的要求和指令。有时，照护者越是禁止的事情，反而越能激起幼儿的好奇心和叛逆心。照护者应在尊重和理解的基础上，温柔地、有耐心地对待幼儿，他们会更愿意配合而不是反抗。

创造与社会交往的机会，为了增强幼儿社会交往技能，提高社会适应能力，照护者应多为幼儿提供与他人交流相处的机会，避免以电视、电脑、手机等媒介完全替代自己陪伴幼儿。

5. 运用开放材料，提升动手能力

1—2岁婴幼儿大多数时间还是生活在家中，利用家中的生活材料如水杯、饭碗、枕头、小罐子、毛刷、床品、家具等，或者大自然中的天然物质风、雨、水、空气、砂石、植物等开放性生活材料进行操作探索，不仅可以提升幼儿精细动作和认知发展水平，更能让他们从熟悉生活、熟悉身边事物开始认识世界，了解事物的外形、特性、功能等，丰富感性经验，拓展生活能力。例如卫生纸，婴幼儿都喜欢抽拉，然后将其中的一半再扯成两半，一遍一遍地重复进行，一次一次地撕成碎片。他们会通过自己的反复动作操作，了解纸巾的特性，发展自己的手眼协调力。给幼儿一团面团，安全易得，通过反复揉、捏、压、甩、拉等各种操作，发现面团的可塑性，促进幼儿认知发展。雨天，与幼儿一起去感受大自然的天气变化，观察雨点的下落，体会雨点滴落到身上的冰凉感，踩水坑，都符合幼儿热爱大自然的天性。为此，为他们创设各种可以动手操作的机会,提升动手操作能力。①

（三）2—3岁幼儿的照护与教育指导

进入人生的第二个年头,幼儿已经成为一个活泼好问、有自己独立思考力和行动力的小大人了。他们逐渐从关注自己转移到关注他人,关注世界形形色色的不一样,他们乐于探索没有见过的新奇事物,有无知者无畏的冒险精神,这都是和他们身心的不断成熟密不可分的,不同于其他年龄段,这一时期仍有其主要发展任务,我们需要重点指导与实施。

1.注意营养均衡,养成饮食健康

2—3岁幼儿咀嚼能力提高,消化能力增强。此阶段幼儿乳牙已经长齐,咀嚼功能大大加强,但和成年人相比,仍然存在一定的差距。照护者应保证幼儿的营养均衡、食材多样,烹饪仍以细软为主,为幼儿提供容易消化且营养丰富的食物。可减少粥、面、汤等液体食物,增加干、硬的固体食物。蔬菜应切碎,肉类切成细丝、丁块、薄片,让幼儿更易咀嚼。教导幼儿咀嚼食物,要有耐心,切勿急躁。

保证幼儿每日营养摄入量。一般来说,这个年龄段的幼儿有较高的能量和营养需求,应该每天为幼儿提供足够的能量、蛋白质、脂肪、矿物质和维生素。食物的选择与烹饪选择营养丰富的食物,如新鲜水果和蔬菜、低脂奶制品、瘦肉类（鸡、鸭、鱼、牛、猪、羊肉）、鱼、谷物及豆制品。食物种类丰富多样,营养全面平衡,荤素搭配,粗粮和细粮交替使用,从而满足幼儿对各种营养成分的需求。食物的口味以清淡为主,不宜添加味精、色素、糖精等各类调味品;幼儿不宜食用刺激性食物,如咖啡、辣椒、胡椒等;尽量避免低能量食物,如粉丝、凉粉、藕粉等,少吃零食、少喝饮料、少吃油炸食物。

注重饮食习惯的培养。用餐环境整洁卫生,进餐过程保持心情愉快。餐前跟幼儿一起洗手、拿餐具,进餐时可以与幼儿一起轻声讨论饭菜的品种、营养价值,不仅可以提升幼儿对食物的兴趣,还能锻炼幼儿的语言表达能力。细嚼慢咽,安静地吃完自己的食物,咽下最后一口饭再离开餐桌。进餐时不要与幼儿玩耍、打闹,也不要在餐桌上批评、训斥幼儿,以免让幼儿对吃饭产生抵触心理。关闭手机、电脑或电视屏幕,让幼儿将注意集中在食物上,不含着食物说话,不边吃边玩。

2.建立一日常规,形成初步规则

2—3岁的幼儿由于身体发育趋于完善,他们已经满足建立一日生活常规的生理条件,因此对于一日生活中的饮食时间和次数、睡眠与活动安排都可以建立初步的规则。饮食上选择相对固定的时间安排一天三顿正餐和两份小点心,保证食物总量的摄入。照护者可以根据幼儿的个体需要做相应调整。通常点心和正餐之间间隔两至三小时为宜。有规律地定时、定点、适量进食,帮助幼儿了解每个饮食环节以及下一个环节吃什么,形成相对固定的节奏,不随时进食或者吃零食,防止养成饮食随意的坏习惯。

鼓励幼儿养成自主如厕的习惯。此阶段幼儿已具有控制大小便的能力。由于幼儿的膀胱容量小,一天排尿次数非常多,这是正常现象。可引导幼儿根据自我需求,在入睡前、起床后、出门玩耍前进行如厕练习,形成相对规律的大小便时间。另外,照护者应鼓励幼儿感觉到尿意时,主动到厕所排便,并教会幼儿自己穿脱裤子,渐进式脱离尿不湿,为上幼儿园做好如厕准备。

2—3岁的幼儿每天睡眠时间继续缩短,每日需睡10—12小时,应保证幼儿有充足的睡眠时间和良好的睡眠质量,形成生物钟,培养按时入睡的习惯。为此,为保证夜间完整睡眠,晚餐要适量,吃得过多容易引起肠胃不适,吃得过少可能因饥饿而睡不着;白天多活动,幼儿疲劳后容易入睡且睡眠时间也长;减少入睡前的大量喝水或者喝奶,以防夜间多尿干扰睡眠。改进不良睡眠习惯,成人应注意观察、了解,根据幼儿的个性特点及体质耐心培养,以爱抚去关心,以言语去鼓励,逐步养成幼儿的良好睡眠习惯。千万不要为了让幼儿入睡快,常采用抱、拍、摇等方式帮助其入睡,或是养成了含乳头、吮手指、咬被角、玩手巾或玩玩具才能入睡的习惯。②

3.加强运动锻炼,增强身体素质

2—3岁幼儿动作水平有了长足的进步,他们的走、跑、跳、平衡、投掷、钻爬等协同运动能力有了明显增强。步态更稳、速度更快、摔跤更少,能够持续慢跑,活动量不断提升,说明肌肉组织强度和神经细胞的兴奋持久度不断提高。他们对任何事情都充满好奇,都乐于尝试,喜欢用肢体动作感知。父母或者照护者则需要利用各种条件,创设宽松的户外或室内运动环境,利用幼儿爱模仿、活泼、好动的特点,设计各种运

①　金晓梅.婴幼儿游戏与玩具[M].成都:西南师范大学出版社,2021.
②　邓文静,胡阳.13—18个月婴幼儿综合发展与指导[M].南京:南京大学出版社,2020.

动游戏,促进幼儿大动作能力的发展,提高幼儿机体新陈代谢水平和免疫力,形成早期强身健体意识。另外,2—3岁幼儿进入掌握手部动作技能的敏感期,有意识让他们多使用生活中的日用品,创造锻炼手部精细动作的机会,锻炼手指之间、手指与手腕之间、双手之间的协调和控制能。

值得注意的是,这一年龄段幼儿虽然发展很快,但身体较成人还是不够协调,骨骼发育还没有成形,不正确的坐姿、站姿和走路姿势,都会使骨骼遭到压迫而变形。因此,在日常生活中,需要关注和纠正幼儿的错误姿态;在运动中,注意动静结合,保证骨骼和肌肉的放松休息。

4. 重视生活经验,积累认知常识

重视给幼儿建立生活经验常规,增加生活环节程序性记忆容量。引导幼儿回忆每日常规中的下一个环节是什么,从记录自己的生活开始积累常识经验,了解自己的一日生活安排。帮助幼儿回忆和谈论特别的节日和活动,如有趣的事、家庭或节日庆祝活动、参观动物园或果园等,鼓励幼儿讲述以前发生的事情,用语言将幼儿的动作描述出来,强化幼儿对细节的记忆。日常亲子陪伴中,多和他们一起开展唱歌、念童谣和阅读图书等活动,这些活动能够锻炼幼儿的记忆能力,提高他们的记忆容量,增强对生活环境和事物的理解。借助游戏活动,鼓励幼儿观察成人生活细节,模仿成人的动作语言,根据自己的理解在装扮游戏中加入更多的细节表现,提供和巩固对生活的认识。如给娃娃用奶瓶喂奶后,拍拍娃娃的后背;"做饭"时,加水煮面、炒菜的动作,甚至嘴里会模仿炒菜时的声音。

日常生活中,鼓励幼儿使用描述空间和方向的词语,感知空间,识别和描述物体之间的空间关系,掌握上下前后里外等方位词。例如,用语言描述幼儿玩具的位置:"小卡车在玩具架上面。""娃娃在小床上,在小被子的下面。""积木在玩具盒里面。"引导幼儿说出关于方向和空间的语句:"飞机在天上飞,大卡车在地上跑。""童童在前面跑,小西在后面走。""爸爸在外面,妈妈在房间里。"

5. 培养生活自理能力,做好入园准备

2—3岁幼儿自我意识发展显著提高,这一时期他们想让自己成为生活的主人,希望有更多的自我服务和参与家庭生活的机会,同时也能表现出惊人的能力。因此,作为照护者我们要相信他们能做到也能做好,为他们创设自我服务的情境与机会。询问他们每天都有哪些生活必需环节,了解每一环节的主要任务,尝试在简单、安全易操作的环境中鼓励自我服务,比如从收拾玩具,形成物品放回原处的良好习惯。出门之前鼓励幼儿自己穿好衣服,背上书包,换好鞋子;餐前洗手,自主进餐,形成文明进餐习惯;回家时尝试自己脱鞋换鞋、消毒洗手、更换家居服等。对于有些自我服务工作幼儿做得不到位或者为难受挫时,照护者要包容接纳,这个阶段幼儿的自理能力本就是不成熟、不标准、不到位的,不应用成年人的标准要求他们,更不能为了入园而让幼儿产生焦虑恐惧的消极心理,家长要摆正心态,放宽要求,以平和的心境等待幼儿的自然进步。

本单元小结

本单元从0—3岁婴幼儿身心发展的独特性和哺育与抚养过程的教育性切入,阐述了早期教育的含义、价值取向、目标与任务;阐明"为了婴幼儿"与"基于婴幼儿"辩证统一的婴幼儿为本的早期教育理念,指明现时期0—3岁婴幼儿早期教育要加强"基于婴幼儿",使其与"为了婴幼儿"相辅相成,以摆脱"成人本位"的"为了婴幼儿",真正做到"婴幼儿为本";还具体阐述了0—1岁、1—2岁、2—3岁不同年龄段婴幼儿的照护与教育指导的要点。

复习与思考

1. 简述0—3岁婴幼儿身心发展的独特性和哺育与抚养过程的教育性。
2. 阐释0—3岁婴幼儿早期教育的含义及价值取向。
3. 简述0—3岁婴幼儿按照生理特征发育可以划分为哪几个阶段。
4. 阐述0—3岁婴幼儿早期教育的目标与任务。
5. 阐释0—3岁婴幼儿为本的早期教育理念,并说明如何加强该理念对实践的引领。
6. 简述0—3岁婴幼儿早期教育指导的基本要求。
7. 结合案例说明0—1岁婴儿的照护与教育指导要点。
8. 结合案例说明1—2岁幼儿的照护与教育指导要点。
9. 结合案例说明2—3岁幼儿的照护与教育指导要点。

同步实训

1. 结合见习或调研,分小组研讨:

   0—3岁婴幼儿早期教育与3—6岁幼儿教育的异同。

2. 请观摩记录托育机构一个年龄组的一日活动:

   ① 按年龄组对一日活动安排及0—3岁婴幼儿教养情况进行评析研讨;

   ② 各年龄组代表在大组交流;

   ③ 基于上述活动,以学习小组为单位,进一步讨论小结托育机构不同月龄段婴幼儿教养要点的差异所在。

3. 以小组为单位调研0—3岁婴幼儿教育指导服务的需求,并完成调研报告。

4. 参与社区婴幼儿早期教育咨询和家庭入户指导活动,并撰写活动反思。

03 第三模块

幼儿园课程与协同共育

第六单元 幼儿园课程

> ■ **本单元将帮助你：**
>
> ◆ 理解幼儿园课程的内涵、特点和价值取向
> ◆ 理解幼儿园课程编制的基本原理
> ◆ 理解幼儿园课程目标的拟订、内容的选择与组织，以及课程计划的制定
> ◆ 理解课程实施的实质和实施的途径与基本要求
> ◆ 理解领域与主题活动课程的特点、计划的制定，以及课程的组织与指导
> ◆ 理解幼儿园课程评价及其功能、目的和方法，了解课程评价的主体、内容和注意事项

问题情境

　　小星星幼儿园是一所私立幼儿园，园所的教育理念是"健康、快乐、自主、自然"。园长责任心强，带着"如果每天不教给孩子点什么，就是对孩子不负责任"的想法，与老师们一起，精心地安排每一天的课程。幼儿园的课程体系包含基础课程和特色课程。基础课程是五大领域的教学活动，特色课程有外教英语、经典成语、感统训练、跆拳道、围棋等。幼儿的学习活动以教师的集中教学为主，中大班每天的集中教学活动达3—4节。在这种安排下，幼儿学习了很多儿歌、成语、汉字等，园长很欣慰，家长也比较满意，觉得"孩子有了进步，没有白上幼儿园"。

　　请问，什么是幼儿园课程？孩子在幼儿园应该学什么？怎么学？小星星幼儿园的课程合理吗？存在哪些问题？为什么？

第一节 幼儿园课程的内涵与特点

一、幼儿园课程的内涵及其特点

（一）幼儿园课程的内涵

1. 课程的内涵

纵观课程研究的历史发展，不同学者由于其个人的价值取向不同，对知识、教育的认识不同，对课程本质的理解也各不相同，因此课程的定义至今说法不一。但归纳起来，最有代表性的是以下四种。

（1）课程是科目、是教材

这种观点认为课程是由系统的知识构成的学科或科目，学校教育的任务就是把有价值的知识传递给学生。历史上这种观点长期占据主导地位，对学校教育实践以及教师观念产生了深刻而久远的影响。例如我国古代的课程有六艺：礼、乐、射、御、书、数。欧洲中世纪大学开设的课程有文法、修辞、逻辑、算术、几何、天文和音乐等。

这种课程定义把课程内容与课程过程割裂开来，强调学科知识的传授，忽略了学生的兴趣、需要，忽略了学生在学校活动中所获得的各种经验及个体成长的经历。实际上，仅仅学习和掌握学科知识是远远不能适应社会需要的。

（2）课程是目标或计划

这种观点把课程视为教学过程要达到的目标、教学的预期结果或教学的预先计划。如认为课程是有

组织的一系列有意的学习结果,是学习者在学校指导下,所面临的一切经验的计划或方案。

这种课程定义把课程视为教学过程之前或教育情境之外的东西,重视教育活动的设计,强调教育的意图,有利于课程的科学化和标准化,但忽略了在课程实施过程中可能出现的各种教育影响,忽略了学习者的现实经验。

（3）课程是学习者的经验

这种观点把课程视为学生在教师指导下所获得的经验或体验,以及学生自发获得的经验或体验。以经验的维度界定课程,起源于杜威的进步主义教育思想。杜威认为,儿童的经验应该是课程的起点和基础,儿童需要在经验中学习。经验课程的基本着眼点是儿童的兴趣和动机,以动机为教学组织的中心。

这种课程定义强调以学习者为中心,消除了课程中"见物不见人"的倾向,从关注教材到关注学生,关注他们的兴趣、需要,关注他们在学习过程中所学及对他们个人的意义。但是由于学习经验具有一定的主观性、模糊性与不易把握性,这种课程定义在教学实践上具有一定的困难。

（4）课程是活动

这种观点认为课程是学校组织的学习活动,学生通过自身的主体活动而获得发展。没有学生的自主活动就没有教学的发生,课程目标就无法实现。

"活动说"与"经验说"关系密切,因为儿童是在与环境的相互作用即活动中获得各种经验的。但两种定义的视角不同,"经验说"关注结果,"活动说"关注过程。从"活动"视角定义课程,容易造成过于关注活动过程而忽略教育目标的状况,而且过分强调从实践中获取直接经验,也并不完全反映学校教育和学生学习的本质特征。

上述几种课程定义,产生于不同的时代背景、理论基础,各自从独特的角度看待课程,有其积极合理的一面,也有明显的局限性。对于教育工作者来说,重要的不是选择这种或那种课程定义,而是要意识到各种课程定义所要解决的问题以及伴而来之的新问题,以便根据课程实践的要求,做出明智的决策。[1]

2.幼儿园课程的内涵

在我国,幼儿园课程在不同的历史时期曾有过不同的含义。

20世纪二三十年代,我国理论界对幼儿园课程的研究已经比较深入,幼儿园课程这一概念已正式运用于幼儿园。陈鹤琴作为我国幼儿园课程理论的奠基人,于1932年拟订颁布了《幼儿园课程标准》。他虽然没有给幼儿园课程下一个明确的定义,但他一再强调,幼儿园应该给幼儿一种充分的经验,这种经验来源于幼儿:一是与实物接触,二是与人接触。应该把幼儿能够学而且应该学的东西有选择地组织成系统,应该以幼儿的两个环境——自然环境和社会环境——为中心组织课程。另一位学前教育先驱张雪门说,幼儿园课程是什么? 就是给三周岁到六周岁的孩子能够做而且喜欢做的经验的预备。张宗麟也指出,幼儿园课程者,广义地说,乃幼稚生在幼儿园一切之活动也。这些理念,在今天看来依然十分先进。

改革开放以来,幼儿园教育工作者不断总结我国幼儿教育的理论与经验,学习国外先进的儿童心理、教育与课程理论,对幼儿园课程进行了全面深入的改革,出现了多样化的课程定义。

幼儿园课程的终极目标是促进幼儿的发展。幼儿是怎样发展的? 我们应当如何看待幼儿的发展? 怎样才能有效地促进幼儿的发展? 对这些问题的认识直接影响我们对幼儿园课程内涵的理解。幼儿是发展的主人,尊重幼儿的主体地位,首先意味着要尊重幼儿的天性和认知规律。幼儿的学习具有直接经验性,是通过实际操作、亲身体验,去模仿、感知、探究,在"做中学""玩中学""生活中学",不断积累经验,逐步地建构自己的理解与认识。在人生初期,全面、协调的发展十分重要,任何一方面的发展都依赖于其他方面的相应发展,任何一方面的偏废都会伤害幼儿整体的发展。教师创造一个充满爱和尊重的、富于理解和激励的、宽松而安全的、积极互动的环境,引导幼儿在生活与游戏中快乐地动手动脑、感知体验、交往合作、探究创造,是促进幼儿学习与发展的最好条件。

借鉴幼儿教育研究先驱对幼儿园课程的理解,根据幼儿的年龄特点,我们认为,幼儿园课程是实现幼儿园教育目的的手段,是帮助幼儿获得有益的学习经验,促进其身心全面、和谐发展的各种活动的总和。[2]

① 王春燕.幼儿园课程概论[M].2版.北京:高等教育出版社,2013.
② 冯晓霞.幼儿园课程[M].2版.北京:北京师范大学出版社,2001.

（二）幼儿园课程的特点

1. 奠基性与启蒙性

《纲要》指出,幼儿园教育是基础教育的重要组成部分,是我国学校教育和终身教育的奠基阶段。作为幼儿园教育实施载体的幼儿园课程,直接影响着幼儿在这一阶段的学习与发展,进而为其一生发展打好基础。正如德国教育家斯普朗格所说,教育的最终目的不是传授已有的东西,而是要把人的创造力量诱导出来,将生命感、价值感唤醒,所以幼儿园课程不是传授知识,而是开启幼儿的心灵与智慧,让每一个幼儿在愉快、自信、有尊严的幼儿园生活中发掘潜力,良性成长,不仅更好地适应小学生活,而且为一生的学习和发展奠定基础。因此,奠基与启蒙是幼儿园课程的基本任务。

2. 全面性与整合性

幼儿园的任务是遵循幼儿身心发展的特点和规律,实施德智体美劳等方面全面发展的教育,促进幼儿身心和谐发展。要完成这样的任务,幼儿园课程必须是全面的、高度整合的。《纲要》指出,幼儿园课程内容相对划分为五个领域,各领域内容有机联系、相互渗透,从不同角度促进幼儿情感、态度、能力、知识、技能等方面的发展。整合不仅体现在领域之间、目标之间,课程组织实施的方法、途径,教育资源的利用等方面,也都具有整合的特点,只有如此课程才能促进幼儿情感、认知、身体、品质、审美及行为习惯等多方面和谐发展。

3. 活动性与直接经验性

"我听到了,我忘记了;我看到了,我记住了;我做过了,我理解了",这句通俗易懂的话告诉我们,幼儿的学习方式和特点是"做中学",幼儿在参与、探索和交往中,通过各种感官获得直接经验,进而认识事物,理解事物之间的关系,形成对周围世界的初步认识。因此幼儿园课程的存在形式是活动,是帮助幼儿获得有益经验的各种活动。所以,幼儿园要创设丰富的教育环境,合理安排一日生活,最大限度地支持和满足幼儿通过直接感知、实际操作和亲身体验获取经验的需要,严禁"拔苗助长"式的超前教育和强化训练。①

4. 生活性与游戏性

幼儿的学习是在日常生活和游戏中进行的,生活和游戏既是幼儿的基本活动形式,也是基本的学习途径。对于3—6岁幼儿来说,生活自理能力、良好的生活卫生习惯、人际交往的态度与能力、自我保护的意识与技能等是重要的学习内容,对这些内容的学习,就像在游泳中学会游泳一样,只能在生活中学会生活,在交往中学会交往,离开生活实际,学习就成为灌输和训练,不仅毫无意义与效果,还破坏了最宝贵的学习兴趣与学习品质。游戏是孩子最喜欢的活动,蕴含着丰富的教育价值,游戏就是孩子的生活,因此幼儿园课程具有生活性与游戏性的鲜明特征,生活与游戏既是课程内容的来源,又是课程实施的途径。

5. 潜在性

所谓潜在性指的是幼儿园课程通过间接、无意识的方式对幼儿的情感、认知、态度产生影响,被称为隐性课程,与显性课程相对。这种潜在性的影响常常通过物质空间如幼儿园环境、活动室设置、玩具材料投放等,组织制度如生活常规、奖惩制度等,文化心理如师生关系、教师的期望与态度等途径发挥作用。由于幼儿的年龄特点,更容易受到环境的影响,所以尽管幼儿园课程有明确的目标和学习领域,但是并不是像小学那样有课表、教材或者作业,课程实施是通过创设良好的环境、合理组织一日生活、开展游戏和幼儿喜爱的活动进行的。孩子不会感受到老师的教育意图与期望,更多感受到的是和老师一起游戏,幼儿园就是一个和小朋友共同生活和游戏的地方,而不是学校。因此,幼儿园课程蕴含在环境、材料、活动、关系和教师的行为之中,潜移默化地发挥着促进幼儿健康成长的作用。

罗森塔尔效应②

1968年,美国心理学家罗森塔尔和助手在一所小学对六个年级的学生进行了一项普通的智力测验,然而他却告诉教师这是"预测未来发展的测验"。测验结束后,罗森塔尔没有依据测验的结果,只是随机抽取了一部分学生,并将这些随机抽取的学生名单告知相关教师。罗森塔尔煞有介事地告诉老师"这些儿童与其他儿童不同,他们的能力今后肯定能得到发展",并要求对方保密以保证实验效果。八

案例

---

① 李季湄,冯晓霞.《3—6岁儿童学习与发展指南》解读[M].北京:人民教育出版社,2013.
② 张杰.罗森塔尔效应[J].初中生必读,2021(09).

案例

个月后的第二次智力测验结果显示,这些名单上的孩子在智力测验上的得分比其他学生有了明显的提高,各种表现也更加优秀。

原来,因为相信罗森塔尔的心理学权威,老师们以为那些名单上的学生果真有特别的能力,于是他们看待这些孩子的眼光发生了变化,对这些学生有了更高的期望,对学生的态度也随之发生改变。虽然出于"保密"的要求,老师们从未向孩子们说过什么,但是"你很优秀"的信息和特别的关心还是通过老师们的眼神、笑貌、音调等各种途径被"泄露"出去,学生们感受到了老师对自己的期望和关爱,变得更加自尊、自信、自强、积极、主动,于是他们不但成绩有了较大的进步,性格也更加开朗了,各个方面都有了十足的进步。这就是著名的罗森塔尔效应。

二、幼儿园课程的价值取向

（一）幼儿园课程的价值取向

1. 以知识为本的课程价值取向

美国著名学前教育家斯波戴克说过,在20世纪50年代的学前教育实践中,人们并不关心儿童自身的心理发展需求,即并不是以儿童能学什么或能做什么为依据的,而是把我们成人认为该教给儿童的教给他们……儿童是学前教育的客体,他们如同一个容器,接受着学前教育工作者传授的概念和知识。[①]1949年后,我国向苏联学习幼儿教育理论与经验,注重知识系统化与作业教学在儿童发展中的作用。所谓作业就是专门组织的集体教学形式,系统知识是在作业教学中传授的。教师是知识的拥有者,以教师为中心,以教材及知识为中心,成为当时幼儿园课程变革与发展的重要指导思想。幼儿园课程分为体育、语言、认识环境、图画和手工、音乐、计算六科,每一科都详尽地列出了具体内容、教学要点、方法及实施的细则。对于教师来说,教学就是把书本的知识或系统的知识教给幼儿,备课最重要的是备材料、备内容,从"如何教""怎么教"去考虑,而不是从幼儿、从幼儿发展的特点、从幼儿的探究来进行。

时至今日,以知识为本的课程价值取向仍然存在,幼儿园注重教授小学化的知识,教师们视"上课"为自己的主业,"重课轻游戏"的小学化现象依然严重,因此国家先后多次颁发文件,强调对"以游戏为基本活动"的坚持。在2021年颁布的《教育部关于大力推进幼儿园与小学科学衔接的指导意见（教基〔2021〕4号）》中,明确提出:坚持儿童为本。关注儿童发展的连续性、整体性、可持续性;幼儿园不得提前教授小学课程内容,不得布置读写算家庭作业,不得设学前班;要防止和纠正把小学的环境、教育内容和教育方式简单搬到幼儿园的错误做法。

2. 以儿童发展为本的课程价值取向

20世纪末,我国进行了新一轮基础教育课程改革,"为了每一个学生的发展"成为重要的指导思想。在此背景下,顺应世界教育改革的潮流,以儿童为本、以儿童发展为本,成为幼儿园课程变革的重要取向。这个思想在课程改革的成果——《纲要》的字里行间,旗帜鲜明地表现出来。《纲要》总则的五条中除第一条之外,其他几条都分别从不同角度、围绕"以儿童发展为本",明确指出:共同为幼儿的发展创造良好的条件;满足幼儿多方面发展的需要,使他们在快乐的童年生活中获得有益于身心发展的经验;尊重幼儿的人格与权利,尊重幼儿身心发展的规律和学习特点……促进每个幼儿富有个性地发展,等等。而且这一精神融入了《纲要》的其他各部分,指导着幼儿园课程的组织、实施、评价等环节。2012年颁发的《指南》再次提出,关注幼儿学习与发展的整体性,尊重幼儿发展的个体差异,重视幼儿的学习品质,强调课程为幼儿的终身学习与发展奠定基础。

案例

一位园长的话[②]

"过去我们的教师在教育教学过程中主要研究的是教材,在课前,考虑最多的是准备使用什么教材,如何把准备好的材料信息分在每一周每一天内向幼儿实施教育。往往几位教师在办公室备课,事先想好如何一步一步完成教学目标、幼儿可能会出现的反应,问题全凭教师自己的想法与经验加以假设,一

---

① 周念丽,等.探询学前教育在现代主义和后现代主义影响下的发展轨迹[J].幼儿教育,2003（02）.
② 王春燕.中国学前课程百年发展、变革的历史与思考[D].南京师范大学,2003.

句话,是从'怎么教'出发的。变革之后,教师在观念上已从研究教材转向了研究幼儿,在考虑怎么教的同时更加注重研究幼儿。教师的时间更多地放在了观察幼儿的需要、兴趣上,看看孩子们在想什么,倾听孩子们在说什么,猜猜孩子们表达了什么,尽自己的所能学会用孩子的眼光看世界,用孩子的心灵感知世界,用孩子的语言表达世界……从孩子出发,"以儿童为本"已成为课程教学的出发点。教育教学中教师更多的是根据幼儿的不同需要、兴趣点,与幼儿一起建构活动主题,通过活动,充分调动幼儿的主动性、独立性与创造性,最充分地促进幼儿的发展。"

这位园长的谈话代表了变革中人们对"以儿童发展为本"这一价值取向的认可。

（二）幼儿园课程的构成要素

编制任何课程都必须回答四个问题:学校应该追求哪些目标?人们要提供哪些教育经验才可实现这些目标?这些经验如何才能有效地加以组织?人们如何才能确定这些目标是否实现?这四个问题由美国著名的课程学者泰勒提出,被后人称为"泰勒原理"。这四个基本问题反映了课程组成的四个重要方面,即课程目标、课程内容、课程实施、课程评价。

课程价值取向是决定课程的教育观、儿童观、知识观、学习与发展观等在哲学、社会学、心理学等方面的理论取向,这些理论取向作为课程编制的原理和原则,制约着整个课程系统的运作。(图3-6-1)

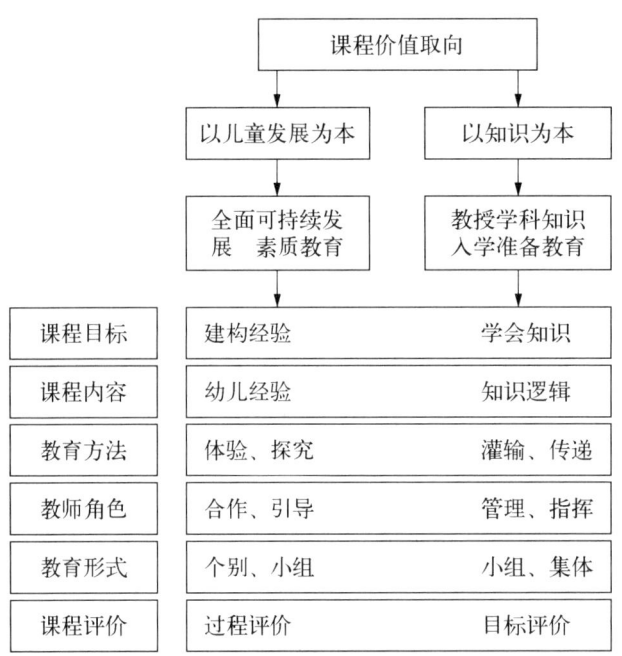

图3-6-1 幼儿园课程的价值取向与课程要素

以知识为本的课程价值取向强调教师教授学科知识和技能,为入小学做好学业上的准备。在这种理念之下,幼儿园课程被理解为学科和教材,课程目标就是让幼儿学会教材规定的学科知识。课程内容是按照知识的逻辑体系及学科本身的体系,从简单到复杂,从具体到抽象,由浅入深来呈现。课程实施常常采用集体教学的组织形式,讲解、讲述、提问、示范等教学方法,教学的过程就是完成教案预先规定的步骤和任务,课程评价完全根据事先确定的目标来进行。

以儿童发展为本的课程价值取向,强调幼儿健康快乐、全面可持续的发展。在这种理念之下,幼儿园课程被理解为帮助幼儿获得有益经验的各种活动,课程目标是满足幼儿多方面发展的需要。课程内容加强与幼儿生活的联系,注重整合。课程实施多以个体或小组方式进行,注重让幼儿通过自己的活动,通过自己的感受、经验来建构知识,体验情绪情感,注重游戏和日常生活,注重为幼儿创设良好、丰富的活动环境,教学的过程是教师与幼儿交往与对话的过程。课程评价的目的是了解幼儿的发展需要,促进幼儿在原有水平上进一步发展。

第二节　幼儿园课程的编制与实施

一、幼儿园课程目标

（一）幼儿园课程目标的含义

幼儿园课程目标是幼教工作者对幼儿在一定学习期限内的学习效果的预期。[①]目标在课程中起着十分重要的作用,它是课程其他要素选择或确定的依据,对整个教育教学过程起着指向作用。

幼儿园课程目标是幼儿园教育目标的下位概念,是依据一定的教育价值理念和教育规律提出的课程的具体价值和任务。幼儿园课程要完成什么样的任务?《纲要》把幼儿园课程分为健康、语言、科学、社会、艺术五个领域,对每个领域的课程目标做了比较详细的阐述。如语言领域的目标是:

1. 乐意与人交谈,讲话有礼貌;

2. 注意倾听对方讲话,能理解日常用语;

3. 能清楚地说出自己想说的事;

4. 喜欢听故事、看图书;

5. 能听懂和会说普通话。

《指南》对《纲要》中提出的课程目标做了进一步细化与丰富,在五个领域的基础上,按照幼儿学习与发展最基本、最重要的内容,将五个领域划分为11个子领域,每个子领域提出了若干目标,每一个目标下都有"各年龄段典型表现"与相应的"教育建议"。如语言领域子领域"倾听与表达"提出了三条目标:

目标1　认真听并能听懂常用语言

目标2　愿意讲话并能清楚地表达

目标3　具有文明的语言习惯

3—4岁	4—5岁	5—6岁
1. 别人对自己说话时能注意听并做出回应 2. 能听懂日常会话	1. 在群体中能有意识地听与自己有关的信息 2. 能结合情境感受到不同语气、语调所表达的不同意思 3. 方言地区和少数民族幼儿能基本听懂普通话	1. 在集体中能注意听老师或其他人讲话 2. 听不懂或有疑问时能主动提问 3. 能结合情境理解一些表示因果、假设等相对复杂的句子

（二）幼儿园课程目标拟订的依据

1. 幼儿发展规律与发展需求

课程目标是在一定期限内对幼儿学习效果的预期,为了建立合理的期望,必须研究幼儿心理发展规律及学习特点,研究幼儿的发展需要,这是课程目标制定科学性和合理性的基本保障。

例如,《指南》在健康领域子领域"身心状况"中,提出了"具有一定的适应能力"的发展目标。这一目标正是根据幼儿的年龄特点,从人体对天气冷热及其变化的适应、对日常交通工具的适应、对新环境和集体生活的适应等方面提出的幼儿学习与发展的具体目标。

所谓发展需要,指的是"理想发展"与"现实发展"之间的差距,它是课程的"用武之地"——有效发挥引导、促进幼儿学习和发展的地方。例如,我国城市中独生子女较多,不少家长对孩子保护和照顾过度,幼儿运动机会较少。同时,随着生活水平的提高,幼儿出门坐车、上楼乘电梯等现象也越来越多,无形之中减少了在日常生活中自然进行身体运动的机会,造成幼儿动作不够协调与灵活,自我保护能力差。因此《指南》在健康领域子领域"动作发展"中,从身体素质发展的角度提出了"具有一定的平衡能力,动作协调、灵敏"和"具有一定的力量和耐力"的发展目标。

2. 社会的发展需求

教育是培养人的社会实践活动,幼儿园课程作为幼儿园教育实施的载体,在满足幼儿发展需要的同

[①] 冯晓霞.幼儿园课程[M].2版.北京:北京师范大学出版社,2001.

时,必然也要满足社会的需要,为幼儿积极适应未来的社会生活作准备,因此幼儿园课程目标的制定,必须考虑社会对幼儿成长的期望和要求。例如,目标中强调的培养幼儿积极主动的态度、强烈的学习兴趣、有效地与环境互动的能力、有初步的合作意识、责任感等等,都反映了社会发展对其成员的品质要求。这里需要注意的是,人作为社会成员,社会对其要求与个人需求是统一的,因此课程目标的拟订与实现,能够统筹二者的关系,兼顾社会价值与个人价值。

社会对儿童成长的期望,我们可以从幼儿园教育的各类政策、法规、文件中,从家庭的要求中,以及从社会生活中知悉了解,因此教师在制定课程目标时,要遵循方针政策,尊重家长的合理需求,把握社会生活的发展变化,让今日幼儿成为明日栋梁,发挥幼儿教育在提高民族素质,促进经济、社会持续健康发展中的作用。

3.学科知识的一般发展价值

知识是人类认识宇宙万物的经验积累,学习知识可以帮助受教育者认识自然、认识社会、认识自己,从自然人发展为社会人,因此知识是课程不可缺少的内容,学科知识是制定课程目标的重要依据和来源。

然而对于3—6岁的幼儿来讲,为什么要学习学科知识? 学习的意义是什么? 对学习者而言,各学科知识一般具有两种价值,学术发展价值和一般发展价值。学术发展价值强调将学习者引入该领域的专门研究,一般发展价值则注重学科知识的一般教育功能。幼儿的年龄特点和幼儿园课程的性质,决定了在制定课程目标时,考虑的是学科知识的一般发展价值,即学习的意义是培养幼儿的基本素质,萌发优良的个性品质。例如,语言领域子领域"倾听与表达"的目标是:认真并能听懂常用语言;愿意讲话并能清楚地表达;具有文明的语言习惯。这些目标着重于口语交流能力的培养,幼儿在运用语言进行交流的同时,也在发展着人际交往能力、理解他人和判断交往情境的能力、组织自己思想的能力,从而发挥语言学习和发展对全面发展的价值。

（三）幼儿园课程目标的层次与结构

1.幼儿园课程目标的层次

课程目标的确定与课程内容的选择、课程的组织实施以及课程评价紧密相连,因此在教学实践中,教师需要把课程目标在纵向上进行一定的划分,使之由抽象宏观趋于具体微观,以便更好地发挥目标的"导航"作用,保证幼儿园教育目标落实到幼儿的发展上。一般来说,幼儿园课程目标可划分为四个层次,这四个层次的目标划分既是逐级微观具体化的过程,也是逐级宏观概括的过程。具体化的过程可以使课程目标转化为可操作性的教育行为,抽象概括的过程可验证具体操作的教学目标与教育行为与上一级目标是否保持一致。（图3-6-2）

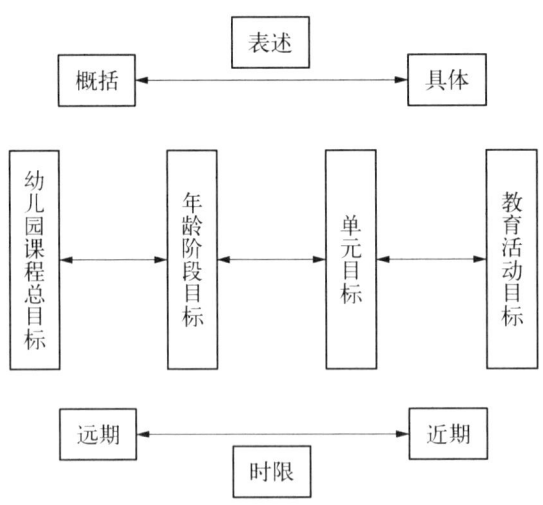

图3-6-2　幼儿园课程目标的层次

（1）幼儿园课程总目标

是通过三年幼儿园教育达成的总体发展要求,属于远期目标。《纲要》中,课程总目标以五大领域目标的方式呈现,《指南》则提出了五大领域11个子领域32个目标。这类目标一般比较宏观,表述较为概括、抽象。

（2）年龄阶段目标

也叫学年目标,表述的是一个特定的教育阶段期望达到的成果,是课程总目标按照小、中、大班幼儿发展水平,在三个年龄段的分解,分步保证总目标的实现,相关内容可参考《指南》。

（3）单元目标

是年龄阶段目标的分解。所谓单元既可以是时间单元也可以是内容单元。如果是时间单元,这个层次的目标相当于学期计划、月（周）计划中的目标,如果是内容单元,这个层次的目标就是主题活动目标。

例如,某幼儿园根据新入园小班幼儿的实际状况,将社会领域目标细化如下。

第一个月:

① 愿意上幼儿园,不哭闹。

② 喜欢和老师、小朋友一起做游戏。

一个月以后,绝大多数幼儿入园适应基本完成。根据小班阶段中期培养目标及幼儿的实际发展状况,教师又制定出了第二阶段的教育目标。

第二个月:

① 在老师的帮助下,能够初步适应幼儿园生活。

② 在遇到困难时,知道向老师提出需求,获得老师的帮助。

③ 在成人提醒下,会使用"你好""谢谢"等简单的礼貌用语。

再如,某幼儿园中班第一学期开展了"我是中班小朋友""多彩的秋天"等主题活动。其中,"多彩的秋天"主题目标是:[①]

① 有观察的兴趣,能感受秋季自然景色的变化,感受秋天色彩的丰富和美丽。

② 会用较连贯的语言描述自己在秋天的发现,初步学会欣赏散文诗,并尝试按照诗中的句式进行仿编。

③ 能用点彩、泥塑等多种方式表现出秋天的绚丽色彩,感受秋天的美。

④ 感受三拍子歌曲中旋律的优美,能用歌声和动作初步表现出三拍子的强弱变化。

⑤ 能辨别长方形、梯形的主要特征,学习目测七以内的数群。

⑥ 注意保持手脸、服装的整洁,并能根据气温的变化自己增减衣服。

（4）教育活动目标

教育活动目标是一个具体的教育活动期望达成的效果,所拟订的目标一定要明确、具体,切忌空泛。例如"多彩的秋天"主题活动中,"秋天来了"活动目标为[②]:

① 观察发现幼儿园里的花草树木的生长变化,感受秋天的自然景色。

② 能用较连贯的语言讲述自己的观察发现。

2.幼儿园课程目标的结构

课程目标的层次是从纵向的角度探讨目标体系的构成,目标的结构则是对这个问题的横向分析。如何建立一个结构合理的课程目标体系,在教育界最有影响的当数美国著名教育心理学家布鲁姆等人提出的教育目标分类学。他将教育目标分成认知、情感、动作技能三个领域,每一领域包含幼儿发展的不同方面。认知领域主要包括知识的掌握理解和认知能力的形成发展,情感领域主要包括兴趣、态度、习惯、价值观念和社会适应能力的发展,动作技能领域主要包括运动协调、动作技能方面的发展。

布鲁姆的教育目标分类学为教师拟订幼儿园课程目标提供了一个较为全面的框架,在课程实践中,除了认知领域的学习,教师也要重视幼儿在情意领域和动作技能领域的学习与发展,这三个方面互相渗透、互相联系、互相促进,保证幼儿身心全面和谐发展。

布鲁姆的教育目标分类学是从幼儿身心发展的整体结构提出的。除此之外,目标还可以从教育内容领域、全面发展教育的"五育"、幼儿的学习经验等方面进行分类。

二、幼儿园课程内容的选择与组织

课程目标确定之后,接下来面临的另一个问题是:选择什么样的学习内容作为实现课程目标的载体? 如果说课程目标解决的是为什么学、为什么教的问题,课程内容则解决的是学什么、教什么的问题。幼儿园课程目标是促进幼儿整体的发展,相应的课程内容也应该是全面的,涵盖健康、语言、社会、科学、艺术五个领域,课程内容的建构需要综合考虑社会的期望与要求、幼儿身心发展的特点、规律与发展需求,并以终身学习、可持续发展为指导思想,科学选择,合理安排。

---

①② 曲新陵,章丽.幼儿园综合教育课程主题活动［M］.南京:江苏教育出版社,2013.

（一）幼儿园课程内容的范围

人类文化浩如烟海,特别是在信息爆炸的今天,知识呈几何级数迅速增长。那么幼儿究竟应该学些什么? 他们能够学些什么? 哪些学习内容有利于他们的终身发展? 根据幼儿园课程目标和幼儿的年龄特点,课程内容包含以下三种基本成分。

1. 能够促进幼儿发展的基本知识

对于幼儿来讲,学习关于周围生活的粗浅知识,不仅能帮助他们认识自己生活的环境,还能适应环境、发展自我,例如避开危险、遵守规则、节约资源等。同时知识还是培养能力、形成良好的情感态度的载体,离开知识的学习,能力、情感态度的提高与培养,就会成为无源之水、无本之木,因此知识是幼儿园课程的重要内容。当然,重视知识学习并不意味着加大知识的深度和广度,给幼儿带来很大的学习压力,更不意味着知识学习由成人直接呈现或灌输,那样幼儿会丧失对学习的兴趣与自信,得不偿失。那么幼儿阶段需要且能够学习哪些知识? 哪些知识具有发展价值呢? [①]

生命活动必需的知识,如与幼儿的健康、安全有关的知识。

有利于幼儿解决基本的生活、交往问题的知识,如基本的社会行为规则、规则的意义等。

帮助幼儿认识自己生活环境的知识,如自然和社会环境中常见事物的名称、属性,幼儿能理解的事物之间的关系和联系等。

为今后学习系统的学科知识打基础的知识,比如基本的数量、形、时间、空间概念等。

为成长为未来社会的高素质公民奠基的知识,如简单的环保知识等。

2. 能够促进幼儿发展的基本态度

情感态度反映了客观事物与个体需要之间的关系,具体表现为爱憎好恶、喜怒哀乐等,它是人类特有的高级而复杂的体验,积极的情感是个体发展的持续动力。在幼儿期,学习兴趣、自信心、责任感、独立性、合作精神、友好、尊重、同情等都是应着重培养的情感态度。

那么如何培养幼儿良好的情感品质呢? 原则上讲情感态度不是"教"出来的,它是伴随着活动而产生的一种体验,类似的体验积累多了,就形成了比较稳定的倾向性。因此创设良好的情境,在情感体验中陶冶情感,是幼儿阶段培养情感态度的有效途径。例如学习兴趣是在感受到学习活动的有趣、令人惊讶、兴奋后产生的,合作精神是在感受合作的快乐、力量与价值后产生的。自尊是在感受到自己受尊重、受重视后产生的。

3. 能够促进幼儿发展的基本行为

> ### 如何让孩子爱读书
>
> 要培养孩子对于书籍的热爱,一位教师的做法耐人寻味。活动室里,小小的图书角明亮而温馨,图书排列井然有序,地上的坐垫告诉孩子们可以坐下来舒舒服服地看书。只要孩子们愿意,可以把书借走或把家里的书拿来;生物角里,奇形怪状的贝壳可以从书上找到答案;科学角里,孩子们可以按照书上的说明去变魔术;每天的"小小播音员"时间,孩子们则可以把从书上看到的奇闻轶事与小朋友们分享。在愉快、惊讶、兴奋、好奇、有趣的情感体验中,热爱读书的情感就这样悄悄萌发了。
>
> **案例**

课程内容中包含能够促进幼儿发展的基本行为,其根本目的在于帮助幼儿学会活动的方式方法。所谓"缘木求鱼",如果行事的方向、方法不对,必将劳而无功,而掌握活动的方式方法、原理原则,则可以事半功倍,体验到成功的快乐。

幼儿在幼儿园参与的大大小小的诸多活动,构成了一日生活和学习的主要内容。从大的方面说有生活活动、学习活动、游戏活动,具体来说又可以分解为许多小活动,如交往、睡眠、进餐、值日生、劳动、观察、交流、小实验、手工、体育锻炼等。每一种活动都包含着一些基本的方式方法、技能技巧,例如怎样加入别人的游戏,与小朋友发生矛盾怎么办,游戏中如何分配角色,怎么做值日生能够更好地服务大家,等等。这些方式方法的学习离不开实践,是在"做中学"的过程中达成的,即在交往中学会交往,在劳动中学会劳动,在游戏中学会游戏,在观察中学会观察。因此教师应在幼儿园各项活动中抓住时机,指导幼儿学会活动的方式方法。

———————————

① 冯晓霞.幼儿园课程［M］.2版.北京:北京师范大学出版社,2001.

如何加入别人的游戏[①]

　　小雪希望加入"过家家"的游戏。她提出了"让我和你们一起玩儿"的请求,但被以"人够了"的理由拒绝了。之后她又几次提出这样的请求,甚至说:"求求你们了,让我参加吧,让我干什么都可以!"仍然无效。这时一个男孩走过来,用手做敲门状,嘴里同时发出"咚咚"声。"谁呀?""我!煤气公司的!公司让我来检查一下你们的煤气灶有没有问题!""啊!师傅,快请进来吧!……"男孩顺利地参加到游戏小组中去了。教师把这一切看在眼里,她让小雪讲一讲男孩采用的办法,启发她也想一种别人难以拒绝的方式。后来,小雪以送生日礼物的"朋友"的身份加入了游戏。受到这件事的启发,教师还专门组织了一些在交往技能方面需要帮助的小朋友,请男孩、小雪和他们一起讨论怎样加入别人的活动。

（二）幼儿园课程内容的选择

《纲要》明确提出选择学前教育课程内容应该体现以下原则:

1. 既适合幼儿的现有水平,又有一定的挑战性

课程内容的选择要与幼儿的已有经验相适应,适合幼儿的现有水平,但是这并不意味着课程内容是对幼儿已有的或完全可以通过日常生活获得经验的简单重复或平行扩展。例如番茄是孩子们非常熟悉的一种蔬菜,无论春夏秋冬都能看到、吃到。对于它的颜色、味道、内部结构等属性,幼儿获得了大量的直接经验。如果老师再组织认识番茄的活动,显然多此一举,这是一种低水平的浪费。与之相应,酸奶也是孩子们熟悉的,但是绝大部分城市的孩子不知道酸奶的由来,酸奶和牛奶的关系,开展"酸奶真好喝"的活动,则是一个不错的选择。再如,孩子们在绘画中无意发现弄脏的小手能在白纸上留下印子,于是老师组织孩子们开展了系列活动。活动一:怎样让指纹更清晰,活动二:指纹一样吗,活动三:指纹能干什么,活动四:创作指纹画。通过这一系列活动,孩子们加深了对指纹的认识。

既适合幼儿的现有水平,又有一定的挑战性,也就是课程内容的难易程度应处在"最近发展区",既要从幼儿的实际水平出发,又不能迁就幼儿现有的发展水平,而是让幼儿经过努力获得提高,正所谓"跳一跳摘到桃子"。这样的活动必须具备两个条件:一是活动对于幼儿个体来说,要独立表现、完成存在一定的困难;二是在成人或能干的同伴的支持和帮助下,幼儿才能完成任务。发现幼儿的最近发展区,要求教师具备心理学的基本理论及敏锐的洞察力,通过各种方式了解他们已经达到的水平和预测可能达到的水平。

2. 既符合幼儿的现实需要,又有利于其长远发展

幼儿园课程内容的选择要贴近幼儿生活,服务于幼儿生活,满足幼儿的现实需要,与此同时,还要从促进幼儿终身发展的角度选择适宜的内容。那么教什么东西才能使幼儿终身受益呢?《指南》指出,幼儿在活动中表现出的积极态度和良好的行为倾向是终身学习与发展所必需的宝贵品质,《纲要》也把情感和态度作为幼儿发展最重要的方面列在前位。积极的情感和态度是个体持续发展的内在动力,如果教师选择的内容只关注到幼儿当前的发展,或只注意到其工具性价值,那它对幼儿的终身发展就会失去意义。如语言领域,是只注重幼儿学会识多少字、写多少字,还是更加关注激发幼儿对语言文字的兴趣及运用语言的能力。科学领域是注重幼儿获得科学的知识和技能,还是更加关注如何培养幼儿科学探究的欲望、好奇心与探究的方法和能力。知识与技能虽然有很强的工具价值,但好奇心、探究的欲望、方法、能力等才是一个人长远发展的不竭动力。

3. 既贴近幼儿生活选择幼儿感兴趣的事物和问题,又有助于拓展幼儿的经验和视野

大量的心理学研究成果表明,儿童的兴趣、需要及已有的经验是学习的动力和基础。为了引导有效的学习,教师必须关注幼儿的生活,关注他们的兴趣和需要。幼儿乐于参加的、能够全身心投入的活动,一定是他们感兴趣的活动。孩子"上课"时的说话、玩耍、调皮捣蛋,都是在以他们特有的方式告诉老师:我不感兴趣。因此选择课程内容时,教师要问一问,"这个内容孩子喜欢吗?"

教师根据目标确定的课程内容,从幼儿长远的发展来看是必要的,但不见得所有的幼儿都感兴趣,那么就需要教师通过各种方式把它们转化为幼儿感兴趣的内容。除此之外,教师还可以顺应幼儿的兴趣,生成课程内容。幼儿对大千世界充满了好奇和探究的欲望,他们对许多事物都会产生浓厚的兴趣,其中可能

---

① 冯晓霞.幼儿园课程[M].2版.北京:北京师范大学出版社,2001.

蕴含着丰富的教育价值。教师可以通过各种方式,如听听孩子们在说什么,看看孩子们在做什么,问问孩子们在想什么,从中发现教育的契机。只要留心观察,可以看到许多幼儿热衷的关注点,如外出散步时,孩子们会对蚯蚓或蚂蚁产生浓厚的兴趣;秋天到来时,满地的落叶会吸引他们的视线;社会生活中的重大事件,也常常会引起他们的争论。凡此种种,都为我们生成教育内容提供了契机。

教师还要注意引导幼儿的兴趣,深化教育内容。学前期的幼儿无意注意占优势,有意注意开始发展,受到这个特点的制约,他们很容易被其他事物所吸引。同时由于幼儿缺乏经验,对事物的探究往往缺乏深度。有时幼儿经常在一个有教育价值的内容即将诞生之时,就由于某种原因放弃探究,而转向其他的活动,从而失去很多值得深入探究的机会。所以教师要通过各种方式,找到恰当的干预时机,用巧妙的方法,引导幼儿的兴趣,深化教育内容。

螃蟹是如何自卫的①

在"蟹"的方案活动中,教师发现在查资料时,大部分幼儿对蟹的外表和描述蟹的文字感兴趣,同时每个孩子的视角有所不同。经过统计发现:注意蟹的形状的幼儿有5人,注意蟹的色彩的幼儿有8人,注意蟹足的幼儿有10人,注意蟹的生活环境的幼儿有3人。这个统计结果引发了教师的思考:如何引导幼儿更深入地探究自己感兴趣的问题?于是教师设置了一些问题:"为什么有的蟹要把海星放到自己的壳上?""为了伪装。"不少幼儿不假思索地答道。这一话题马上引起了幼儿的兴趣,涛涛说:"隐蟹会伪装,当敌人来的时候,它会像石块一样,一动也不动。"东东说:"毛蟹的身上长满了黄色的毛,和沙滩上的沙子颜色一样,不仔细看是看不清的。"婷婷说:"湖蟹的壳上沾满了一粒粒小小的壳,看上去一点也不像蟹。"孩子们七嘴八舌。老师又问:"那么蟹把自己伪装起来是为了什么?"有人答:"保护自己呀!"教师接着问:"蟹除了用伪装的方法保护自己外,还有别的方法吗?"幼儿在教师的引导下,对蟹的自卫方式产生了极大的兴趣,这也引发了以后研究寄居蟹、蜘蛛蟹的自卫问题。蟹的自卫方式这一非常有价值的内容就产生了。

案例

课程内容的选择除了体现上述原则之外,还有一些基本要求,如与课程目标相一致、能够让幼儿获得直接经验、源于生活、利于幼儿全面发展等,不再一一赘述。

（三）幼儿园课程内容的组织

课程内容的组织主要指对知识技能和学习经验的排列和组合的方式。课程内容的组织形式多样,根据知识分类的强弱和考虑问题的逻辑,可以把课程内容组织成以下几种类型:

1.学科课程

幼儿园领域课程属于这种类型。这种组织形式强调按照知识的内在联系及其结构组织课程内容。虽然领域课程属于学科课程,但它不同于学校教育中的"科目",为了克服分科组织形式造成的知识割裂问题,领域课程相对弱化了知识的分类标准,把性质基本相同的知识囊括在一个相对大的"领域"之内,以使该领域内知识达到统一整合。例如,"健康领域",涵盖了身体健康、心理健康、自我保护等内容,"科学领域"包括了物理、生物、地理、环境等学科内容。这种形式加强了领域内部相关知识的联系,但领域之间还有可能是相互割裂的。

2.核心课程

幼儿园主题活动课程属于这种类型。这种组织形式是围绕幼儿在生活中的各种问题来组织课程内容。主题活动课程以幼儿的实际生活经验为基础,从幼儿的需要和兴趣出发,让幼儿在探索和解决这些问题的过程中主动学习,了解生活、适应社会。由于这种课程是以"问题"为中心来组织与之相关的学科内容和学习经验,所以它真正打破了学科界限,然而由于教师无法准确地推断幼儿的问题能够扩展哪些经验,因而教育效果在很大限度上取决于教师的基本素质和教育素养。

3.活动课程

幼儿园区域游戏属于这种类型。这种组织形式以幼儿的经验为中心,强调个体的兴趣和需要,注重让幼儿在生活情境中学习,教师的任务是根据幼儿年龄特点和发展的现有水平、状态、经验和发展需求、可

---

① 华培,毛美娟.主题生成中教师的策略[J].学前教育研究,2002(2).

能,为幼儿提供学习材料和学习机会,创设一个富有教育性的环境,让他们在与环境的相互作用中,自发地发现和掌握知识。在区域游戏中,幼儿可以根据自己的兴趣、需要和能力自由选择活动任务,自主地进行学习,教师是幼儿学习的支持者、合作者和引导者。这种课程为幼儿提供了更多的自主活动的机会,尊重差异,有利于幼儿个性的发展,但是幼儿获得的学习经验基本上是零散的,不能形成系统的知识网络,有时甚至是错误的。

4.混合型的组织

上述三种课程内容的组织形式各有优势与不足,没有绝对的好或差,因此在实践中,课程要取得最优化的教育效果,课程组织就不可能只采用单一的形式。现在几乎所有的幼儿园课程都是采用混合型的组织,有的内容以领域课程的形式组织,有的内容以主题或单元的形式组织,有的内容以活动区游戏的形式组织。而且各类课程也在扬长补短,不断改进,例如领域课程特别强调幼儿的主动学习,主题活动课程重在加强学习内容的内在逻辑联系,区域游戏注重和领域活动之间的积极互动与动态变化,以保证幼儿学习的有效性。

（四）幼儿园课程计划

1.课程计划的类型

课程计划即教育教学计划,是教师为实现课程目标,结合幼儿实际拟订的教育工作方案。幼儿园课程是帮助幼儿获得有益的学习经验,促进其身心全面和谐发展的各种活动的总和,所以在幼儿园里,凡是对幼儿发展产生积极作用的各种活动都应尽可能地纳入课程计划中。一般来讲,课程计划包括以下几个方面的内容:教师有目的有计划组织的教育活动、区域游戏的开展与指导、一日生活的安排与组织、环境的创设与利用、家园社区联系等。

课程计划根据不同的划分角度有不同的类型。根据计划的指导范围,可以分为全园性计划和班级计划。根据计划的具体内容,可以分为家长开放日工作计划、运动会计划、参观计划等。根据课程目标的层次,可以分为学年计划、学期计划、月（周）计划、日计划及具体活动计划,各种计划之间密切联系、相互渗透、有机结合,发挥教育工作的整体作用。一般来说,学年计划由园领导组织相关教师集体完成,作为带班教师,要能够制定以下四种工作计划:

① 学期计划。学期计划是教师根据园所学期工作计划,结合本班实际制定的学期教育的任务、内容、要求和工作重点等。学期计划因幼儿园实际情况不同填写的项目也不同,同时幼儿园采用的课程模式不同,学期计划的内容和表达方式也不同,见表3-6-1和表3-6-2。

表3-6-1　幼儿园学期工作计划（一）

一、班级情况分析
二、本学期工作重点
三、教学目标
四、教育手段和措施
五、家长工作
六、环境创设
七、每月工作安排

表3-6-2　幼儿园学期工作计划（二）

项　目	情况分析	学期目标	内容要求	备　注
健康领域				
语言领域				
社会领域				
科学领域				

续　表

项　目	情况分析	学期目标	内容要求	备　注
艺术领域				
个别教育				
家长工作				
环境创设				
其他				

　　② 月（周）计划。月计划是教师将学期计划分解到每个月中，制定一个月的教育工作内容、要求和措施等。如果幼儿园采用主题活动的课程模式，主题活动计划可以代替月计划。周计划是将月计划分解到每周，把一周中每天幼儿从来园到离园的各项活动安排好，因此周计划是比较具体的一种教育计划，见表3-6-3和表3-6-4。

表3-6-3　幼儿园月工作计划

月工作重点				
	月目标	主要活动内容	环境材料	家长工作
健康领域				
语言领域				
社会领域				
科学领域				
艺术领域　音乐				
美术				

表3-6-4　幼儿园周工作计划

星期		一	二	三	四	五
晨间谈话						
学习活动	一					
	二					
上午游戏活动	内容					
	准备					
	指导重点					

星期		一	二	三	四	五
下午游戏活动	内容					
	准备					
	指导重点					
体育活动	晨间锻炼					
	下午锻炼					
离园活动						
生活活动			周观察重点及个别教育	家长工作		

③ 日计划。从周计划表里基本可以看到一日生活与活动的基本内容及安排,相比周计划,日计划更加详细具体,见表3-6-5。

表3-6-5　幼儿园一日活动计划

作息时间	活动内容	教育要求
7:30—9:00	来园接待活动	
9:00—10:00	生活(盥洗与点心) 游戏(区角游戏)/(各功能室)	
10:00—10:35	学习活动	
10:35—11:00	自由活动(传统阅读)	
11:00—12:00	生活活动(盥洗、午餐、散步、安静游戏等)	
12:00—14:40	生活活动(午睡、起床整理、盥洗与点心)	
14:40—15:30	区角活动/学习活动	
15:30—16:00	户外活动(体育游戏、散步等)	
16:00—16:10	离园准备(谈话与整理)	

《纲要》指出,应科学、合理地安排和组织一日生活。
- 时间安排应有相对的稳定性与灵活性,既有利于形成秩序,又能满足幼儿的合理需要,照顾到个体差异。
- 教师直接指导的活动和间接指导的活动相结合,保证幼儿每天有适当的自主选择和自由活动时间。教师直接指导的集体活动要能保证幼儿的积极参与,避免时间的隐性浪费。
- 尽量减少不必要的集体行动和过渡环节,减少和消除消极等待现象。
- 建立良好的常规,避免不必要的管理行为,逐步引导幼儿学习自我管理。

④ 具体教育活动计划。教育活动计划就是常说的教案,记录的是活动开展要做什么、怎么做等。内容通常包括:活动名称、活动来源、活动目标、活动准备、活动过程、活动延伸、活动反思等。

2. 课程计划制定的基本要求

《纲要》第三部分"组织与实施"中明确指出：教育活动内容的组织应充分考虑幼儿的学习特点和认知规律，各领域的内容要有机联系，相互渗透，注重综合性、趣味性、活动性，寓教育于生活、游戏之中。教育活动的组织形式应根据需要合理安排，因时、因地、因内容、因材料灵活地运用，点明了课程组织的基本要求。

① 符合幼儿年龄特点。科学、合理地制定课程计划必须符合《纲要》《指南》精神，以幼儿生理、心理特点为出发点，符合幼儿实际水平。例如保教合一，以游戏为基本活动，一日活动的组织应当动静交替，注重幼儿的直接感知、实际操作和亲身体验等。教育活动内容应当根据教育目标、幼儿的实际水平和兴趣确定，教育活动的组织应当灵活地运用集体、小组和个别活动等形式，为每个幼儿提供充分参与的机会，满足幼儿多方面发展的需要，促进每个幼儿在原有水平上得到发展。

② 具有系统性。制定课程计划应当根据教育目标，以循序渐进为原则，由浅入深、由易到难，由简单到复杂、由已知到未知。同时，各年龄班之间、各学期之间，甚至月、周、日之间都要保持衔接，使后续的学习内容建立在前面学习经验的基础之上，是原有经验的扩展和加深，保证教育过程的一致性和连贯性，有效促进幼儿发展。

③ 具有综合性。促进幼儿全面和谐发展是幼儿园教育的任务，幼儿在德智体美劳方面的发展不是割裂的，而是相互联系、相互制约，因此五大领域教育内容相互渗透，任何活动都可以实现领域间的整合，不同领域的经验有机联系在一起，幼儿获得的经验才是整体的。不仅教育内容之间，一日生活的各种活动、各个环节之间也是一个有机联系的整体，只有充分发挥一日生活的整体教育功能，家园合作，才能帮助幼儿把学到的知识和获得的各种经验加以统整和贯通，提高学习效率，促进身心健康发展。

三、幼儿园课程的实施

（一）课程实施的实质

设计拟订完课程计划之后，教师就要依据课程计划组织幼儿活动了，这个过程就是课程实施。文本形态的课程计划只是一种构想，只有转化为实践，才能把理想的预期变为幼儿的实际发展，对幼儿产生实际的教育影响，因此课程实施是课程目标实现的一个重要环节和实质性阶段。课程实施可以有不同的层面，国家、地区、园所、班级都存在将课程计划付诸实践的问题，那么对一名教师而言，课程实施和课程计划之间是什么关系？是原封不动地执行课程计划以便达到预定的课程目标，还是教师能够而且应该根据现实需要对预定的课程计划进行有效的调整，抑或师生双方在具体的教育情境中，共同创造和促成课程的发生、发展和终结，教师是课程的开发者，既有的课程计划和教学策略只是一种参考和假设？

在幼儿园教育中，教师同幼儿打交道，是在同1/3的确定性和2/3的不确定性打交道，再完善的计划也不可能把课程实施过程中会发生的所有问题都预测得清楚而准确。所以课程实施不是一个简单的、机械的执行过程，而是开放的、变化的、具有情境性的，需要教师根据现实条件及幼儿特点不断进行调整、对话、生成的过程，进而把课程转化为幼儿的经验。因此《纲要》指出，教育活动的组织与实施过程是教师创造性地开展工作的过程。教师要根据本《纲要》，从本地、本园的条件出发，结合本班幼儿的实际情况，制定切实可行的工作计划并灵活地执行。

（二）课程实施的途径

1. 教学活动

是教师有目的、有计划、有组织地引导幼儿获得有益经验的教育活动。这种途径具有目标明确、内容精选、步骤周密、教师的组织指导作用明显等特点。

2. 游戏活动

游戏是幼儿阶段的主导活动，所谓主导就是幼儿最喜欢、最能促进幼儿发展的活动。目前很多幼儿园都重视游戏活动的开展，上午和下午均有一个小时左右的游戏时间。游戏作为课程实施的一条途径，其作用能否发挥在于教师能否把游戏精神落实到课程中，给孩子自由，使孩子真正成为游戏的主人。

3. 日常活动

是除教学和游戏活动以外的一日生活中的其他所有活动，包括来园离园、进餐、睡眠、盥洗、自由交往、活动转换等。日常活动不仅是幼儿身体健康成长所必需，还是幼儿最重要的学习内容和学习途径。发展心理学指出，人生各阶段都有必须解决的发展课题，如果该阶段的发展课题没有很好地解决，就会影响下一阶段甚至一生的发展,而日常活动的内容例如生活自理能力、良好的生活卫生习惯、社会行为规范的养成等,都是幼儿阶段必须解决的发展课题,因此,日常活动是课程实施的一个重要途径。

4. 环境影响

环境作为课程实施的途径,其作用的发挥是潜在的,教师创设什么样的环境,就会引发幼儿什么样的行为。环境既包括物质环境,也包括精神环境。既包括幼儿园环境,也包括家庭、社区环境。《纲要》指出,幼儿园的空间、设施、活动材料和常规要求应有利于引发幼儿的主动探索和幼儿间的交往;教师的态度和管理方式应有助于形成安全、温馨的心理环境;言谈举止应成为幼儿学习的良好榜样。充分利用自然环境和社区的教育资源,扩展幼儿生活和学习的空间等。

5. 家、园、社区协同共育

家庭、幼儿园、社区是幼儿生活的微观环境,直接影响幼儿的发展,家、园、社区合作能够使这些教育影响方向一致,使幼儿在其中获得的学习经验具有连续性和互补性。因此《纲要》中多次指出,幼儿园要与家长配合,与社区合作,协调一致,共同促进幼儿身心良好地发展。

(三)课程实施的基本要求

1. 全面性与交互性

课程实施的全面性与交互性是幼儿身心发展的需要以及幼儿园课程特质的客观要求。幼儿园的教育任务是促进幼儿德、智、体、美、劳全面和谐发展,课程实施过程中,只有在目标、内容、资源、方法、形式、手段等多方面整合才能实现全面发展,彼此相互联系、保持一致,才能提高课程实施效益,保证幼儿发展的整体性和协调性。

所谓交互,即幼儿与环境的相互作用。幼儿的身心发展特点使他们不可能像中小学生那样主要通过课堂书本知识的学习来获得发展,而只能通过积极主动地与环境中的各种事物、人和事件相互作用,学习积累经验。因此课程实施中要充分发挥幼儿的主体作用,教师通过创设适宜的环境,为幼儿提供互动的机会和条件,引导、激发幼儿与材料、与同伴、与教师充分地相互作用,教师在观察的基础上提供支持和适宜的帮助。

2. 规律性与差异性

课程实施应遵循幼儿的身心发展规律,符合幼儿的年龄特点,运用科学的方法。例如幼儿阶段生长发育迅速,但独立生活能力较差,所以幼儿园教育应坚持保教结合的原则。再如3—6岁幼儿以具体形象思维为主,抽象逻辑思维初步萌芽,所以数学教育应具有生活性和操作性。但是幼儿心理学中谈及的身心发展规律通常是指幼儿的一般发展水平和特征,具体到每一个活生生的幼儿,由于遗传、环境、教育以及幼儿主观心理活动的不同,又各有具体的特点,彼此之间在性格、智力、语言、动作发展等方面存在较大差异,所以教师还要考虑不同幼儿对教育的不同需求,有的放矢地进行教育。

3. 游戏性与体验性

幼儿的学习必须建立在真实的学习和参与的基础之上。对于幼儿来说,游戏不仅是玩耍,也是学习、工作和生活。在各类游戏中,幼儿发展着动作技能以及语言表达能力、人际交往能力、想象力、创造力等,游戏是促进幼儿学习和发展的重要途径。游戏为幼儿提供了"直接感知、实际操作和亲身体验"的机会,因为游戏情境比教师创设的教学情境更真切,游戏中解决的问题都是幼儿的真问题。课程实施具有游戏性,并不是要幼儿园课程都以游戏的方式表现出来,也并不只是意味着保证每天两个小时左右的自主游戏时间,而是强调游戏精神在课程中的体现,关注幼儿的主体地位,尊重他们的选择权和决定权,使主动性、独立性、创造性成为幼儿学习活动的基本特征,促进幼儿主动性的发展并以此带动各方面的发展。

4. 一贯性与灵活性

常规是幼儿在幼儿园一日生活的各种活动中应该遵守的基本行为规范,常规教育与培养可以让幼儿知道什么时候应该做什么、应该怎样做,从而更好地适应幼儿园集体生活,形成良好的行为习惯,给幼儿一种安全感,因此幼儿园一日生活的安排应该保持相对的稳定,但是又不能像小学的作息时间安排那样机械死板,各环节活动时间或顺序在相对固定的同时应该具有一定的灵活性,根据幼儿的实际情况作出适当的调整,既有利于形成秩序,又能满足幼儿的合理需要,照顾到个体差异。例如,大部分幼儿都还对正在参与的活动表现出极大的兴趣和积极性,不妨把这个活动的时间延长一些。反之,幼儿对某个活动表现出注意力不集中、疲倦等状态,也可把这一活动时间缩短些。

为何如此？①

　　这是一次美工活动。孩子们试着用各种盒子和彩色纸制作玩具。几个将玩具设计得较为简单的孩子先做好了，而将玩具设计得比较复杂的孩子甚至连一半也没做完。这时，教师请大家注意听做好的孩子介绍作品，但几乎没有人听，因为大部分孩子仍忙着自己的事。老师多次提醒也没有效果，最后老师让大家把东西收好、换鞋、排队、出去活动。"老师，我还没有做好呢！再让我做一会儿！""到点啦！没做好的先把材料放到美工区去，下午有空再做。"孩子们依依不舍地放下自己未完成的作品去换鞋，回头一看还有人趴在桌前忙着，于是又赶忙跑回来抢着贴点"零件"或"装饰品"。来来往往你等我待，一个队排了20分钟。

第三节	幼儿园领域和主题活动课程

一、幼儿园领域活动课程

（一）领域课程的特点

领域课程就是将幼儿园课程分为若干领域，以领域为单位组织和实施教育的课程。尽管幼儿园领域活动属于学科课程，但相对于中小学学科课程而言，具有一些独特之处。其学科知识的分类并不严格、精细，学科知识体系并不是以科学概念为核心，严格按照学科的内在逻辑进行组织，而是以表象或初级概念为基础和核心组织起来的经验层次的"前学科"体系，逻辑结构相对比较松散，只是扼要地提供了某些与幼儿的生活和发展关系密切的、"有用"的知识。此外，幼儿园领域活动强调紧密联系幼儿生活，注重培养幼儿的基本素质，为终身发展奠基。

幼儿园领域课程具有较强的计划性和可操作性，能为幼儿提供各领域中的关键概念，利于幼儿循序渐进地学习，提高学习效率。但是容易忽视幼儿的兴趣和需要，忽视幼儿的个别差异，割裂领域之间的联系，灵活性不高。

（二）领域活动课程计划

1. 目标与内容的把握

在领域课程中，科学且适宜的目标与内容是有效引领幼儿学习与发展的前提条件，因此其制定与安排，一定要凸显《纲要》和《指南》的精神，了解各个领域中幼儿学习与发展最基本、最重要的东西，了解各个领域的核心价值。与此同时，不仅要考虑幼儿的年龄特点与发展需要，更要重点分析本班幼儿的发展实际与已有经验，以及可以利用的教育资源等，初步确定适合本班幼儿的领域教育目标和内容。

2. 拟订学期或学年领域活动计划

将上述确定的教育目标和内容表述出来，制定学年或者学期教育活动计划。具体内容可繁可简，可以只列出时间和活动名称，也可以在此基础上增加活动目标、组织形式等。

3. 确定活动目标和内容

依据学期或者学年计划，在实施中教师需要选择与制定具体活动目标和内容。然而计划只是一个大致安排的框架，在具体教育过程中，教师要根据幼儿的需要、兴趣，生活中的偶发事件，班级幼儿的现实发展水平，及时调整活动内容和计划，进而选择和确定当时当地适合本班幼儿的活动目标与内容，使教育活动具有针对性和适宜性。

4. 设计活动过程

目标与内容确定后，就可以设计活动过程了。过程的设计应该注意与目标保持一致，使幼儿在游戏中掌握理解知识，获得游戏性体验，促进幼儿多方面的发展。

（三）领域活动的组织与指导

1. 符合幼儿实际

领域课程具有较强的计划性，这个特点容易造成活动与幼儿的实际发展水平不符、忽视幼儿的兴趣

---

① 冯晓霞.幼儿园课程［M］.2版.北京：北京师范大学出版社,2001.

需要的倾向。因此需要教师准确把握幼儿的发展规律与发展现状,使计划的教育活动尽可能与幼儿的发展水平相当,使之保持在幼儿的"最近发展区"之内。同时,教师还需要找到活动目标和幼儿的兴趣需要之间的结合点,激发幼儿的学习动力,促进幼儿生动、活泼、主动地发展。因此领域活动在具有计划性的同时,一定要兼顾灵活性。

2. 促进幼儿长远发展

领域课程有利于幼儿较快地学习掌握比较系统的学科知识技能,但是这并不是领域课程的目标,领域活动依然要服从并服务于幼儿的长远发展,培养终身受益的品质。教师要树立正确的儿童观、发展观,避免仅仅重视表现技能或掌握知识等活动的结果,而忽视幼儿在活动过程中的情感体验和态度的倾向。

3. 尊重个别差异

领域活动课程中教师常常采用集体教学的组织方式,容易忽视幼儿在发展水平、学习方式、已有经验等方面的差异,需要教师通过认真观察、任务分析和细心准备等方法,使活动开展与个体幼儿的需要相符合,促进每一个幼儿快乐、自信地发展。

4. 以发现学习为主

领域活动中知识技能的学习并不意味着教师讲、幼儿听;教师演示、幼儿看;教师提问,幼儿回答,幼儿只能被动地接受。领域活动设计应尊重幼儿的认知规律和特点,教学方式上宜活动化,以发现学习为主,让幼儿在直接感知、实际操作、亲身体验中理解事物,获得发展。

5. 注重整合

领域课程虽然有助于幼儿形成比较系统的"前学科"知识体系,但同时也使得领域活动主要局限于某一领域,在一定程度上弱化甚至忽视了领域之间的联系,造成幼儿经验的割裂,所以需要教师充分挖掘领域内容所蕴含的多方面的教育价值,注重领域间的联系、渗透与整合,促进幼儿整体的发展。同时,充分发挥一日生活整体教育的功能,秉承一日生活皆课程的理念,合理组织、科学安排一日生活中的各种活动,避免只重上课而轻生活环节的倾向。

二、幼儿园主题活动课程

（一）幼儿园主题活动课程的特点

主题活动是教师在一段时间内围绕事先选择的主题（可以是一个问题,也可以是一个事件或现象）组织的教育教学活动。它的特点是打破领域之间的界限,将各种学习内容有机联系在一起,幼儿通过该主题的学习,能够获得较为完整的经验。由于活动的主题与幼儿生活密切联系,活动开展过程是师幼共同设计、推动的,因此主题活动课程符合幼儿的兴趣与需要,能够促进幼儿主动学习。与此同时,由于课程中贯彻落实以幼儿为中心,教师及时捕捉幼儿的信息并及时做出反应,根据需要调整计划,所以主题活动还具有开放性、灵活性的特点。

任何一种课程,有其优势的同时,也必然有其不足。与领域课程不同,主题活动课程在整合不同领域的经验方面具有明显的优势,但在体现学科知识的内在逻辑联系、实现相关经验的前后联系方面相对不足,因此主题活动中,如何让幼儿有序、完整地获得领域的关键经验,是需要教师给予关注的。

拓展阅读
6-1

（二）学期主题活动计划

采用主题活动课程模式的幼儿园,从幼儿的身心发展规律和学习特点出发,考虑幼儿的现实生活,系统把握和综合利用各种教育影响因素,在学期初制定出主题活动计划。预设学期的主题活动,可以从节日、季节、幼儿所见所闻的大事件、家乡文化、幼儿感兴趣的事物等角度预设主题,充分挖掘基于幼儿经验的主题探索路径和范围,预设各主题活动所需要和所涉及的领域、需要几周时间、一个学期可安排几个主题。在此基础上,还要分析这几个主题的开展能否满足幼儿全面发展需要,如果不够平衡,还需要有哪些活动与之互补,等等。例如,某幼儿园中班第一学期计划开展六个主题活动,分别是:我是中班小朋友、蔬菜朋友、多彩的秋天、我们都是好朋友、好邻居、拥抱冬爷爷,这六个主题是教师依据教育目标,根据季节、节日及认知、幼儿发展需要等和幼儿生活相关的内容确定的,旨在帮助幼儿积累经验,发展能力。例如,经过一个漫长而又愉快的暑假,孩子们都长大了,新的活动室、新的伙伴、新的游戏,孩子们对于中班全新的生活充满了好奇和期望。在"我是中班小朋友"的主题中,教师从多角度让幼儿回顾自己的成长变化,体会长大是一件神奇和令人兴奋的事,幼儿能发现自己的变化,知道自己的成长,增加自信心,更好地认识自己和周围的人……再如,随着生活水平的提高和改善,孩子们吃的种类越来越多,选择的余地越来越大,因此挑食的孩子也多了起来。不喜欢吃蔬菜似乎成了通病,怎样帮助孩子爱上蔬菜,并和它们交上朋友呢?"蔬菜朋友"的主题诞生了。再如,根据《指南》社会领域中班的目标,以及中班幼儿视野不断扩大,迫切地想进一步了解幼儿园外面的世界和各种成人劳动情境的发展需求,教师开展了"好邻居"的主题活动。①

学期主题活动计划中可以列出各主题的教育要点、每个主题大体所需要的时间以及对教师的要求等,见表3-6-6。

表3-6-6　大班第一学期课程计划②

本学期中心主题:健康快乐的小孩

设定的理由:"幼儿中心"刚搬新家,同时又是一个新学期的开始,有不少新的小朋友来中心就读,故以幼儿为主题来发展课程。

周次	月主题	要项	目　标	备　注
一至二	新鲜好奇的小孩	团体、老师与环境	1. 认识新环境与人物 2. 知道中心的活动流程 3. 认识团体生活 4. 增进对团体生活的适应能力 5. 激发并维持幼儿的好奇心 6. 培养正向的学习态度	开学前三天新生适应 开学一周后家长会 中秋节放假
三至八	健康强壮的小孩	健康的身体、饮食、卫生	1. 知道健康所代表的意义 2. 认识影响健康的因素(卫生、饮食等) 3. 建立正确的健康观念 4. 加强个人日常生活自理的能力 5. 增强维护环境卫生的能力 6. 养成良好的卫生习惯(仪容、身体的整洁) 7. 建立良好的饮食习惯(进食礼仪、不偏食等)	国庆节放假 参观口腔医院并坚持刷牙齿 各班互相拜访 邀请家长示范拿手菜
九至十三	能动能静的小孩	基本动作、日常举止、安全	1. 认识人的基本动作能力 2. 了解身体动作与生活的关系 3. 增强日常生活与运动中的动作能力 4. 培养合宜的行为举止 5. 培养正确的运动态度与精神 6. 建立行动的安全概念 7. 增进自我保护的能力	秋季郊游 亲子运动会
十四至十七	可爱有礼的小孩	自我概念、人际、规范	1. 增进对自我的认识 2. 建立正向的自我概念 3. 增进表达与沟通的能力 4. 认识人与人间的关系 5. 加强团体与社会生活的概念 6. 培养遵守团体规范的态度 7. 增进与人相处的技巧 8. 建立良好的友谊关系	新年联欢会 新年放假
十八至十九	稳定快乐的小孩	统整与肯定	1. 知道使人改变的因素 2. 发觉自己一学期来的改变 3. 建立欣赏他人与自己的态度 4. 养成主动学习的习惯 5. 培养正向快乐的情操	成果展示会 放寒假

(三)主题活动课程构建

1. 选择主题

主题是主题活动设计的起点和灵魂。一个好的主题符合幼儿的兴趣需求,能够蕴含多样的教育价值,涵盖比较宽泛的教育内容,从而促进幼儿多方面的学习与发展。幼儿园课程目标、幼儿的生活、文学作品

---

① 曲新陵,章丽.幼儿园综合教育课程主题活动[M].南京:江苏教育出版社,2013.
② 冯晓霞.幼儿园课程[M].2版.北京:北京师范大学出版社,2001.

等,都可以成为主题的来源,例如:我爱我家、好吃的蔬菜、快乐新年、家乡的桥、北京奥运会等。

2. 制定主题活动目标

遵循《指南》精神,教师在分析主题蕴含的教育价值,分析幼儿的认知经验和已有发展水平以及兴趣爱好和发展需要的基础上,制定主题活动目标。由于主题活动是在相对较长的一段时间内开展的活动,涵盖多个领域的学习内容,因此活动总目标应该具有全面性和概括性,以促进幼儿整体性地学习与发展。

3. 预设主题活动内容

目标确定以后,教师需要选择与主题相联系的内容开展活动,活动内容的选择和价值判断就成了教师面临的巨大挑战。哪些活动内容对幼儿是有价值的?哪些内容适合幼儿现在学习?与主题相关的内容很多,如何从这些内容中选择出合适的内容,对于教师们来说并不是一件容易的事情。实践中,教师可以以主题所蕴含的基本事件、事实、现象等因素为中心,向外扩展,逐步细化,层层分解,直至找到相应的活动,包括教学活动、生活活动、游戏活动等。由于在这种整合中学科或领域的界限变得模糊,因而与幼儿生活的联系更紧密,所发挥的整体效应更好。

那么主题活动如何自然推进,使活动间的联系自然有机、水到渠成,让活动开展过程成为基于经验—丰富拓展经验—巩固提升经验的过程?解决问题的关键,一是尊重幼儿的兴趣和经验,根据幼儿经验成长的连续性,调整主题活动内容。教师通过观察倾听、了解幼儿的需求,和幼儿一起找出可以并值得延伸、扩展和深入探讨的内容,这些内容就是主题活动的起点,幼儿在探索中不断产生的新的问题与需求,就是主题活动的走向。二是关注主题背景下幼儿经验的纵深发展以及知识本身的内在逻辑和关联。例如,大班"准备上小学"主题中,从幼儿的已有经验"过完年又长大一岁了,要上小学了"入手,确立了四条发展线索:长大一岁了——小学什么样——学做小学生——和书交朋友,使得主题活动的开展层层深入,幼儿获得比较完整的主题经验。

主题活动内容可以以网络图的形式呈现。利于教师更全面地理解主题,从整体上了解主题所包括或可扩展的知识域,避免遗失主题蕴含的重要价值。整体上考量各个活动与主题目标之间的关系,避免偏离与重复。(图3-6-3)

4. 拟订主题活动方案

主题活动目标、内容思考成熟后,就可以拟订一个初步的主题活动方案了。主题活动方案一般包括主题名称、主题说明、主题目标、主题网络及主题系列活动。系列活动一般包括教学活动、生活活动、活动区游戏、环境创设、家园社区合作等。主题活动计划只是一个初步的设想,在具体实施中,由于各种因素的影响,可以进行相应调整。

5. 设计具体活动

就是写教案。教学活动的具体展开宜粗不宜细,有大致的线索即可。

(四)主题活动的展开与指导

1. 主题活动的整合要自然有机

注重知识之间的横向联系是主题活动的优点,加强整合是希望幼儿获得的经验不再是相互割裂的学科知识,而是一个统一的整体。但是知识之间的横向联系是自然的,不能为了整合而整合,否则就会变成主题下的"拼盘",失去整合的意义与价值。教师一定要明确,整合只是一种手段和方法,并非目的。每一个主题不一定非要涉及所有学科或领域的内容。是否把某一领域或学科的知识、内容整合到某一主题中,取决于这样做的意义的大小,即各学科或各领域的内容能自然、有机地整合在一起,而且使幼儿易于理解,便于掌握,能促进幼儿身心整体发展。教师要寻求主题概念下学科领域间的自然连接处,无须勉强整合所有学科领域。[1]

2. 主题活动的开展要贯穿于一日生活

一日生活包括各种活动,每一种活动都具有独特的价值,发挥着独特的作用,教师应根据需要合理安排,因时、因地、因内容、因材料灵活地运用,统筹考虑哪些内容适合开展集体教学活动,哪些内容适合通过游戏或者生活活动来实施,区域游戏投放哪些材料,需要创设怎样的环境,如何利用家庭资源和社区资源等,以及如何使这些方面围绕主题形成教育合力,做到在生活中学习,在游戏中学习,学习联系生活、利用生活,使一日生活成为一个真正的教育整体。

---

[1]　王春燕.关于学前整合课程的几点认识[J].幼儿教育,2005(23).

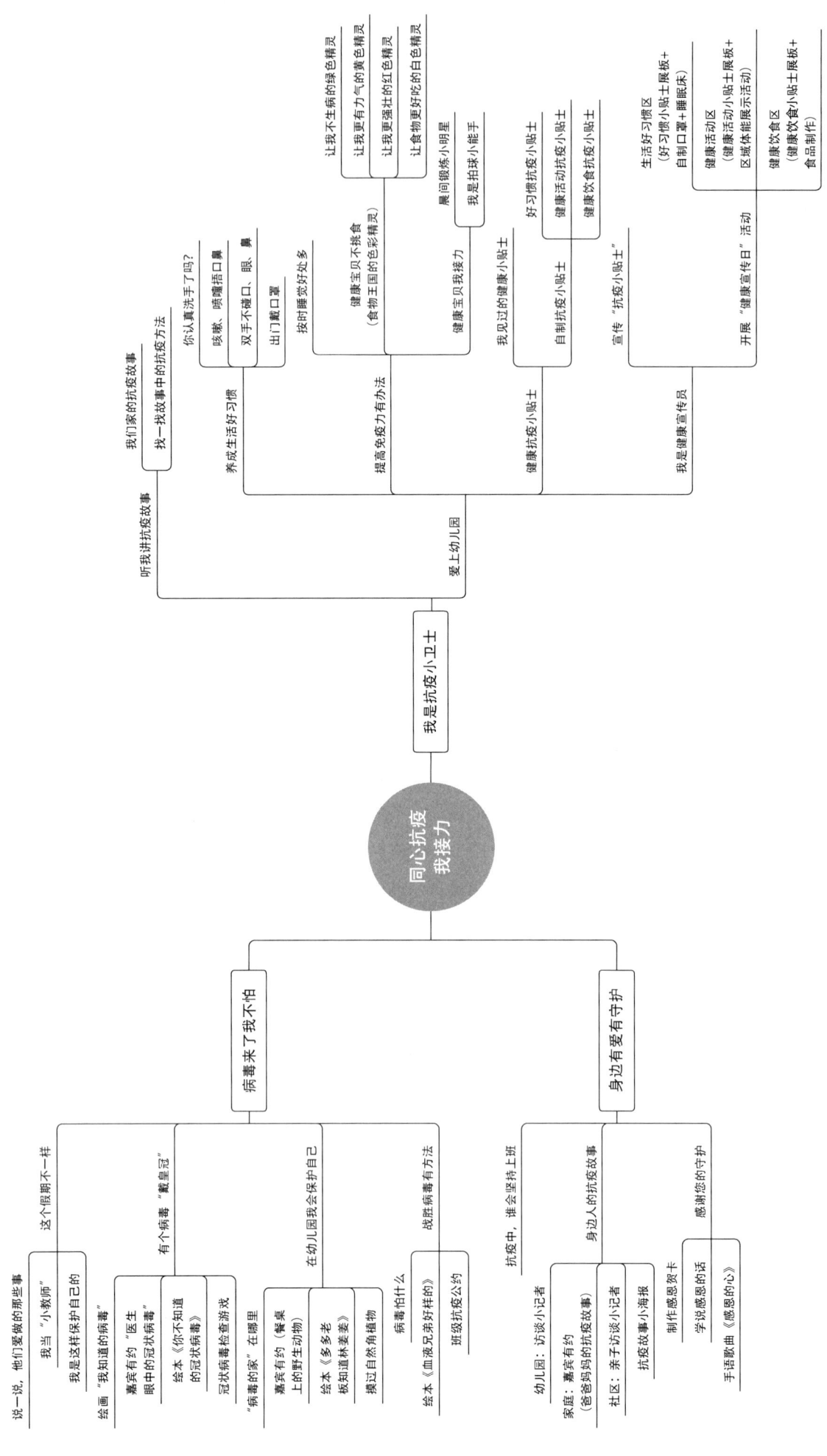

图3-6-3 中班"同心抗疫 我接力"主题活动网络图①

① 黄珊,邱守,徐兴芳,王晓晔,张君,路灿灿.中班"同心抗疫我接力"综合主题活动[J].幼儿100(教师版),2020(Z2).

3.幼儿是课程的积极建构者

幼儿是主题活动的主体,不仅是参与者,还可以是设计者。要让幼儿发挥主角作用,师幼共同推动课程的发生发展。教师要站在幼儿的立场,基于幼儿的经验、兴趣、需求、问题,设计和调整课程计划,无论是主题的来源还是内容的预设,无论是活动开展还是主题环境的创设,都要不断追随幼儿,倾听幼儿的声音,在活动中尊重并满足他们的意愿和想法,促进幼儿主动学习。

第四节　幼儿园课程评价

一、幼儿园课程评价的含义

幼儿园课程的编制与实施,是为了形成理想的课程方案并最终促进幼儿实实在在地发展。那么课程从制定目标、选择教育内容,到活动的预设以及计划的实施,其教育效果如何,在多大程度上实现了预期的目标,是否促进了幼儿的发展,这些问题涉及课程评价。幼儿园课程评价是评价者根据幼儿园课程的构成要素,收集分析相关信息,对幼儿园课程的价值、适宜性、效益做出判断的过程。[①]课程评价伴随着课程运作的全过程,从计划制定到实施过程以及实施结果,都离不开评价,它既是课程运作的终点,也是课程不断调整完善的起点,因此课程评价在幼儿园课程系统中占有重要地位。

专业的幼儿教师必须具备反思与发展能力。2021年教育部颁发的《职业能力标准》以及幼儿园教师资格考试中,都对教师课程评价的相关能力提出了具体要求,"了解幼儿园教育评价的目的与方法,能对保育教育工作进行评价与反思。""能够利用评价手段发现教育活动中出现的问题,提出改进建议。"

二、幼儿园课程评价的功能与目的

（一）幼儿园课程评价的功能

1.鉴定功能

大到国家、地区,小到园所、教师,都会对已有课程方案做出分析、评价再作选择。通过评价可以比较其在目标设置、内容实施、教学实施以及实际效果等方面的优势,从整体上判断其价值,再结合需要评估,对课程做出选择。[②]课程方案实施一个阶段后,课程评价的鉴定功能还可以帮助教师判断课程效果,为新一轮课程实施提供借鉴。

2.诊断功能

幼儿园课程实践是不断发现问题和解决问题的过程。发现问题是课程评价的一个重要功能,也是幼儿园课程实践的一项重要工作。经常性地开展多种形式的评价,对于发现实践中存在的问题,进而改进这些问题,具有重要意义。

3.改进功能

课程评价是课程建设和课程管理的重要环节,诊断与修订课程是课程评价的基本目的。依靠课程评价,能够准确判断幼儿园课程的发展状况,及时发现课程的不足或问题,进而分析产生的原因,找到改进的方法策略,提高课程质量,使课程实施朝着预定的目标方向前进。

（二）幼儿园课程评价的目的

1.完善课程

发展性的评价观念已成为当前教育评价改革的主导思想,一改过去只是把课程评价作为课程结束后判定课程优劣、评价对象优良等级的一个步骤,注重结果取向。而发展性课程评价则是把课程评价渗透于整个课程开发过程之中,成为课程研制的一个不可缺少的环节,因此能够及时发现课程中存在的问题,针对问题展开研究,提出解决问题的办法,完善原有课程或者开发新课程。

2.管理课程

包括选择、推广课程和幼儿园教育质量鉴定。如果说完善课程是站在幼儿园内部对课程的价值进行判断,管理课程则更多是站在行政管理者的角度对课程进行评价。面对现成的课程方案,行政管理者或者教师需要通过对其价值、性质、特点、可操作性、实际效果等方面的分析,结合幼儿发展需要,决定是否采用

①② 王春燕.幼儿园课程概论［M］.2版.北京:高等教育出版社,2013.

或值得推广,这种鉴别功能使得课程评价还常常用于管理幼儿园教育的目的。

案例

活动名称:神奇的家用小电器

活动目标:

① 了解生活中一些小家电的作用。

② 通过回忆自己的生活经验、观察实物的操作过程,感受科学创造给我们带来的方便。

③ 注意在活动中安全用电问题,学习自我保护。

- -

　　评价与分析: 这个活动主要是关于小家电的,因此更加适合大中城市的幼儿园大班使用。条件较差的农村幼儿园实施这个活动可能与现实生活距离比较远,不太适合。

---

3. 促进幼儿多方面发展及教师等教育者的发展

能够促进幼儿发展。幼儿在课程评价过程中,始终处于主体地位,既是评价者又是被评价者。课程评价通过评价了解幼儿的发展现状和需求,为课程方案制定和课程实施过程的改进提供重要依据,课程评价必然是以促进幼儿的发展为终极目的。

能够促进教师成长。幼儿园教育工作评价实行以教师自评为主,评价的过程是教师运用专业知识审视教育实践,发现、分析、研究、解决问题的过程,也是其自我成长的重要途径。[①] 教师应自觉地对课程进行分析评价,把不断提高、改进、完善作为一种价值追求,而不是被动地完成管理者交给的任务。

除了促进幼儿和教师的发展外,课程评价还能促进家长等一切和课程相关人员的发展。例如,课程评价的过程可以提高家长对幼儿园活动的参与意识,增进家长对幼儿园教育活动的认识,丰富其育儿知识,促进幼儿园家园共育。

案例

一位教师的反思[②]

　　有位教师在让小班幼儿按颜色分类的活动中,提供了红、蓝、绿三种颜色的雪花片作为学具,但幼儿操作时要么不能分辨蓝色、绿色,要么就是玩起了游戏,没有达到教师预期的效果。在活动后记中这位教师进行了自我反思,写道:在今天的分类活动中,幼儿操作失败的主要原因有二:第一,学具选择不当,拿平时幼儿玩结构游戏时使用的雪花片当学具,他们自然玩起插花片的游戏,分散了幼儿的注意力。第二,对本班幼儿的发展水平了解不够,小班上学期大多数幼儿还不能分辨近似色,因此蓝色与绿色不能同时投放。

　　从这位教师的活动后记中可以发现,教师对自己工作的及时记录和反思,有助于教师以记促思,以思促进教师的专业成长与发展。

三、幼儿园课程评价的主体与内容

(一)幼儿园课程评价的主体

幼儿园课程的评价主要涉及行政人员、幼儿园管理人员、家长、幼儿、教师等层面。不同的人员从不同的视角对课程的实施状况作出评价。在这些人员中,教师是幼儿园课程评价的核心。教师和幼儿既是课程评价的主体又是课程评价的对象。

教师是幼儿园课程评价的主体,也是幼儿教育最重要的评价力量。教师评价的目的是了解幼儿发展水平,发现课程的优点与不足,改进课程,促进幼儿发展。教师的评价贯穿在一日生活之中随时随地发生。教师的儿童观、教育观、课程观是教师评价的标准,所以面对同一行为,例如幼儿间的交谈、上课时的"突发"状况、游戏时抢夺玩具等,不同的教师评价结果不同,继而处理的态度与行为也不同。

幼儿也是幼儿园课程的评价者,幼儿在教育实施的进程中,经常在行使评价的权利和职能。当然,幼儿作为评价者不是通过语言,而是通过自己的行为反应和发展变化来"发表"对课程的看法。如果幼儿在

---

① 教育部基础教育司.《幼儿园教育指导纲要(试行)》解读[M].南京:江苏教育出版社,2008.

② 虞永平,等.幼儿园课程评价[M].2版.南京:江苏教育出版社,2006.

活动中神情专注,积极参与,或者每天高高兴兴上幼儿园,吃饭不挑食了,这些都是对幼儿园教育的一种最真实的肯定。所以教师应把幼儿的行为及变化看作重要的评价信息和改进工作的重要依据。

随着家园共育的不断拓展与深化,家长在课程评价中发挥的作用越来越大。活动开放日、家园联系册、家长沙龙、家长教师等活动和措施都是家长参与幼儿园课程评价的重要形式。由于家长的教育价值观不一定科学,因此幼儿园在关注家长评价的同时,应该理性对待家长的需求。

（二）幼儿园课程评价的内容

1.幼儿园课程方案评价

幼儿园课程方案既可以是课程的整体计划,也可以是具体的教育活动计划。对课程方案的评价主要是对其课程理念、课程结构、课程资源等要素的科学性、合理性、可操作性等特点进行分析和判断。例如,看一看课程理念是否符合《纲要》和《指南》的精神,课程结构是否合理、完整,有助于幼儿全面发展,课程资源是否方便获得,课程内容是否紧密联系生活等。

2.幼儿园课程实施评价

对课程实施过程的评价是课程评价的中心内容,主要是通过教师不断反思,发现课程目标、课程内容和教育教学方式与幼儿的发展水平的适应程度来实现的。幼儿园一日生活都是课程,一日生活中的活动可以分为三类:生活活动、教学活动和游戏活动,所以对课程实施的评价,就包括对这三类活动的评价。

对生活活动的评价主要是了解教师能否针对幼儿年龄特点,采取合理有效的手段,给予科学的照料,避免包办代替;能否将日常生活活动与其他教育活动融合,促进幼儿多方面发展;能否在面向全体幼儿进行教育的同时,尊重个体差异;幼儿是否情绪安定愉快,遵守常规要求,与同伴友好交往,等等。通过评价,不断提高教师组织生活活动的能力,增强课程实施效果。

对教学活动的评价包括了对教学活动中教师、幼儿、活动过程及其效果的综合评价。例如教学活动是否以幼儿为中心,注重活动的体验性,是否有效开发和利用各种课程资源与环境,师幼互动质量如何等。其核心目标是为了了解教学活动的成效,了解教学过程中教师和幼儿的行为,了解教学对幼儿发展的意义。

对游戏活动的评价主要是了解幼儿游戏中的经验、行为、问题、个性特点等,为调整课程以及更好地实施个别教育和提高教师游戏指导能力提供依据。评价内容主要包括对游戏环境创设评价,对幼儿游戏水平的评价,对教师指导游戏行为的评价。

3.幼儿园课程实施效果评价

对课程实施效果的评价,重点是考察教师与幼儿在课程实施后的变化与发展情况,是衡量课程方案和教师教育教学行为适宜性的最终环节。主要通过幼儿的发展、教师行为这两个方面做出评价。

评价幼儿的发展,不只是评价他们掌握与课程有关具体知识的情况,更重要的是评价他们在学习活动过程中的态度、方法、行为方式,重视幼儿的学习品质,因为幼儿在活动过程中表现出的积极态度和良好行为倾向是终身学习与发展所必需的宝贵品质。忽视幼儿学习品质培养,单纯追求知识技能学习的做法是短视而有害的。

评价教师的行为主要着眼于评价教师从设计、准备到实施每一个阶段所进行的各项教育教学工作,包括工作的技巧和态度。主要看教师是否为幼儿提供了适宜的学习经验,所提供的经验是否来源于幼儿的生活,与其已有经验是否有联系;是否能兼顾幼儿全体和个体差异,是否符合幼儿的兴趣和学习特点;还要看师幼关系的状况,教师是否为幼儿营造了有利于学习和生活的健康的心理环境,教师是否为幼儿准备了富有教育意义的丰富的材料,是否重视培养幼儿的学习能力,以及教学目标的达成情况等。[①]

四、幼儿园课程评价的方法

幼儿园课程评价的实质是对课程运作过程的研究,因此课程评价与学前教育科研的方法是通用的。教师应根据评价的目的、内容,综合采用多种方法收集资料,多维度、立体化评价。在幼儿发展评价中,教师应"有效运用观察、谈话、家园联系、作品分析等多种方法,客观地、全面地了解和评价幼儿"。[②]

（一）观察与对话

观察法是在自然条件下有目的、有计划地对自然发生的现象或行为进行考察、记录和分析的一种研究

①　王春燕.幼儿园课程概论［M］.2版.北京:高等教育出版社,2013.
②　教育部教师工作司组编.《幼儿园教师专业标准（试行）》解读［M］.北京:北京师范大学出版社,2013.

方法，简单易行。它既是最适合幼儿的一种研究方法，也是进行课程评价、获取第一手事实材料的最佳途径。它包括教师的日常观察和定期观察两种方式。

所谓对话，可以是激励性的语言评价，也可以是谈话。激励性的语言评价是教师根据对幼儿的观察和了解，参照评价目标，用激励性的语言对幼儿进行表扬奖励，强化巩固幼儿正向行为的评价方法，这种方法在一日活动中经常被教师使用。激励语言可以是书面的，也可以是口头的，还可以是非言语的，例如微笑、注视、轻拍、给予小红花等。

谈话法是通过与幼儿面对面的交谈收集评价信息的方法。可分为直接问答的谈话（一问一答）、选择答案的谈话、自由回答的谈话、自然谈话等。[①]教师在日常生活中应有计划地与每一个幼儿交流，倾听他们的想法，这是了解幼儿的一种重要的方法。

某老师的活动记录和反思[②]

案例

活动记录：有一天，我组织一次集中教育活动，有很多老师来听课。我手里拿着一只小螃蟹让幼儿观察，幼儿很感兴趣。坐在前面的王涛小朋友，竟不由自主地学着螃蟹爬起来，把坐在活动室后面的老师都逗乐了。我见他两只手不停地做爬行动作时很生气，一直向他使眼色。可是，他的注意力全被螃蟹吸引了。评课时，听课的老师谈到对这男孩的印象非常深刻。他们认为这孩子的"越轨"行为中隐含了创造因素。小男孩不仅按照老师的要求仔细观察了小螃蟹，而且表现很投入，做出了小螃蟹爬行的动作，这就是创造，老师应该给予鼓励。

- -

我的反思：贪玩、好动是孩子的天性，在他们顽皮、捣蛋，甚至荒唐"越轨"的行为中，很可能包含着创造的因素，老师对此要少些限制，多些引导；少些批评，多些赞赏，尽一切可能激发他们的创造欲望，发挥其潜在的创造力。

（二）作品分析法

是教师与幼儿一起收集具有代表性的、不同种类的作品进行分析评价的方法。例如幼儿阅读、数学、美工（绘画、泥塑等）、音乐、游戏作品等，对这些作品的对比和研究，可以反映幼儿学习与发展的变化过程。陈鹤琴说过，绘画是语言的先导，表示美感之良器。要知幼儿的心理，不可不研究幼儿的绘画。绘画是幼儿反映生活经验和表达思想感情的一种方式，对幼儿绘画作品的分析，可以帮助教师了解幼儿，走进幼儿的世界。

（三）档案袋评价法

档案袋又叫成长记录袋，里面装的是教师根据教育目标，有计划、有目的地收集和积累反映幼儿成长的各种资料，包括幼儿的原始作品以及教师对幼儿作品的评价，对幼儿的观察、轶事记录等，真实完整地反映幼儿成长的过程。

成长档案的建立应该引领幼儿和家长一起参与。幼儿对自己作品的收集、整理、评价本身就是促进幼儿自我发展的机会。家长参与的过程，是密切家园之间的联系、做好家长工作、家园共育的过程。

五、幼儿园课程评价的注意事项

（一）评价是为了促进幼儿和教师的发展

对幼儿园课程评价的目的不是为课程以及幼儿发展与教师工作赋予等级，而是为了诊断和改进课程，提高教育质量，促进课程参与者在原有基础上得到提高和发展。《纲要》中明确提出，评价是"为了促进每一个幼儿的发展"，强调了幼儿园教育评价的发展性目的。由于教师的评价行为与幼儿的发展密切相关，因此课程评价中教师应注意以下问题。首先，要承认和关注幼儿的个体差异，避免用统一的标准评价不同的幼儿，在幼儿面前慎用横向比较，宜进行个体的纵向比较。《专业标准》中提出，教师要"关注幼儿日常表现，及时发现和赏识每个幼儿的点滴进步，注重激发和保护幼儿的积极性、自信心"。其次，以发展、动态的眼光看待幼儿，既要了解幼儿现有水平，更要关注其发展的速度、特点和倾向等，以便为幼儿提供适宜

---

①　教育部基础教育司.《幼儿园教育指导纲要（试行）》解读［M］.南京：江苏教育出版社，2008.
②　朱晓梅.以班级为基点的幼儿园课程评价研究［D］.云南师范大学，2007.

的帮助和指导。最后,对评价结果的解释要慎重,以防给幼儿和家长带来消极影响。评价的根本价值在于通过评价掌握幼儿发展水平,了解幼儿发展需求,据此调整课程目标和计划,改进教育教学策略,提高教育的有效性和针对性。

同时,幼儿园课程评价应以教师自评为主,充分发挥教师的主体性,调动教师的反思意识,提高其反思能力,促进教师将评价过程作为对课程和幼儿的研究过程,使评价过程成为促进教师专业发展的有效途径。

（二）评价应科学客观

科学的指导思想和评价标准,是确保评价科学客观的第一步。无论是对人还是对事的评价,都要与《指南》《纲要》《规程》的精神和原则相一致。幼儿教育的根本任务是促进幼儿全面和谐地发展,所以幼儿园课程评价必须服从和服务于课程总目标。《纲要》在幼儿发展评价方面指出:全面了解幼儿的发展状况,防止片面性,尤其要避免只重知识和技能,忽略情感、社会性和实际能力的倾向。可以看出幼儿发展评价的内容不再局限于知识技能,而是考虑到幼儿发展的各个方面。因此,教师要采用适宜的观察记录方法,从不同的维度、持续地观察评估,全面、多角度地收集信息,全面了解幼儿的发展状况。

此外,教师对于观察结果的分析不是主观猜测、随心所欲,评估幼儿某一方面的学习与发展,需要教师掌握相关理论,把握幼儿的年龄特点,才能得出比较可靠的结论。

（三）评价应真实自然

评价应在日常活动与教育教学过程中采用自然的方法进行,注重过程性评价。在过程评价中,强调幼儿参与活动,强调幼儿在日常生活、学习过程中的各种变化和发展,不再像以往那样只强调学习的结果。正如《纲要》所言,幼儿发展评价应自然伴随着整个教育过程来进行。教师要将评价融入幼儿的生活中,切实关注一日生活的全过程,关注幼儿日常表现中的发展变化,利用户外活动、进餐、盥洗、交往等环节,拓展评价的视角,更真实全面地反映幼儿的发展。同时,过程性评价中评价与教学成为一体,只要教师关注各类活动中幼儿的表现和反应,不断进行反思与研究,当下就能改进教育工作,更好地促进幼儿发展。

换种方式点名①

案例

每天早上的点名成了一种惯例,小朋友对点名也就是随口用一句"到"就完事了。我发现许多小朋友在老师点过自己的名字后,就开始注意力不集中了,和左右两边的小朋友讲话,这一点很令我苦恼。一天我突发奇想,试试按照小组的方法点名,一组一组地起立,然后让这组的小朋友数数看今天谁没到。这种新鲜的点名方法引起了孩子们极大的兴趣,他们很认真地点数着自己小组的成员,即使这组点完了,孩子们也能继续认真地听其他小组点名,听听其他组有没有点错或漏点。除此之外,还可以让个别幼儿点数自己小组的成员。这种点名方式不仅受到了孩子们的欢迎,变惯例为一种游戏,变被动为主动,也潜移默化地提高了孩子们的点数能力,同时让孩子们学会关注同伴,更加关心他人。

（四）注重多元评价

主要指评价主体和评价方式的多元化。评价主体和方式的多元化有利于减少教师评价的主观性,能够从多个角度、比较全面地反映幼儿的成长。例如重视家长评价、幼儿自我评价、幼儿之间的相互评价、教师之间的相互评价等。《纲要》指出,管理人员、教师、幼儿及其家长均是幼儿园教育评价工作的参与者。评价过程是各方共同参与、相互支持与合作的过程。在评价方式上,综合采用观察、谈话、作品分析等多种方法,达到对课程全面、正确的认识。

（五）重视评价结果的运用

课程评价作为一个重要环节,伴随着幼儿园课程运作的全程,为课程的完善与管理提供了重要的信息。但是课程评价功能的发挥不是课程评价自发的功能,而是通过各方人员例如行政管理者、园长、教师等,有意识、有目的地运用评价提供的总结性信息,反思、改进管理与教育行为实现的。所以课程评价的结果虽然很重要,但是如果没有对评价结果及时、合理的运用,评价的价值就会大打折扣,评价存在的必要性也大大降低,因此评价结束后应当加强对评价结果的分析和利用,通过对评价结果的教研、教师反思和家

---

① 虞永平,等.幼儿园课程评价［M］.2版.南京:江苏教育出版社,2006.

园互动等途径,把评价结果运用于为进一步优化课程体系和全过程的保教工作提出改进措施,切实发挥课程评价的功能。

本单元小结

　　本单元阐述了幼儿园课程的内涵与特点、价值取向,从幼儿园课程的四要素——目标、内容、实施和评价展开,阐述幼儿园课程的编制与实施。结合贯彻实施《纲要》《指南》精神和要求,阐述幼儿保教目标如何遵循幼儿身心发展规律和教育规律而逐层分解,如何选择和组织课程内容、拟订课程计划;阐述课程实施的途径、基本要求,并介绍了幼儿园领域和主题活动课程的特点、设计、组织与指导;阐述幼儿园课程评价的含义、功能与目的,评价的主体、内容和方法,以及评价结果的运用。

复习与思考

1. 幼儿园课程是什么? 有哪些特点? 价值何在?
2. 幼儿园课程目标是什么? 依据什么拟订? 层次结构如何划分?
3. 幼儿园课程内容包括什么? 如何选择与组织? 什么是课程计划? 制定的基本要求有哪些?
4. 幼儿园课程实施的实质、途径是什么? 实施的基本要求有哪些?
5. 领域课程的特点是什么? 如何制定领域课程计划? 组织与指导时应注意哪些问题?
6. 主题活动课程的特点是什么? 如何构建? 组织与指导应注意哪些问题?
7. 什么是幼儿园课程评价? 评价的功能与目的是什么? 谁来评? 评什么? 用什么方法评? 需注意哪些问题?

同步实训

1. 通过回忆"我"的幼儿园生活,交流对幼儿园课程内涵、特点与价值取向的认识。
2. 以小组为单位抄录一份幼儿园月工作计划或者主题活动计划,分析并交流课程计划制定的基本要求。
3. 记录教师组织的领域活动或者主题活动,尝试运用所学理论对课程要素(课程目标、课程内容、课程实施、课程评价)进行分析和评价,提出改进的意见与建议。

■ **本单元将帮助你：**

◆ 了解幼儿园与家庭、社区合作的意义

◆ 理解并明确幼儿园与家庭、社区合作任务

◆ 初步掌握幼儿园与家庭、社区合作的内容与方法，并分析教育实际

◆ 理解幼儿园与小学衔接工作的意义

◆ 初步掌握幼儿园与小学衔接工作的内容与方法，尝试运用于实践

问题情境

小班的朵朵九月份刚入园，连续一周了，每次送到幼儿园都会大哭一场，即便是到了班里，也会时不时地小声哭泣，嘴里念叨着：我想妈妈，我想妈妈。也不愿参加班里的集体活动，就餐时甚至会把手里的馒头丢到地上，在园时吃饭也吃得很少，午睡入睡困难，甚至频繁尿床。朵朵妈妈很焦虑，怕孩子这样下去会生病，这种焦虑的情绪也影响到了自己的工作。面对朵朵妈妈的极度焦虑和朵朵的入园不适应，老师应该如何解决呢？

对于每一位入园幼儿，教师都应该以幼儿为本，遵循幼儿身心发展的规律和特点，以幼儿园保育教育目标为导向，帮助家长把握价值引导，充分关注幼儿心理健康、情绪发展、个体差异，通过家园合作共育帮助幼儿尽快适应幼儿园生活。这里存在幼儿、家庭、社会教育如何一致、如何配合、如何合作共育形成最大合力等问题。幼儿园应如何处理与幼儿家庭、社区协同教育的关系以及如何做好幼小衔接是本单元要重点要探讨的。

第一节 幼儿园与家庭合作

一、幼儿园与家庭合作共育的意义

（一）家庭与学前儿童成长

人一生要经历三种教育，即家庭教育、学校教育和社会教育。每个学前儿童成长的第一站是家庭，而家庭教育是一把打开学前儿童全面成长之门的钥匙，而父母，就是手持钥匙的执行者。简言之，家庭教育对学前儿童的影响，不论好坏，都贯穿一生。

拓展阅读
7-1

1. 家庭影响学前儿童社会性的发展

学前儿童早期的社会性发展根植于情绪上的依恋和对身体接触的需要。当学前儿童与一个成人——通常是父母第一次形成情感连接时，他们也同时开始发展自我意识和人际关系。这些早期的社会性发展将为今后与他人建立关系打下基础。

2. 家庭教养方式和学前儿童成长

家庭的教养方式在学前儿童最初的心理发展中起着决定性的作用，主要有四种方式：权威型、专制型、忽视型和放任型。权威型的教养方式是最成功的学前儿童养育方式，权威型教养方式与学前儿童多方面的发展有关，如乐观、自控、坚持性、合作、高自尊、社会性和道德成熟、良好的学习成绩（Amato &

Fowler，2002）。其他三种教养方式会使学前儿童表现出不同程度的焦虑、退缩、反叛和攻击性等各种适应性问题。在许多相关的研究中，父母的教养方式和学前儿童成长也是一种双向关系（Kuczynski，2003）。父母耐心而坚定的干预会促进学前儿童产生良好的适应，为良好的亲子关系打下坚实的基础。

3. 家庭的多样性和学前儿童的发展

完整家庭是学前儿童成长的基本环境。除了传统意义上的完整家庭，家庭结构还包括离婚家庭、单亲抚养家庭、工作妈妈、夫妻的角色易位、再婚后的混合型家庭等。家庭的定义不再像以前那样狭隘，家庭对儿童成长的影响变得越来越复杂。研究家庭特性对学前儿童发展的影响得到的所有证据都指向一个结论，即家庭结构的重要性远远低于家庭功能的重要性（Schaffer，1998），家庭环境温暖、责任、互相理解与和谐，直接影响着学前儿童的身心发展。

（二）幼儿园与家庭合作共育的意义

苏霍姆林斯基说："没有家庭教育的学校教育和没有学校教育的家庭教育都不能完成培养人这样一个极其细微的任务。"家园合作共育是幼儿园教育的一个重要的组成部分，是促进幼儿健康成长的重要途径。

1. 家园合作共育能引领家长树立科学的儿童观和教育观

家庭教育在学前儿童发展中具有不可替代的作用，而绝大多数家长自身并非专业的幼儿教育工作者，很多家长对幼儿学习与发展还存在误区。因此，教育部颁布的《规程》中明确指出，幼儿园的重要任务之一是要"面向家长提供科学育儿指导"。幼儿园可以通过家长会、亲子活动等，帮助家长树立科学的育儿观和教育观。

2. 家园合作共育有利于调动家长参与教育的积极性

幼儿园可根据小、中、大班幼儿年龄特点及学期主要教育目标开展系列活动，如召开"新生幼儿家长会"，向家长介绍幼儿园历史、办园目标、办园宗旨、课程、师资以及需要家园配合事宜。根据家庭教育需求，以及幼儿园教育需要，向家长汇报幼儿在园情况等，不仅让家长切身感受到幼儿园的教育过程，也使家长对幼儿的学习和发展有了更明确的认识和了解。

3. 家园合作共育有利于优势互补、一致和连续的教育、合力最大化

幼儿的年龄特点决定了影响其发展最主要的因素是幼儿园和家庭，而家长和教师分别是这两大环境的施教者。家长虽然不是专业的教育工作者，但是对孩子身体力行的教育和耳濡目染的影响却远胜于老师。家庭教育虽然没有学校教育那么系统与规范，却是教育对象的起点，决定了幼儿身心发展的原始取向。而幼儿园教育和其他层次的学校教育一样，具有正规化、系统化、制度化、科学化的特点和优势。因此，家庭教育和幼儿园教育各有优势和局限，只有二者紧密结合，才可以使来自双方的学习经验具有一致性、连续性、互补性。

4. 家园共育合作有利于家庭资源的充分利用

《纲要》总则第三条指出"幼儿园应与家庭、社区密切合作，与小学衔接，综合利用各种教育资源"。家长资源丰富，家长的职业优势是幼儿园引导幼儿认识社会的一扇窗口。家长来自各个不同的行业，这是十分丰富的社会资源，各种不同职业或者不同文化背景的家长可以带给幼儿园丰富的教育资源，能为幼儿园教育提供多种支持和服务。教师利用好这些资源能使教育活动更生动直观，产生倍增效应。家长有着不同爱好和兴趣、不同特长和个性优势，若能将其整合到幼儿园的各方面工作中，会获得意想不到的效果。

二、幼儿园与家庭合作共育的任务

（一）促进双方取得教育的共识

苏霍姆林斯基提出学校应是"家外之家"，家庭应是"校外之校"。最理想的教育应是"学校—家庭教育"。《规程》中指出："幼儿园应主动与幼儿家庭配合，帮助家长们创设良好家庭教育环境，向家长宣传科学保育、教育幼儿的知识，共同担负教育幼儿的任务。"对此世界发达国家也有相应的要求，如，1984年，美国幼教协会制定并颁布了《高质量早期教育标准》，指出"幼儿与家庭关系密切，唯有认识到家庭对孩子发展的重要性，并与家长有效合作，共商教育对策，才能使教育适应孩子的需要。"并把其作为衡量幼儿园教育质量的一个重要方面。1998年日本颁布了新修订的《幼儿园教育要领》，它在幼儿园的教育目标中，开宗明义地指出："幼儿园的教育要与家庭密切合作，为人的终身发展奠定基础。"可见，幼儿园与家庭合

作共育已成为世界学前教育的共识。

（二）促进双方有效互动,磋商共育策略

实施教育要以了解教育对象的发展特点和规律为基础。由于家庭的生活物质环境、文化心理环境、家长的教育影响环境各不相同,与幼儿园有很大的差别,幼儿在家和在幼儿园的表现情况具有很强的个体差异性,这就需要教师主动与家长沟通。了解幼儿在家庭中的各种表现情况,并及时向家长说明幼儿在幼儿园的情况,双方相互全面了解,共同分析幼儿的身心特点,拟订需要配合教育达到的教育目标,磋商并实施共育策略,促进幼儿身心健康发展。

（三）盘活和优化整合家庭教育资源,实现教育效益最大化

家长、家庭有着极其丰富的学前教育资源,又是最直接、最信赖、最便捷的合作者,除了使家长明确家长负有育儿的社会责任,同时也让家长有更多参与幼儿园活动的机会,通过合作共育体验到他们自己教育孩子的潜能和潜力是很大的,体验到自己参与丰富多彩的学前教育的无限乐趣和给孩子带来显著进步的喜悦。教师要想办法发掘、盘活家长、家庭教育资源,使家长做到:关心孩子发展,在家要与孩子积极互动,建立和谐的亲子关系;重视并积极配合幼儿园的教育活动向家庭和社区的延伸;积极参与幼儿园开展的家长开放日、助教等活动;家庭废旧物品、信息等资源的提供,等等。

三、幼儿园与家庭合作共育的方式与内容

家园共育是合作共赢的,幼儿园与家庭的互动方式和内容,也决定着家园共育的有效性。

（一）幼儿园与家长互动沟通的方式

在达成幼儿自主成长理念的前提下,与家长有序、有效地沟通与交流,其方式十分多样,运用时可以根据需要和具体情况灵活选用。

1.集体方式

（1）家长会

家长会有全园的、年级的、班级的,又有不同类型的。

全园或年级家长会。全园性的家长会议要求全体家长都参加,一般安排在学年(或学期)初与学年(或学期)末。如,开学初的家长会,根据需要可以召开全园性的家长会,如幼儿园要贯彻国家的学前教育法规,开展课程改革,进行全园部署,向全体家长传达课改精神,宣传教育新理念,指导家长配合,做好合作共育,共同促进幼儿的发展。家长会也可以分年级开,可以介绍新学期该年龄段的教育工作、计划及家园配合的要求等,也可针对同年龄的幼儿教育的共同问题提供指导。期末的家长会的内容大多是汇报教育成果以及向家长提出假期教育的要求等。

班级家长会。班级家长会更具有针对性,便于家长与教师双向交流,共同研讨有关孩子的保教问题。家长会的形式不拘一格,主要应注重实效。班级性的家长会用得较多,主要让家长直接了解孩子所在班级教育要求和孩子在班级里生活学习和发展情况,同时增进家长之间的互相沟通和家庭教育经验的交流。

阶段性的家长会一般每学期开2—3次,开学初、学期中期和期末召开。开学初的家长会主要介绍新学期的教育工作、计划及家园配合的要求等,使家长明了幼儿园主要的教育工作,倾听家长的建议,以便有效合作。期中的家长会,主要是向家长反馈阶段工作情况,一个阶段以来各个幼儿的各方面发展情况,需要共同注意的问题,要求家长关注和配合的事项等,倾听家长的想法。期末家长会,主要是反馈和总结一个学期的保教工作,幼儿的发展进步情况,对假期幼儿在家的教养进行指导。

（2）家长学校

家长学校是普及家教知识的有效渠道,其主要任务是系统地向家长讲授教育子女的科学知识。有些未办家长学校的幼儿园可适时举办家教专题讲座或报告会。举办家长学校,主要是向家长系统地宣传先进的教育理念、指导教育孩子的正确方法。通过家长学校组织家长参与学习和活动,提高家长的学前教育认识水平和教育能力。家长学校的活动内容和形式可根据园所的具体情况而定。如,专家、学者、教师的学前教育讲座、报告,家长育儿经验的介绍与交流,教育的焦点问题探讨、专家咨询等。家长学校可定期活动,如每个月或每两个月活动一次。可以规定来参加的家长,也可以由家长选择内容参加。其内容要丰富,形式要多样,还要灵活开展。每次活动要精心策划,认真准备,使家长真正有收获,有利于提高家长的学前教育认识和育儿能力和水平的提升。

举办家长学校或家教讲座,应做到内容具体,理论联系实际,深入浅出,要能解决家教中的偏颇和家长

在教育上的困惑;既要提高家长的认识,又要帮助家长解决操作性的问题,只有这样才能受到家长欢迎,收到良好的效果。

（3）家长开放日

家长开放日是指幼儿园定期或者不定期地向家长开放,届时邀请家长来园观摩和参观幼儿园的活动,它是目前我国学前教育工作中最常用的一种形式。家长观摩或参加幼儿园的活动,可以从中具体了解幼儿园教育工作的内容、方法;可亲眼看到自己孩子在各方面的表现,得知孩子的发展水平及与伙伴交往的状况,特别是可看到自己的孩子在与同龄幼儿相比较中显示出的优势与不足,从而有助于家长深入了解孩子,与教师合作,有针对性地教育孩子。同时,家长在观摩与参与活动的过程中,还可以观察到教师的教养态度、教养方法、技能,领会教师的教育要求和方法,增进家长对幼儿园工作的认同感,以更好地借鉴和改进家庭教育方法。

幼儿都很喜欢家长到幼儿园来观摩和参与他们的活动,在活动中幼儿会更加积极和认真。大多数幼儿园都利用"六一""元旦"等各种节日,请家长参加同乐活动,家长和孩子共同开展游艺活动、参加运动会、同台演出、尽兴欢乐。举办"开放日"一定要使家长明确目的,让家长了解"看什么""怎样看",特别是看到自己的孩子与别的小朋友在某方面有差距时如何认识和正确对待,以免产生负效应。

（4）家长接待日和专家咨询

家长接待日是幼儿园安排一个固定的时间,由主管领导接待家长的来访,解答家长对园所、班级保育教育、管理等方面工作的疑问,听取家长的意见和建议。或设意见箱收集家长的意见。从而更好地改进和完善园所工作,拉近家园之间的距离。这是为幼儿园管理服务,以不断改进工作,提高办学质量,更好地服务于幼儿和家长。

专家咨询是幼儿园聘请一些学前教育专家定期对家长进行现场咨询,为家长提供直接有效的服务。需要咨询的家长们把自己平时在教育孩子方面遇到的问题、困惑和对教师、幼儿园的意见和建议与专家进行面对面的沟通与交流,以达到解惑的目的,这种形式很受家长欢迎。

（5）家园（所）联系栏

大部分幼儿园都设有家园（所）联系栏或家教园地,有面向全体家长的,有各班自办的。面向全体家长的家园联系栏一般都是介绍有关家教新观念、家教好经验、保健小常识、季节流行病的预防,介绍亲子游戏等等。各班的家园联系栏内容有介绍本班近期教育目标、需要家园合作的教育内容、幼儿的发展情况与一些有针对性的家教指导性文章等。联系栏应办得生动活泼,能吸引家长,文章、资料要短小精悍,可由教师编写,可摘录家教报刊上的内容,也可以由家长提供经验、体会等。家园联系栏应设在家长接送孩子必经之处,内容要经常更新,字号不可太小。

（6）开办公众号、录制微课和学习材料提供

现在网络很发达,幼儿园可开办公众号、录制微课等。其内容要丰富、文章精短、生动活泼,语言朴实亲切,紧紧围绕着孩子教育的热点话题展开。幼儿园可以有选择地向家长推荐、介绍对家教有指导意义的资料,及时印发或推送给家长学习。

除上述形式之外,有条件的幼儿园还可专门开辟家长阅览室。室内陈列教育书刊、家教讲座、家教经验报告的录音、录像带等供家长使用。阅览室内外还可以张贴有关幼儿营养、保健知识宣传材料,各年龄班幼儿适用玩具与玩法介绍、幼儿优秀读物介绍等。家长阅览室有专人管理,定时向家长开放,还可提供复印等服务项目,为家长提供所需的资料,以助于家长提高家教水平。

2.个别方式

个别方式是指幼儿园教师与幼儿家长间一对一的联系和进行工作的方式。

（1）家庭访问

家庭访问是家园联系常用的一种重要方式。家庭访问的目的在于深入了解幼儿在家中的真实情况,家长对学前教育的认识、态度和方法,家庭及其周围环境对幼儿身心发展的影响,针对个别幼儿的具体表现,与家长共同商讨教育幼儿的措施,以及介绍幼儿在班上的进步情况与存在的问题,争取家长与幼儿园的密切合作。家庭访问体现着教师对幼儿的亲切关怀,对家长的尊重与理解以及教育的责任感。

家庭访问常用于以下四种情形:① 对新入园幼儿的家庭访问,以便在入园前,先与幼儿建立初步的情感,降低入园后的陌生感;了解幼儿在家中的生活、卫生习惯,以便入园后有针对性地引导幼儿适应集体生活。② 当幼儿偶发疾病或者意外事故或者发现幼儿有严重的行为问题时的专访,教师应向家长详细介

绍事情的经过,以亲切负责的态度,讨论和寻找解决问题的办法。③幼儿家庭发生重大变故,需要给予安慰和协助,或幼儿长期缺席,需要了解原因。④家长对子女教育方法不当或者教养态度有严重问题,需要给予帮助、促使其改进。家访时谈及幼儿的缺点时,也要肯定幼儿的优点,并共同研究采取有针对性的教育方法等。

（2）个别谈话

个别谈话是进行家长工作最简便、最经常、最及时的方法,教师可以利用家长到园接送孩子的时间与家长交谈有关教育孩子的情况,向家长反映问题,提出要求,商讨解决的方法。这种谈话时间比较短。一次谈话内容不宜过多。这种有明确目的事先约定的个别谈话,教师均应事先作准备,包括汇集、分析有关幼儿发展的材料,准备提出的问题及解决问题的初步设想。在交谈时,教师不仅态度要诚恳,还应该设法营造宽松的氛围,使家长消除思想顾虑,轻松地参与交谈。

（3）家园（所）联系手册或联系卡

家园联系手册是教师与家长围绕幼儿的发展与教育进行书面联系与交流的形式,也可以制作成联系卡。用于教师与家长经常性的联系,简便易行,传递信息及时。有些家长工作繁忙,难以抽出时间与教师经常交谈,在这种情况下使用家园联系手册显得尤为重要。家长可从联系册中经常了解到孩子的进步、问题及幼儿园对家庭在配合教育方面的具体要求;教师则可从联系手册中获得幼儿园教育效果的反馈信息,了解幼儿在家中的表现,得知家长的意见和要求。家园联系手册所写内容要具体,不能空泛,要侧重反映幼儿的变化与新的情况,要围绕幼儿园的教育目标和近期的教育任务,结合幼儿个体发展实际来写。家园之间经常地、不间断地交流信息,相互配合促进幼儿的发展。时间长了,联系手册就成了反映幼儿发展与教育的宝贵资料。

（4）书信、便笺

书信多用于向留守幼儿的家长汇报孩子的成长情况。这种做法不仅能密切家园关系,往往也能促使他们人不在孩子身边,但心仍关注着孩子的发展,起到配合教育的作用。

便笺是幼儿园经常使用的一种方式,多用于对临时发生的情况和问题,需及时与家长联系而不能与家长见面时,可让孩子和接送的人转递给家长。

（5）电话、网络联系

利用电话联系最快捷,能及时与家长沟通幼儿在园所的情况,迅速处理一些应急事件。尤其是寄宿制或平常不经常见面的家长。通过电话联系,教师可简短地向家长介绍幼儿在园所的表现及生活情况,使家长放心和安心。如果家长有事情也可以及时通过电话告知教师。对于工作繁忙无暇接送孩子的家长,教师可以利用电话和家长联系。教师要记住这类家长的电话,并了解最佳的通话时间,和家长适时联系。

随着信息时代的到来,与家长沟通的方式也越来越多,网上沟通就是一种方便快捷的沟通方式,教师可充分利用网络这一优势,如微信公众号、网站、微信群和家校通等方式及时把新的信息发给家长,如每天的教学内容、近期活动通知、幼儿活动照片、幼儿食谱、身体发展评价等,家长只要一打开网络就可以了解到幼儿园一日活动的方方面面。同时,还可在幼儿园网上设留言板,将园长邮箱、班主任邮箱向家长公开,家长对幼儿园的管理和班级工作的意见和建议,可直接通过电子邮箱进行反馈与交流。这种网上沟通的方式快捷、便利、节省时间,其效果也非常明显。

（6）接送幼儿时的随机交流

接送幼儿时的交流是一种直接灵活的指导和沟通方式。家长接送幼儿时是教师和家长进行交流的良好时机,教师可适时地利用。

（二）引导和组织家长参与幼儿园的教育

如何引导家长有效地参与到幼儿园的各种活动中来也是一门艺术。幼儿园应引导家长全方位、多角度参与。一方面,家长要是能真正承担共育的一方责任,其教育的合力更大;另一方面,家长的资源是丰富的,只要家长积极主动参与了,就可以使家长这一重要教育资源得以充分发挥作用。

1. 与孩子一起参与班级的活动

（1）班级亲子活动

亲子活动是一种有助于增强教师与家长、家长与幼儿情感交流的集体活动形式,它是幼儿园与家庭共育的重要渠道,对家长来说也是一种高质量的陪伴。教师可经常组织开展亲子活动,由孩子邀请家长参与各种内容和形式的亲子活动,它有利于增进幼儿与家长的感情,培养幼儿良好的个性、健康的心理;有利于教师、家长相互了解、理解,增强共育的默契;有利于强化家长的认同感和合作意识,从而达到家园共育的理想境界。家长在家长开放日中可以参与教师所组织的亲子活动,参与节日的家园同乐活动,参与班级组织的郊游、参观活动以及参加幼儿园的开学、毕业典礼等活动。

（2）家长代表参与班级活动

若有可能,平时还可以请个别或一些家长作为代表来班上参与日常的教育活动,他们可以与幼儿共同制作食品、手工,一起开展游戏、娱乐及体育竞赛活动等。家长的参与会大大提高幼儿学习与探索的积极性,还可以使家长在参与过程中,学会如何引导幼儿主动学习。

随着教育的深入,幼儿对生活、自然界表现出越来越多的兴趣,希望能走出幼儿园进行更大范围的探索。幼儿园组织幼儿去郊游、采摘、到博物馆参观等活动,可以组织家长志愿参与,不仅能保证幼儿的安全,也可使幼儿的情绪更加高昂。活动之后,教师还可组织家长反馈教育效果,增强教育力度。

2. 家长支持与参与幼儿园创设环境的各项活动

（1）支持园（所）环境建设

幼儿园在环境建设时,小到建立自然角,大到美化、绿化全园环境,家长都可以力所能及地发挥作用,使幼儿受益。

（2）支持和参与幼儿的活动

幼儿是在与丰富的环境充分有效的互动中获得发展的,教师经常引导幼儿参与环境创设,从而调动幼儿探索学习的积极主动性,培养能力。这一过程教师引导家长要重视幼儿的参与过程,并予以积极的支持、参与和帮助,将对幼儿学习发展起到莫大的促进作用。

（3）为幼儿认识社会创造条件

由于家长来自社会的各个行业,在他们当中蕴藏着极为丰富的社会资源。他们的工作单位和环境就是很好的教育环境资源。教师可充分利用这一资源,带领幼儿前往参观,请家长接待并做讲解,以扩大幼儿对社会的认识,扩大视野。如,可利用家长资源,组织幼儿参观火车站、机场、轮渡码头、交通岗亭、邮电局、公安交通指挥中心、消防教育馆、公交公司、博物馆等。家长还可以利用专业和职业优势协助教师、幼儿搜集教育教学和开展活动所需要的相关资料,为丰富幼儿园的教育活动创造条件。

3. 家长助教参与班级的教育活动

这也是充分利用家长的职业资源而开展的合作共育,可以称之为"家长教师"的家园共育活动。幼儿园一日活动中若涉及与家长专业、职业有关的教育内容,教师都可以有计划地与有关家长沟通联系,请他们当"助教",与家长一起讨论、设计教育活动,使家长能以幼儿乐于、易于接受的方式,发挥专业、职业优势开展教育活动。实践证明"家长老师"利用自身专业优势,组织开展的教育活动很受幼儿欢迎,既有新鲜感,又能帮助幼儿准确地了解相关知识。"家长老师"往往比幼儿园老师讲授的内容更具知识性、趣味性和创造性。例如在"交通工具"主题活动中,当交警的家长给幼儿讲"交规"常识、标志,介绍重要路口的交通情况,并组织幼儿参观了交通指挥中心停车场,认识汽车标志,让家长和幼儿一起玩"标志游戏"等,在游戏中产生的愉悦情绪有助于幼儿获得直观具体形象的经验和知识。

拓展阅读
7-2

四、家园合作共育的注意事项

《纲要》指出:"家庭是幼儿园重要的合作伙伴。应本着尊重、平等、合作的原则,争取家长的理解、支持和主动参与,并积极支持、帮助家长提高教育能力。"

（一）要赢得家长信任和真诚合作

幼儿园与家庭、教师与家长教育幼儿的目的是相同的,教师与家长互为主体,建立平等合作的关系十分重要。教师对家长提出要求不仅考虑"需要",还要考虑家长能否承受,能否做到,有无困难,不功利、不为难家长,牢固树立为幼儿、为家长服务的思想。过程中要广泛征求和积极采纳家长的建议,集思广益,不断改进工作。教师必须是充满爱心、诚心、责任心的,要主动增进相互信任,以关注幼儿和促进幼儿发展为核心,努力发挥专业优势,实施优质教育,从而赢得家长的充分信任、支持和真诚合作。

（二）努力提高双方合作共育的能力

要有目的、有计划地实施家园合作共育。在家长方面,通过各种途径做到:

①让家长了解学前教育工作的方针、政策以及相关的法律和文件,了解幼儿园的各种规章制度,明确学前教育的目标,熟悉教育内容,了解幼儿身心发展特点,学习科学育儿的方法。这是实施合作共育的基

本条件。

关注幼儿发展和在家表现,关心孩子在幼儿园的生活、学习等情况。经常与孩子沟通互动,进行亲子活动。支持幼儿园的工作,积极参与幼儿园的各种共育,增强教育合力,促进幼儿发展。

② 更新教育理念,努力提高教育的能力。包括尊重、赏识幼儿的意识;观察幼儿的能力;记录并评析幼儿成长的能力等。

对教师而言,认真策划和实施合作共育,深入研究、开展多种活动,鼓励家长积极参与,针对不同家庭的不同情况,做到有的放矢地开展一些针对性的活动,及时反思和改进合作共育工作,在学习研究和实际操作中提高能力,积累合作共育新方法、新经验。

（三）追求合作共育效益最大化

合作共育不是家长或老师单向的、线性地作用于幼儿,而是三者交互作用、相互影响的过程。教师要以幼儿发展为核心,发挥"三主体"的能动性和创造性,充分发挥幼儿的纽带作用,增进教师、幼儿、家长的情感的融洽和共育和谐。发挥各种合作共育的途径、手段和方法的相互作用,发掘、利用和优化整合各种教育资源,增强合作共育的效果。让家长在合作共育的实践活动中,真切地看到自己的付出促进了幼儿整体素质的提高,使之更积极主动,三方真正构成学习发展的共同体,以形成最大合力,促进幼儿全面和谐而富有个性地发展。

第二节 幼儿园与社区合作

一、幼儿园与社区合作的意义

（一）幼儿园与社区的关系

幼儿园是社区的一个组成部分,是社区中的小环境。社区是社会环境中与幼儿园教育关系最密切的一部分。学前儿童是社区人口的组成部分,其教育是社区建设的一项重要内容。"社区学前教育是社区教育的一种,具体说来,社区学前教育就是社区内为0—6岁学前儿童或全体居民设置的教育设施和教育活动,是多层次、多内容、多种类的社会教育。"[①]

（二）幼儿园与社区合作的意义

陈鹤琴早就指出"大自然、大社会是我们的活教材",社区是社会环境中和幼儿园关系最密切的一部分,又是幼儿十分熟悉的地方,社区的自然环境和人文环境在幼儿的成长中,特别是心理成长中有着重要的意义。

1. 有利于开阔幼儿视野和促进身心和谐发展

幼儿园在与社区的合作中,可直接利用社区丰富的资源,让幼儿走进社会大课堂,如社区的自然景观、名胜古迹、公园、游乐园、图书馆等人文设施,是可供幼儿游览、游玩、参观、开阔幼儿的视野、增进身心健康的好去处。社区内的商店、超市、银行、邮政局、敬老院、电影院、学校是幼儿丰富社会认知、积累社会经验、进行社会性教育的重要资源。社区内各行各业的工作人员都具有一定的专业、职业优势,是幼儿园活动的人力和智力支持。作为一个居住、生活、文化等功能兼备的社会小区,作为与幼儿园紧密联系的社会环境,社区能为幼儿园提供教育所需的人力、物力、财力、教育场所、教育信息、教育智力等多方面的支持与服务。幼儿园可充分利用社区资源,打破传统的封闭式教育,开放办学。我们可以带领幼儿走进社区、接触社会,也可以把社区的人员请到幼儿园来,引导幼儿与社区内丰富的环境、人员充分相互作用。既体现了"教育生活化,生活教育化"的幼儿园教育的基本思想,又是幼儿园教育与幼儿生活经验实现对接最有效的途径,不仅有利于提高幼儿的认知水平,也有利于幼儿身心的锻炼、自豪感的激发,加深对社区的热爱,从而使幼儿获得身心全面发展。

2. 幼儿园是社区建设的支持者,为社区提供教育和文化服务

当今幼儿园具有许多优势,比如完善的硬件设施和环境,专业的师资力量,有计划、有组织的教育内容和活动等,因而幼儿园在社区教育发展中处于核心地位,带动社区学前教育的发展。因此,幼儿园要以自

---

① 许政援,吕静.儿童发展心理学［M］.长春:吉林教育出版社,1995.

身的优势服务于社区,支持社区的各项教育活动开展。

社区的一些工作,尤其是社区文化的发展,也需要幼儿园的支持。作为社区环境的一个组成部分、社区精神文明建设的一个单位,幼儿园的良好环境创设、教师与幼儿的文明礼仪习惯的养成,可以成为社区的典范,推动社区其他单位、群众的精神文明建设。组织教师、幼儿参加社区的各种宣传活动,为社区家长开办家庭教育讲座,可以活跃社区的文化氛围。幼儿园办学质量的提高为培养社区高素质公民奠定良好基础。幼儿园走进社区、融入社区、支持社区和为社区服务,都是在为社区建设、构建和谐社会贡献力量。

总之,幼儿园与社区合作共育,可以使幼儿园与社区双向支持,相互促进,协同发展。

二、幼儿园与社区合作的内容和方法

（一）整合社区资源,促进幼儿发展

幼儿园所在社区环境,自然环境和社区生活氛围,社会设施,都是幼儿园可利用的宝贵教育资源,因此,幼儿园要主动与社区合作,通过走出去和请进来,积极发掘和利用社区的各种教育资源,与幼儿园的教育相整合。

1.带幼儿到社区去开展教育活动

幼儿园大都坐落于社区中,不同的园所所处的社区、周边环境不可能完全相同,教师应从实际出发,借助和运用社区的教育资源,发挥社区的有利因素,避开不利因素,拓展教育途径,丰富教育形式,让幼儿作为社区的一分子,与社区的自然环境和社会环境亲密接触,获得多元发展。

（1）散步与玩耍

可以利用社区里的自然景观,如小区花园、公园、街心广场等,可经常带幼儿到那里散步,观察与认识周边的环境,玩耍、游戏,感受不同于幼儿园内部的环境,亲近自然、亲近社会,以陶冶身心。在此过程中,引导和教育幼儿要爱护环境,不随地大小便,不乱扔垃圾,做个文明的小公民、环保小卫士。

（2）感受社区文化

教师带领幼儿到社区内的文化机构,如到图书馆、美术馆、展览馆、科技馆、博物馆、体育馆等场地去参观,使之初步感知民族文化、历史、艺术、体育等方面,扩大视野。如带幼儿参观气象站,观看气象人员是如何制作天气预报的,萌发从小好好学习的愿望。又如带幼儿到海洋馆、海边,观赏海洋丰富的资源,观赏潮涨、潮落的景观,让幼儿感知海洋丰富的环境,亲近大自然,激发探究海底秘密、保护海洋资源的欲望。

（3）认识和关心周围的人

社区的这类资源很多,要培养幼儿学会尊重、相互关爱等的意识和行为。可以让幼儿去访问社区中的工作人员,比如居委、保安、清洁工、消防队等。让幼儿了解到正是有了社区中的人们在不同的工作岗位上奉献、相互关心,才有这么整洁、美丽、安全、温馨的社区,才有这么幸福的生活。访问社区中的清洁工会使幼儿了解到清洁工人的辛苦,深刻理解"保护环境,人人有责"。

（4）参加社会实践

引导幼儿为社区的环境保护做些力所能及的事。从中体验关心小区、为他人服务的快乐。教师可把幼儿带到当地儿童博物馆、儿童中心等机构,让幼儿亲手操作,尝试、探索自己感兴趣的事物,以加深儿童对周围世界的认识。有条件的可以参加一些安全卫生的劳动实践,培养幼儿的劳动意识、社会服务意识。

2.把社区的人力资源请进幼儿园

幼儿园还可采用"请进来"的形式,把社区里不同职业人士适当适时地请到幼儿园来参与幼儿教育,与幼儿一起活动,如在爱家乡的教育中,可以请亲历了几代变化的老人来给小朋友讲新旧城市的故事。在爱自己的生命教育中请社区中的老司机给孩子们讲解交通规则。请警察叔叔为幼儿表演指挥交通的手势并讲解其含义,增强幼儿的交通规则意识。请消防队员向幼儿讲解如何预防火灾,遇到火灾时的自救方法。在季节交替时,请医务工作者为幼儿讲解如何预防疾病等知识,请画家为幼儿传授画画技艺等。社区成员参与幼儿教育,将拓展幼儿的生活和学习范围,使他们的学习更加具有真实性,而在真实的环境中,一个人的情感也最容易受到感染,有效地增强了活动的时效性。

（二）发挥幼儿园的教育优势服务社区

幼儿园是其所在社区的重要教育资源。教师可发挥自己的专业特长,为社区群众举办教育讲座,开设学前教育、家庭教育等各种宣传专栏;节假日可以帮助社区排练节目,协助开展文娱活动,如协助社区组织幼儿慰问社区内烈军属、劳动模范等。还可以利用幼儿园教育的资源在双休日向社区开放,让社区的幼儿来活动,充分发挥其服务社区教育、建设社区、为构建和谐社会出力的作用。总之,幼儿园具有智力、人力、物力等资源优势,在不干扰正常教育秩序前提下,积极主动地根据社区的需要,真心实意地与社区相互配合,实现合作共育。

（三）幼儿园与社区合作的注意事项

第一,社区可用资源很多,但是,在选用时不能盲目,要首先考虑对幼儿的健康是否有益,是否安全。在利用社区有利资源时,教师要注意情感渗透和各种能力培养的有机结合,有效整合社区各种资源于学前教育活动,使之受益于幼儿,促进幼儿的发展。

第二,在利用社区资源时,要加强与社区、与家长的联系,让社区、家长了解幼儿园的教育意图、具体的内容和要求,以得到他们的理解、支持和帮助,实现真正意义上的合作。

第三,要增强社区意识和构建和谐社会的责任意识,更新办学理念,实施开放办学,力所能及地为社区教育实现幼儿共育作出努力、为构建和谐社区出力。

第三节　幼儿园与小学衔接

一、幼小衔接及其意义

儿童个体出生后的成长过程都会因环境的变化而经历一个个的转折,如从胎儿到新生儿的转折,从在家庭生活到进入学前教育机构接受保教的转折,从幼儿园到升小学的转折,等等。要使儿童在转折过程中能顺利适应新环境,就要准确把握儿童在两种环境中身心适应情况,努力缩小环境差异、提高儿童对新环境的适应性,使之顺利应对转折、适应新环境。

拓展阅读
7-3

（一）幼小衔接的必要性

幼小衔接是指幼儿园教育与小学教育的相互衔接。幼儿园和小学双方根据儿童身心发展的阶段性和连续性规律及儿童可持续发展的需要,避免或减少因两个学习阶段间存在的差异给儿童身心发展带来的负面影响而做好两个教育阶段的衔接工作。研究了解小学教育与幼儿园教育存在的差异,是做好幼小衔接工作的前提。

1.小学教育与幼儿园教育的差异

（1）学习环境的改变

幼儿园环境的布置比较轻松活泼、生动。学习、生活设施一般都相对集中,活动室、盥洗室、餐厅等紧密相连,幼儿生活起来比较方便。活动室还有区角活动,幼儿可以自由选择自己喜爱的活动方式,幼儿之间合作交流的机会较多,玩教具的摆放也是以幼儿活动自主为准则。

进入小学后,儿童面对陌生的建筑物、宽阔的场地很不适应,有时可能找不到厕所,甚至自己的班级。教室环境布置相对简单和严肃,桌椅摆放是固定的,自由活动空间较少,还要受纪律约束。没有玩具,与同伴讨论或自己选择学习方式的机会较少。

（2）生活制度的不同

在幼儿园,生活和游戏是幼儿的主要活动,幼儿主要是在生活和游戏活动中学习与发展的,根据幼儿身心发展特点和需要,集中教学活动从小班的一天十几分钟逐步增加到大班的一天一个多小时。每天都有2个或2个半小时的午睡时间,轻松舒适,管理上不强制,作息时间比较灵活。幼儿即使一段时间没来幼儿园,仍可以继续跟班学习和生活,教师引导其在已有的发展基础上通过游戏等各种活动获得进一步的发展。上了小学以后,生活节奏发生巨大变化,小学主要以课堂教学为主,每节课40分钟,上午3—4节,下午1—2节。课间自由活动和游戏的时间很短,生活节奏是快速而紧张的,有较为严格的作息时间,对儿童的纪律和行为规范的要求带有一定的强制性,儿童生活只能靠自理,教师只是进行引导和提醒。生活作息制度的急剧变化,智力活动时间的骤然增加,使儿童的神经系统负担加重,许多儿童感到疲劳,上课没有精神,以致对学习产生厌倦心理。

（3）师生关系的变化

幼儿园注重保教结合,一日生活都有固定的教师与幼儿朝夕相处,对幼儿关爱有加,使幼儿自然而然地对教师从心理上、生理上产生安全感、依恋感,彼此间比较平等亲密,十分注重幼儿个体差异,全面关心帮助其在原有基础上的发展,幼儿的生活学习是比较轻松愉快的。

小学阶段,每个班虽然有一个固定的班主任,但除了课堂以外,教师和学生接触相对来讲较少。当幼儿踏入小学,进入了一个全新而又陌生的班集体,师生关系要重新建立,彼此还要重新适应,一般会给幼儿进入新的学习阶段带来一定的甚至是较大的困难。

(4)主导活动和学习方式不同

幼儿园丰富多彩的游戏是幼儿的主要活动,幼儿在游戏活动中通过动手操作等实践活动获得各种感性认识与经验。教师主要是从幼儿的兴趣和需要出发,创设丰富的环境和各种条件,吸引和引发幼儿在主动参与的各种活动中获得多方面发展。

音频视频
7-1

小学阶段的教育形式主要是通过课堂教学,根据教学大纲要求进行系统教学,小学生有明确的学习目的和学习任务,有严格的考试和一定的家庭作业用来验证学生学习效果和巩固学习内容,其教学方式和组织形式与幼儿园有很大差别,课业压力较大,纪律约束较强。

幼儿园和小学是有很大差别的两个不同的教育阶段,科学做好幼儿园与小学阶段的衔接能够使其差异缩小、坡度放缓,对幼儿入学的顺利适应、稳步持续发展,具有非常重要的意义。

2.幼小衔接存在的问题

我国每年有近千万儿童离开幼儿园进入小学。而对小学教育不适应的情况很普遍,部分学生出现了疲劳、睡眠不足、食欲下降、体重下降等现象,导致身心负担加重、压力过大、课堂学习不适应、自信心不足等状况。许多学生留恋幼儿园生活,产生害怕上学的念头。幼小衔接问题是社会、家长和教师所长期关注却一直没有得到很好解决的难题,以下两个问题较为突出。

(1)幼小衔接工作主体未形成共识与合力

长期以来,对幼儿园教育性质的认识以及对幼小衔接的主体与责任的认识偏差,使得幼儿入小学后的不适应问题得不到很好的解决。幼儿园、小学、家长都是幼小衔接工作的主体,但由于各主体未能取得共识,故未能各尽其职地发挥作用并形成合力。

一是,人们往往认为幼小衔接是幼儿园要与小学衔接,要过渡到像小学那样教育,开展学前班教育。甚至认为,幼儿园不该是玩,而应该教幼儿学习各种知识,才能跟得上小学的学习。显然追求这样的幼儿园教育是违背幼儿身心发展规律的。二是,小学的幼小衔接工作主体意识不强,多数小学都觉得幼小衔接工作,小学已经做了,如接待了幼儿园安排的幼儿到小学参观,小学师生与幼儿互动,告知幼儿小学生是怎么学习的、应该怎么做等等。而小学很少能从自身这一学段的角度,通过了解幼儿园教育与小学教育的差异、深入研究解决幼儿进入小学后的适应问题,最多只是找出不适应的孩子,要求其家长要重视让孩子跟上班级的学习。小学也未能深入研究小学如何以零起点教育为突破口,共同引导社会科学认识幼儿园教育和小学教育。三是,家长"望子成龙、望女成凤"心切,在幼小衔接上,主要关注幼儿文化知识学习是否跟得上,是否出人头地,而不够重视孩子全身心的发展与适应,甚至给不适应的孩子以更大的压力,使孩子愈加不适应。

(2)一些幼小衔接"小学化"逐利乱象的影响

社会一些办学机构、私立幼儿园刻意逢迎家长的焦虑心态,诱导家长青睐于他们的"小学化"教育,而吸引生源。接受这种"小学化"教育的幼儿,提前学习认字、书写、做算术,表面上刚入学时,因已经学习过一年级的课程,做起作业比没受训的幼儿要顺手些、快些,给家长,甚至一年级教师造成这些幼儿入学"适应"的假象。而实际上学前教育"小学化"是违背幼儿身心发展规律的,牺牲幼儿通过符合身心发展特点的丰富生活和快乐游戏全方位促进身体、认知、语言、情感与社会性全面和谐而富有个性地发展的宝贵时间,就以训练的方式提前学习本该在小学一年级学习的一些课程。接受"小学化"教育的幼儿往往只是在刚进入小学时呈现"昙花一现"的"适应"优势假象,而在后续的学习与发展中则逐渐显示其发展缺乏后劲的弱势。

可见,解决幼儿园和小学教育分离,衔接意识薄弱,提前读、写、算才能适应小学教育的错误认识问题,科学做好幼小衔接工作迫在眉睫。2018年,教育部下发《关于开展幼儿园"小学化"专项治理工作的通知》,要求"通过自查摸排、全面整改和专项督查,促进幼儿园树立科学保教观念,落实以游戏为基本活动,坚决纠正'小学化'倾向,切实提高幼儿园科学保教水平,促进幼儿身心健康发展。"2021年,教育部发布《关于大力推进幼儿园与小学科学衔接的指导意见》(简称《指导意见》),提出了幼儿园教育和小学教育

"双向衔接"等一系列有针对性的重要举措,并下发《幼儿园入学准备教育指导要点》(简称《幼儿园指导要点》)和《小学入学适应教育指导要点》(简称《小学指导要点》)。

二、幼小衔接的工作

(一)做好幼儿入学前的准备工作

幼儿教师应树立科学的衔接理念,在整个幼儿园阶段围绕幼儿身心发展、主动独立、规则意识、社会交往等进入小学所需的关键素质,实施针对性的入学准备教育,帮助儿童适应小学的学习与生活。

音频视频
7-2

教育部颁发的《幼儿园指导要点》以促进幼儿身心准备为目标,围绕幼儿入学所需的关键素质,提出身心准备、生活准备、社会准备和学习准备四个方面的内容。实施《幼儿园指导要点》要把握以下四个方面。全面准备,是指幼儿入学准备教育要以促进幼儿身心全面和谐发展为目标,不应片面追求某一方面或几方面的准备,更不应用小学知识技能的提前学习和强化训练替代全面准备。把握重点,是指入学准备教育是一个循序渐进的过程,幼儿园从小班开始逐步培养幼儿健康的体魄、积极的态度和良好的习惯等身心基本素质。同时,应根据大班幼儿即将进入小学的特殊需要,围绕社会交往、自我调控、规则意识、专注坚持等进入小学所需的关键素质,提出科学有效的途径和方法,实施有针对性地把握重点的入学准备教育。尊重规律,是指幼儿园充分理解和尊重幼儿学习方式和特点,把入学准备教育目标和内容要求融入幼儿园游戏活动和一日生活,支持幼儿通过直接感知、亲身体验和实际操作等方式积累经验,逐步做好身心各方面的准备。科学帮助幼儿做好学前儿童入学准备,是幼儿园教育中重要的一环。幼小衔接工作贯穿于幼儿园教育的全过程,入学准备是幼儿园教育的重要内容。要充分尊重幼儿身心发展规律和特点,实施科学的保育和教育,同时将入学准备教育有机渗透于幼儿园三年保育教育工作全过程,到了大班下学期,教师更要有意识地做好幼小衔接的工作,帮助幼儿做好身心准备,实现从幼儿园到小学的顺利过渡。

1. 身心准备

(1)身体准备

强健体魄与灵活动作的培养。幼儿入小学后脑力活动增多,书写任务较多,学习压力增大。良好的运动习惯可以促进幼儿神经系统的发展,有助于幼儿精力充沛地应对小学学习与生活。幼儿园应开展多种形式的体育活动,家园配合,强化锻炼意识,使幼儿喜欢运动,养成体育锻炼的习惯。首先鼓励幼儿积极参加户外活动。利用灵活多样的活动材料,开展多种多样的游戏和体育活动。其次,发展幼儿大肌肉动作。根据大班幼儿运动能力发展特点和个体差异,适当增加运动量和运动强度,提高幼儿运动的协调性和灵活性,提高耐力。初步养成良好的运动习惯有利于幼儿增强体质,保持充沛精力和良好的情绪,少生病、少缺勤。

小肌肉精细动作的培养。精细动作的发展是幼儿正确书写的重要生理基础。在日常生活和游戏中鼓励幼儿学会正确、熟练地扣扣子、系鞋带、使用筷子;幼儿园应开展折叠、泥塑、剪纸、抓握等多种形式的活动,提供画笔、剪刀、泥塑等工具和材料,支持幼儿进行剪、折、画、撕、粘、拼等活动,锻炼手部小肌肉动作,发展幼儿精细动作的灵活性和协调性,提高握笔和控笔能力。

(2)心理准备

向往小学。对小学生活充满向往和意愿,是幼儿开启小学学习生活的情感动力,也是重要的入学心理准备。首先,建立积极的入学期待。发现每个幼儿对小学学习生活的兴趣点,多从正面引导,减少幼儿对小学学习生活的压力和负面感受。如组织幼儿讨论、分享对小学的认识、期待和担心,通过同伴的交流和老师针对性的引导,强化入学期待,缓解入学焦虑;其次,帮助幼儿初步了解小学生活。大班下学期,教师可以一次或多次有目的地带领幼儿参观小学校园、熟悉小学环境,有条件的可以深入到课堂,观察了解小学生上课的情况,包括课前准备,上下课礼仪,倾听教师讲课,举手发言,小组讨论,上黑板书写,回答教师提问等学习行为。参观后回园要引导幼儿讨论,说说自己看到了什么,发现了什么,进一步激发幼儿向往小学之情,帮助幼儿了解小学,鼓励幼儿模仿小学生的学习行为。把所感知的小学学习生活反映到游戏、区域活动和有关的教育活动中去进一步培养。有条件的幼儿园还可与一年级学生开展联欢会或主题班会或一起春游,让幼儿进一步了解小学生的各种活动,也可请本园上一届毕业的幼儿回园向大班幼儿讲述自己小学的生活或展示自己读、写、算的学习成果,帮助幼儿初步了解小学的学习生活。最后,隆重举行毕业典礼。毕业离园主题教育活动是大班幼儿参加的最后一次教育活动,毕业典礼意味着幼儿在园几年生活的结束和向小学学习迈出的第一步。幼儿园应隆重地组织毕业典礼活动,给幼儿留下深刻的印象,让幼儿带着欢乐、自信和向往之情告别幼儿园,迎接新的生活。

情绪良好。保持良好的情绪状态,具备一定的情绪调控能力,有助于幼儿积极适应小学新的环境和人际关系。一方面帮助幼儿获得积极的情绪体验。以欣赏、接纳的态度对待幼儿,对幼儿合理需求给予及时、恰当的回应。避免因成人的不当做法给幼儿带来负面情绪,如:在集体面前比较幼儿之间的长处和不足,大声呵斥,总是表扬个别的幼儿等。另一方面帮助幼儿学会恰当表达和调控情绪。成人用适宜的态度和平和的心态处理不愉快的情绪,为幼儿作出榜样。选择能给幼儿带来情绪情感体验的故事、角色扮演等,引导幼儿恰当地表达消极的情绪,学会积极应对和化解它的方法。如发现幼儿不高兴时,接纳他的消极情绪,在幼儿平静后主动、耐心地倾听幼儿讲述不开心的事情和原因。

2. 生活准备

(1)生活习惯

逐步调整一日作息制度:良好的生活习惯有利于幼儿较快地适应小学的作息和生活。在充分保证幼儿自主游戏时间和不影响幼儿身心健康的前提下,大班下学期可适当缩短午睡时间,适当延长单次集中教育活动时间,每次可达35—40分钟,也可以适当增加课时,如上午安排2—3节,下午也增加一节集中教育活动。

(2)生活自理

较强的生活自理能力有助于幼儿做好入学后学习和生活的自我管理和服务,增强独立性和自信心。首先,指导幼儿做好个人生活管理,要鼓励幼儿独立进餐、收拾餐具、穿脱衣服、系鞋带、整理床铺等自我服务,教师要根据幼儿的个体差异,予以有针对性的指导。大班下学期,适当减少一日生活的统一管理,帮助幼儿逐步学会根据自己的需要喝水、如厕,根据天气和活动需要增减衣物。其次,幼儿园和家庭合作,使家长有意识指导幼儿自觉有序整理好自己的物品,并养成习惯。最后,引导幼儿逐步树立时间观念,让幼儿知道什么时候做什么事情,并自觉去做,逐渐减少成人的直接照顾,培养独立性。通过多种方式,引导幼儿在日常生活和游戏中感受时间,学会按时作息,养成守时、不拖沓的好习惯。为上小学能自己整理书包、管理好学习用具物品、按要求安排好时间、努力完成老师布置的学习任务打下基础。

音频视频
7-3

拓展阅读
7-4

3. 社会准备

良好的交往和合作能力有利于幼儿入学后结交新朋友、认识新老师,逐步适应小学中新的人际关系。首先,引导幼儿扩展交往范围。鼓励幼儿和不同年龄的伙伴、成人交往。如组织跨年龄、跨班级的游戏活动,创设自由交往的机会,丰富幼儿交往的经验。其次,丰富幼儿分工合作的经验。创设情境,提供丰富的材料,鼓励和支持幼儿开展合作活动,引导幼儿认真倾听同伴的想法,当意见不一致时说明理由,鼓励他们表达自己的想法和需求。学习协商解决问题。同伴遇到问题时,鼓励幼儿提供力所能及的帮助。遇到冲突时,指导幼儿尝试用协商、轮流、交换、合作等方法解决,不争抢,不欺负同伴。幼儿园通过游戏、小组合作等方式满足幼儿合作与社会性交往的需要,培养人际交往能力,获得良好的社会性发展。

主动性。主动性是幼儿积极参与活动的内驱力,这种内驱力将激发幼儿参与活动的欲望和兴趣,使他们更愿意投入到学习和活动中去。要为幼儿提供自主选择、自主计划、自主决定的机会和条件,鼓励他们去探索、去尝试,去体验。他们入学后即使有不明白、不适应的问题,也会自行主动向老师、家长说明和求助,以获得问题的解决,提高自我效能感和适应新环境的能力。

规则意识和任务意识。规则和任务意识是指幼儿具有应当并愿意守规则的意识和有目的地完成某项任务的愿望。相比幼儿园,小学有大量的新规则,如进老师办公室要报告、上课前书要摆在书桌右上角、上课不喝水、坐姿端正、不能搞小动作,等等。新入学的儿童往往难以遵守,这成为不少新生在学校受批评的主要原因。同时,入学后学习、课后作业等成为必须完成的任务,儿童也往往缺乏这样的任务意识。有的新生在老师询问作业时,还很轻松地说:"我不喜欢做。""昨天,爸爸带我去姥姥家了,所以我没写。"幼儿园应当注意培养幼儿的规则意识和任务意识。幼儿有了任务意识,才会思考完成任务的方法并能克服困难完成任务。这种学习品质对今后的学习和生活具有重要的意义,特别在大班阶段要加强培养。

4. 学习准备

(1)适应小学学习环境的准备

大班后期活动室环境要减少活动区角,扩大图书角,增加图书角的书籍;将6人围坐的小桌椅改为类似小学低年级的双人桌椅,按小学方式排列;绒布板与磁性板改为直接使用黑板。幼儿可以使用小学生用的书包和文具盒,上课礼仪也可模仿小学,值日生管理也按小学模式安排,但上课内容不能小学化。

（2）适应小学学习要求的准备

专注力、坚持性、计划性等学习习惯的养成,有助于幼儿入学后更好地胜任新的学习任务。首先,支持幼儿专注持续地完成任务。大班下学期,有意识地增加需要一定专注力和坚持性才能完成的游戏和活动,保证幼儿有充足的活动时间完成任务。对需要多次探索的活动,要提供足够的时间和空间,鼓励支持幼儿持续完成,避免因活动频繁转换干扰幼儿专注做事。其次,鼓励幼儿有计划地做事。在一日活动开始前向幼儿介绍当天的活动安排,鼓励他们说一说自己的活动计划,和幼儿一起回顾活动计划完成的情况,分析原因并调整,鼓励幼儿有计划地安排自己的活动,如周末的活动或日程安排。

（3）提高学习能力的准备

兴趣是最好的老师,让幼儿喜欢、爱上学习。首先,为幼儿提供广泛接触自然和社会的机会。帮助幼儿开阔视野,积累丰富的感性经验、培养广泛的兴趣。其次,培养幼儿的倾听和表达能力。组织幼儿围绕生活和游戏中感兴趣的事物进行讨论,分享自己的发现和探究过程、方法。教师要给予幼儿充分的时间进行表达,对注意力不易集中或是不爱表达的幼儿,通过适当方式吸引他们参与到活动中来。鼓励幼儿听不懂的要主动提问,对幼儿的提问要及时、恰当地回应。教师和家长要坚持每天和幼儿聊一聊、说一说今天做过的事情、看过的绘本、玩过的游戏等,帮助幼儿学习按照一定顺序、比较完整地进行讲述。加强阅读活动的组织和引导,培养幼儿的阅读兴趣和良好的阅读习惯。

（二）小学"零起点"教育并减缓"幼小坡度"

过去从幼儿园到小学的要求坡度比较大,所以造成一些孩子进入小学后跟不上、不适应,不仅孩子焦虑,家长更加焦虑,造成家长逼着孩子提前学习小学的一些教学内容。小学教育要坚持"零起点"教学,要切实改变忽视儿童身心特点和接受能力的现象,坚决纠正超进度、超难度的错误做法。减缓"幼小坡度",以从根本上解决小幼衔接的问题。

拓展阅读
7-5

《小学指导要点》对小学的教育提出小幼衔接的要求。

1. 主动加强与幼儿园教育的衔接

《小学指导要点》指明：从幼儿园进入小学是儿童早期成长过程中一次重要的转折。儿童对初入学能否适应,一定程度上决定着其今后对学校生活的态度和情感,并影响将来的学业成绩和社会成就。帮助新生顺利适应小学生活是小学一年级重要的教育任务,小学应尊重儿童的年龄特点和学习发展规律,主动加强与幼儿园教育的衔接,积极探索实施入学适应教育,帮助儿童逐步适应小学生活。

2.《小学指导要点》的实施要求

小学与幼儿园的衔接,要对新入学的儿童实施入学适应教育,要将入学适应教育作为深化义务教育课程教学改革的重要任务,纳入一年级教育教学计划,教育教学方式与幼儿园教育相衔接。

（1）学校为儿童适应做好准备

小学应树立衔接意识,转变让儿童被动适应学校的观念做法,积极倾听儿童的需要,主动了解幼儿园教育特点,调整一年级的课程教学及管理方式,创设包容和支持性的学校环境,最大程度消除儿童的陌生体验和不适应,促进儿童以积极愉快的情绪投入小学生活。

（2）关注个体差异

要充分理解和尊重新生在原有经验、发展速度和发展水平上的差异,有针对性地为每个儿童提供个别化的指导和帮助,通过正面的肯定和鼓励,支持儿童不断获得积极的入学体验,促进他们按照自己的速度和方式逐步适应小学生活,切忌提过高的统一要求或进行横向比较,以免挫伤儿童学习的积极性。

（3）设置入学适应期

小学一年级上学期作为幼小衔接适应期,要关注新生的生理和心理需要,创设与幼儿园相衔接的班级环境,适度调整作息安排,提供一定数量的图画书、玩具和操作材料,帮助儿童逐步适应从以游戏活动为主的幼儿园生活向以课堂教学为主小学生活的转变。

（4）坚持深化改革

积极参与幼儿园的入学准备活动,实施与幼儿园相衔接的入学适应教育,合理安排一年级课程内容,改革教育教学方式,强化以儿童为主体的探究性、体验式学习,为每个儿童搭建成长适应的阶梯。改革一年级的教学评价方式,重点聚焦教师是否熟知儿童身心发展状况和特点,课程实施是否能有效帮助儿童适应小学生活。

3. 促进儿童身心的全面适应

《小学指导要点》指明,以促进儿童身心全面适应为目标,围绕儿童进入小学所需的关键素质,提出身心适应、生活适应、社会适应和学习适应四个方面的内容,每个内容由发展目标、具体表现和教育建议三部分组成。发展目标部分明确了与儿童入学适应关系最密切的关键方面;具体表现部分提出了对儿童实现入学适应的合理期望;教育建议部分明确了发展目标的价值,列举了有效帮助儿童做好入学适应的一些教育途径和方法。

(三)家园校多方联动共育,增强"幼小衔接"合力

儿童个体经幼儿园教育再到小学教育的发展环境影响,包含家庭、幼儿园和小学的直观环境的影响,还受家庭、幼儿园和小学三者为儿童适应不同环境所做的衔接工作及其与儿童之间的相互作用的影响。因此,幼小衔接不仅幼儿园与小学的单向或双向衔接,而且还要建立由"有准备的儿童""有准备的学校""有准备的家庭""有准备的社区"和"有准备的政策"等组成的一个完整的、多层次的生态系统,共同影响着儿童的入学准备。

《指导意见》以坚持"儿童为本""双向衔接""系统推进"和"规范管理"为原则,要求整合多方教育资源,行政、教科研、幼儿园和小学统筹联动,家园校共育,形成合力。幼小衔接工作中,家庭不是旁观者,而是合作方。幼小衔接需要幼儿园和小学合作做好双向衔接,同时双方都要协同家长共同做好幼小衔接工作。在儿童发展过程中以及儿童从幼儿园小朋友到小学生的角色转变过程中,家庭起到非常重要的作用。幼小衔接是一个系统工程,一方面,涉及幼儿园和小学两大教育机构之间的双向联结与过渡;另一方面,涉及儿童角色身份的转变。家庭是幼小衔接的纽带,家庭教育是幼儿园教育与小学教育的"催化剂"。幼儿园和小学都要帮助家长了解该阶段儿童身心发展特点与入学适应的需求,理解小学落实免试就近入学要求,坚持"零起点"教学,减缓幼小衔接的坡度和难度的意义所在。只有家长明确幼小衔接的目标和措施,协同共育,消除对幼儿"跟不上"的担忧和压力,才能从根本上消除幼儿园滋生"小学化"的土壤,共同做好幼小科学衔接工作。幼儿园、小学只有通过家庭才能够取得良好的幼小衔接"化学反应",通过家园校共育,多方统筹联动增强"幼小衔接"合力,以达到取得共识、扫除障碍、实施科学的学前教育和小学教育,促进幼儿持续健康成长。

(四)大力宣传科学的学前教育和小学"零起点"教育

2012年,为了推进学前教育科学发展,加强科学保教,确保孩子们健康快乐成长,教育部决定从2012年起,每年5月在全国范围内开展学前教育宣传月活动,引导全社会树立正确的教育理念,营造共同关心、支持学前教育的良好氛围。

从2012年到2022年十一年间,全国学前教育宣传月有三次是围绕幼小科学衔接的主题。

2016年的主题是"有效协同,科学衔接",要求幼儿园和小学同步行动。幼儿园要指导家长为幼儿做好生活常规、学习品质、社会交往等方面的入学准备;宣传提前学习、片面准备的危害;小学要坚持"零起点"教学,采取多种方式帮助幼儿适应小学生活;幼儿园和小学应双向衔接,相互配合。这个主题营造了良好的社会氛围。

2019年的主题是"科学做好入学准备"。根据《纲要》和《指南》,提出将入学准备教育贯穿幼儿园教育全过程,为幼儿今后的学校生活做好准备,为其终身发展奠定良好的素质基础;强调切实扭转一些家长过度强调知识准备的认识偏差,坚决抵制和摒弃提前学习小学课程和教育内容的错误倾向;重点关注幼儿身心健康、学习品质及社会性发展的关键素质准备。2019年把重点放在幼儿园要科学做好入学准备,而对小学关注不够。

2022年的主题是"幼小衔接,我们在行动"。强调幼儿园要将入学准备教育自然纳入幼儿的每日生活和游戏中,采取循序渐进做好身心各方面的准备的做法;小学突出"为儿童准备好学校"的理念,关注新入学儿童的发展状况和个体差异,调整小学一年级新生课程教学方式,采取游戏化、生活化等方式实施入学适应教育的做法;家庭关注家园校沟通协作,总结开展家长工作的有效策略及成效。

通过学前教育宣传月活动,多种途径展示、分享当地深化义务教育课程教学改革和幼儿园教育改革的具体做法,科学开展小学入学适应教育和幼儿园入学准备教育的有益经验,深入推进基层幼小衔接方面的实践探索。通过宣传月活动带动幼小科学衔接理念和措施进入千家万户,向社会大众普及幼儿园科学保教及其幼小科学衔接知识。

三、幼小衔接的注意事项

1. 明确幼小衔接的任务

应深入研究分析幼小衔接所面临的问题,明确幼儿园做好衔接的任务,遵循儿童发展阶段性和连续性的发展规律和学前教育规律,促进儿童素质的全面提高,杜绝提前使用小学的教材和照搬小学上课模式的"小学化"的、影响儿童身心健康的"衔接"。

2. 坚持以提升儿童可持续发展素质为核心

以提升儿童可持续发展素质为核心要做到幼小衔接既贯穿于幼儿园教育全过程,又要在大班后期重点抓具体衔接工作,反对形式上的衔接和突击衔接,确保衔接工作的成效。

3. 树立家园校三位一体的衔接理念

既要加强"幼小衔接",也要注重"小幼衔接"。充分发挥幼儿园自身的优势,全面整合资源做好衔接工作,积极开展幼儿的入学准备工作,主动向小学靠拢,在幼儿发展与教育要求、教育内容、教学方法等方面做深入研究,不断改进衔接工作。争取小学的配合,彼此沟通,共同商讨衔接工作,做到双向相互衔接,使双方既要保持各自的独立性、特殊性,又必须同时保持连续性。"小幼衔接"是小学与幼儿园主动衔接,应体现儿童主体的教育理念,只有主动向儿童看齐,才能从根本上解决"幼小衔接"问题。整合家长资源,合作共育,使家长配合教师同步对幼儿进行衔接教育,保证衔接工作的顺利进行。幼儿园、家长、小学"三位一体",共同为缩短幼儿入小学的适应期、促进幼儿顺利适应小学学习生活创造最大的可能性。

4. 建立联合教研的长效机制

教研是解决问题的过程,更是教师之间互相进行信息交流和思维碰撞的载体。改变幼儿园与小学"各自埋头拉车"的现状,要搭建幼儿教师与小学教师之间信息沟通的渠道,共同设计入学准备期与入学适应期的课程安排,在彼此倾听、质疑追问、信息共享、协商一致中进行换位思考,真正做到以儿童为本,共同探索适宜的衔接思路与方法。

幼儿教师和小学教师联合共研贯彻《指导意见》精神,一是共同分析,双方共同分析大班幼儿和小学一年级学生的学习特点及差异,聚焦和解决衔接工作中存在的盲点,做减缓坡度的教育教学设计。二是做到互通,幼儿教师和小学教师彼此站在对方的立场上为幼小衔接专题活动提供一些专业建议,以提升活动的针对性和有效性。三是推进三方共育,幼儿园和小学可以共同查漏补缺,彼此提供关键信息,全面考虑幼儿和家长的兴趣点及关注点,关键时刻给予必要的帮助,建立教师、幼儿、家长三方协同共育的长效机制。

本单元小结

本单元全面阐述了幼儿园与家庭、社区、小学衔接的意义、任务、内容与方法。幼儿园与家庭合作共育在于引领家长树立科学的儿童观和教育观、调动家长参与教育的积极性、发挥各自的优势、磋商共育策略、盘活和优化整合教育资源,实施一致和连续的教育,实现教育合力和效益的最大化。幼儿园与家庭合作共育的内容、方式多样。幼儿园与社区合作是双向的,相互之间充分发挥各自优势、发掘和利用教育资源,服务于幼儿成长和社区教育。幼小衔接是幼儿园教育与小学教育的相互衔接,并引领家长共育。幼儿从幼儿园到入小学的转折,需要幼儿园、小学以及家长准确把握儿童在两种环境中身心适应与挑战,努力为幼儿缩小环境差异、全面培育儿童身心素质,提高儿童对新环境的适应性,使之顺利应对转折、适应新环境。

复习与思考

1. 试分析为什么幼儿园要与家庭合作共育。
2. 简述幼儿园与家庭合作共育的主要任务。
3. 幼儿园与家长互动沟通有多种方式,请梳理、分析集体方式和个别方式在家园共育中所发挥的主要作用。
4. 阐释引导和组织家长参与幼儿园教育的主要活动及其意义。
5. 简述幼儿园与社区合作的意义与主要内容。
6. 阐释你对幼小衔接的理解,并分析为什么要做好幼小衔接工作。
7. 阐释幼儿入小学前要做好哪些方面的入学准备。
8. 幼小衔接应注意哪些事项?

同步实训

1. 结合自己的成长经历,谈谈家庭与儿童成长的关系。

2. 以小组为单位,对幼儿家长开展关于家园共育的认识与需求的访谈或问卷调查,形成调查报告,并在大组交流。

3. 深入了解1—2位幼儿的发展与家庭教养情况,并为之拟订一个幼儿班与家庭近期协同共育具体方案。

4. 了解分析所见实习幼儿园与社区合作的情况。

5. 阐释你对幼儿入学准备的理解,并对所见实习班级入学准备教育进行评析。

6. 以小组为单位,调研了解幼小衔接的现状并提出建议。

04 第四模块

学前教育的设计与实施

■ **本单元将帮助你：**

◆ 理解幼儿游戏及其特点、种类和功能
◆ 明确幼儿园开展游戏活动所应具备的基本条件
◆ 理解幼儿班活动区等游戏环境创设和材料投放的理念，掌握其基本要求
◆ 了解并参与幼儿班游戏环境创设和活动的组织与指导

问题情境

　　星期天，5岁的明明身穿迷彩服，肩挎一把玩具冲锋枪，兴趣盎然地和小伙伴玩着"战斗"游戏。明明的妈妈从外面回来，看到孩子在玩游戏，就对明明喊道："你怎么老是在玩？这样可不行，你看张家的丽丽现在已经背几十首古诗了，李家的小龙在学书法，王家的……哎，宝贝，你别玩儿了，快跟妈妈回家去做算术题，你也该学点东西了！"

拓展阅读
8-1

　　每每看到孩子沉浸在游戏之中，很多父母不禁要发愁，认为孩子不务正业，是在做无意义的事情。其实对于身心快速成长的幼儿来说，游戏的意义是重大的。幼儿的游戏蕴含着深远的教育价值，潜藏着丰富的教育契机，建构着坚实的成长阶梯。在游戏中，幼儿不是在做无意义的事，他们在探究世界，发现着自己的能力和兴趣。游戏可以发展幼儿的主动性、创造性、自主性，促进身体的发育，可以发展幼儿的想象力，培养注意力，发展感知觉能力，丰富情感，形成良好的行为品质，在游戏的过程中，幼儿还可以掌握处理人际关系的方法与技能。游戏中的幼儿是小小的研究家，他们专心致志、兴致勃勃地在做着他们喜欢的工作。游戏使他们的愿望与目的得到实现，使他们快乐而满足。因此，在学前教育机构和家庭中都要十分重视幼儿的游戏活动，使他们在游戏的天地中快乐地学习，健康地成长。

第一节　游戏是幼儿园的基本活动

一、幼儿游戏及其特征

（一）对游戏的理解

　　一般来说，任何研究都应当以明确陈述的概念作为研究的逻辑起点，但是，关于游戏的概念，由于看问题的角度各异，对它的理解也就各不相同，中外心理学家、教育学家各自有其论述，迄今为止，还没有一个公认的确切定义。

　　席勒·斯宾塞认为游戏是一种本能的遗传行为，是个体发泄其过剩精力的过程（剩余精力说）；拉查鲁斯·艾加克认为，游戏是松弛心理疲劳和压力的休闲活动（松弛说）；美国心理学家霍尔认为，游戏是复制或重演人类的进化史（复演论）；19世纪德国学者格鲁斯认为，游戏是对未来成年所需生活技能的练习（生活预备说）；弗洛伊德、艾里克森等人则从精神分析的角度解释游戏，认为游戏不是做，而是人的情感和思想一种健康发泄方式（精神分析论）；美国心理学家皮亚杰认为，游戏是个体把信息纳入原有的认知图式，是同化的一种形式（认知结构论）；桑代克认为，游戏是一种学习行为，受社会文化和教育要求的影响（学习论）；苏联学者维果斯基、鲁宾斯坦、艾里康宁等人则认为，游戏是儿童的社会性实践活动，而且是

学前儿童的主导活动,游戏是解决儿童日益增长的新的需要和儿童本身的有限能力之间的矛盾的一种活动,游戏是社会性活动(活动论)。

我国儿童心理学家、教育家陈鹤琴认为,对于幼儿而言,游戏就是工作,工作就是游戏。近年来,我国学前教育工作者就如何界定游戏概念在理论和实践上做了大量探索,并得到了一些共识:游戏是学前儿童为了寻求快乐、满足探索和表现等心理需要而自愿参加的一种主体性活动;游戏以自主性、主体性、独立性、创造性为特征,能给学前儿童以充分的主体性体验,是学前儿童最基本的活动。

游戏是一种易于观察但难于定义的现象,要想找到一个大家共同认可的精确概念的确很难。近几十年来,随着对游戏理论和实践的研究不断深入,许多专家学者普遍认为,无论人们怎样界定游戏,重要的是应抓住游戏的最基本的因素和特征进行研究和探讨。

幼儿游戏是幼儿借助对现实的认知、理解,在假想的情境中模仿与再造成人的实践活动,是幼儿内部动机驱使的感知与操作活动。

（二）幼儿游戏的特征

游戏是幼儿的基本活动,是幼儿喜爱的、主动的活动,是幼儿反映现实生活的活动。幼儿游戏具有以下特征:

1.游戏是自主自愿的活动

幼儿每天都在自发地进行着游戏,只要他们有兴趣,无须成年人在旁边指点或引导,他们都会主动地进行游戏。"游戏是孩子的天性"。游戏是适应幼儿内部需要而产生的,随着生理、心理的发展,幼儿活动的愿望和需求进一步发展,而游戏恰恰可以满足幼儿的这种愿望和需求。游戏不要求务必达到外在任务和目标,也没有严格的程序和方式,幼儿完全可以自由自在地进行游戏,玩什么,怎么玩,均由幼儿自己决定。在游戏中,幼儿是出于自己的兴趣与愿望、自发自愿地主动进行活动,而不是在外在强制的情况下进行的,他们可以自由地表达自己的内心,显露个人的潜力,幼儿的游戏往往满足于活动过程而不注重结果,他们会根据自己的个人爱好和能力,自主选择游戏内容和方法,在没有任何外在压力的情况下,自由自在地做自己喜欢的事情,因此,游戏是幼儿自主自愿的活动。

2.游戏是感到快乐的活动

幼儿为何如此热爱游戏、热衷游戏? 其真正原因是:游戏既符合幼儿身心发展水平,又能满足幼儿的身心发展需要。对幼儿来说,游戏是一种享受。幼儿喜欢游戏,在游戏中自由自在,能够全身心放松,使自己保持身体的最佳舒适状态,能够充分表现自我,实现自己的个人愿望。在游戏中,幼儿通过操纵材料、物品,控制所处的环境,体会到自己的力量和自信,从成功和创造中获得愉快的体验。游戏不可预测的偶然性,又让幼儿体验着意想不到的惊喜;游戏的可重复性,使其有趣的情节可以不断重复,而快乐也在一遍遍的重复中不断地被复制。苏联儿童心理学家柳布林斯卡娅说:"正是这种把以前获得的印象组合成新的创造物的可能性,正是这种对自身力量的考验,是游戏使幼儿产生巨大愉快的源泉。"

3.游戏是充满想象和创造的活动

在游戏活动中,想象起着至关重要的作用,如果没有想象的参与,游戏便无法开展。在游戏中,幼儿使用布娃娃、玩具手枪、玩具汽车等游戏材料时,需要把这些玩具想象成真的娃娃、手枪、汽车,并模仿成人对它们施加相应的行为,如模仿妈妈抚育小宝宝、解放军叔叔开枪射击、司机叔叔驾驶汽车等,在此过程中,幼儿想象着自己变成了真的妈妈、解放军战士、驾驶员。有的玩具材料只是纯粹的替代物,幼儿会把这些替代物想象成他所要替代的东西,如把一根棍子想象成一匹骏马、把一把小椅子想象成一艘轮船……而且,幼儿可以依靠想象不断变换物体的功能,不断变换人物的角色,不断变换游戏的情节。游戏中的"妈妈"并不是真的妈妈,"孩子"其实是玩具娃娃。幼儿可以在想象中把狭小的游戏场变成无比广阔的天地,在那里,他们可以盖高楼、铺铁路、开轮船、开汽车……但这一切,用他们自己的话来说,都是"假装的"。幼儿就是在对游戏的角色、情节、行为、语言和游戏的材料、场景的想象中,享受着游戏带给他们的乐趣。堆积木、玩沙、玩水等游戏没有固定的玩法,小汽车、小船、洋娃娃等玩具也没有固定的玩法。事实上,只要成年人不限制幼儿游戏的方式,在任何游戏中,幼儿都会发挥他们的创造力,把游戏的方式加以变化,使之多姿多彩,富有趣味性。

4.游戏是虚构与现实统一的活动

游戏是在假想的情境中反映真实的活动,是虚构与现实的统一。幼儿游戏的成分、角色、情节、行动以及玩具或游戏材料,往往只是象征性的,具有明显的虚构性。但幼儿游戏并不是主观臆断或空想,而是以

音频视频
8-1

音频视频
8-2

客观现实为依据,是周围生活的反映和写照。游戏的主题内容、角色情节、游戏规则及行为方式都具有社会性,是对现实世界的反映,是幼儿渴望参与成人的社会生活的反映。但幼儿的游戏并不是周围生活的翻版,而是通过想象,将日常生活中的表象形成新的形象,用新的动作方式去重演别人的活动。所以说,游戏是虚构与现实统一的活动。

5. 幼儿游戏过程就是学习与发展的过程

对于幼儿来说,游戏是他们与周围世界交流和沟通的方法。通过探索和实验,幼儿慢慢了解世界并建立起他和客观世界的联系。尤其是当幼儿能主导自己的游戏方法时,更能产生多样化的学习。法国教育家、思想家卢梭极其重视游戏对幼儿身心发展的作用,他认为幼儿最好是在生活中和游戏中学习,学习不脱离游戏,游戏不脱离生活,这样的学习有趣、易懂,对学习生活又有极大的帮助。幼儿的游戏代表着他们在身体、情绪、社会、智慧和创造力等方面的成长,发展与学习。因而每一个幼儿都需要游戏,以促进他们在每个领域的健全发展。可以说,幼儿游戏过程就是学习与发展的过程。

(三)幼儿园游戏的分类

儿童的游戏世界丰富多彩,游戏种类的划分方法也是多种多样。之所以如此,主要与人们采用的参照系有关。参照系不同,游戏的种类就不同。按游戏的教育作用,幼儿园游戏主要分为以下类型。

1. 创造性游戏

创造性游戏是幼儿主动地、创造性地反映现实生活的一种游戏,这类游戏主要由幼儿自己玩。创造性游戏主要有角色游戏、结构游戏和表演游戏。

(1)角色游戏

幼儿通过扮演角色,以模仿和想象,创造性地反映个人对周围现实生活的印象的一种游戏,这种游戏围绕着一定的主题而进行,如娃娃家、超市、医院等。

(2)建构游戏

幼儿利用各种不同结构材料如积木、积塑、沙、泥、竹子等构造物体或建筑物的动手造型的活动,实现对周围现实生活的反映。

(3)表演游戏

幼儿根据故事、童话等文学作品或自编的内容,运用动作、表情、语言,扮演角色,表现情节,进行创造性表演的游戏。

随着幼儿创造性游戏能力的提高,他们还会把这三种游戏整合起来玩综合性的大型游戏。

2. 有规则游戏

有规则游戏是成人在幼儿自发游戏的基础上为实现一定的教育教学目的而编制的游戏,有一定的规则和玩法。有规则游戏一般是由游戏的任务和目的、游戏玩法、游戏的规则及游戏的结果构成。有规则游戏包括智力游戏、体育游戏和音乐游戏。

(1)智力游戏

以生动、新颖、有趣的游戏形式,使幼儿在轻松愉快的活动中,增进知识,发展智力的游戏。如棋类、拼图、猜谜语等。

(2)体育游戏

以发展基本动作、增强体能为目的的游戏活动。如"跳框格""老狼老狼几点了""丢手绢""老鹰捉小鸡""打野战"等。

(3)音乐游戏

以发展幼儿音乐感受能力和表现力为目标,在音乐伴奏或歌曲伴唱下进行的游戏。如音乐听觉游戏、节奏游戏、律动游戏等。

3. 其他游戏

这是指其他创造性和规则不明显的、为特定的目的而进行的游戏活动。

(1)练习性游戏

为熟练和巩固技能而进行的练习性游戏,它由简单的、重复的动作构成,游戏内容是多方面的,有身体动作的,如跳绳游戏、攀爬游戏、滑梯游戏、拍球游戏等;还有绕口令等语言游戏、涂鸦、绘画、制作游戏等等。处于感觉运动阶段的婴幼儿常常会自发地重复各种动作,如自发、主动地敲打各种物品进行动作练习与探索性的游戏等。

（2）娱乐游戏

以娱乐为主的游戏,如抬花轿游戏、摸鱼摸虾游戏、贴鼻子游戏等。

二、幼儿游戏的功能

游戏是幼儿最喜爱的活动,幼儿在游戏中学习和成长,游戏对幼儿的身体、智力、创造力、情感、社会性的发展都具有积极作用。

（一）游戏能够促进幼儿身体的发展

由于骨骼肌肉和神经系统发展的特点,幼儿在生理上要求不断地变换活动。好动是幼儿的特点,游戏可以满足他们身体活动的需要。在游戏中,幼儿可自由地变换动作、姿势,可以多次重复他们所感兴趣的动作而不会受到限制。

游戏对幼儿的体能发展和各方面的协调有着很大的影响。当幼儿进行跑跳、攀爬、推拉等需要大肌肉活动的游戏时,可以加快血液循环,促进新陈代谢,并且增强体力,使他们更为结实、更为健康。而当幼儿进行拼图、绘画、玩沙、玩水等需要小肌肉活动的游戏时,可以训练手腕、手掌、手指的灵活性,手与眼的协调性,使幼儿更为灵巧。此外,在游戏中,幼儿与外界环境进行多方面的接触,接受更多的刺激,因此能迅速地做出反应,从而变得更加敏捷。游戏还可以使幼儿的中枢神经系统的机能状态调整到最佳水平,使肌体感到舒适和愉快。

（二）游戏能够促进幼儿认知和语言的发展

游戏从不同方面为幼儿提供了认识外部世界的途径。在游戏中,幼儿可以充分发挥积极性和主动性,通过观察、感知、比较、分类、记忆、想象、思维,通过对各种游戏材料的使用、对各种游戏角色的扮演、对已有知识的更新、对生活经验的重组、对游戏动作和情节的实践,去接触、感受、探索新事物,了解物体（游戏材料）的性能,了解事物之间的关系。在此过程中,幼儿的感知能力、注意力、记忆力、想象力、思维能力、解决问题的能力都会得到发展。同时,由于在游戏中幼儿需要与同伴沟通、交往,这就为幼儿提供了极好的语言交流机会,其语言能力在此过程中也得到了发展。

（三）游戏能够促进幼儿情感的发展

学前期是个体情绪情感发生发展的重要时期。游戏在幼儿的情感发展中有重要作用,它不仅能满足幼儿表达自己情感的需要,而且还能使幼儿的良好情感得到发扬光大,不良情感得到控制和矫正。

在日常生活中,幼儿可能会遇到不高兴或不顺利的事情,又或者感到束缚,未能自由地表达个人的意愿,但在游戏中,幼儿表达个人的内心情绪是社会所能接受的。游戏可以平衡幼儿的情绪。他们在游戏中可以发泄剩余的精力,无拘无束地玩,尽情地表达个人的感受和情绪,从而忘掉烦恼,心情舒畅。游戏是一种积极的情感交往方式,有助于幼儿形成健康的性格。可以说,幼儿获得游戏的机会甚至就是一种心理保健的机会。游戏能使幼儿进行情感宣泄,使幼儿的情绪变得平静、缓和,有利于抑制、降低消极情绪的负面作用。

（四）游戏能够促进幼儿社会性的发展

游戏大多需要他人的配合,这就为幼儿提供了大量交往的机会,培养幼儿的合群行为,使幼儿逐步学会认识自己和同伴,并能正确地处理自己和同伴之间的关系,初步掌握与人交往的技能,社交能力不断提高,为将来成功地走向社会生活创造良好条件,加快幼儿的社会化进程。可以说,游戏是幼儿进行社会交往的起点。

在游戏中,幼儿作为集体成员,需相互适应,服从共同的行为规则,掌握和学习轮流、协商、合作等社交技能,特别在社会性角色游戏中,幼儿有机会学习扮演社会角色,使自己处于他人的地位,体验别人的情感和态度,学习成人社会各类社会角色应有的行为方式,从而理解成人世界,理解社会角色之间的关系,学习并遵守社会生活准则。在游戏中,幼儿能够学会克服困难,坚持把事情做到底,毅力、耐心、坚持性得到了发展,可以锻炼幼儿顽强的意志。

综上所述,游戏使幼儿身心愉悦,对幼儿的身体、认知、社会性、情感等各个方面的发展都具有独特的意义和作用。维果斯基指出,游戏能够创造幼儿的"最近发展区"。在游戏中,幼儿可以做到他们在日常生活中做不到的事,他们在游戏中的发展水平高于在日常生活中的表现。游戏对于幼儿的学习与发展具有如此重要和独特的价值,这就要求幼儿园必须"以游戏为基本活动",这体现了以幼儿为本的要求,体现了对幼儿游戏权利和身心发展规律的尊重。

拓展阅读
8-2

三、幼儿游戏的条件

为了更好地发挥游戏在幼儿发展中的作用,教师应为幼儿创设开展游戏的良好条件,包括充足的游戏时间、良好的游戏环境与适宜的游戏材料等。

（一）充足而有效的游戏时间

1. 充足的时间是幼儿游戏的前提

游戏时间指幼儿一日生活中游戏活动所占的时间,充足的游戏时间是幼儿开展游戏活动的首要前提。游戏时间的多少直接影响幼儿游戏需求的满足和质量。有教育家指出:人的生命是以时间来度量的,孩子的童年是以游戏时间来计算的,剥夺孩子的游戏时间,就是剥夺孩子的童年。为了保证幼儿的游戏活动顺利进行,一定要保证幼儿每天有相对集中、较长的游戏时间。否则,幼儿的游戏就会受到影响。因为,幼儿游戏需要时间,在游戏过程中选用玩具材料、分配角色、构思游戏情节及规则、完成游戏和回顾交流等等,都需要一定的时间。如果游戏时间过短,幼儿往往刚进入角色不久就不得不停止游戏,长此以往,他们就会放弃较复杂的游戏,而只玩一些简单的游戏,游戏的作用就会大打折扣。所以,教育者一定要保证幼儿每天有足够的时间自由自在地开展各种游戏活动,不能随意侵占幼儿的游戏时间。

《规程》规定,在幼儿园,幼儿每日户外活动时间不得少于两小时,寄宿制幼儿园不得少于3小时,高寒地区在冬季可以酌情减少。

2. 减少过渡环节,提高单位时间内幼儿游戏的有效时间

有些幼儿园虽然能够严格执行作息制度,不挤占幼儿的游戏时间,但活动室布置不够合理,不创设游戏角,没有专门的游戏空间。所以,一到游戏时间,教师就手忙脚乱地指挥幼儿搬桌子、挪椅子、铺地毯,临时准备游戏环境和材料,把本该属于幼儿游戏的时间浪费在准备环节上。要解决这个问题,首先要在观念上打破桌椅板凳排排坐的"上课"模式,同时要在活动室的布置上动脑筋,创设相对固定的游戏场地,以提高单位时间内幼儿游戏的有效时间。幼儿园区域活动是近年来我国幼儿教育中广泛实践的一种教育形式,它通过为幼儿提供适宜的活动环境和材料,促进幼儿主动活动、自主选择、相互交流和持续探索,达到促进幼儿全面发展的目的。

（二）良好的游戏环境

游戏环境是指为幼儿游戏提供的条件,包括游戏的空间环境和心理环境。

1. 游戏的空间环境

游戏的空间环境包括户外游戏环境和室内游戏环境。

（1）户外游戏环境

户外游戏环境是幼儿在户外游戏的空间。户外游戏活动对于幼儿的身心健康有着重要意义。户外游戏场地的大小和结构特征等对幼儿的游戏有一定的影响。幼儿在户外活动,能够与大自然亲密接触,经常接受阳光的照射,呼吸新鲜空气,增强对外界环境的适应能力,加强机体的新陈代谢,促进生长发育。户外的天地对幼儿充满吸引力,户外有开阔的空间供幼儿跑跑跳跳,一块小石头、一段小树枝都可以变成幼儿手中的玩具。户外活动是幼儿最喜欢的活动。因此,每一个有条件的学前教育机构都应当设置户外活动场地。没有户外活动场地的学前教育机构是不合规格的。

根据城乡建设环境保护部、原国家教育委员会颁布的《托儿所、幼儿园建筑设计规范》规定,托儿所、幼儿园室外游戏场地应满足下列规定:一是必须设置各班专门的室外游戏场地。每班的游戏场地面积不应小于60平方米。各游戏场地之间宜采取分隔措施。二是应有全园共用的室外活动场地……室外共用场地应考虑设置游戏器具、30米跑道、沙坑、洗手池和注水深度不超过0.3米的戏水池等。因此,幼儿园室外可以规划自然区、玩沙区、玩水区、运动区、休闲区和活动材料区等游戏场地。

（2）室内游戏场地

室内游戏场地主要指活动室。活动室是幼儿在室内进行游戏活动的主要场所。足够的空间是开展游戏的必要条件。研究发现,游戏环境的空间密度直接影响幼儿的行为。所谓空间密度指每个幼儿在游戏环境中所占的空间大小,亦即室内拥挤程度的指标,数值愈低显示室内愈拥挤。有关研究显示,人均2.32—7平方米为较适合游戏的空间密度。对于前者,幼儿在游戏中的攻击性行为、破坏玩具的行为和错误使用玩具的行为明显增加;处于中间值,则表现出较多良好的游戏行为和交往行为;大于后者,幼儿粗大动作的游戏也相应增加,而人际互动开始减少。教师要在有效空间密度内,经常调整游戏的空间结构,

要有开放的空间和区隔的空间,注意活动区的不同区隔形式。活动空间的大小应当能符合幼儿的多种需要。

2.游戏的心理环境

要开展内容充实、丰富多彩的游戏,除了为幼儿创设科学合理的物质环境外,还要为幼儿创设宽松、自由、和谐,符合他们年龄特征的心理环境。

（1）教师应与幼儿建立民主平等、和谐的关系

民主、亲切、平等、和谐的师幼关系是幼儿游戏的重要支柱之一。教师要有一颗爱心,树立正确的儿童观,尊重幼儿的兴趣、爱好,理解幼儿的要求。不因幼儿年龄小而忽视他们的需要,也不能把自己的意志强加于幼儿。在幼儿游戏过程中,教师既是指导者又是参与者,教师的参与使幼儿感到老师是他们的亲密伙伴,与老师在一起感到自然、温馨,没有压抑感。

（2）建立互助、友爱的伙伴关系

幼儿之间的伙伴关系是影响其心理发展的一个重要的社会性因素。幼儿间互相关心、互相帮助、文明礼貌、友好谦让,在游戏中互相协商角色或交换玩具,这些都为游戏的继续深入增加了可能性,提高了幼儿游戏的主动性、积极性。教师应加强幼儿的情感教育和集体教育,建立互助、友爱、和谐的伙伴关系,使幼儿生活在一个轻松、愉快的环境中,在集体中获得全面的发展。

（3）教师之间的真诚相待、友好合作,是幼儿最好的榜样

教师的行为直接影响着幼儿活动的情绪和积极性。教师之间真诚合作、互相尊重的关系,是幼儿建立友好同伴关系的榜样。同时,教师之间友好、和谐的关系,也为幼儿游戏建立了宽松、愉快的心理环境。因而,教师要以良好的素质为幼儿树立榜样,要做到举止大方、语言文明、态度和蔼、行为规范。幼儿耳濡目染,不仅学会体察别人的情绪情感,也能学会正确、适宜的行为方式。

（三）适宜的游戏材料

游戏材料是幼儿游戏所用玩具和物品的总称。材料是游戏的物质支柱,是幼儿游戏的工具,如果离开了游戏材料,幼儿的游戏就难以进行。在缺乏游戏材料的情境下,幼儿很难将已有的经验调动出来,因为他们的思维具体、形象。游戏材料也恰好具备形象具体、生动的特点,正好满足了这一要求,给幼儿以刺激,使其产生联想,将生活中的经验迁移至游戏中,刺激幼儿再度体验其已有的经验。游戏材料可以激发幼儿的游戏动机、游戏构思,引发联想和行动。所以,为了保证幼儿的游戏有足够的物质支持,我们要为幼儿提供足够多而且符合年龄特点的游戏材料,这些游戏材料要与阶段教育目标、内容相匹配,最好无固定功能,以免幼儿的思维被固化。教师在投放游戏材料时,应将其放在幼儿能直接看到的位置上,以提高材料的利用率。

（四）幼儿的自主

1.自主是幼儿游戏的重要条件

自主是幼儿游戏的重要条件,游戏的形式、材料以及游戏的开始、结束都应由幼儿自己掌握,按照他们自己意愿、体力、智力来进行。自主游戏宽松自由的氛围消除了幼儿的胆怯和他们之间的距离,使他们能够主动交往、友好合作。正因为游戏是幼儿自主的活动,幼儿在游戏中的态度是积极主动的。反之,如果游戏失去了自主性的这一特征,而由教师来精心安排和"导演",幼儿只是在不得已的情况下,被动地参加游戏,担任某一角色,从表面上看,幼儿是在参加游戏,实际上幼儿并没有真正地玩游戏,他们认为是在完成教师布置的任务,也就失去游戏的积极性。所以,只有充分尊重游戏者的心愿,发挥游戏者的主动性,才是真正的游戏。

音频视频
8-3

2.幼儿在自主游戏中得到主动发展

幼儿喜欢游戏是出于自己的兴趣和愿望。由于游戏形式、材料和过程符合幼儿身心发展要求,使他们对游戏产生兴趣,主动去进行游戏。这类游戏是幼儿自己想出来的,能充分发挥其自主性的游戏,它们可以反映幼儿的发展水平和兴趣爱好。在这类游戏中,幼儿根据自己的生活经验,独立构思游戏主题,安排游戏内容,共同制定游戏规则,协商担任游戏角色。自主游戏为幼儿提供了表现与创造的机会,使幼儿摆脱了对教师的依赖,有了充分的想象、发现和创造,探索和解决问题的能力得到很大提高。在游戏中,幼儿的各种活动几乎没有什么限制,他们可以自由地充分活动,从中得到快乐并得到发展。

"自主游戏"研究理论认为:游戏是幼儿有机体的内在需要,是内发而非外力强加。因此游戏必须是幼儿自由选择的,是以游戏活动本身为目的的愉快活动。经过幼儿自由选择的游戏才能真正成为自主自

发的、对幼儿产生巨大教育影响价值的游戏。反之，成人教师自上而下强加的、外力支配控制的就不是幼儿的游戏，而只能是其他或者是走了样的"游戏"。过多的干预会限制幼儿的想象，太高的期望会给幼儿造成压力，使得幼儿的创造力不能正常发挥。只有在民主、平等、轻松、愉快的环境中，幼儿才能自然、真实地表现自己，更加积极主动愉快地投入到游戏之中，在自主游戏中得到主动发展。

第二节　游戏环境的创设

一、活动区域的创设

音频视频
8-4

幼儿园班级活动区是幼儿游戏的主要场所，它是教师根据教育目标、幼儿身心发展水平和游戏的需要，对幼儿园幼儿班级等活动场地做合理区域功能的规划和设置，并在各功能区域提供相应的游戏材料，以吸引幼儿并满足幼儿各种游戏的需要。

（一）活动区的种类与功能

活动区的种类没有统一规定，教师在课程的实施过程，依据教育目标、幼儿生活、游戏和教学等活动对场地的需求，以利于激发幼儿兴趣、方便其自主选择和主动活动的需要而合理布局、灵活设置不同功能的活动区域。教师要以《规程》《纲要》和《指南》精神为指导，深入探索如何以幼儿发展为本，充分、有效利用幼儿园班级活动室等空间，进行合理规划、创设，随着课程的实施进程灵活调整、投放与教育目标、内容相适宜的丰富的活动材料，以引发、支持幼儿的游戏与学习，使幼儿积极主动地与所创设的环境相互作用，获得发展。

幼儿园常设置的活动区如下：

生活劳动区：包括动作技能的学习，如抓、推、转、倒、挤、夹、敲、剪等；生活自理能力练习，如穿脱衣服、整理衣物、梳头、系鞋带、洗手帕；劳动锻炼，如折叠餐巾、分碗筷、切水果、刨瓜皮、浇花等。

语言区：包括耳听录音手操作、合作猜谜、故事表演、剪贴废旧图书自编故事、下语言棋（如表情棋，幼儿每下到画有笑脸这一步即可说"妈妈笑了，因为今天是她的生日"）、卡片找朋友（字画配对）等。

科学区：① 数学区：有按数取物、几何形状、按规律排序、实物与数配对、看图自编应用题、数学棋、找单数双数游戏、试题套圈、测量工具等。② 科学探索区：如灯泡为什么发光、沉与浮、玩磁铁、各种筛子、放大镜、斜坡实验、沙漏、天平、会变的颜色等。

美工区：包括泥工、纸工（折、剪、撕、贴、玩）、绘画、涂鸦、废旧物品制作、纸形、涂色添画等。其主要功能是让幼儿更多地获得表现美的体验和能力。

在以上的大框架制定以后，各班教师就可根据本班幼儿的基本发展水平、阶段性教育目标以及个别差异，拟订本班区域设置的具体内容：如小班以生活劳动、感官训练、建构、装扮与美工等为主安排区域，而大班则更多地在区域中进行社会性、文化、语言、科学探索和自主设置与创造性利用等能力培养。同时为防止活动中的互相干扰，按动静区分的原则来合理设置。我们将以上区域进行划分时，要注意不同活动类型区域的布局，如活动性较大的区域与需要安静环境区域不要紧挨一起，要合理布局。需要个体独立地摸索、探索，自主地在其中学习、练习，如阅读区、美工区、科学区、文化区、桌面建构区等可设置靠在活动室里面。而活动性比较大的区域，如运动区、装扮区、音乐区、表演区、角色区、大型建构区等，设置在活动室近门口处或有宽阔走廊不挤占安全通道的合适区域。

（二）活动区域设置的基本要求

1. 满足幼儿多方面发展需要

教师既要对各类活动区的功能有清楚的认识，也要准确了解本班幼儿的兴趣、水平和需要，以便根据幼儿的兴趣和发展需要来决定活动区的种类，尽可能满足幼儿认知、情感、社会性、语言、动作技能等多方面的发展需要。

从本质上看，区域活动是幼儿的自主活动，游戏性、探索性更强。但是活动区的创设不仅仅是新设置或多增设一个区，而更重要的是能鼓励幼儿自由选择进行游戏的、便于操作和大胆探索的环境，更好地促进幼儿身心全面和谐地发展。因此，在观察了解幼儿的基础上力求使区域活动的内容、材料紧紧围绕这一目标，并根据这一目标决定活动区域的种类。教师应明确活动区域的功能，要根据本班幼儿的基本发展水平、阶段性的教育目标和主要任务,以及幼儿之间的个别差异,拟订各区的具体目标并考虑投放材料。每一项内容都应有层次性,以适应不同水平的幼儿,顾及他们的学习能力、兴趣需要及个体差异。每隔一段时间,如,一个学习单元即将结束时,视幼儿的实际需要和学习情况,代之以更高的要求或新的目标,并随即调整材料的投放。

2. 数量适宜、布局合理

环境的设置要为幼儿服务。我们既要提供一个有准备的、丰富的、精心设计的、有序的环境,又要提供开放的、变化的、有多种探索发现机会的环境;既要有多个有利于幼儿个别活动的不同活动区域,又要有集体活动的空间;既要有活动室环境的整体布局,还应有细节的暗示及空间划分的动静区分等。总之,要使地面、墙面、桌面被充分利用,使环境布置、材料、设备等蕴含的教育因素发挥作用,使幼儿在其中充分活动、和谐发展。

布局的主要基本要求:

① 干湿分区:美工区、科学区要用水,而图书角不需要水,应该分开。

② 动静分区:建构区、表演区、音乐区等属于热闹的"动"区,而图书区、数学区等活动量较小,需要安静,这样两类区最好离得远些,以免相互干扰。

③ 区域分界:由于界限不明晰,会导致幼儿无目的地"乱窜"。所以教师要利用各种玩具柜、书架、地毯等现有设施作为活动区之间的分界线。不同的活动区、不同年龄的幼儿有不同的要求。图书区的封闭程度要高一些,而美术区、娃娃家则可以开放一些,以便于取水换水和出入方便。小班幼儿因为注意的有意性和稳定性较差,很容易被外界的刺激影响,所以需要封闭程度高的环境,而大班则应加大开放性,以利于活动内容的丰富和区域之间的交流。

④ 就近:美工区由于经常需要用水,最好离水源近一些;科学区、运动区需要自然的光线,而且经常需要将活动延伸到户外场地,最好选择向阳和接近户外的一面。

⑤ 方便通畅:教师要合理利用活动室的每个角落,充分发挥活动室内设施的作用,保证活动室内的"交通"畅通无阻。积木区、娃娃家等区域活动量较大,最好有一大块宽敞的地方;活动室的中央和各个门口最好不要设置活动区;活动室和寝室合一的班级,可以用两排床在活动室后半部分隔出三个区,用钢琴、柜子在前半部分隔出三个区,中间部分根据本班实际情况再开设其他区域。

如有条件,每个区都形成自上而下的三块:上面是与区域相对应的主题墙饰,中间是与幼儿同等高度的操作墙面,下面是一个宽敞的可供幼儿活动的区域。最好在活动室中留一块供集体活动用的场所,当然不一定要单独开辟。同时,不要让活动区出现"死角",教师的视线要能随时看到任何地方,这也是出于安全的考虑。

总之,丰富的活动区域应该给幼儿更大的选择余地,合理的布局应该使整个活动室看上去整洁有序,井井有条,畅通方便。另外,活动区的设置还应遵循相容性原则,可以把体现一个或近似功能的区域整合在一个区域中。

3. 适合幼儿年龄特点

我们应关注和理解不同年龄阶段幼儿的情感需要,尊重他们的实际年龄表现,给他们自主的空间,提供适合幼儿实际年龄需要的活动方式,让幼儿做实际年龄水平力所能及的事情。

小班应该以游戏化的区域活动为主。小班幼儿处于从家庭转向社会的特殊时期,明显需要情感呵护,对成人十分依恋、喜欢模仿、拟人化心理特征明显。所以小班要以生活活动、感官训练、建构、装扮与美工等为主设置区域活动。教师要特别注意"娃娃家""医院"等游戏区的创设,并在区域中多与幼儿一起游戏,并以拟人化的方式参与幼儿的活动,同时要投放大量相同的材料满足幼儿爱模仿的特点。

中班应该加强区域活动的目标化。中班幼儿活泼好动、对规则感兴趣、主动性和积极性增强。所以区域的设置应该以装扮、建构、美工、音乐等为主,满足他们好动、积极的特点,投放丰富多样的材料。同时教师应和幼儿一起制定区域活动的规则,并结合阶段教育目标,引导幼儿在区域活动中实现这些目标。

大班应该注重活动的探究性和区域的学习功能。大班幼儿由于身体活动能力和语言的发展,活动范围扩大了,喜欢尝试探索,有较强的求知欲,自控力增强,合作能力也发展到了一个较高的水平,抽象逻辑思维也开始发展,与他人一起共同学习是他们需要并能够做到的。在大班阶段应在区域中更多地重视社会性、文化、语言、科学探索、自主性等能力培养。所以,教师要结合教育的需要和幼儿的兴趣投放一些探索性较强的材料在区域中,以便于幼儿自主学习。

二、活动区材料的投放

活动区确定下来之后,教师就要去选择、投放适宜的活动材料,这是十分关键的一步。从某种意义上说,材料的品质决定着区域活动的成败。幼儿的创造往往源于材料,区域活动的教育功能主要是通过材料来实现的,区域活动材料是幼儿主动建构知识的支持物。材料不同,幼儿操作方法不同,幼儿在活动过程中所获得的知识经验也不同。

在区域活动中,教师如何以材料为媒介来支持、帮助、发展幼儿的游戏与探索学习呢? 在活动区中,材料是幼儿活动的对象。与幼儿的年龄特点、经验、能力和需要相适应的材料,能引发幼儿的活动愿望,使幼儿不由自主地产生"我要玩一玩"的想法,拿起自己十分想要玩的材料摆弄起来,不断积累有关活动的经验,产生初步的探究兴趣。幼儿在对材料直接感知和具体操作摆弄的过程中,不断开动脑筋、积极思考,向自己提出新挑战,想出材料的新玩法,并把所有的感官都投入到活动中,仔细观察、发现问题、独立思考、解决问题……这样的过程增强了幼儿活动的兴趣、发展了幼儿的智力、提高了动手操作能力。

材料投放的不同方式也会影响幼儿活动的动机、态度、坚持性、交往与创造的水平,从而影响活动的结果。为了更好地实现教育目标,我们可以预设不同类型的区域,根据不同区域的不同教育功能投放不同的材料,使材料与教育目标、幼儿的实际发展水平相匹配,切实促进幼儿的全面发展。在投放区域活动材料时,我们应该注意:

（一）目的性和适宜性

1.目的性

在区域活动中,材料的投放应该是有的放矢的,是与我们所要达成的教育目标紧密相连的。将教育目标隐性地体现于材料之中,是区域活动的一大特点。这里有两层意思:第一层意思是"一种材料能够实现多个教育目标",第二层意思是"一个教育目标可以通过多种材料的共同作用来实现"。教师要了解各个区域中的各种材料所隐含的不同教育功能,将幼儿发展目标与这些材料的教育功能较确切地对应起来,有目的地引导幼儿进入到相应的区域活动中,通过幼儿的操作活动,使幼儿逐步接近预定的教育目标。因此,教师要充分挖掘材料在不同区域内的多种教育,进一步提高材料投放的目的性。

根据幼儿的学习特点,在同类区域中投放隐含不同教育目标的、满足他们发展需要的材料。如中班生活区的目标是培养幼儿细致耐心和手眼协调能力,教师可提供筷子和不同的纽扣、木珠、串线等材料,供各种能力的幼儿自由选择不同大小孔的串珠,不同粗细软硬度的绳子串珠。

材料和目标之间不是一一对应的关系,材料的目标功能是宽泛的。如投放珠子、毛线、剪刀、插塑等材料,可提高幼儿的动手操作技能和增强手眼协调性;投放磁铁、水、风车等材料,可让幼儿在观察、思考、分析和比较中发现新知,培养幼儿乐于探索的精神。幼儿在与众多材料的相互作用过程中,充分运用自身的各种感官,看看、做做、试试、比比、想想,提升思维能力,理解事物的多样化,使幼儿在活动中不断有所发现、有所提高和发展。

2.适宜性

就是根据幼儿的年龄特点投放材料,活动的材料应与幼儿的年龄特点相符,能引起幼儿游戏的兴趣。在活动区大目标明确后,教师就可根据本班幼儿的基本发展水平、阶段性教育目标和主要任务,以及个体差异,投放各种适宜的材料。如,根据中班幼儿的年龄特点,确立智力区总目标:"通过为幼儿自由选择活动内容、材料和同伴,在宽松、自由的活动环境和交往过程中获得经验,掌握数学知识,从而使不同层次的幼儿得到发展。"在总目标的指导下,为幼儿投放苹果树（数的形成）、刺猬背枣（数数）、小猫钓鱼（目测数群接着往下数）以及数学智力迷宫（综合练习）等多种活动相关材料。我们既可以按照幼儿的意愿,也可以视幼儿的实际能力鼓励幼儿选择合适的材料进行学习。使每个幼儿的需要都得到满足,每个幼儿都能在原有的水平上得到不同程度的提高,每个幼儿都体验到成功的快乐。

（二）丰富性和层次性

有的幼儿会在某一区域很快完成活动,然后东张西望、无事可干。究其原因,往往是活动区内的材料对他们没有吸引力。又由于"僧多粥少",几个人抢着同一种材料,幼儿间的矛盾自然就增多了,也有的是因为选不到合适的材料就干坐在那里。还有的教师在材料内容安排上缺乏均衡多样和全面性。为了避免这些问题,教师应准备丰富多样、富有层次的材料。

1. 提供数量充足和形式、功能多样的材料

首先，材料在数量上要充足，能够满足幼儿自由选择不同或相同材料的需要。根据阶段目标和幼儿发展的实际需要，应提供适合本年龄幼儿的足够数量、满足多种需要的玩具和材料，避免"僧多粥少"的现象，不使幼儿因无操作材料而妨碍其创造。如小班幼儿是以角色游戏为主，而且是平行游戏，模仿的愿望较强，教师就应该为他们准备大量相同的娃娃和家具；中班幼儿的角色游戏从反映家庭生活经验发展到反映社会生活经验，角色游戏与建筑游戏的结合也更为紧密，因此除娃娃家外，我们还可准备构建公园、高架桥、商店等大量材料，以适应幼儿的发展；到了大班，幼儿有了具体形象的思维，可以提供大量的立体搭建玩具，让幼儿学看图纸、理解构建的步骤、进行立体造型，等等。

其次，材料在类型上要全面多样。全面多样的材料能使幼儿各方面的能力都能在原有基础上得到提高，并能引发幼儿广泛的兴趣。从幼儿发展所涉及的各个方面的需要出发，依据幼儿的不同喜好、不同需要准备不同形式的材料，供幼儿选择。如在幼儿学习"数的组成"时可以安排超市、走飞行棋、变萝卜等多种内容，引导幼儿通过下棋、买东西、逛超市等完成任务，这样幼儿就对数学区活动保持浓厚的兴趣。

再次，材料要有多样的变化。① 同一区域的材料投放要有多样性，如"给娃娃梳辫子"，既有扎辫子的发圈，又有可以夹头发的发夹，发夹又有松紧之分。② 同一材料的玩法要有多样性，如木珠既可以玩穿木珠，又可以用来垒高。③ 区域材料尽量能一物多玩或有多种操作方法。多功能材料能促进幼儿进行探索、拓宽幼儿的思路、玩出新花样，帮助幼儿养成寻求多种方法去解决问题的习惯和能力。在提供材料时要考虑材料对幼儿发展的价值。教师可以投放一些功能多样、一物多用的结构性低的、半成品的材料，如动物插塑、雪花片、吸管、各种盒子等。

最后，还应注意两点：① 丰富的材料并不是越多越好。幼儿的注意具有不稳定性，过多过杂的材料投放，尽管能吸引幼儿参与活动，但也易分散幼儿注意力，对良好习惯的养成没有好处。因此，在投放材料时，应做到有的放矢，并根据对儿童活动的观察，定期更换、补充。② 有价值的材料并不是越精美越好。事实上，一些其貌不扬的原始材料，如卫生纸筒，在幼儿手中可能是望远镜、小电筒、卷发筒等。因而，教师应尽量少提供精美的成品材料，多研究、开发、投放一些半成品或原始的材料。

2. 提供能满足不同水平幼儿发展需要的材料

教师提供的材料要满足不同幼儿自由选择的需要，满足幼儿在操作中按照自己的意愿添加和改变的需要。

首先，要考虑到幼儿能力不同，投放材料要有个别差异性。每个幼儿都是独特的个体，这些个体之间难免会存在这样那样的差异。教师要允许和支持幼儿以适合自己的方式、速度去学习、探索。根据不同发展水平的需要提供不同层次、不同要求的材料，让每个幼儿在自己原有的水平上有所提高。只有这样，才能让每个幼儿都体验到成功，从而满怀信心地对待学习和生活。

其次，要投放"有梯度"的材料。教师在选择、投放操作材料时，要将所要投放的材料与将要达成的目标之间，按照由浅入深、从易到难的要求，分解出若干个能与幼儿的认知发展相吻合的层次。这个层次就是在实现教育目标的过程中，教师根据幼儿的发展阶梯，投放角度不同、难度不同的材料，以满足幼儿操作、学习的需要。以美工区幼儿剪纸活动为例，幼儿的技能发展阶梯是：剪不规则边—直线—曲线剪—折剪—剪厚纸—镂空剪，教师可以据此提供各种材质和厚度的纸张，并提出不同的"任务"："做调料"（随意剪）、"做薯条"（剪直线）、做"花"（折剪）、做窗花（镂空剪）……这样材料和任务是递进性的。幼儿在活动时往往会选择与自己能力水平相适宜的材料，愉快地投入活动。再如，大班有一个探索"磁铁奥秘"的活动区，教师首先提供的是各种含铁成分的小物体和磁铁若干，让幼儿自由地探索。接着，教师提供给幼儿更多的磁铁，这些磁铁的两端有红黄标志，幼儿玩"磁铁对对碰"游戏，让幼儿探索同性相斥、异性相吸的特性。

最后，教师提供图钉和水，并提出"任务"：怎样寻找掉落在地面上的钉子？怎样在不直接接触的情况下移动桌面上的钉子？怎样手不碰水将水盆中的钉子取出来？

由此可见，教师为幼儿提供材料是随着幼儿的操作、探索过程的阶梯发展而有针对地投放的。投放材料的层次性，体现在教师为幼儿准备的材料，能够适应幼儿不断提出的新要求、新挑战，帮助幼儿不断摸索和尝试，不断积累各种经验，提高各种能力。

（三）启发性、操作性、探索性

教师在投放材料的时候，心中要有目标，眼中要有幼儿。切忌只从教师自己的眼光出发，而不顾幼儿

的发展需要和接受能力,想到什么就投放什么,随意投放材料,最终导致"事与愿违"。

材料要具有启发性,要有利于幼儿创造能力的发展。如在探索区,教师为幼儿提供了沙漏,这是用来计时的,幼儿玩过几次后就没兴趣了。教师就在原有的基础上,把沙漏的孔改成有多有少、有大有小,有的是三孔,有的是一孔,让幼儿观察:是孔多但小漏得快,还是孔少但大漏得快,并做观察记录。等幼儿有了直观感受以后,教师又鼓励他们用各种材料自己制作沙漏,使材料具有操作性和探索性,增强了幼儿的积极性,并通过自己的操作,开动脑筋,想办法解决问题,把潜在的创造性表现出来。

材料最好要能让幼儿直接操作、直接获得体验,进而获得相关经验。同时材料要有趣、可变、可操作,这样才能激发幼儿主动参与操作。特别是科学探索区必须投放能激发幼儿探索欲望的材料,如石臼、石磨、多棱镜、各种锁和钥匙、颜料、磁铁、沙漏、转盘等。总之,应为幼儿提供能激发创造欲望的可操作材料,让幼儿的创造性思维在操作中得到锻炼和发展。

（四）兴趣性和自主性

幼儿生理、心理发展的特点决定材料既要有趣又要能让他们做做玩玩,这样才能增强幼儿学习探索的兴趣。形象生动、色彩鲜艳、可操作、有趣的材料最能吸引幼儿的眼球,激发幼儿的兴趣。幼儿有了参与活动的兴趣,教育目标才容易达到。有时,与幼儿的生活密切相关的材料和活动方式,也会让幼儿的兴趣高涨,请看下面的案例。

> 在活动区中,教师提供筷子、花生仁、枣子、海绵、弹珠等材料让幼儿练习使用筷子,为了激发幼儿的活动兴趣,教师设置了一个游戏情境"给小兔喂食",这样,幼儿就纷纷用筷子夹各种食物喂给"小兔",兴致盎然;在美工区中,教师准备各色纸张、剪刀、胶水等让幼儿学习裁剪、制作服装;在生活区教师提供各类水果、蔬菜、塑料西餐刀等让幼儿学切菜;为了让小班幼儿学会扣纽扣,单用衣服练习显得太单调了,老师想出了"做毛毛虫",小班幼儿在这些可爱的"毛毛虫"的诱惑下很高兴地练习起来了……

案例

幼儿共同参与准备的材料,如投放他们的作品,可以增强幼儿的自豪感和活动兴趣。如表演区各种纸偶、头饰都是幼儿自己创作的作品,幼儿在表演时会更有兴趣,这样既调动了幼儿的积极性又提高了他们的创造力,而且,也是对幼儿的一种尊重。

幼儿也总爱利用材料自主地进行设计制作,教师要充分调动幼儿的积极性和想象力,注重引导幼儿参与,充分发挥幼儿的主体作用。教师要善于将收集材料和创设环境的过程作为幼儿的学习过程,这也是一个十分重要的发展幼儿自主性的教育过程。幼儿提供材料与作品,是他们参与活动室环境创设的一个重要途径。教师在发动幼儿集体讨论决定了区域布置的内容后,就应鼓励他们一起准备材料,幼儿能想到的都要让他们自己去想办法,能做得到的要让他们自己去做。

幼儿参与材料投放和活动室环境创设的整个过程,体现了教师与幼儿互动、人与环境的互动。幼儿的自主参与使材料和环境更符合幼儿年龄特点和身心发展规律,更能激发他们对环境的兴趣与注意,满足了他们的心理需要,促进幼儿自主性健康发展。因此,教师应尽可能让幼儿自己选择材料,并和他们一起商讨、投放他们感兴趣的材料。让幼儿自主投放材料很多时候体现在教师积极发动幼儿参与区域环境的创设上。幼儿在与区域环境的互动中,学习的主动性和积极性会在不知不觉中被充分调动起来。

幼儿在与班级环境的互动中,教师将主题墙的设计、布置作为幼儿生活的重要环节,将班级环境作为活动区的一个有机组成部分。幼儿在设计、布置主题墙中感知、体验和操作,并从中深入感知和了解与主题相关的内容,而且主体性、合作性和创造性也得到了极大的发展。

（五）整合性和开放性

活动区里各种材料吸引着幼儿自主选择,按意愿探索在快乐的游戏中学习。一方面,生活活动、教学活动等都可延伸到区域活动中得以进一步地深入和拓展;另一方面,教师还可在幼儿与所投放的区域活动材料充分互动、在幼儿有了一定的感知经验的基础上,开展有关内容的教学活动,以帮助整理经验、提升认知。可见,区域的材料应该是一个开放的体系,又要整合教育机构、教师、幼儿及家庭以及社区等多方面的资源,以满足幼儿游戏与学习的需要。

1.围绕教育目标、内容的整合与开放

如,教师要根据主题活动的目标有计划、有目的、有选择地投放开放性材料。主题活动是一种整合性的活动,本身就具有开放性、综合性、整体性的特点,往往一个主题的内容可以涉及生活、数概念、音乐、美术、语言、运动等多个方面,是一个有机的网络化的结构。如在"娃娃家"这一主题活动中,其区域活动应尽可能地为幼儿创设一种轻松的家庭氛围,反映幼儿的生活经验,满足幼儿的情感交流需求。为了达到这样的效果,教师在区域活动中创设了"过家家""喂小动物吃饭""瓶宝宝吃饼干""小厨师""绕毛线"等区域,并提供了丰富的材料,这些材料是十分开放的,整合了科学、社会、艺术等多个领域,还整合了家庭等多方面的资源。

教师要结合近期的教育目标和本地资源来投放材料。本土性的材料充分体现地方特色,能激发幼儿活动的动机和构思,引发幼儿联想和行动。因此,要充分利用与挖掘本土资源,把收集的材料渗透到各个区域之中或设置专门性的区域开展活动。

2.区域材料来源的整合与开放

要充分利用废旧物品制作活动材料,不要追求区域活动材料的高档化、逼真化、成品化。如"娃娃家"中高价购买的"洗衣机""梳妆台""灶具"等,教师也不必加班加点制作好各种可以以假乱真的包子、饺子、汉堡等食品,使娃娃家好像真的一样。那样的话,原本幼儿可以利用旧布料制作厨帽、寻找积木搭建"衣橱"、分工合作"买菜""做饭"的环节就不见了,剩下的只有假装吃饭和聊天了。这些"大人看着舒服"的材料不仅浪费,而且降低了材料的教育功能,因为过于逼真形象的材料功能必然单一,不利于幼儿想象力和创造力的发展。相反,那些原始的、半成品的材料却是多功能的,还可提高区域活动的娱乐性和趣味性,更有利于幼儿的发展。

教师应充分发挥家庭、社区和互联网在活动区材料投放中的作用。家庭是区域材料最有力的资源保障和后盾。充分发挥家长资源的优势来丰富活动区材料,不但可以达到事半功倍的效果,而且可以充分调动家长参与幼儿探究活动的积极性和主动性,以达到幼儿探究活动在家庭中的有效延伸。这也是教育开放性的一种体现。

在开放性的区域环境中,教师不要牺牲大量的时间给幼儿制作大量的操作材料,这样教师就有时间思考如何在适宜的时机投放适宜的材料,如何进一步促进幼儿的全面发展。这里所讲的"开放性",还有一层意思,那就是材料放置的开放性。许多教师习惯在区域活动结束后把材料放到橱柜里封闭起来,这样不利于幼儿的自主发展。教师在投放材料的时候要注意开放性地投放材料,让材料呈现在幼儿的眼前。如美工区的操作材料,可以把原先放在橱柜里的美术工具拿出来,放在几个用纸箱做成的阶梯式的台面上,这样不仅使幼儿容易发现,还便于幼儿取放,同时提升了材料的使用效益。

三、其他游戏环境的创设

（一）公共活动区域的合理利用

幼儿园"公共区域"是指将幼儿园内的中央草坪、塑胶场地、公共廊道、楼梯下、相邻班级的空余场地、大厅,阳台、各大活动室,操场以及已有的种植区、饲养区、玩沙区、玩水区等属于公共的场地设置成让幼儿自主自由活动的区域。在这一区域里,同龄不同班的幼儿或不同龄班的幼儿可以共商活动内容,共用活动材料,共享活动空间,共同建构学习经验。

幼儿园是以幼儿为主体的活动场所和环境,其中一切都是为幼儿的教育活动而准备的,所以幼儿园的环境创设应把有利于幼儿的参与放在首位,但由于我国幼儿园的活动单元空间模式比较固定,与之相比,公共空间显示出更强的灵活性,因此在幼儿园场地有限的情况下,可以充分挖掘园内公共空间的潜力,合理开发利用公共空间,因地制宜,突破幼儿园内有限的场地,使幼儿爱玩好动的天性得到最大限度的释放,满足了幼儿交往的需要,丰富了幼儿的交往经验,为幼儿的创造性、合作性活动提供了更多机会。

（二）游戏设施设置与材料的提供

在幼儿园公共活动区域的创设方面,要结合本园的实际情况,因地制宜,充分挖掘现有的环境资源。园内户外大场地应合理布局,设置有滑滑梯、攀登架等大型幼儿体育设施。对于多功能厅、游戏室,棋类室、公共角色区、音体室大厅等公共区域,可设置易搬动或可变化的临时活动区域,在进行公开课教学时,可随时搬动,腾出空间,在其他时段则可开放,利用其宽敞明亮的优势,让全员幼儿都有机会进入公共的活动区域内。对于走廊这样的公共空间,在保障出入畅通的同时,也可合理设置活动区域,把它充分利用起来。此外,还可以关注楼顶平台、栏杆、墙根儿、阳台、屋角、门厅、柱子等这些容易被人忽视的场所,巧妙利用它们自身的特点进行相应的改造和设计,在保证幼儿安全、出入畅通的同时,使所有环境资源都能得到有效的开发和利用。有条件的幼儿园还可设立公共功能活动室,如科学探索馆、美味快乐厨房等,但要避免奢华浪费和形式主义。

在创设公共区域的过程中,应充分尊重幼儿的权利和意见,让幼儿有更多的选择权利和表现机会。为了更好地调动幼儿参与公共区域创设的热情,各班教师应广泛征求、认真听取幼儿关于创设公共区域的意见和建议,与他们共同研究和制定创设计划,各班教师负责把班上可行性意见记录下来,全体教师再统一意见,达成共识。这样综合了各年龄班的意见,达成各年龄段的目标也就更有保障。此外,要给幼儿自主选择和使用材料的权利,教师应尽可能做到幼儿能想的让他们自己去想,幼儿能做的让他们自己去做,使他们真正投入到环境的创设和利用中来。

教师在公共区域内投放材料时要让材料有效地体现教育目标,教师应根据幼儿的能力差异。提供具有层次性与多样性的活动材料。在投放材料之前,要分析适合幼儿最近发展区的活动材料,考虑材料所呈现出的梯度是否适合幼儿的发展水平,考虑是否要增加或者减少层次,使每一个幼儿都能在适宜的环境中获得发展,逐渐提高。

在公共区域的管理与使用方面,幼儿园首先要明确公共区域活动的目标,制定相关的活动方案;其次要制定合理可行的公共区域活动规则。另外,在实施公共区域活动过程中,应根据本园的场地条件、班级数以及幼儿人数,循序渐进地分步骤实施,给幼儿和教师一个适应的过程,再通过不断的摸索、实践,直至找到一种更适合自己幼儿园的活动模式,以提高公共区域活动的效果。

（三）支持幼儿自主创设游戏环境

游戏环境应当能够支持幼儿的自发学习、自由探索、自主发现和自我完善,因此,伴随幼儿游戏的提问、质疑、尝试、发现、理解、互助和反思等思维过程也应成为环境的一部分。游戏环境创设的选题设计、资料收集、材料准备等环节中蕴含着丰富的教育契机,这正是幼儿参与游戏环境创设的价值所在。环境创设的主体是幼儿,幼儿天生就是主动的认知者,具有巨大的潜能,因此,教师应积极帮助幼儿成为环境的主人,根据幼儿的认知特点、兴趣,通过与幼儿共同探讨来"生成"活动区域,引导他们广泛地参与到主题的确立、内容的设计、资料的收集、材料准备、制作与装饰等活动中,并用职业的敏感挖掘其中的教育因素,使幼儿积极地与环境相互作用。无论是环境的创设还是区域游戏的实施,教师都应让幼儿去尝试操作,敢于面对失败,这能让幼儿感受思考的乐趣并能持续探索,根据自己的意愿自主地选择,从而获取认知与发展经验,经历从自我学习到深度游戏的过程。

第三节　游戏活动的组织与指导

一、幼儿游戏的水平分析与预设

不同年龄的幼儿在游戏中的表现和所使用的方式会有所不同,表现出不同的发展水平。

（一）小班幼儿游戏

小班幼儿处于象征性游戏初期,此阶段幼儿的象征性游戏内容和情节都比较简单,常常重复同一动作,而且游戏主题不稳定,常随外部条件和自己情绪的变化而改变。受思维水平的限制,他们对游戏规则的理解较差,自我控制的水平较低。此阶段幼儿所进行的角色游戏比较简单,角色的种类不多,大多是独自充当角色或平行充当同一角色。这个时期幼儿游戏的一个明显特点是由独自游戏向联合游戏过渡。他们不再喜欢独自玩耍,而是喜欢和同伴们一起玩。在同其他幼儿共同游戏的过程中,小班幼儿的思维、想象和各种社会性交往能力都能得到一定的发展,在游戏活动中,小班幼儿逐渐认识到自我的存在。因此,在这个阶段更多为幼儿创造与同伴接触的机会,将对他们的全面发展起到十分重要的作用。

游戏的预设:小班是幼儿在幼儿园生活的初始阶段,教师应注意为小班幼儿创设温馨的心理环境和物质环境,真正让幼儿感到"幼儿园像我家,老师爱我,我爱她"。在室内功能区的设置上,要以角色区为主。室外设置运动区、玩沙玩水区等。值得一提的是，由于小班幼儿处在象征游戏初期，在游戏中经常独自充当角色或平行充当同一角色，所以，在游戏区投放玩具时应做到同种玩具提供多份，以满足幼儿的需求。

（二）中班幼儿游戏

中班幼儿处于象征游戏的高峰期，游戏内容逐渐扩展，同时游戏的水平也提高了。游戏情节丰富、内容多样化，游戏兴趣明显增加。他们能够自己选择主题、设计组织游戏，自行分工、扮演角色等，由于表征水平的明显提高，还出现了用替代物进行游戏的行为，如他们会用小木棍代替体温计、用纸片代替钞票等，中班幼儿的游戏不仅模仿、反映日常生活情景，还经常创造性地反映日常生活。建构游戏的水平也逐渐提高，能进行主题构造活动，还喜欢看图构造。对规则游戏产生了兴趣。

游戏的预设：中班幼儿玩得最多的就是象征性游戏，要为他们创设一个宽松的心理环境，鼓励他们积极思考、大胆想象、不断创新。在环境的创设中，以象征性游戏和结构性游戏环境为主，适当增加低结构材料的种类和数量，以满足中班幼儿想象和创造的愿望。

（三）大班幼儿游戏

大班幼儿处于象征游戏的高水平阶段，已摆脱了实物直观相似性的束缚，语言描述和动作表象起主导作用，可以用语言、动作替代实物进行游戏。此阶段幼儿会自行策划游戏，讨论游戏主题、构思情节、分配角色、创设环境，积极主动地进行游戏。合作游戏的特征突出；喜欢有一定难度的棋牌类和富有挑战性的体育竞赛类的规则游戏。

游戏的预设：在游戏环境的规划方面，为大班幼儿创设的功能游戏区，应以游戏类别进行整体划分，玩具及材料应按类摆放。室外要有平坦、开阔的运动区，场地上的玩具材料摆放要安全、科学、合理，以促进大班幼儿的全面和谐发展。

（四）混龄班幼儿游戏

所谓混龄班就是指将年龄相差12个月以上的幼儿编排在一个班级里共同学习、共同生活、共同游戏的一种教育组织形式。混龄教育中游戏活动涉及不同的年龄段，只有贴近幼儿的生活，才能使各个年龄段的幼儿都能感兴趣，同时，幼儿的生活经验是在不断地更新发展的，不同年龄段的幼儿对生活的认知存在差异，所以混龄教育要不断关注幼儿的生活。混龄教育为幼儿创设一个真实、丰富完整的生活环境，有助于不同年龄段的幼儿理解社会规则，在交往中获得积极主动的发展。

游戏的预设：教师在组织幼儿进行游戏活动时需要充分考虑到个体差异性，创设丰富多元、多层次的环境，在游戏环境中提供适合不同年龄的设施及材料，满足混龄教育中幼儿的活动需求。另外，材料的投放要具有合理性，在材料的数量、功能、种类方面，既要符合幼儿的年龄特点，又要考虑到幼儿的差异性。对于混龄班中年龄小的幼儿而言，他们的游戏特点是依赖于直观、颜色鲜艳的玩具，所以教师在材料投放过程中尽量选择一些成品材料激发幼儿的游戏兴趣；而对于混龄班中年龄大的幼儿而言，他们已经具有极强的求知欲望和一定的探索能力，教师应为其提供较多的半成品游戏材料，以供他们自由探索游戏玩法。

二、区域游戏活动的计划

幼儿每天都要在活动区域里游戏，既自主又灵活。但是，这并不意味着区域活动不要计划。区域活动作为一种教育途径，与其他教育途径互补性很强，为充分发挥区域活动的功能，应该依据幼儿的发展水平和教育目标制定计划，并做好活动材料的充分准备，以激发和引导幼儿自主游戏，使之在与区域环境和材料的充分互动中学习与发展。那么，怎样制定区域活动的计划呢？

（一）拟订区域活动目标

教师应该根据幼儿的发展需要和水平，围绕课程总目标、阶段（月、周）目标和本班特点事先制定区域活动的目标。

区域活动并不是独立的教育活动，它是班级整体教育的有机组成部分。我们可以将区域活动的设置与班级的领域活动或主题活动进行有机结合。根据课程总目标确定学期目标，然后教师根据本周展开的领域活动或主题活动、本班幼儿的特点安排相应的区域，提出适宜的要求。

值得注意的是，有些相对稳定和独立的区域活动，可以随领域活动的进程拥有相对稳定的目标，不必参照主题活动的目标。如积木区的目标：学习分类和排序；发展空间想象力；学习协调、沟通人际关系等。例如：

　　主题活动区：① 积累与主题有关的知识经验,便于主题活动的开展。② 观察了解幼儿对有关内容学习的个体差异,从发展实际出发进行个别辅导。③ 帮助幼儿解决近期集中教育活动中未解决的疑问。

　　生活区：① 增强幼儿自理意识,发展小肌肉、手眼协调能力,培养行为习惯。② 培养积极思考问题、解决问题的习惯和能力。③ 培养做事有始有终的恒心和毅力,增强爱劳动的意识。

　　………

（二）确定区域活动的内容

　　区域活动的内容是基于区域活动的材料而产生的。只要选择了适宜的材料,活动内容随即诞生。如,美工区投放了树叶、颜料、糨糊、宣纸,就会衍生出"树叶贴画""叶印画"等活动。区域活动的内容确定有以下原则:

　　首先,教师要依据近期领域活动内容或开展的主题活动,确定区域活动的内容。丰富多样的区域活动内容可以满足不同幼儿发展的需要,他们可以根据自己对某一领域的爱好而深入探究下去,从而获得有益于身心发展的经验,这一点恰恰是集体教学所无法满足的。但也不是每一个主题都要有这些活动区,在实施过程中,我们可以根据领域活动的情况或主题单元的走向、幼儿发展的需求选取不同的活动区,也可以扩大某个活动区或缩小某个活动区。

　　其次,教师要关注幼儿的兴趣点,生成区域活动的内容。兴趣是幼儿的助推器,教师的教育艺术在于找到幼儿兴趣和教育要求之间的结合点,引导幼儿的兴趣向符合教育目标的方向发展。

　　在以上的案例中,幼儿主动学习的动力正来源于"兴趣"两字。可见,根据幼儿兴趣与需求创设的活动区,能有效地激发幼儿活动的积极性。要注意的是,拥有不同性格的幼儿,他们的兴趣点常常会各不相同,而有的兴趣点又缺乏教育意义。此时,教师要认真分析和筛选、合理把关,为幼儿营造健康而丰富的活动环境。

　　最后,要依据领域活动开展的情况或主题活动的发展,尊重幼儿的需要,及时调整区域活动内容。如果幼儿在交流中产生的一些好的想法常常因为没有合适的区域可以尝试,那只好放弃。因此,教师还要专门开辟一个自由创造区,以满足他们创造的欲望。

（三）制定区域活动计划

　　区域活动的计划不同于集中教育活动计划,制定思路和模式相对比较灵活,计划的过程实际上是有目的、有计划地发挥区域活动的功能,与其他各种教育活动有机对接与相融,更好地产生整体效益。如按标题—目标—活动准备—过程来写,也可以采用表格的方式来写,还可以结合到周、日活动计划来写。不管采用什么样的方式,只要能体现适宜的区域活动目标和内容就可以了。一般来说,由于区域活动的特殊性,在区域活动计划中要突出体现两点:一是材料的投放,材料是区域活动的灵魂,所以材料的提供要写清楚;二是指导要点,因为区域活动十分强调幼儿的自主性,所以教师在指导方面要注意分寸,既不要过分强调教师的主导,导致"喧宾夺主";也不要完全不作指导,导致"放任自流"。

　　文字形式的区域活动计划在于能清楚详尽地阐述问题的来龙去脉,让自己或其他阅读者能深入了解作者的意图和设计思路。而且,文字形式的方案在写作的时候可以不拘一格,比较自由。表格形式的区域活动计划在于简洁明了、条理分明,教师可以在学期初准备一些空表格,在活动开展前填写内容即可,简便省时,如表4-8-1、表4-8-2。

表4-8-1　区域活动计划
福建幼儿师范高等专科学校附属幼儿园中（1）班

活动区	目　　　标	材料投放	指导要点	备　　注
美工区	认识各种素材的特性,启发创造力 促进小肌肉及手眼协调能力的发展	展示相关的图片、物品等,以丰富幼儿的学习经验	重视操作过程	设置展示柜,给幼儿一个展示作品的空间

活动区	目　标	材料投放	指导要点	备　注
语言区	能围绕自己游玩的主题,用清晰的语言表达旅游过程 能运用书籍找资料	地毯:使语言区更舒服、温馨 书架:正面摆放各种旅游书籍	教师注意自己的语调、表情、用词、倾听态度 制定看图书和收拾图书的相应规则	光线充足,空气流通

表4-8-2　小班主题区域活动:甜甜蜜蜜

区域名称	指　导　要　点
美工区	1. 在墙上贴一张大白纸,供幼儿在上面涂画最喜欢的甜食 2. 准备橡皮泥、糖纸、报纸、皱纹纸等,供幼儿制作糖果
语言区	1. 放置有关糖果等甜食的图书 2. 准备故事《给妈妈的妈妈送甜蜜》的挂图,幼儿活动材料第一册第25~26页、磁带、录音机
品尝区	准备各式糖果,如棒棒糖、软糖、硬糖、牛奶糖、花生糖等,幼儿在自由活动时适量品尝
益智区	准备用于甜食分类的图片及标志
甜甜蜜蜜超市	有序地放置幼儿收集的各种甜食包装盒
娃娃家	放入幼儿自制的糖果和甜点,供幼儿游戏

三、幼儿游戏的支持与指导

游戏虽然是幼儿身心发展的客观要求,同时幼儿在人类社会中所处的特殊地位也为他们游戏提供了客观条件。但是幼儿游戏的需求能否得到满足,游戏能否在实际上成为幼儿的基本活动,不取决于幼儿本身,而取决于教师、家长对待幼儿游戏的态度和是否为幼儿游戏创造必要的条件。幼儿园的游戏活动开展的效果如何,在很大程度上取决于教师为游戏活动所创造的条件和对游戏的组织与指导。幼儿的游戏需要教师创设游戏环境、激发、引导、支持和推进。区域游戏活动虽是幼儿自由活动、自主游戏与学习的场所,但不等于教师可以撒手不管。教师对幼儿在活动区的活动积极关心、悉心组织和指导,才能使其教育功能最大限度地发挥出来。组织和指导区域活动是为了创设与利用良好的活动环境,引导幼儿依靠自己的兴趣和能力感知、思考、探索、尝试获得知识经验的方法和途径,体验成功的快乐,培养幼儿自主、独立、自信、创造等良好的个性心理品质。

(一)幼儿游戏的准备与引发

《纲要》明确指出"环境是重要的教育资源,应通过环境的创设和利用,有效地促进幼儿的发展""幼儿园的空间、设施、活动材料和常规要求等应有利于引发、支持幼儿的游戏和各种探索活动,有利于引发、支持幼儿与周围环境之间的相互作用"……这里所讲的环境很大一部分来自区域游戏活动环境的创设。

皮亚杰的认知发展理论为游戏活动奠定了理论基础。他认为学前儿童的心理发展处于感知运动和前运算阶段,强调活动的重要性,提出"操作活动是儿童最重要的活动""儿童的智慧源于操作"。学前儿童是在对材料的操作、摆弄过程中建构自己的认知结构的。

维果斯基的"最近发展区"理论也是游戏活动的重要理论依据。维果斯基认为"游戏活动创造了儿童的最近发展区",游戏活动是幼儿在最近发展区里的活动,能为每个幼儿提供发展潜能的机会,让他们在活动中,超越自己原有的水平,获得新的发展,这完全符合因人而异、因材施教的原则。陈鹤琴先生非常强调环境在幼儿发展过程中的重要作用,他是我国从理论角度深入、系统地研究探讨幼儿园环境创设的第一人,他认为:幼儿应该有游戏的环境、艺术的环境和阅读的环境。而游戏活动恰恰是一种易于操作的教育环境。

1.幼儿生活经验的准备

幼儿的知识经验是游戏的源泉。幼儿游戏是建立在实际经验的基础上的。丰富幼儿的生活经验,可以使幼儿游戏的主题和内容变得多姿多彩。教师带领幼儿外出参观、给幼儿讲故事、让幼儿观看电影、阅读图书画册等,都有可能引发幼儿开展某种游戏的灵感,并使幼儿知道应如何使用材料、如何开展游戏。

一个游戏的诞生

李阳小朋友的爸爸出国了,从国外给他寄了一封信。一天,他把信带到了幼儿园,这封信引起了全班小朋友的兴趣。有的小朋友向老师提出了问题——信是怎么寄出来的? 敏感的老师觉察到这是一个开展游戏的好契机,于是就带领孩子们去参观邮局。通过参观邮局,幼儿不仅认识了信封、信筒、邮戳,还知道了邮局里面是什么样子,学会了寄信,了解到邮递员叔叔的工作很辛苦,体验到劳动的艰辛,而且还萌发了扮演"邮递员""分信员"的愿望。在接下来的一周时间里,孩子们的"我是小小邮递员"游戏开展得有声有色。

案例

---

2. 游戏环境材料的准备与检查

在游戏开展前,教师要做好环境材料的准备并检查准备到位情况。教师可以经常有意识地引导幼儿共同创设丰富、变化、新颖的环境,以教育目标、幼儿感兴趣的活动材料和活动类型为依据,将活动室的空间相对划分为不同区域,吸引幼儿自主选择并在活动区中通过与材料、环境、同伴的充分互动、充分游戏而获得学习与发展。可以对幼儿园的活动室、寝室、走廊、门厅及室外场地充分利用,并进行分割,在不同的空间开展不同的活动。这个空间可以是全班的整体空间,也可以是分隔的空间;可以是室内的空间,也可以是室外的空间。如把活动室划分为若干个区域,把幼儿活动材料按类别分别投入这些区域,可设有屏障构成若干个相对固定的半封闭区域,提供并投放相应的设施和材料,引导幼儿按自己的兴趣和意愿选择活动内容和方式。另外,教师还要经常有意识地检查游戏的材料,如有损坏,及时更换,以免对幼儿造成伤害。

3. 让幼儿了解游戏活动区域,帮助幼儿建立并遵守活动规则

从创设活动区到全面开放活动区,最终使幼儿达到自主选择、自主活动、自我教育的水平,是一个较长的过程,不是一蹴而就的。对于没有活动区经验的幼儿而言,需要有一个过渡阶段,这个阶段很重要。此时幼儿感到活动区是一个新鲜刺激的场所,他们很乐意进入活动区,但往往不清楚该怎样做,于是经常到处乱窜。因此,教师一开始就要介绍各个活动区的内容、材料和使用方法,帮助幼儿了解活动规则,并促使他们自觉遵守这些规则。从而使幼儿认识并适应活动区的环境,顺利过渡到自主活动阶段。当然,如果幼儿已经有丰富的区域活动经验,那么就可以采用其他的指导方式。在这个阶段,教师要注意下面的指导重点:

（1）介绍、开放活动区

一般来说,区域活动应该先介绍后开放。介绍一个区,开放一个区,逐步开放活动区,这样才能增强有序性和区域活动的功效。即使进入了自主阶段,当教师在区域中投放了新材料时,也应遵照这个原则行事。介绍是为了使幼儿掌握材料的用法,并在掌握的基础上创造性地运用材料。当然,介绍不是用烦琐的规矩限制幼儿,而是选择最基本的、最主要的内容进行讲解、示范,目的是让幼儿学会"举一反三"的能力。如美工区中刚刚投放了树叶和颜料,教师只需要重点示范颜料的使用方法,幼儿很快就会创造性地进行树叶贴画和树叶印画了。

教师最好将幼儿编成小组进行介绍,这样可以提高效率。虽然这样组织少了点自由,但是这短暂的不自由正是为了换取日后真正的自由。同时,教师要坚持循序渐进地介绍活动区,每天每组只介绍一个区,如果某区内容很多、操作复杂,还应该分多次介绍,集中地全部介绍只能让幼儿糊里糊涂。介绍可以同时给幼儿提供实际操作的机会,不能光讲不练。分步或整体介绍结束后,可让幼儿及时操作练习,以便让幼儿真正了解各种工具和材料的使用方法,教师可在一旁观察并提供帮助。

（2）制定活动区规则

区域等场地并非任意活动的场所,应该建立必要的活动规则。这里所说的制定规则,并不是教师为了制约幼儿而制定一条条让幼儿遵守的规矩,而是为了创设更宽松的环境,保证活动区的顺畅有序。因为,区域活动是小组的活动,只有遵守共同规则,每个幼儿的自由活动才有保障。同时,教师应注意到:通过活动规则的建立,幼儿的游戏活动有规范有条理,在此基础上,教师才有可能把注意力放在指导、提高幼儿

游戏等活动的水平上。

规则既包括必要的一般性活动规则,也包括各区域的活动细则。一般性规则如:能自选区域活动,积极愉快地活动;使用材料先来后到;用什么拿什么,用完后放回原处;不拿着玩具到处走动等。各区活动细则如:美工区——使用剪刀注意安全,注意坐姿和用眼卫生;语言区——爱护图书,及时归类等。规则可以由教师直接交代,也可由教师与幼儿一起讨论、制定,让幼儿了解"为什么要这样做",增强幼儿的自主性、秩序感和规则意识,起到事半功倍的效果。教师应注意,一次交代的规则不宜过多,幼儿不可能全部"吸收"。另外,如果因规则没有交代而出现一些争抢玩具等问题时,教师不必急于处理,可以在活动结束时,与幼儿一起讨论并及时共同制定新规则。

另外,要想让幼儿自觉遵守活动区的规则,图示法也是一个很好的方法。各区域"插牌"是一个很好的图示法。有些规则可以通过图画的方式形象地提醒幼儿遵守。如在"娃娃家"入口处的地板上贴上几对小鞋印,鞋跟朝向"娃娃家"的门口(因幼儿出区时匆忙,这样放鞋方便穿着),而且鞋印画得十分有趣(将摆放正确的左右脚印画成两张相向而笑的人脸)。这样,鞋印不仅是娃娃家满额人数的标志,同时又成了培养幼儿生活习惯的无言之师。还可将图示法应用于制定有关操作材料使用和收拾的规则。如在数学区"给图形分类"活动中,教师在每个分类盒上贴上相应的标记,这样不用教师说,幼儿自然明白分类的要求是什么了;在收拾玩具材料的时候,每一类都有相应的标志,幼儿就能准确地将不同区域的材料归类摆放,如一把剪刀的图形告诉幼儿这是放剪刀之处,贴着小鱼的筐子表示这是小鱼的家,贴着几何图形的表示几何图形应放的位置……这样幼儿在收拾玩具和材料时还可以学习对应和分类。

同时,教师要善于将区域活动的规则蕴含在环境之中,让"环境说话",让区域中的环境来告诉幼儿规则。如关于进区人数的限定问题,可采用进门挂牌、挂项链、控制椅子数、投放适量同类材料等方法,来提醒幼儿遵守该活动规则。如美工区,可以通过投放适量的椅子,要求幼儿发现椅子坐满了就不能再进入了;在自然角投入一定数量的操作材料,没材料的幼儿就要去别的区玩;在语言区贴上小花猫睡觉的图片以提醒幼儿进该区动作要轻,等等。

拓展阅读
8-3

4. 提出启发性的问题

教师要适时提出开放性问题。在幼儿游戏活动的过程中,教师要善于把握时机,提出启发性的问题,激发幼儿的想象和思考,使游戏不断深入,以促进游戏的发展。

魔术茶楼

在"清清茶楼"游戏中,"顾客"赵凯喝了"服务员"何玲用冷水给他泡的茶之后说:"你泡的茶一点都不好喝!你看,杯里的茶叶都没有变大。我家的茶叶泡进水里就会变大!"王老师听到赵凯的话,就走过来对他说:"请问这位顾客叔叔,您家的茶叶是怎么变大的呀?"赵凯说:"我也不知道,反正泡在水里它就变大了!"老师说:"那你想不想知道茶叶怎样才能变大?""想!"听到老师与赵凯的对话,周围的小朋友也都围了过来,王老师用开水泡了一杯茶,随着杯中茶叶渐渐变大,孩子们发出了惊喜的欢呼声。老师启发幼儿思考:茶叶怎样才能变大?同时要求孩子们做一个有关茶叶和水的小实验。最后,"服务员"何玲宣布,自己的"清清茶楼"改名为"魔术茶楼",因为,从今以后,她要用开水为顾客泡茶,而茶叶在开水中由小变大的过程就像在变魔术。

从该活动引伸出的有关茶的其他有趣活动:师生共同设计了一个茶叶探究区域,摆放幼儿收集来的各种茶叶,并以图文结合的方式介绍茶叶的制作工艺流程、不同的茶叶及其泡出来的不同形态、味道等。幼儿在游戏时,可以自由地进入这个区域欣赏、探究。这个区域满足了不同幼儿对茶叶的探究需求。在"表演台"的活动中,让幼儿表演"功夫茶",向大家展示茶艺。这不仅将有关茶叶、泡茶的经验用语言和身体动作表现出来,而且使更多的孩子得以体验、感受到"茶文化"的魅力。

从这个案例中可以看出,教师的启发式提问,可以使幼儿展开想象的翅膀,深入思考问题,拓宽思路,培养幼儿分析问题和解决问题的能力。

5. 提出合理化建议

当幼儿的游戏未能向前发展的时候,教师应适当地给予提示、建议,及时提出合理化建议以帮助幼儿更好地开展游戏。

好妈妈

李老师发现韩宁宁独自坐在"娃娃家"里,抱着"宝宝"在发愣。她附近的几个小朋友在玩"服装店"的游戏。这时,老师也抱了一个娃娃,走到宁宁身边,对她说:"宝宝妈妈,今天天气真冷,我家宝宝已经穿棉衣了。你的小宝宝衣服穿得太少了,孩子会着凉生病的。需要不需要带他到'服装店'去买件衣服?"宁宁想了想,就到隔壁的"服装店"去给自己的宝宝买衣服了。

教师的话语对幼儿来讲是一种提示,它能启发幼儿更好地去扮演"妈妈"这一角色,关心、照顾好自己的"宝宝",并能主动地与小伙伴们交往;教师的提示使游戏内容和情节变得更加丰富多彩。

6. 平行介入游戏,巧妙扮演角色

当幼儿在游戏中经常转移主题或半途而废时,教师可以以同伴的身份,平行介入幼儿的游戏,激发、鼓励幼儿将游戏坚持到底,获得成功。教师还可以通过巧妙扮演游戏中的角色,自然而然地加入游戏,针对具体情况进行引导。幼儿的游戏会出现各种各样的问题,需要教师用心观察,智慧指导。

飞不起来的飞机

小张老师观察到班里一位好动的男孩刚刚构建了一架飞机的机身又想转移到别的主题时,教师就平行介入,与幼儿交谈。教师说:"啊呀,飞行员同志,你的飞机怎么飞不起来了?"幼儿答:"翅膀还没有搭好。"教师又说:"哟,你还要插上翅膀,是吗? 你的飞机很快就可以起飞啦。"教师的话语,打消了幼儿放弃继续构建飞机的念头,激起了幼儿取得成功的愿望与坚持到底的行动,从而有效地促进了幼儿形成有恒心、有毅力的良好品质。

(二)幼儿游戏过程的观察

观察是现代教师的必备素质。对幼儿游戏行为的观察是教师实施有效指导的前提条件。

1. 游戏观察的作用

幼儿在游戏中会真实、自然地表现出自我,因此游戏是教师了解幼儿最重要的途径之一。通过游戏,教师可以了解幼儿的兴趣需要、认知水平、个性特点、能力差异等,从而及时满足和拓展幼儿的生活经验,为教师准确地预设游戏奠定基础,为幼儿开展游戏提供充分的条件。同时,教师只有认真地观察幼儿的游戏,才能有效地指导幼儿游戏,正确地评价游戏。观察是指导和评价游戏的客观依据。

2. 游戏观察的内容

在游戏观察的过程中,首先,教师应将观察的重点放在幼儿的身上,要观察游戏中的幼儿的各种行为表现和幼儿在不同类型游戏中的发展水平,为下一步预设游戏、指导游戏做好准备。其次,教师应观察空间、时间以及游戏材料等游戏环境对游戏的影响,如游戏场地创设、游戏时间的长短、游戏材料的投放等对游戏的影响,以便准确掌握幼儿当前的需要和游戏状况,从而提供与幼儿发展水平相适应的条件,更好地为幼儿游戏的开展提供支持。另外,教师也是影响幼儿游戏的一个不容忽视的重要因素,教师的观念、态度、能力等因素直接决定着其对游戏的指导是否恰当,这对游戏有着重要影响。

游戏观察一般可从以下五个方面入手: ① 观察幼儿游戏内容:是一般经验还是新近的社会热点? 是否积极与健康? ② 观察幼儿游戏环境:是否安全、卫生、舒适、便于交往活动? ③ 观察幼儿游戏需求:想些什么? 需要什么? 做些什么? 兴趣点与困难又是什么? ④ 观察幼儿游戏材料:玩具及游戏的材料是否体现教育功能? 游戏中如何反映人与物的交互作用? ⑤ 观察幼儿游戏行为:幼儿游戏的能力与表现。

3. 游戏观察的方法

① 扫描观察法。这种方法是指观察者在相等的时间段里对观察对象依次轮流进行观察。此法比较适合于大致了解全班幼儿的游戏情况,如可以掌握游戏开展了哪些主题,幼儿选择了哪些主题,扮演了什么角色等一般行为特点。扫描观察法一般在游戏开始和结束的时候运用较多。

② 定点观察法。观察者固定在游戏中的某一区域定点进行观察,适合于了解某主题或区域幼儿的游戏情况,了解幼儿的现有经验以及他们的兴趣点、幼儿之间交往、游戏情节的发展等动态信息,并且让教师较为系统地了解某一事件发生的前因后果,避免指导的盲目性。定点观察法一般多在游戏过程中使用。

③ 追踪观察法。观察者根据需要确定1—2个幼儿作为观察对象,观察他们在游戏活动中的各种情况,固定人而不固定地点。适合于观察了解个别幼儿在游戏中的发展水平。教师可以自始至终地观察,也可以就某一时段或某一情节进行观察。

教师在观察幼儿游戏活动的同时,还要注意利用多种手段进行记录,以作为珍贵的资料加以保存,为指导游戏服务。

在游戏的观察记录中,有表格记录、实况记录、图示记录、影像记录等方法。使用较多的是表格记录。这种记录方法简便易行,直观明了,除了设计表格记录之外,也可以用文字记录,有条件的学前教育机构还可以充分利用摄像机、照相机、录音机等现代化教育设备,来进行观察记录,以保证记录的全面性、立体性、长久性和有效性。

（三）幼儿游戏的支持与推进

教师应以幼儿的眼光来看待游戏,尽量满足幼儿游戏的各种需要,从物质上和精神上对幼儿的游戏给予支持,推动幼儿游戏水平不断提升。

1. 满足幼儿游戏的物质需求

教师要满足幼儿对游戏材料的需求,在投放游戏材料时应做到丰富、充足且富于变化,从物质上保证游戏的顺利进行,支撑幼儿游戏的延伸,避免出现因游戏材料的不足而阻碍游戏发展的情况。

2. 共同探索游戏奥秘

当幼儿碰到困难求助于教师时,教师通常不要急于给出答案,而是要与幼儿共同探讨,可以用同伴的口吻与幼儿讨论,也可以通过师生的共同探索和观察比较。由此,幼儿自然地获得了直接体验,掌握了技能,发展了想象力、独立性和坚持性,推动游戏不断向前发展。

变戏法

容容(2岁6个月)用手在一大团橡皮泥上搓了一小块,放在手心里搓成长条,她还继续搓,长条断了。她又搓了一块,还是那样搓,搓着搓着又断了,桌上已经有了好几段长条橡皮泥。容容把这些长条橡皮泥放在一起后便东张西望。老师坐到容容的旁边,也搓了一块橡皮泥开始搓。容容看到老师也来玩橡皮泥,显得很高兴。老师也像容容一样搓了一长条橡皮泥,同时嘴里说:"长长的一条。"容容看着老师不作声。老师继续说:"我要变戏法了。"说着把长条橡皮泥的两头接起来了。容容说:"变圆圈了。"老师又说:"我再变一个。"说着把圆圈交叉成8字形。容容说:"两个圆圈。"接着,老师又变了一下花样,容容高兴地说:"一只小鸟……"老师要走了,但容容要老师再变。老师说:"明天老师再变给你看好吗?"临走,老师留在桌上一条搓好的长条橡皮泥,说了一句:"你会变吗?"容容又开始搓长条橡皮泥了,这次她也在长条橡皮泥的基础上,变起了花样,一会儿说是虫,一会儿说是娃娃,一会儿说是奶瓶,还变了个苹果,尽管看上去"四不像",但是她很得意。[①]

3. 满足幼儿充分游戏的心理需求

游戏是孩子的天性。对幼儿来说,游戏是一种享受。教师要满足幼儿充分游戏的心理需要,使幼儿的游戏能保持身体的最佳舒适状态,无拘无束地自由活动,充分发挥潜能达到一个理想的境界,充分地表现,尽情地体验,发展身心。

4. 关心幼儿的游戏意愿

教师要关注幼儿游戏的意愿,要从幼儿的语言、表情、动作上去揣摩幼儿的游戏意愿,并引导他们开展游戏。

开个服装店

夏天来了,幼儿园的小朋友和老师都换上了漂亮的夏装。李老师发现,近来幼儿们对服装很感兴趣,有的幼儿还自发地玩起了"服装店"游戏。李老师就给他们讲选购衣服的常识,带他们到附近的服装店去参观,和他们一起为"服装店"游戏准备货币、收款机、服装、挂服装的架子,帮助他们收集服装店材料等,为幼儿顺利地开展游戏铺平了道路。经过一段时间的准备,"服装店"游戏开始了。

---

① 上海中小学课程教材改革委员会.游戏活动[M].上海:上海教育出版社,2002.

5. 关注游戏的发展进程

教师要关心幼儿游戏的进程。教师应随着幼儿游戏的发展不断给予支持,站在幼儿的角度去思考游戏的进程,清醒地意识到幼儿什么时候可能会需要教师什么样的帮助,及时给幼儿提供合理化的建议,以刺激游戏活动的进一步展开。例如:

探秘影子游戏

"踩到你啦!"户外活动时间,孩子们"跑跑追",你追我赶想要踩到对方的影子。小宝一脚踩在丽丽的影子上,丽丽竟也配合地仿佛自己被踩中"定住了";小鱼灵机一动躲到遮阳伞的阴影下,"踩不到啦! 哈哈。"周老师捕捉到幼儿这一偶发的游戏,鼓励幼儿去找一找影子。在交流中,幼儿提出疑问:"为什么我的影子总是跟着我呢?""可不可以在教室里玩影子游戏?"这些问题引发了幼儿继续深入地玩"探秘影子"的游戏。

为了满足幼儿也想在教室里玩影子游戏的愿望,周老师还和幼儿共同收集手电筒、台灯、动物模型等材料、玩具。幼儿就围绕自己对影子感兴趣的问题,积极地利用太阳光、手电筒光和台灯的光以及周围的环境材料,持续地开展探究影子的游戏。随着游戏的进程,周老师通过访谈了解幼儿对影子的探索兴趣和已有经验。关于影子,幼儿有十多个问题点和兴趣点,其中最感兴趣的是"影子会变化",在老师的支持下,幼儿就"在什么地方玩""用什么玩"和"怎么玩、怎么探秘"等问题在游戏中持续、深入探究,发现了影子与光环境的关系、光照远近与影子大小的关系、光照射角度与影子形状的关系等光影特性的秘密。

6. 客观及时评价,激发幼儿再次游戏的欲望

总结评价是开展游戏活动的结束环节,这一环节的目的在于引导幼儿自发自愿地进行交流、讨论,积极表达情感、共享快乐、共解难题、提升经验,同时激发幼儿再次游戏的欲望。评价的结果往往会影响幼儿以后的游戏活动,教师的评价要注意重视幼儿创造性的发展。

评价的方式有很多,可以全班进行,也可以分组讨论,也可让幼儿自己评价,可以由教师"指点迷津"……不论何种形式的评价,都不应只侧重于结果,而更应侧重于活动的过程。

通过集体评价和个人评价、自评和他评的形式,让幼儿清楚了解自己和同伴遵守规则和活动能力情况,互相交流,各自好在哪里,还有哪些不足,使幼儿在评价环节中共同进步。

本单元小结

本单元阐明了游戏的内涵、特点、种类和功能,以及幼儿园开展游戏活动所应提供的基本条件;对幼儿园活动区等游戏环境创设和材料投放的理念、基本要求进行了较为详细的阐述,对幼儿园游戏活动的组织与指导进行了较为深入的讨论并结合案例进行指导。

复习与思考

1. 阐释幼儿园游戏及其特点、功能。
2. 为什么幼儿园以游戏为基本活动?
3. 幼儿游戏需要哪些基本条件?
4. 幼儿班的游戏环境应如何创设? 如何利用幼儿园公共场所创设游戏环境?
5. 幼儿游戏活动应如何组织与指导?
6. 为什么说自主是幼儿游戏的首要条件?

同步实训

1. 随机选取三位幼儿家长,请他们谈谈对下列问题的看法:
 (1)对您的孩子来讲,做算术题和做游戏,您认为哪件事更重要?
 (2)有人说:游戏对孩子来讲就像吃饭、睡觉一样重要。您同意这种说法吗? 为什么?
 (3)您认为孩子一日生活之中游戏的时间应该占多少?
 (4)您会鼓励您的孩子做些什么游戏? (举例说明)
 访谈后,就访谈结果写一篇访谈报告并在学习小组交流。

2. 观摩幼儿园游戏活动,观察、记录并评析:
 (1)游戏环境的创设。
 (2)从幼儿游戏情况看教师的组织和指导。
 个人观察记录并评析之后,组织小组讨论并以小组为单位完成观察报告。

3. 根据所见习班级周计划和幼儿游戏发展的实际,参与创设游戏环境、调整和充实游戏材料、组织开展游戏,并撰写该活动的反思笔记。

■ **本单元将帮助你：**

◆理解、掌握幼儿园日常生活活动的特点、主要内容及意义
◆理解、掌握幼儿园日常生活活动各不同环节的设计、实施与指导要点
◆尝试开展幼儿园日常生活活动的组织与指导实践以及反思、研讨活动

问题情境

　　学前教育专业学生的实习开始了，实习生小王被分到了小班。去幼儿园前，小王心中充满了兴奋，憧憬着被花朵般可爱的孩子们包围的感觉。为此，她精心撰写了详细的教案，准备好了教学活动。可是，第一天进班，她就遇到了问题，不知如何去组织幼儿。例如饭前的准备活动——洗手，孩子们进了盥洗室后，有的喜欢蹲在便池边津津有味地聊天，有的喜欢在水池边玩水。小王一会儿要到盥洗室提醒如厕的小朋友快一点，一会儿提醒洗好手的小朋友不要到处乱摸，还要督促没洗手的小朋友洗手。一天工作下来，小王觉得特别累，感到自己很不适应，她向幼儿园的老教师诉说了自己的困惑……

　　小王的困惑是很多实习生遇到的普遍问题，他们重视的往往是教学，认为幼儿园教师的主要工作就是组织教学活动，所以把主要精力放在备课及教学上，忽视了幼儿的日常生活活动，甚至认为那只是保育员的事情，和教师无关。抱着这样的教育观，等到实际工作时，就会有诸多的困惑。

　　幼儿的年龄特点决定了幼儿日常生活的重要性，这种日常生活的每一种形式、每一个环节、每一个方面都是不可分割的，既是幼儿学习的内容，也是幼儿学习与发展的途径。

　　对于托儿所、幼儿园等学前教育机构来说，幼儿一天的主要时间是在这些机构度过的，如何为幼儿安排好对其有价值的每个生活日，是学前教育课程实施的基础，也是课程实施的重要过程。同学们，让我们一起来关注幼儿对生活的主观感受，关注他们作为一个发展的个体对自身生活的体验，学习掌握幼儿园日常生活活动的设计、实施与指导。

第一节　日常生活活动与自由活动

一、日常生活活动及其功能

（一）日常生活活动及其特点

　　日常生活活动是指学前教育机构中满足幼儿基本生活需要的活动，主要包括餐饮、睡眠、盥洗、如厕、整理活动、散步、自由活动等。日常生活活动有以下两方面的特点。

　　1. 规律性

　　学前教育机构的日常生活是平常而琐碎的，但却日复一日地反复出现、有序进行，从而形成相应的规律。幼儿正是在这种反复的日常生活活动中日积月累，逐渐形成良好的生活行为习惯。这类活动的质量会直接影响着游戏、教学等其他类型活动的水平，从而对幼儿各方面的发展产生重要影响。教育家陶行知认为，"教育就是培养生活习惯"。因此，教师要引导幼儿从日常生活中反复出现的琐事、小事做起，在活

动的不断重复中,初步掌握必需的生活技能,获得生活自理能力。

2. 适应性

日常生活活动包含的主要内容和幼儿每日入园、离园等要进行的一些生活环节,大都与其生理需要有关,是幼儿在园一日生活中最基础的活动,也是在家一日生活中同样必不可少的活动内容。幼儿在这种熟悉的真实情境和活动中,能够更好地适应幼儿园生活且获得成长。如幼儿在餐饮活动中,学会了独立进餐;在盥洗活动中,学会自己如厕和洗手;在午睡中学会独立、自然入睡;在家长的接、送中,适应了与家人暂时的分离和幼儿园的集体生活。

（二）日常生活活动的功能

1. 使幼儿尽快适应托幼机构里的全面发展教育

幼儿从家庭进入托儿所、幼儿园等学前教育机构所感受到的变化是极大的。对他们来说,这些机构的一切都是陌生的。他们正式进入集体生活后,由家庭的"中心成员"变成了教育机构里众多小朋友中的普通一员。在家中,几个大人围着一个孩子转,对他们各方面的照顾是非常全面的。而在学前教育机构,教师要照顾十几位、几十位的孩子,就需要培养起他们具有一定的独立生活能力,才能使其尽快地熟悉、适应集体生活和学习的环境,产生归属感。

幼儿身体各个器官的生理机能尚未发育成熟,各个组织都比较柔嫩,身体素质还很薄弱;幼儿期又是生长发育十分迅速、新陈代谢旺盛的时期。但是,由于他们缺乏知识经验、独立生活和自我保护能力,因此,他们需要教师的悉心照顾,更需要保育员和教师反复指导下的帮助和练习,才能养成良好的生活习惯,建立良好的生活秩序。帮助幼儿掌握生活所必需的知识、技能并能在生活中加以应用,可以提高他们的生活自理能力,增强自信心,也为他们今后的学习和生活打下良好的基础,为最终走向自立奠定最基本的能力和态度基础。

音频视频
9-1

2. 使幼儿愉快地度过每一天

《纲要》指出:幼儿园应为幼儿提供健康、丰富的生活和活动环境,满足他们多方面发展的需要,使他们在快乐的童年生活中获得有益于身心发展的经验。《指南》强调,以为幼儿后继学习和终身发展奠定良好素质基础为目标,以促进幼儿体、智、德、美各方面的协调发展为核心,通过提出3—6岁各年龄段幼儿学习与发展目标和相应的教育建议,帮助幼儿园教师和家长了解3—6岁幼儿学习与发展的基本规律和特点,建立对幼儿发展的合理期望,实施科学的保育和教育,让幼儿度过快乐而有意义的童年。

"快乐的童年生活""快乐而有意义的童年"最现实的表现就是幼儿每一天的具体生活,而幼儿在日常生活中的表现也是判断、衡量他们学习和发展状况的重要依据之一。因此,我们把生活活动不仅看成是满足孩子渴了要喝水、饿了要吃饭等生理需要的过程,更看成是以此为机会,使幼儿的相关能力逐步得到提高的学习、练习与发展的过程。让幼儿在集体生活中感到温暖、心情愉快,形成安全感、信赖感。从这个意义上说,学前教育的重要目的就是让他们愉快地度过在学前教育机构的每一天。

3. 是幼儿学习与发展的重要途径

幼儿的身心发展特点决定了教育的生活化,幼儿教育必须是保教并重的,必须寓教育于幼儿的一日生活之中。日常生活是幼儿教育的重要内容,也是教育的重要途径。《纲要》指出,幼儿园教育活动内容的选择应"既贴近幼儿的生活来选择感兴趣的事物和问题,又有助于拓展幼儿的经验和视野";幼儿园教育活动内容的组织应"充分考虑幼儿的学习特点和认知规律,各领域的内容要有机联系,相互渗透,注重综合性、趣味性、活动性,寓教育于生活、游戏之中"。

音频视频
9-2

音频视频
9-3

《指南》提出,要"理解幼儿的学习方式和特点。幼儿的学习是以直接经验为基础,在游戏和日常生活中进行的。要珍视游戏和生活的独特价值,创设丰富的教育环境,合理安排一日生活,最大限度地支持和满足幼儿通过直接感知、实际操作和亲身体验获取经验的需要,严禁'拔苗助长'式的超前教育和强化训练"。

对幼儿而言,大部分的学习是生活化的、游戏化的教育活动,就是日常生活本身。因此,学前教育是从幼儿的一日现实生活中挖掘教育资源,把各种教育内容与幼儿一日现实生活联系起来,把教育活动同幼儿一日现实生活结合起来。幼儿日常生活的每一个环节都具有教育价值,都应从幼儿发展的现实出发,加以充分地组织和利用。

拓展阅读
9-1

二、自由活动及其功能

（一）自由活动及其特点

自由活动又可称自主和自选活动,是学前教育机构一日活动中的重要组成部分。在自由活动中,幼儿可以自己决定做什么、怎么做,如自己选择活动内容、选择玩具材料、选择玩伴,自由地与同伴交谈、自由地娱乐和游戏。例如,当幼儿中午用餐时,早吃完的幼儿就拥有一段自由活动时间。与集体教学活动、游戏活动等相比,幼儿在自由活动时间拥有更大的自主性、随意性和休闲性。教师要充分认识开展自由活动对促进幼儿发展的积极作用,让幼儿在愉快、有益的自由活动中得到童年的欢乐。

（二）自由活动的功能

1. 自由活动有利于充分发展幼儿的交往能力

在自由活动中,幼儿自由组合在一起,增加了与同伴交往的机会和时间。当然,只有具备一定礼貌行为的幼儿才会赢得更多朋友,获得更多的交往机会。如果一个孩子既自私又粗暴无礼,肯定是没有人愿意找他玩的。因此,孩子会自然地学会"请""谢谢""对不起"等礼貌用语,学会用商量、请求的口吻与人交流。因此,在良好的自由活动中,幼儿的交往能力得到了发挥和成长。

2. 自由活动有利于培养幼儿良好的性格

学前教育机构一天的活动安排是丰富而充实的,而事实上,幼儿也有宣泄情感的需要。在自由活动中,幼儿可以自己选择和谁玩、玩什么、怎样玩等,偶尔还会叫,还会跑,还会跳,还会爬……这不仅能使孩子得到心理上的满足,而且还能产生精神上的快乐,让幼儿得到愉悦的健康情感。活动中幼儿间的积极交往会逐渐让他们懂得如何去对待自己和别人,学会谦让,学会关心他人,从而培养孩子的爱心,进一步发展了幼儿之间的友情。这些都是幼儿情感发展的需要,可帮助幼儿发展良好的性格。心理学家列昂捷夫指出:"学前期是个性最初开始实际形成的时期。"教师要抓住自由活动时的最佳教育契机,为幼儿创造更多锻炼性格的机会,更好地促进他们良好个性的发展。

3. 自由活动有利于发展幼儿的探索能力和合作能力

在自由活动中,幼儿的探索能力得到充分的发展。幼儿为了能够在游戏中获得成功,需要和材料发生互动,以掌握材料的属性,为自己的成功游戏带来帮助,探索活动由此自然产生。自由活动不仅让幼儿通过活动掌握了各种技能,更通过丰富的材料满足幼儿探索的需求和获得探索后成功的喜悦。

同时,在自由活动中,幼儿可以接触到不同年龄、不同发展水平、不同兴趣、不同个性的小伙伴,他们必须共同商量、友好合作、互相配合,才能使一些集体性游戏顺利进行下去。在此过程中,幼儿们也在学习如何相互协商,互相配合,分工合作,发展了合作能力。

第二节　日常生活活动的组织与指导

一、日常生活活动的组织

幼儿身体机能发育尚不成熟,神经系统发育尚不完善,在自我调节方面还不能收放自如。这就要求教师合理安排他们的生活活动,帮助他们保持良好的精神状态来参与游戏与学习。

学前教育机构在生活活动方面,主要着力于培养幼儿良好的作息习惯、睡眠习惯、排泄习惯、盥洗习惯、整理习惯等卫生习惯,帮助他们逐步了解初步的卫生常识和遵守有规律的生活秩序的重要意义;帮助幼儿学会多种讲究卫生的技能,逐步提高幼儿生活自理能力;帮助幼儿学会用餐方法,培养幼儿良好的饮食习惯。

（一）餐饮活动

全托的或日托寄有早晚餐的学前教育机构,其餐饮活动包括早餐、午餐、晚餐和午睡后的点心以及日常生活的饮水。根据幼儿身体发育的特点,教育机构要制定正确的饮食制度,幼儿进餐必须定时定量,开饭要准时。《规程》第十八条明确提出,"正餐间隔时间为3.5—4小时。"做好幼儿餐饮活动的组织与指导,对保证幼儿营养素的摄入、养成良好的餐饮习惯和培养文明礼貌行为有着重要意义。

1. 创设安全、整洁、温馨、有趣的餐饮环境

教师及保育员应严格执行餐饮用具的消毒制度,水桶、杯子的放置要适宜幼儿取放,提供的食物和水的温度要适当。餐具应便于消毒,还应轻巧、美观,适合并吸引幼儿动手学着自己吃饭。进餐的环境应明亮宽敞、安静、愉快、轻松,而不能令幼儿紧张、压抑,教师切勿大声呵斥幼儿。在幼儿进餐时可播放一些轻松愉快的背景音乐,使他们愉快地进餐。给幼儿提供的食物应粗细搭配,品种多样,保证营养均衡,烹调方

式也要利于幼儿咀嚼。

2.培养幼儿良好的餐饮习惯

（1）按时吃饭，坐定进食

这是幼儿在集体生活中必须遵守的常规。教师要保证幼儿每天有充足的运动，才能有利于他们按时吃饭。进餐时，可让幼儿自主选择座位，增强他们坐定进食的自觉性。

（2）逐步培养幼儿独立吃完自己的饭菜

对于2岁左右或初入学前教育机构的幼儿，教师要引导其尝试自己吃，对确有困难的幼儿可适当进行帮助，逐渐过渡，使他们独立吃完自己的饭菜。

（3）注意不让饭菜洒落在桌上和地上

年龄较小的幼儿由于动作不协调，常常会将饭菜洒落或打翻，教师不必在意或指责，而应帮助其整理干净，鼓励他继续自己吃饭。随着幼儿自理能力的提高，教师应注意提醒他们不要让饭菜洒落在桌上和地上。

（4）进餐时不大声说笑

集体进餐，其实也是幼儿之间相互交往的时机。教师应该告诉幼儿，想说话时先咽下嘴里的食物，轻声说话。幼儿喜欢模仿，教师还可以和他们一起进餐，用自己的言行去暗示幼儿的行为。

（5）学会收拾餐具

用餐完毕，应让幼儿学着收拾自己的餐具，同时要提醒幼儿轻放餐具。教师及保育员不要随意变动餐具的摆放，或因为抢时间而自己将餐具收掉，使幼儿失去自理的机会。

3.鼓励和支持幼儿的自我服务

教师要多用赞赏的眼光、动作、语言鼓励幼儿的自理行为，并在集体面前赞扬他们。在进餐活动中，尽可能让幼儿自己动手，使他们尝试自我服务，体验独立。自主是幼儿乐于自我服务的内动力，教师应多给幼儿自主选择的机会，如有条件的学前教育机构可提供不同的点心品种、自助餐等，让幼儿自选，增强他们自我服务的兴趣。

4.根据幼儿的不同情况给予不同的帮助与指导

对胃口小、食欲差的幼儿，可以少盛多添；对吃饭特别慢的幼儿，可以让其提前一点时间进餐，使他感觉自己也能同别人一样按时吃完；对吃得过快的幼儿，要提醒他们细嚼慢咽；对挑食的幼儿，除了要引导其不挑食，还可根据幼儿的口味来烹调，吸引他们去尝试吃不爱吃的东西，并以同伴和教师的良好情绪去影响、感染他们；对生病的幼儿，应允许他们少吃一些；对肥胖的幼儿，注意适当控制他们的进食量。

　　两岁半的婷婷长得又瘦又小。奶奶告诉老师，在家里，婷婷只吃一勺饭，食管细，胃口小，多吃一点，饭就含在嘴里不咽下，真是没办法。第一天上幼儿园，老师根据婷婷的情况，进餐时只给盛了一勺饭，还不时叮嘱她咀嚼的方法，婷婷很快地吃完了一勺饭。老师立即夸奖她这么快就吃完"一勺饭"，别人都还没吃完呢。接着又问，是否需要添一点，婷婷高兴地同意了，于是老师给她添了半勺饭，鼓励她继续自己吃，不一会，婷婷又吃完了。老师惊喜地直夸她真棒，自己吃了"两碗饭"。当奶奶接婷婷回家时，她大声地告诉奶奶说："我今天吃了两碗饭。"奶奶诧异地问老师："怎么会呢？"老师悄悄地告诉了奶奶自己的教育手段，希望奶奶在家中予以配合。每次进餐，老师总是关注婷婷，及时表扬。在愉快的心情下婷婷的饭量逐步增加，胃口好了，婷婷的小脸蛋也变圆了。

案例

- -

　　分析：上述案例中这位老师的教养方法值得学习。第一，尊重幼儿的个体差异，婷婷长期的饮食习惯导致她的基本食量不如其他幼儿，因此不必强求她按照一般幼儿的要求去做，而逐步加大食量是有效手段。第二，为幼儿营造了愉快的氛围。不去触及幼儿最敏感的弱点，而是用放大镜式的眼光看待幼儿的点滴进步，用积极的语言去引导孩子的行为，幼儿情绪愉快，就乐意听从老师的要求。第三，与家长积极沟通，让家长理解老师的用心，以得到家庭的配合。

（二）睡眠活动

幼儿期正是生长发育的重要时期，保证其充足的睡眠，对他们身体、大脑的发育有着重要的作用。

1. 为幼儿创设一个舒适、安静的睡眠环境

幼儿寝室要保证空气流通，温度适宜，在夏天，入睡时若打开窗户或电扇，要注意风量适度，不让风直接对着幼儿的头部吹，室内的光线不能太明亮。幼儿的床位要宽松，被褥的厚薄要根据季节及气温的变化适当调节。睡眠前可播放轻柔优美的背景音乐，以便使幼儿安静入睡。

2. 重视睡眠的护理工作

在幼儿睡眠前，教师应检查床铺上有无影响幼儿睡眠的杂物，同时还要观察幼儿，以避免幼儿将一些小玩意，如头饰、纽扣等物品带入被中。提醒幼儿根据季节、气温穿合适的衣服入睡，如夏季可穿短裤背心；春季穿一条棉毛裤和一件棉毛衫；冬季可穿一件薄毛衣和一条薄毛裤。教师要向幼儿指明衣物、鞋袜摆放的位置，教他们一些折叠衣服的方法。

在幼儿整个睡眠过程中，教师应多巡视，时刻关注他们的睡眠情况，如睡姿是否正确、是否盖好被子等。幼儿睡眠结束后，整理被褥的工作应在幼儿离开寝室后进行，避免幼儿吸入扬起的灰尘。

3. 悉心照顾个别幼儿

新入托、入园的幼儿在睡眠时会有恋家、恋床、恋物等表现。比如，有的幼儿要抱着自己的枕巾、玩具或要摸着大人的脸、头发等才能入睡，对于这些有特殊需要的幼儿，教师可给予特殊关照，允许他们一开始保持自己的入睡习惯，并陪伴他们入睡，慢慢帮助他们适应集体生活。对于有些精力较充沛的幼儿，可以允许他们减少午睡时间，但注意不要让他们影响其他幼儿。有些幼儿会说梦话或做噩梦，当幼儿哭喊时，教师可帮他翻个身，用轻柔的语言、亲切的抚慰使其恢复平静。对于生病的幼儿，教师尤其要细心照顾，对于他们体温的变化、是否咳嗽、是否呕吐等情况要时刻关注，细心护理。

幼儿园每天中午的午睡对于张老师来说成了一个难题，小朋友们一个个在床上翻来覆去，不是伸手，就是跷腿，偶尔还能听见一些小朋友伸头叫一下自己旁边的小伙伴，更聪明的是以想小便为理由，干脆到厕所去转一圈。这样一来，中午就再也没有几个小朋友能睡好觉。张老师想：这怎么能行？休息不好会直接影响到他们的成长发育！于是她想出了一个妙计——请他们做梦！首先张老师编了一个有趣的梦讲给他们听，在他们听得津津有味时，问道："你们想做梦吗？""想！"孩子们异口同声地回答。"那好，让我们一起闭上眼睛吧，这样梦精灵就会把最好的梦送给睡得最香的孩子！"老师的话音未落，孩子们就把自己眼睛闭了起来。寝室里一片寂静，只能听到孩子呼吸的声音！他们睡得香极了！起床后孩子们争先恐后地给老师讲述着他们做的美梦……

分析：在上述这个案例中，老师从孩子们的心理出发，利用孩子们爱听故事、爱讲故事的特点，将日常生活中简单的午睡变成了一个可爱的童话"梦精灵"。孩子们带着这样美丽的梦想进入梦乡，午睡后又可以满足他们讲故事的愿望，既提高了午睡的质量，同时也增强了幼儿的语言表达能力。

（三）盥洗活动

托儿所、幼儿园每天的盥洗是培养幼儿爱清洁的重要环节，教师应通过组织幼儿的盥洗活动，培养幼儿良好的卫生习惯。

1. 为幼儿创设干净明亮、整洁卫生的环境

学前教育机构的教室、寝室和盥洗室应干净、通风，地板保持清洁，让幼儿感受到整洁带来的舒适感。在运动、餐饮后，要为幼儿提供干净、数量充足、取放方便的小毛巾，提醒幼儿擦汗、擦嘴，并注意及时更换破损的毛巾。幼儿喝水的杯子和放置杯子处应干净、整齐、卫生。

2. 提供适合幼儿使用的卫生器具

学前教育机构盥洗室的安排要合理，要有宽敞的场所，幼儿的洗手池、毛巾架等要符合幼儿的身高、体形，水龙头的数量要足够幼儿使用，盥洗室的地面要防滑，挂物品的挂钩、钉子等应钉在幼儿碰不到的地方。盥洗室里可提供色彩鲜艳的洗手皂，以吸引幼儿洗手，为了方便幼儿使用肥皂，教师可将大肥皂切割成小块，也可将小块的肥皂悬挂在水龙头上。活动室内、盥洗室内、寝室、走廊等处多放置一些与幼儿身高相适宜的镜子，让幼儿能时常照镜子。

3. 培养幼儿良好的个人卫生习惯

爱干净是良好的卫生习惯，对于学前幼儿来说，更重要的是个人卫生习惯的培养。教师应教会幼儿

保持洁净的方法,如勤洗手,知道饭前便后、手脏了要洗;早晚刷牙,饭后漱口;掉在地上的东西不放进嘴里;能使用手帕、纸巾和毛巾,保持脸、五官的清洁;保持仪表的洁净;爱洗澡,喜欢身体洁净带来的舒适感。

案例

两个托班的老师在运用相同的儿歌、相同的示范教幼儿洗手,"小肥皂,手中拿,手心手背搓一搓,冲一冲,甩一甩,擦擦毛巾小手白。"两周后,甲班的幼儿完全掌握了洗手的正确方法,而乙班的幼儿却还未能掌握。究其原因,原来甲班的老师感到一首短短的儿歌里包含了许多洗手的动作和要求,对于托班的幼儿来说,他们是不能一下就掌握的。于是,甲班教师根据儿歌内容把洗手分成许多步骤,每天教一步,所以儿童很快就学会了正确的洗手方法。而乙班的教师却将儿歌和洗手的动作一次性全部教下去,每天反复念诵。于是就出现了两种截然不同的结果。

分析:2—3岁的幼儿可以听懂成人的话,也可以和成人用语言交流,但毕竟是有限的。当成人一次要求幼儿做太多事,他们是无法记住的,更谈不上按要求去执行。甲班的教师正是掌握了低年龄幼儿的这一特点,于是把洗手分解成了一个一个具体的动作,一次只讲一个动作,突出重点。这一方法值得借鉴。

（四）如厕活动

如厕能力的培养是生活教育的一项内容,早期对幼儿进行如厕能力的培养,有益于增进幼儿的生活自理能力,对幼儿的情感、独立性、克服困难等品质的发展也起到重要的促进作用。从小培养幼儿的如厕能力,不仅是社会发展的需要,也是孩子自身发展的需要。托班教师从幼儿2岁左右就可以进行如厕能力的培养,使他们能较快地适应托儿所、幼儿园的集体生活。

1. 为幼儿创设一个方便、卫生、舒适的如厕环境

学前教育机构的厕所设计应充分考虑幼儿的生理特点,蹲式便池旁应设有扶手柄,使幼儿有安全感。便池间应有隔离栏,避免幼儿挤在一起。有条件的学前教育机构还应为幼儿备有坐便器,以适合低龄幼儿使用。厕所间应保持明亮,门容易打开,不会把幼儿锁在里面,使其有安全感。

2. 鼓励帮助幼儿养成良好的如厕习惯

教师要与家长配合,分别教会男孩、女孩如厕的方法,特别要注意日常生活中的个别指导。教师要经常提醒幼儿有了便意就上厕所,特别是在集体、户外或外出活动前要提醒幼儿上厕所,培养幼儿有了便意就上厕所的习惯。同时,让幼儿认识、熟悉学前教育机构内的所有厕所,教幼儿就近上厕所。户外活动时,应带领幼儿认识、熟悉离活动场地最近的厕所,培养幼儿不随地大小便的习惯。

3. 提醒照顾个别幼儿

午睡前,教师要提醒常尿床和尿频的幼儿先小便再睡觉,并让他睡在离厕所较近的床铺。低龄幼儿常会发生尿湿裤子的现象,教师应安慰幼儿,并帮他及时清洗、更换衣裤。冬天,有的幼儿衣着增多,穿脱时的困难会影响他们及时如厕,教师要细心观察,帮助幼儿解决困难。

案例

兰兰进幼儿园小班没几天,就尿床了。老师摸到她湿湿的被褥问:"你尿尿了?"只见她一脸惊恐的表情。老师帮她换掉了裤子。

第二天午睡前,老师特地关照兰兰去小便,并观察到兰兰确实有小便。可午睡起床,兰兰又尿床了。接连几天,兰兰都是这样,为此她一到午睡就神情紧张。于是,老师建议家长带兰兰去医院检查,看看她在生理上是否有问题。没过几天,兰兰的奶奶告诉老师,医生的检查结果是:兰兰的生理年龄比实际年龄小,发育较晚,因此她的小便不能自控。现在,医生已经开始用中药给兰兰进行调理。

老师了解情况后,便开始对兰兰采取特别照顾。把兰兰的床位换到离盥洗室最近的地方;午睡前,提醒她小便,注意观察;在午睡1小时后,唤她起来小便。慢慢地,兰兰每天醒来后,都发现自己睡在干干净净的床上,她再也不用担心自己尿床了。兰兰进入中班,已经能安稳地睡午觉,再也不用老师唤醒她去小便了。

分析:幼儿尿床无论是生理原因还是心理原因,都不是他们的错。尿床以后,孩子一般总会神情紧

张,就像兰兰。如果有过尿床被指责的经历,以后一旦出现尿床,就会因担心成人的态度而紧张;如果有了尿床难为情这样的心态,以后尽管并没受到批评,也会因害羞而紧张,特别是女孩。教师在处理此类问题时,要注意保护他们的自尊心。

拓展阅读
8-3

幼儿生理、心理发育很不完善,个体差异很大,有些问题可能与生理发育状况有关,有些问题可能与心理适应性有关。如,兰兰的尿床与生理有关,兰兰的紧张与心理有关,也有刚入园的孩子因为心理上的原因而尿床。如果发现幼儿在日常生活中出现某些"问题",首先要分析问题的原因,有针对性地进行处理。上述案例如果老师责怪兰兰,也许尿床的问题不仅不能解决,还可能由于兰兰心理紧张而越发严重。幼儿的健康成长离不开教师的细心观察和照料,也离不开家庭的密切配合。教师只有善于发现并善于分析,才能有效地采取应对措施,争取家长的合理配合。

（五）收拾整理活动

在学前教育机构,幼儿个人的生活、学习用品及游戏时使用的玩具、材料等部分物品,需要自己收拾、整理。教师应根据幼儿的实际情况,指导他们进行整理活动。

1. 利用环境发展幼儿的秩序感

拓展阅读
9-2

学前教育机构整体环境应整洁、美观,让幼儿一进入集体生活就受到文明、有序的教育。教师自身也应养成物归原处的良好习惯,教室内的物品应摆放整齐。摆放玩具的橱柜高低应适宜幼儿的身高,橱柜与橱柜之间空间距离要大一些,橱柜上的标签应醒目、富有童趣。

2. 教会幼儿整理玩具、物品的方法

教师应利用幼儿的各种活动,教幼儿收拾整理物品的方法。向幼儿介绍活动室内的物品名称,让幼儿熟悉玩具、物品摆放的位置,引导幼儿按指令和看标志、图示摆放玩具;体育活动结束后,请幼儿与教师一起将小型的运动器械归放整齐;盥洗、餐饮活动后,指导幼儿将毛巾、碗筷等分类摆放;每天午睡前后,指导幼儿将自己的衣服、鞋子摆放整齐;每天在回家前,带领幼儿一起整理活动室,将玩具、桌椅摆放整齐。需要注意的是,教师让幼儿收放的物品不宜太重,大小要合适。

3. 及时指导个别幼儿

拓展阅读
9-3

对于将玩具乱扔乱放的幼儿,教师应加强指导;对由于家庭溺爱而不愿动手的幼儿,应及时与家长取得一致,共同进行教育;对于动手能力差的幼儿,应多给予练习的机会并给予指导帮助、表扬鼓励。对于有些"毛手毛脚"的幼儿,教师一方面要给予积极的鼓励和肯定,另一方面要给予方法上的指导,切忌讽刺和阻止。

二、日常生活活动中的保育与教育

（一）悉心照料与积极培养相结合

"保教结合"是学前教育工作的特殊要求,它是根据幼儿的身心发展特点而提出的。由于幼儿独立生活能力较差,为保证幼儿的健康、安全和个性全面和谐地发展,教师要对幼儿的生活予以全面、细心的照顾。但有些教师将"保教结合"理解成了"包办代替",教师事事要替幼儿想到,处处要为幼儿做到,时时防备幼儿,这其实是把本该属于幼儿的事情也担负到自己的肩上。这样下来给教师带来较重的身心负担,教师累,幼儿也感到处处受限、不自在;教师紧张,幼儿也感到不轻松。尤其是幼儿学会了不动脑筋,事事依赖教师,什么事都找教师。为此,《指南》明确提出,幼儿身心发育尚未成熟,需要成人的精心呵护和照顾,但不宜过度保护和包办代替,以免剥夺幼儿自主学习的机会,养成过于依赖的不良习惯,影响其主动性、独立性的发展。因此,凡是幼儿力所能及的、应该掌握的事情,教师不要代替幼儿去做,而是要鼓励并指导幼儿自己去完成。教师重点要掌握幼儿生活常规教育的要求与培养幼儿良好生活、卫生习惯的方法,在设计和组织幼儿日常生活活动时,注重教养结合,养中有教、教中有养、教养并重,有效培养幼儿的生活自理能力,培养幼儿的自立精神。

（二）采用适宜的方式指导生活活动

教师在设计指导幼儿生活活动时,要从幼儿的年龄特征和实际水平出发,采用适宜的方式进行指导,逐渐培养幼儿自理、自立的能力。对幼儿来说,游戏是他们最喜爱的活动,教师就可充分利用游戏活动来发展幼儿的生活自理能力。例如,在区角活动中,教师可提供一些用纸盒、饮料瓶等制作的大嘴动物或大嘴娃娃以及小纸球、小豆子、小石子等"食物",让幼儿在用小勺、筷子给"娃娃"或"动物"喂食的游戏情境中,反复摆弄和使用这些材料,既发展了幼儿的手眼协调能力,也使其掌握了自我服务的技能。在角色游戏中,为幼儿提供一些扮演角色的服装,如医生的白褂、超市营业员的背心、妈妈的围裙等,让幼儿在游戏的情境中学习拉拉链、扣纽扣、穿衣服等自理技能。

（三）充分挖掘生活活动中的教育契机

生活活动是教师观察、发现和指导幼儿最经常、最自然、最容易的活动,教师应抓住生活活动中的教育契机,促进幼儿的全面发展。例如,在进餐活动中,除了要让幼儿养成细嚼慢咽、不挑食、不偏食等良好的餐饮习惯和独立进餐能力,教师还可结合这一活动对幼儿进行其他方面的教育,如在餐前,教师可向幼儿介绍今天的食物或让幼儿自己说说菜的色、味、形、营养,不但可以激起幼儿的食欲,还可使他们认识各种食物并促进语言的交流。又如,结合生活中幼儿损伤的玩具或物品、盥洗室里的滴水声、拖拉小椅子的声音等实例,开展随机教育,引导幼儿讨论:玩具是怎么"受伤"的? 盥洗室里谁在"哭"? 怎样让水龙头不哭?……

> **背景**:小班,下午3:30午点时间
> 今天的午点是饼干,给孩子们发完饼干后,刘老师问幼儿:"你们看看自己面前的饼干,是什么形状的?"幼儿大声回答:"圆形。"刘老师又拿起一块饼干说:"你们看这圆圆的饼干像什么?"幼儿一个个抢着回答:太阳、月亮、盘子、纽扣、碗、皮球、车轮、泡泡、气球……
>
> **分析**:在上面案例中,教师利用幼儿生活中真实的情境,并根据幼儿的特点,引导幼儿发挥想象力,调动他们的积极性,将生活中的事物与原有的经验建立联系,在幼儿自身的体验和观察中,增长认识、表达感受、丰富语言、积累经验、获得发展。

案例

（四）家园共育,保持教育的一致性

家庭是幼儿生活的重要场所,当幼儿离开家进入集体生活时,家长和幼儿都有一个不适应的过程。许多幼儿动手能力差或生活习惯不好,与家庭教养方式不当密切相关,一些家长溺爱孩子,事事不让孩子动手,使孩子依赖性较强。作为教师,首先,要理解家长的心情,悉心照料好每一个幼儿,仔细观察、了解他们在集体生活中的表现与特点,经常向家长反馈,使家长信任你,进而支持你的教养工作。其次,要就幼儿在教育机构或在家的生活情况、能力、行为表现等与家长定期、经常地沟通,使家长能感受、体会孩子在自理过程中的成长与进步,同时向家长宣传科学育儿理念以及从小培养幼儿自理能力的意义和方法,引导家长在家庭生活中支持孩子做力所能及的事,使他们的自理行为和生活习惯能在一致的教育环境中养成。

三、自由活动的注意事项

（一）确保幼儿的生命安全

尽管自由活动的最大特点是"自由",但由于幼儿缺乏足够的自我保护意识和能力,在安全和纪律等方面可能出现一些难以预料的问题,因此在进行自由活动时,仍离不开教师的组织与指导。教师要进行适当的指导,如告诉幼儿哪些行为是危险的、不能做的,充分确保幼儿的行为规范和生命安全。同时,教师还要为幼儿的自由活动创造一个安全的环境,合理划分场地并起到一定的暗示作用,如活动区外的小脚印表示参加人数的标志,可以起到限制人数的作用。这样的环境布置既能增强幼儿在自由活动期间的自主性和目的性,使活动井井有条开展,也能避免因拥挤而影响活动效果,减少了许多不安全因素。此外,在选择材料时也要注重安全性、环保性,还要重视材料做好后的安全检查和充分的预操作,发现每一点隐患,排除一切不安全因素,保证幼儿在与材料的互动中安全地得到发展、获得快乐。

（二）给幼儿以充分的自由

既为自由活动,教师就要给予幼儿充分的自由,让幼儿在自主、自愿、自由的基础上选择材料和玩伴、参与游戏。教师要创设一种能体现开放、自由的精神环境,要提供自由活动的时间、地点和充足的玩具材料,让幼儿真正无拘无束地参与活动,使幼儿产生愉快的情绪,激发幼儿的好奇心和对活动的兴趣,增强幼儿的自主性和自信心;要在活动中把主动权交给幼儿,鼓励幼儿成为活动的组织者,让他们参与活动的准备、材料的制作、活动中问题的讨论解决及活动后的材料整理,以更好地培养责任感,增强活动的自主性。

拓展阅读
8-3

（三）培养良好的行为习惯

自由活动限制少,幼儿在活动中往往表现得积极、投入、尽兴,其好动、好奇、天真淘气的天性会淋漓尽致地表现出来。教师要抓住时机观察幼儿的行为和表现,一方面发现和支持幼儿自发的个别探索活动,满足幼儿的兴趣需要,并注重引导幼儿在自由活动中形成良好的规则意识和责任感,提高幼儿的注意力集中水平,以及语言表达、人际交往等各方面能力;另一方面,也要关注到幼儿可能存在的一些不良行为习惯,如争抢玩具、争当领袖、故意损坏玩具、不遵守游戏规则等,教师要充分发掘和利用自由活动中的教育契机,进行随机教育,从而确保幼儿养成良好的行为习惯。

总之,自由活动中蕴涵着诸多教育价值,只要我们遵循《纲要》《指南》精神,把主动权还给孩子,放开手、睁大眼、认真观察、合理引导,幼儿就能在与充足适宜的环境材料的自主互动中感受到快乐;在教师的信任、支持引导中真正成为活动的主人;在游戏中促进各方面能力的发展,从而真正提高自由活动的质量。

本单元小结

本单元阐述学前教育机构日常生活活动、自由活动的特点、主要内容及功能;对幼儿园满足幼儿基本生活需要的餐饮活动、睡眠活动、盥洗活动、如厕活动、整理活动、散步等日常生活活动和自由活动的特点、指导方法及实施要点做了详细介绍;对组织指导幼儿日常生活各种活动和自由活动提出保育与教育相结合的基本要求和注意事项。

复习与思考

1. 简述日常生活活动的内涵与特点。
2. 阐释日常生活活动对幼儿发展的重要意义。
3. 试述幼儿园各类日常生活活动的指导要点。
4. 简述如何做好幼儿园日常生活活动中的保育与教育工作。

同步实训

1. 在见习活动中,观察幼儿园各类日常生活活动的组织情况,并以小组为单位进行汇报交流,分析其存在问题与改进举措。
2. 尝试开展幼儿班日常生活活动的保教实践,撰写实践反思,并在小组交流研讨。
3. 以图表的方式,整理幼儿园各类日常生活活动的组织与指导要点,梳理其共同点。

幼儿园教学活动

本单元将帮助你：

◆ 理解幼儿园教学活动的内涵、特点及功能

◆ 了解幼儿园开展教学活动的时机是开展教学活动的前提

◆ 理解幼儿园教学活动设计的主要环节及其基本要求

◆ 理解教学活动的组织指导要点和高质量的师幼互动

◆ 初步能运用所学理论审视、分析幼儿园教学活动的实际或案例

◆ 尝试拟订和实施教学活动计划，并开展和体验反思与研讨活动

问题情境

　　一天，东升幼儿园大班姜老师开展了关于保护牙齿的教学活动。老师开场白说："小朋友，今天我们来学习如何保护我们的牙齿。"话音刚落，小朋友们便七嘴八舌地议论开了，一个个一边举起小手，一边叫嚷着说："老师，我知道！""我也知道，我来说。"一时间，活动室里吵吵嚷嚷。姜老师维持秩序说："小朋友们，请安静，小嘴巴闭闭好，认真听老师讲，等老师讲完了，再请小朋友回答。谁要是再嚷嚷，老师就不请他了。"活动室一下子鸦雀无声。接着老师就小朋友应该保持口腔卫生，每天早晚刷牙、吃东西后漱口、少吃糖果等全面说了一遍。而后请了几位小朋友回答老师的提问，小朋友都能正确回答老师所提的应该怎样保护牙齿的问题。老师又请全班小朋友按照老师说的应该怎样保护牙齿复述了几遍，最后老师表扬了小朋友"真聪明！懂得了应该怎样保护牙齿"。同学们，你认为姜老师的这一教学活动有必要吗？开展得怎么样？

　　幼儿园以游戏为基本活动，遵循着幼儿身心发展的规律和特点，符合幼儿的天性与"自己的大纲"，能够最大限度地顺应幼儿的自然发展。与此同时，幼儿身心全面和谐发展，还需要通过有目的、有计划、有针对性、系统的教学活动等途径发挥其互补作用；教师引导、指导幼儿梳理生活和游戏中获得的各种星星点点的经验，形成简单的概念、促进认知网络优化构建，也需要集中教学活动才能做到面向全体且高效率；对幼儿在自主游戏中相对未能或不易获得的发展方面，还需要以符合幼儿学习与发展特点的其他教育活动予以互补，才能使幼儿的发展更加全面、更有质量。因此，要实现幼儿身心全面和谐而富有个性地高质量发展，幼儿园的教育应是以游戏为基本活动的多途径对幼儿实施影响。接下来，我们就来探讨幼儿园的教学活动。

第一节　教学活动及其功能

一、教学活动及其特点

（一）幼儿园教学活动的内涵

1. 幼儿园教学活动的内涵

幼儿园教学活动是教师根据一定幼儿群体身心各方面发展的现状和发展需要，有目的、有计划地组织、引领和指导幼儿学习与发展的教育活动。教学活动使教师的能动性与幼儿的能动性相结合，幼儿通过

自身主体的主动活动以及师幼、幼幼充分互动,深入理解事物,学习简单粗浅知识和技能,梳理已有经验、获得新经验,系统构建认知结构、陶冶情感,培养学习能力和品质。

幼儿园教学活动和幼儿园游戏活动、幼儿园生活活动,是共同促进幼儿全面发展的重要途径,各自都具有其他活动不可替代的教育功能和价值。教学活动是教师精心安排和预设的,用以支持、激发、引导和促进幼儿顺利开展学习和获得相应发展的过程,它由幼儿的"学"和教师的"教"共同构成,其中,幼儿的"学"是主体、是根本,教师的"教"是为幼儿的"学"而设计、而计划,反映幼儿学习的需要和兴趣,通过教师的激发引导幼儿主动地"学",帮助幼儿丰富、整理和建构认知经验,培养能力。《纲要》指出:"幼儿园的教育活动是有目的、有计划引导幼儿生动、活泼、主动活动的多种形式的教育过程。"幼儿园教学活动是教师根据幼儿园教育目标、幼儿发展特点和规律和已有的发展,有目的、有计划地组织与指导幼儿学习、建构与发展的辩证统一过程。

2. 幼儿园教学活动的特点

(1)目的性和计划性

幼儿园教学与其他教育活动一样,具有目的性和教师引导作用的共性。目的性是为了达到所设定的目的,而去做一件事,那么做这一件事就是有目的性的。目的就是你所要达成的目标,即做一件事的意图。如,全面发展的目标如何实现,考虑幼儿在自主游戏、生活活动中未能或相对不易获得的方面,就需要有目的地通过教学活动相互补充,包括各个领域的教学活动;又如,幼儿游戏、生活所获得的零星经验需要帮助幼儿梳理;幼儿游戏中遇到某个问题,就有开展一个教学活动的需要和价值,教师就有目的地设计和开展教学活动;再如,游戏中见到一个不安全的行为,就有必要设计一个安全教育的教学活动。这要比一个个分散地去提醒要高效,更有利于帮助幼儿梳理在幼儿园活动中怎样做才能保证安全,增强全班幼儿的安全意识。

幼儿园教学活动无论是学期计划、周计划还是每一个教学活动都具有很强的目的性和计划性。贯彻落实幼儿园保教目标,实施幼儿健康、语言、社会、科学、艺术五个领域教育,需要根据幼儿的发展特点和规律,具体化到从小班到大班的六个学期的学期计划中去。具体实施过程,还要根据班级幼儿学习与发展实际做好周计划和日安排。幼儿园以游戏为基本活动,年龄越小其生活活动和游戏活动占比越大,教学活动量少但对幼儿学习与发展是不可或缺的。对每一教学活动,教师都要分析幼儿的已有经验和学习需求,拟订教学目标,设计教学方案,拟订教学活动计划,做好教学准备,教学过程有效地调动幼儿与教师双方的积极性和主动性,这些都可见其计划性。

(2)宽泛性和灵活性

幼儿园教学活动的宽泛性指的是教学涉及的面宽、界限不明显,也不十分严格,教学活动可以是整合性的,也可以是关注某一个学科领域;可以是低结构的,也可以是高结构的;可以是较多关注教师预设和指导的,也可以是较多关注幼儿自发生成的。实施学期、周教学计划以及具体的教学方案、计划,也具有一定的灵活性。宽泛性和灵活性是基于以幼儿发展为本,充分发挥教学活动对幼儿学习与发展的功能。幼儿园教学活动对教师的专业性要求较高,教师既要有幼儿全面发展的目标意识、整体观念和计划性,又要以幼儿当下的发展实际与发展需求为依据,设计和开展适合当下幼儿实际的教学活动。

幼儿园教学活动中,无论是教育内容的选择,还是教学方法和形式的使用、教学时间的安排等都比较灵活。教学内容可以由教师事先预设,也可以由幼儿自主生成,以幼儿为中心,充分发挥其主体性,基于幼儿兴趣和发展的需求来开展;幼儿园教学活动可以按教育领域分为健康、社会、语言、科学、艺术五大领域开展教学,也可以以"单元主题"形式或"整合课程"形式开展教学;教学形式灵活多样,可以是全班幼儿集中教学活动,也可以分小组开展教学活动;还可以开展混龄教学活动、亲子教学等。为实现一定的教学目标,以幼儿为中心,教学方法丰富多样,灵活选用。遵循幼儿的学习特点和主动性,引导幼儿主动建构,幼儿园教学方法更多以提供幼儿游戏、观察、操作、发现、讨论、交流等活动为主。教师还可创设学习情境,提供操作材料引发幼儿主动学习,从中获得某些学习经验,促进其全面、和谐发展。幼儿园教学活动的时间,也可以根据幼儿年龄特点、兴趣关注点、学习专注度等随时调整,不拘泥于固定时间,且可以在活动延伸中继续探究、学习,比较灵活机动。

(3)启蒙性和实践性

人生百年,立于幼学。学前教育是终身学习的开端,是基础教育的基础,是国民教育体系的重要组成部分,所以学前教育的教育质量关系着千千万万幼儿的健康成长。《纲要》指出:"幼儿园的教育内容是全面的、启蒙性的"。幼儿园教学活动要贴近幼儿的实际生活,以简单的、具有启蒙性的知识经验为基本内容,童蒙养正,寓教于乐。幼儿园教学活动一般有一个核心的领域目标,同时也有机整合渗透其他领域目标,围绕教学内容和目标,引导每个幼儿积极主动地实践与体验,多以游戏的方式,通过充分感知、操作、探索、思考、表达交流等生命的实践活动,发展情感、态度、认知、语言、知识、技能、创造性,获得有益经验。

（4）主体性和交互性

幼儿是学习的主体。幼儿的学习是以直接经验为基础,是在与环境中的人和物交互作用过程中,主动建构其认知结构、积累经验,获得身心各方面的发展。幼儿园教学活动要让每个幼儿在积极主动参与的过程中实现学习与发展。

幼儿园教学活动是教师和幼儿共同学习探究、建构知识经验的过程,以幼儿为学习主体,教师主导作用在于为幼儿学习设置一定的挑战性,并有效地促进幼儿主动学习,与所准备的教学环境和材料交互作用。无论教学目标设计、教学内容的选择、教学时间的把控、活动过程中教学方法和形式的使用,都要充分考虑幼儿的身心发展规律,学习特点和现场学习实际来实施。充分尊重幼儿的天性,因势利导,充分发挥师幼、幼幼的交互作用,借助对话的力量延伸幼儿的思考,提升学习理解力、逻辑思维力、表达能力,积累有益经验。

（5）游戏性和趣味性

《纲要》组织与实施第六条规定:"教育活动内容的组织应充分考虑幼儿的学习特点和认知规律,各领域的内容要有机联系,相互渗透,注重综合性、趣味性、活动性,寓教育于生活、游戏之中。"根据幼儿的身心发展特点、幼儿具体形象的思维特征和注意力易转移等特点,幼儿园教学需要借助一些直观的玩教具、赋予一定游戏情境,激发幼儿的学习兴趣、调动积极性,生动有趣地开展,寓教于乐,让幼儿在玩中学、乐中学,以取得良好的教学效果。

拓展阅读
10-1

二、幼儿园教学活动的功能

功能是指该事物内含的、可能实现的有效作用。幼儿园教学活动开展的目的是促进幼儿身心和谐发展,提升幼儿园保教质量。它与幼儿游戏活动、日常生活活动等相互补,对于教师有目的、有计划、系统地指导幼儿的学习与发展发挥着不可替代的重要作用。

（一）有利于面向集体、系统和有针对性地引导幼儿学习与发展

与日常生活活动、游戏活动相比,教学活动集中教学的形式,对幼儿学习与发展更具直接性和目的性、计划性,更能按照教师选择适合幼儿集体学习的内容,预设教学目标和全班或小组的教学活动,通过有目的、有计划的教学活动,有针对性地引导幼儿高效地学习与发展。一如,健康、社会、语言、科学、艺术五大领域的教育内容,或者"单元主题""整合课程""项目活动"中所包含的五大领域的教学内容,都需要教师按照幼儿的年龄特征、认知规律,根据幼儿全面发展的需要,有针对性地选择适合于幼儿集体学习的内容,系统化地在学期计划、阶段计划和周计划里做合理安排。二如,幼儿在日常生活和游戏中学习,获得身心满足和各种经验。但在生活和游戏过程,幼儿往往会遇到共同的、难以逾越的困难和问题,或不够注意安全、缺乏安全意识,或活动受到一定的技能限制,或获得的经验较为零散需要梳理等。教师就可以及时、有针对性地通过集体教学,引导全体幼儿共同想办法解决困难和问题,进行安全教育以提高安全意识、学习自我安全保护,大家一起来学习一些简单的技能、梳理已有的经验,引导拓展新经验等。三如,在教学活动过程中,教师就可面向全体、有针对性地培养幼儿学习的好习惯,掌握正确的学习方法,培养优良的学习品质,从而为幼儿终身学习奠定坚实的基础。

（二）有利于发挥集体的氛围和力量促进幼儿学习与发展

幼儿园教学活动是以集体教育形式为主,辅以小组和个别指导的活动形式。集体教学活动是非常重要的学习资源,能帮助不同的幼儿更快地成长。在集体教育活动中,每一位幼儿在同一时间内学习相同的内容,教师易于集中观察了解不同背景、不同基础、不同能力水平幼儿的学习活动情况,并尽可能地予以指导。教学活动就是教师搭建幼儿学习的支架,帮助创设适合幼儿主动学习的环境,并通过开展集体讨论、小组探究、个人尝试等多种形式有机结合的活动,教师观察活动中幼儿行为认知状况,引导幼儿发现问题、解决问题,引导幼儿培养自主学习能力、自制力和乐群性、合作性等良好社会品质,形成有效的幼幼、师幼互动,相互交流、相互补充、相互借鉴,增强幼儿学习的丰富性,扩大认知,感受到共同学习的乐趣和力量,使各自都在原有的基础上获得发展和提高。对于教学活动中学习能力相对弱的幼儿,教师就能有的放矢

地延伸到教学活动以外,为幼儿创设环境继续学习和个别指导,促进其学习与提高。

（三）有利于与生活和游戏活动形成优势互补共同促进幼儿发展

幼儿园教学活动不同于生活活动和游戏活动的个性化特征,它强调班级或小组幼儿一起学习同一内容,并有统一的活动目标和活动要求,在教师的预设和幼儿的生成活动的有机结合下,针对性比较强。教学活动承担着面向全体幼儿实施各领域有针对性的、适合于集体教学的系统性教育,是促进幼儿全面发展的主要途径之一,通过教师有目的、有计划地引导、提供支架促进幼儿实践活动和有效的师幼互动、幼幼互动,完成教学任务、实现教学目标。由于是集体教学形式,它具有高效率、相互启发建构,教学目标的辐射效应大等优势。当然,教学活动主要是依据一般幼儿的发展水平来开展集体活动,不可能顾及每一个幼儿的发展情况和兴趣等。

生活活动和游戏活动等开放性的活动能为幼儿个体自主选择活动提供机会,有利于满足个体发展需要,也有利于幼儿的个性发展。游戏的优势在于最符合幼儿心理需要和特点,能使每一个幼儿的兴趣、需要得到充分满足,在各自不同发展水平上与环境相互作用,获得不同水平的充分发展。但生活活动和游戏活动中遇到的各种共同的困难和问题、对所获得的零散经验整理形成系统,往往难以让教师逐一指导到位,而通过集中教学就能高效解决。可见,教学活动与生活活动和游戏活动各有优势,教师应充分发挥游戏活动和生活活动对幼儿发展的主渠道作用,并与教学活动有机结合,就能使其优势互补,发挥这三大教育途径的整体功能,促进每一个幼儿身心全面和谐而富有个性地发展。

第二节 教学活动的设计

一、周计划中的教学活动安排

（一）执行学期课程计划和阶段计划

幼儿园的保教目标是通过年龄班的各个学期的课程计划、月计划、周计划逐层具体化而得以落实的。我们在本书第六单元的幼儿园课程中已讨论了班级学期计划、月计划和周计划的拟订。学期课程计划必须考虑国家、政府对幼儿教育的要求和规定,贯彻落实《规程》《纲要》和《指南》的精神和要求,综合考虑社会和家长对幼儿的要求、各地各园的特点、幼儿年龄发展特点与规律,以及本班幼儿发展的实际等因素,选择教育教学内容,采用本园的课程模式,进行学期编排,形成班级学期保教工作计划。学期课程内容的组织,无论是领域课程、主题单元课程、项目活动课程还是园本综合课程,一般都分阶段预设安排了各领域的教学内容。以主题课程为例,主题网络涉及的活动所需要的时间可能会达到一个月,甚至更长时间。不论哪一种课程模式,学期和阶段计划都要通过周计划以及一周五天的保教活动落实到幼儿的身心发展上。

（二）调整和确定教学内容

对于具体实施、落实学期计划和月计划的周计划安排,其教学活动是否需要对学期和阶段所预设的健康、语言、社会、科学和艺术各个领域教育内容的教学活动做调整? 一要依据班级幼儿身心发展的实际、现阶段幼儿的兴趣和已有经验,使所确定的教学内容是幼儿感兴趣的,又建立在一定的经验基础上。二要考虑各有关领域前后学习内容之间的内在联系,做到由浅入深、循序渐进;还要注意不同领域之间内容的相互联系与有机整合。三要有一定的挑战性。既适合幼儿的现有水平,又需要幼儿经过努力才能够达到,即"跳一跳,够得着",以利于激发幼儿的学习积极性,体验经过努力获得成功的快乐,培养自信心。四要有利于其长远发展。从幼儿发展的宏观微观、纵向横向多角度综合考虑,既立足于幼儿的现实发展,又充分关注未来的长远发展需要。

（三）具体安排教学活动

周计划中教学活动的安排与教学内容的确定同步进行。幼儿园以游戏为基本活动,拟订周教育计划、安排周教学活动内容是实现教学活动与游戏活动做到最优结合的关键。根据幼儿的年龄特点,一般小班每周安排3—4个教学活动,每次教学活动10—20分钟;中班3—4次,每次25分钟左右;大班上学期4—5次,每次30分钟左右,下学期5—6次,每次大约35分钟,后期幼小衔接会安排6—7次,每次约40分钟。

二、教学活动的时机把握

（一）落实课程学期计划下的周教学计划

如前述,班级学期计划的实施,是通过周计划、日安排得以具体化,预设了幼儿每天从来园到离园的各项活动,其中就包含预设的教学活动。教师在开学之前,就要拟订好第一周的教育计划,安排好这一周的具体的领域教学活动内容和时间,并做好幼儿入园一周的活动准备工作。根据第一周游戏、生活活动和教学活动的开展情况,再有机联系地推进、拟订第二周的教育计划,安排第二周的教学活动内容,以此类推。一周内的教学活动就在于落实课程学期计划及阶段教育计划下的周教学安排。当然,执行周计划时,对所预设的教学内容,还需要根据当前幼儿学习与发展实际,决定是否做增减调整或做更换内容的调整。因此,教学活动时机的把握,首先就在于符合实际地落实课程学期计划下的周教学活动的安排。

（二）幼儿游戏和生活中生成教学活动

一方面,教师要关注幼儿在生活和游戏环节中呈现的兴趣点或认知盲点,抓住教育契机,积极开展相关主题、有关内容的教学活动。如在幼儿建构游戏的过程中,张老师看到一群男孩把搭好的"幼儿园"推倒,并大声喊"着火了",而且做出救火的样子……张老师意识到,这是一个非常好的教育契机。在引导幼儿分享交流过程中,幼儿仍对火警话题感兴趣,如谈论火警电话号码是多少,对"发生火灾该怎么办""怎样预防火灾""灭火器材是怎样的""消防叔叔是怎样灭火的"等问题很感兴趣。于是,张老师决定开展一次有关预防火灾的安全内容的教学活动,引导幼儿培养正确的防火意识和基本逃生自救能力等。只要留心,老师就常常会观察到许多幼儿对身边事物的新发现,如对北京冬奥会、"神舟十五号"等国家大事感兴趣。又如,小朋友雨天关注到花盆边的蚯蚓、门边的蚂蚁在搬家,总要探索个究竟。对幼儿关注的事物、兴趣点,教师还可以顺应幼儿的兴趣,生成帮助幼儿了解、探索有关事物的教学活动,满足幼儿的好奇心、求知欲。

另一方面,围绕全面发展的目标,对幼儿在自主游戏、生活活动中未能或相对不易获得的方面,就需要有目的地通过教学活动做补充,及时、适时地开展相应的教学活动。当幼儿在游戏、生活中获得了一定的零散经验,需要帮助幼儿梳理、构建对一定事物较全面、系统的认识时,就可以择机以这方面的知识经验为教学内容,组织教学活动,引导帮助幼儿梳理已有经验,提升对有关事物的系统认知。当幼儿在生活和游戏中遇到的某个问题,具有开展一个教学活动的需要和价值,教师就可以有目的地设计和开展关于学习、探索解决这一问题的教学活动。如,游戏中见到幼儿缺乏安全意识,只顾玩得开心而不注意安全问题,就有必要设计一个安全教育的教学活动,引导幼儿认识到安全隐患可能导致的后果,梳理在幼儿园活动中怎样才能保证安全的注意点,增强全班幼儿的安全意识,这要比一个个去提醒幼儿更有效果,且高效得多。

三、教学活动方案设计与计划拟订

教学活动方案设计包括拟订教学活动目标、分析与把握教学内容的重难点、选用主要的教学手段和方法、考虑支持幼儿学习的环境和材料、设计幼儿主体学习过程的支持策略以及师幼、幼幼互动等方面。

（一）拟订教学活动目标

目标是教学活动的灵魂,是教学活动的出发点和归宿。教师一定要有目标意识,做到心中有目标,无论在教学活动设计、教学过程中,还是教学活动反思都应以目标为行动指南。

幼儿园教学活动目标既要对接本班学期、阶段教育目标,又要立足于幼儿学习该教学内容所应有的收获与发展。具体教学活动目标应是通过本次教学活动教师期望幼儿通过学习该内容获得的某些具体发展,即要根据幼儿年龄特点、教学活动的内容和性质、与之相关的幼儿现有的能力水平和经验,从幼儿的认知经验、情感态度、技能等方面来预设其具有一定挑战性的教学活动目标。

教学活动目标的拟订,一是,应尽可能做到全面,包括认知经验、情感态度、技能、能力几方面的内容。二是,目标的表述应明确具体,操作性要强,便于评价,避免目标过大、表述笼统。如"发展幼儿的观察力""培养幼儿的语言表达水平"与"能观察发现幼儿园里的花草树木的生长变化""能用较连贯的语言讲述自己的观察发现"的目标表述进行比较,前者过于笼统,缺乏操作性,既不利于教师教学中的明确实施,也不便于教学评价,后者则很明确地指引教师引导幼儿仔细观察身边植物的生长变化,感受春天的自然景色,表达自己的发现和感受,也便于评价幼儿观察学习是否达到预期的目标。三是,目标的表述要统一角度,或以幼儿学习收获与发展的角度,或以教师工作的角度。我们倡导用幼儿行为目标方式来表述,突出以幼儿为本,有利于教学过程、评价、反思都更多地关注幼儿、为了促进幼儿的发展。

（二）分析教学重点难点

教学活动中的重难点是指教学内容中比较重要的和比较难以掌握的知识经验，如小班语言活动"拔萝卜"，其教学重点是理解故事情节、理解和应用"拉""拔""帮""一起"，教学难点在于理解故事情节、理解并应用"拉""拔""帮"。

幼儿园教学活动的重点是依据教学目标，在对教学内容进行科学分析的基础上确定的最基本、最核心的教学内容。它是教师首先要把握的，是相对所学教学内容的主次而言的，也是教师教学活动反思首先考虑的方面。教学重点是实现教学目标的主要内容或主要方面，它常常是需要幼儿与之前经验相联系，有助于后续学习形成新认知、新技能、新经验等。如中班故事教学"找珍珠"，其教学重点是感知"水的三态变化"并丰富相关认知经验。这个教学重点既链接幼儿前期对"水的三态（水—水蒸气—冰）"的粗浅认知，又是理解"水的三态"转化关系的关键，显得特别重要，所以是教学的重点。

教学活动的难点是指教学内容中，幼儿在现有的水平、经验下不易理解、掌握、有困难的方面，是需要教师着力想出各种有效办法加以突破的。在教学活动中，一般从认知方面说，难点往往集中在重点部分，有些重点也是难点。不过，有的内容不是重点，但因为对幼儿学习、认知造成困难，影响重点的掌握，或者幼儿难以理解的动作、操作练习的方法、游戏的规则等方面，都有可能成为教学活动过程中幼儿学习的难点。

（三）设计引导幼儿主动学习的方案

教学活动过程是教师有效地组织、引导、指导幼儿主动学习的过程，因为幼儿需要通过自身能动的学习活动以及与教师、与同伴交流互动，才能建构起相应的认知结构，获得有关情感、能力和社会性的发展，积累有益的经验。教师策划引导幼儿主动学习是设计教学活动方案的重点，具体应做到以下两点。

1. 选用与幼儿学习方式相匹配的教学方法

幼儿学习不同领域、不同类的教学内容，其学习与构建认知的方式不同，教师要根据幼儿学习的特点和规律，满足幼儿以最适宜的方式展开学习活动。例如，在早期阅读教学方面，绘本是幼儿早期阅读的主要材料，幼儿需要充分观察绘本画面，理解各形象之间的联系以及情节的发展，才能叙述他对绘本内容的理解和感受。很显然，观察法、谈话法和讨论法是早期阅读教学的主要方法。观察是幼儿阅读理解的基础；通过谈话教师引导幼儿观察、激发幼儿链接已有的经验，思考画面各形象之间的关系、事物的发展，并进行表达；幼儿还可以在讨论过程表达、分享自己的观察、理解和感受，互相学习。又如，幼儿学习数学是以自己的方式去操作和探索数学材料，以充分感知物体的数、量及数量关系或形状与空间关系，并逐步构建其认知、发现和尝试解决有关问题。同时，也离不开教师把握时机正确引导和有效组织幼儿操作、探索并观察、比较和推理，形成对学习内容的感性经验，发展思维能力。依此，操作活动、个别指导和谈话就成为幼儿数学教学的主要方法。再如，示范讲解和练习往往是幼儿体育教学活动的主要教学方法。从教学年龄班这一角度看，选用教学方法还要尊重幼儿年龄特点和发展差异。幼儿年龄、个性、兴趣、能力、习惯等的不同要求教师采用不同的教学方法。如，对于年龄越小的幼儿，教学方法越要采用游戏的、直观的方法，而对于大班的幼儿则经常使用讨论法。

2. 设计幼儿与环境材料互动学习的主要环节

在教学内容及其相匹配的主要教学方法确定后，就要具体分析幼儿学习该内容的已有知识、能力和经验，考虑应创设怎样的教学环境、提供哪些和多少学习材料，并以幼儿为主体，基于幼儿立场，以幼儿的视角来考虑如何引导幼儿能动地与环境材料互动，怎样恰到好处地分步骤引导、推进幼儿的学习进程以及发挥幼幼互动的作用。首先，整个教学活动的设计要凸显幼儿的主体性，要建立在幼儿生活和游戏的已有经验基础之上，创设与之相联系的丰富的教学环境和足量的学习材料，以满足每个幼儿实际操作、充分感知和亲身体验的学习需要。其次，要分析幼儿的学习难点、已有能力水平和经验，设计突破难点、突出重点的幼儿学习活动与支持策略。最后，通盘设计从教学活动的引入，到引导幼儿每一个具体学习活动，再到转换有序推进幼儿学习活动的深化、提升，以实实在在地在原有的基础上获得新经验以及身心各方面应有的发展。

（四）形成教学活动计划

拟订教学活动计划，就是把上述所做的教学方案的设计，以规范的格式等要求表述清楚，其结构如下：

1. 教学活动班级、课题内容、设计意图

教学活动计划首先要指明班级、教学的课题内容。如：中班故事教学"三只蝴蝶"，设计意图主要阐述为什么确定这一课题内容的教学，它在此阶段对于幼儿学习与发展的意义，幼儿学习该内容的已有经验,如何突出重点、突破难点,怎样争取达到最优的教学效果等。

2. 教学活动目标、重难点和教学准备

教学活动计划要明确清晰地表述教学活动目标,体现阶段教育目标的具体化,要突出挖掘教学内容的教育价值,并有机渗透情感态度、学习品质、社会性和良好习惯的培养,兼顾幼儿间的层次差异。所表述的教学目标将引领教学过程的教学行为为促进幼儿的充分发展服务。教学过程可以随着观察幼儿学习的实际情况,对目标做适时、适宜的灵活调整。

明晰表述教学活动目标后,还要指明该教学活动的重点和难点。而后表述该教学活动所要做的准备,一是,幼儿活动中必需的知识经验、技能准备,即已有经验基础;二是,教学活动中必要的情感、心理准备;三是,教学环境的创设和教、学具等物质材料的准备,如幼儿操作材料、教师教具的准备、活动场地的准备、环境布置,等等。

3. 教学活动过程的步骤与主要环节

教学活动过程的步骤与主要环节,体现教育过程的组织。

首先是表述教学的导入、新话题的引出或新经验的发起、激发幼儿的学习兴趣等,体现教师对如何引导幼儿集中注意力、顺利有效进入该教学活动的思考与设计。

二是,表述幼儿的系列活动。把前述所选用与幼儿学习方式相匹配的教学方法、所设计幼儿与环境材料互动学习的主要环节做进一步的梳理、条理化。这一部分还包括考虑教学活动中具体采用集体、小组、个人三种形式,先后顺序如何,以什么形式为主,采用哪些教学方法,主要采用方法和辅助方法;幼儿系列活动层层推进安排、提问设计、线索设计,体现引导、支持幼儿实际操作、充分感知和亲身体验。

三是,表述交流讨论和经验的梳理。体现教师如何引导幼儿讨论、交流分享经验,引导幼儿一起梳理经验,并指向关键经验和经验的拓展,还要对其经验的要点做梳理表述。

四是,表述教学活动的延伸。教学活动的延伸,可以是对该教学活动的巩固、拓展和应用,也可以是继续开展下一个活动的连接,起着承上启下的作用。延伸活动的设计要交代清楚延伸的具体活动是什么,其指导要点有哪些,一般根据幼儿经验和兴趣爱好可预设与教学活动内容相关的一些幼儿区角游戏活动等,为相联系的下一个教学活动积累经验。

总之,教学活动过程各环节的安排,要符合知识经验逻辑关系和幼儿学习心理逻辑,是循序渐进的活动系列与进程;要充分体现根据教学目标,突出重点和突破难点的层层落实;要体现教师是如何引导幼儿主体活动,使幼儿通过自己实践来建构、探究解决问题,教师引导幼儿梳理经验要指向关键经验和经验的拓展,体现逐步达到教学目标,幼儿学习收获与成效,并接续日后的学习与发展。

第三节　教学活动的组织指导与反思

一、教师教学观念和角色

《纲要》明确指出:"教师应成为幼儿学习活动的支持者、合作者、引导者。"教师的教育观念直接支配和影响着其在教学活动中的各种言行,影响教学质量,也直接影响幼儿的学习与发展。教师要以正确的儿童观和教育观为引领,以科学、适宜的教学方法组织和指导幼儿的学习活动。首先,要尊重每一个幼儿,认识到他们是积极发展中有潜力的人,把传统的"给予"和"接受"的师生关系转变为民主平等、合作探究的伙伴式师幼关系。其次,要充分认识到幼儿是在自我的实践活动中建构认知系统,获得身心和谐发展的,教师要正确认识教学活动中师生关系,找准幼儿的最近发展区,为幼儿学习活动提供适宜的支架,成为幼儿学习活动的支持者。最后,教师要充分认识到每一个幼儿的独特性,知道各个幼儿之间客观存在着个体差异,教师应面向全体幼儿,注重个体差异,为每一个幼儿创设最佳教育环境,因材施教,因势利导,注重集体教学和小组、个别指导相结合,使幼儿通过教学活动达成教学目标,获得在原有的水平上的发展。

（一）教学活动中的幼儿

1. 幼儿是教学活动的主人,要通过自身的实践活动获得发展

幼儿的教学活动过程是一个教育者有效地组织、指导幼儿活动的过程,所以,教师要正确处理教师的主导作用和幼儿的主人地位的关系,积极引导幼儿主动参与活动,使教学活动转化为幼儿主动的发展过

程。我们知道,活动是幼儿心理发展的直接源泉,幼儿是通过自身的活动,能动地、有选择地接受环境和教育影响,主动建构自身认知系统而获得发展的。在幼儿的教学活动中,教师应尊重幼儿、解放幼儿,让幼儿成为自己学习和活动的主人,使幼儿在教育活动中积极主动、全面地参与活动,充分发挥其天性,让幼儿通过主动活动和主动学习获得身心和谐发展。

2. 教学活动要促进每一个幼儿的发展

《规程》指出"要注重个体差异,因人施教,引导幼儿个性健康发展",《纲要》也要求"关注个别差异,促进每一个幼儿富有个性的发展"。《指南》又强调"尊重幼儿发展的个体差异"。科学研究证明:幼儿的生理、心理发展处于最迅速的时期,而且表现出共同的年龄特征,幼儿的发展既有阶段性又有连续性,发展的过程是不可逆的。但是每个幼儿发展的进程有所不同,这是因为每个幼儿的遗传、环境、教育的不同,个体差异总是存在的,每个幼儿作为独立的、不断发展的个体,都有各自的发展特点和潜能。

加德纳的多元智能理论也从人的智能结构上充分认识了每个人的独特性,他认为每个人都是由语言智能、数理·逻辑智能、视觉·空间智能、音乐智能、身体运动智能、手的技巧智能、人际关系智能、自我认识智能、自然观察等多元智能以不同的形式构成的。每个人都有其优势智能和弱势智能,正是这些智能的不同状态,决定了人的不同,教育就是要充分发挥每个人的优势智能成为特长,发展其弱势智能促进全面发展。

音频视频
10-1

因此,要真正实现每个幼儿的自主的、充分的发展,在教学活动中教师要针对每一个幼儿的个人特点,包括兴趣、爱好、需要等进行有差别的、行之有效的教育,做到"对症下药",因材施教,使每一个幼儿在原有的基础上得以发展。

（二）教学活动中的教师

1. 教师要充分尊重幼儿

教师应树立正确的儿童观,尊重幼儿学习方式,"创造与生命特性一致的教育",为幼儿学习创造条件,帮助幼儿以自己潜能展开学习进程。《纲要》指出:"尊重幼儿在发展水平、已有经验、学习方式等方面的个体差异,用适当的方式给予帮助和指导,使每一个幼儿都能感受到安全、愉快和成功。""以关怀、接纳、尊重的态度与幼儿交往。教学过程要耐心倾听,努力理解幼儿的想法与感受,支持、鼓励幼儿大胆探索与表达。"《指南》也明确指出要充分理解和尊重幼儿发展进程中的个别差异。在幼儿的教学活动中,尊重幼儿就是要充分了解幼儿。仔细观察、记录每一个幼儿在活动中的不同表现和活动行为,善于评估幼儿的不同特点和发展水平,充分考虑每个幼儿的兴趣和需要,给予适时的指导,结合运用集体教学、小组活动、个别指导的方式,充分发挥其整体功能,让每一个幼儿都能获得成功的体验,都能增强自尊和自信。

2. 正确发挥教师的主导作用

在教学活动中,教师要真正体现自己教学活动中的主导作用,其实质就是正确处理好直接指导和间接指导的关系,正如《纲要》所指出"教师应成为幼儿学习活动的支持者、合作者、引导者"。要以关怀、接纳、尊重的态度与幼儿互动,幼儿实践活动中遇到问题、寻求答案时,教师就应以"引导者"的身份出现,把一些幼儿无法通过自己的摆弄、探索了解的有关物体的名称、工具的使用、安全事项等以直接指导的方式告诉幼儿。幼儿自己操作物体等进行探究活动时,教师又应由"指导者"的角色转换为幼儿探究活动的"观察者""支持者""合作者"。教师要细心观察幼儿在教学活动中的情况,敏锐地察觉他们的需要,及时以适当的方式应答。一旦发现问题或问题倾向,教师应给予引导、启发和帮助,可以以"合作伙伴"的身份参与到幼儿探究活动中去,把握时机,积极引导,形成合作探究式的师生互动,提高教学过程师幼、幼幼互动的质量。

（三）教学活动过程的组织和指导要点

1. 积极、高质量地实施师幼互动

（1）理解积极、高质量师幼互动的样态

教学过程中没有互动的教育是难以想象的,更谈不上有效。教学活动是通过教师的积极引导的"教"和幼儿的主动的"学"来完成的,是通过教师、教育信息、幼儿、环境材料之间的相互作用来展开的。师幼互动是指教师和幼儿之间发生的人际互动,相互之间发生的各种形式、性质和各种程度的心理交互作用或行为影响的任何过程。教师与幼儿互动,二者互为主体、教育伙伴式的互动,是一种自动化的融通性互动。

"师幼互动"是近二十年在学前教育中提出的一种教育观念,特别在《纲要》中,更是多处体现出师幼互动的教育理念,如"建立良好的师幼、同伴关系,让幼儿在集体的生活中感到温暖,心情愉快,形成安全感、信任感"。维果斯基曾提出:教育作为一种文化传递活动,实际上就是在成人和幼儿之间发生的"社会共享"的认知。单独的学习并不构成教育,一厢情愿的灌输也不构成教育,教育首先是一种关系,一种相互交流的可能性空间。因此,幼儿的学习就要在幼儿和教师之间建立一种积极有效的互动,让幼儿和教师在互动中沟通、促进,从而让幼儿得到健康成长。

师幼互动的质量,主要取决于互动对幼儿所产生的影响。高质量的师幼互动对幼儿的影响是正向且高效的,能够有效地促进幼儿的发展,反之则不然,甚至会对幼儿的发展造成干扰或阻碍。教师应积极、高质量地实施师幼互动,教师就要在幼儿教学活动中,时时保持这样一种教育理念:尊重幼儿、理解幼儿、关注幼儿,把视线保持在和幼儿一致的水平上。教师要站在幼儿的角度,以"假如我是孩子"的心态,去体验幼儿可能的兴趣与需要,而不是只思考"我想怎样教"来要求幼儿。要让幼儿随时看见教师的眼睛,在这种心灵的交汇、情感的互动中,使幼儿积极表现自己的长处,增强自尊心和自信心,形成一定的进取心和责任感,让每一个幼儿在师幼互动中成长为一个真正意义上的人。在师幼互动中,教师要在尊重幼儿主体性的基础上多用间接指导,用非言语交际手段引导幼儿主动学习,解决实际问题。教师要充分利用自己的表情、眼神、手势、动作、身体运动的方向等非言语手段,来支持和帮助幼儿学习。

(2)灵活转换角色与幼儿互动

在具体的教育教学过程中,教师的角色定位直接影响到教师与幼儿互动的性质、教师和幼儿在师幼互动中各自所处的地位。教师应对照《纲要》对自己的角色定位进行调整。在与幼儿互动中,教师不是简单的管理者、指挥者和裁决者,更不是机械的灌输者和传授者,而是良好师幼互动环境的创造者、交往机会的提供者、积极师幼互动的组织者和幼儿发展的支持者、帮助者、指导者和促进者。教师是幼儿共同探索未知事物的合作伙伴。教师只有这样定位自己的角色,才能更多地关注幼儿的实际情况,更好地促进幼儿的主体发展。

> 一位幼儿从家里带来了两只螃蟹,孩子们就围在了一起,有的用手碰一碰,有的干脆把它捉起来。看着孩子们"乱哄哄"的场面,教师并不干涉,而是以支持、欣赏的态度鼓励他们去捉蟹。在与蟹的直接接触中,孩子们产生了许多的问题:"这是大闸蟹?""蟹的大脚最厉害了!""看,它的眼睛在这里!""它的嘴巴在哪里呢?"幼儿就这样自发生成了研究螃蟹的愿望。据此,教师在教室的一角提供了关于螃蟹的图书、VCD、图片,以及活的螃蟹,幼儿兴致很高,就与教师一起投入到查找资料等研究螃蟹的活动中去。于是,教师又适时地设计开展了"认识螃蟹"的科学教学活动。 【案例】

(3)师幼互动要建立在平等的师幼关系上

教师要与幼儿建立平等的师幼关系,要始终营造安全、愉快、宽松的人际氛围,要细心观察、敏锐关注幼儿在互动中的行为表现,积极引导。要重视情感性的互动,做好充分的情感交流,形成良好的师幼互动。在具体的教学活动中,教师应时时以关怀、接纳、开放的态度与幼儿相处,用心去营造一种温暖、和谐的学习氛围,努力建立平等、亲密、互相信赖的人际关系,让幼儿真正感受到老师是值得信赖的、是可亲近的良师益友,使互动充分发挥作用。

> 在上述"螃蟹"的方案教学活动中,老师发现幼儿只注意观察螃蟹的外形、动态,而没有想到要深入研究螃蟹的内部结构。正巧,有一天,有只螃蟹死了,老师抓住这个机会,向幼儿发问:"你们想看看螃蟹肚子里是怎样的吗?""想!"幼儿马上围了上来,声音中充满了渴望。老师很亲切,表现出非常理解幼儿需求,剥开蟹壳,幼儿兴奋地边看边议论:"为什么螃蟹不流血呢?""它有没有血呀?""这个白的是鳃,鱼也有耶。"在老师的提议下,幼儿开始研究起螃蟹的内部结构来。这一过程,教师是以游戏伙伴身份与幼儿互动。 【案例】

2.科学、合理地组织教学活动的各环节

(1)动静交替,协调统一

教学时间应有相对的稳定性与灵活性,既有利于形成秩序感,又能满足活动的实际需要;尽量减少和消除消极等待等浪费时间的现象,提高活动效率;教师的直接指导要能满足绝大多数幼儿的需要;建立良好的常规,减少不必要的管理行为,逐步培养幼儿自律。

（2）灵活运用指导和活动方式

教育活动的组织应充分考虑幼儿的学习方式和特点,发挥幼儿主体作用,为幼儿提供多样化的学习机会和条件,做到因时、因地、因内容和幼儿的学习特点,灵活运用集体、小组、个别等活动形式;运用好教师直接指导的活动和非直接指导的活动,要保证幼儿有充足的时间自主地进行活动,寓教于乐,提高教学效果。

3. 指导要有针对性和弹性,要留有余地

教学活动的组织与实施过程是教师创造性地开展工作的过程。在具体的教学活动过程中,教师不宜背教材按固定模式进行教学,要凸显幼儿主体地位,多运用启发式教学,多提开放式问题,启发幼儿动手动脑、探索思考,还应观察幼儿学习的实际情况,及时反思、调整自己的教育行为,追随幼儿学习进程,适时提供支持,使每一个幼儿都能以自身的认知经验去学习,在原有的水平上获得充分发展。

在教学活动中,教师的指导要注意尺度,应给幼儿留出自己动手、动脑去探究的余地,应让幼儿在教学活动结束后仍有浓厚的继续探索的欲望。如,科学领域的教学活动,教师可以在结束时再抛出一个与本课题相关的让幼儿继续探究的问题,或针对活动中幼儿提出的问题不做完整的指导,让幼儿带着疑惑,后续再探究。再如,语言领域,让幼儿续编故事、仿编诗歌、创造性地讲述等活动,都是教师留有余地,给幼儿更大、更持续发展的空间和时间。

二、教学活动反思与推进措施

（一）教学活动反思的内涵及意义

教学活动反思是指教师运用先进的有关教育理论,对自己设计与实施的教学活动开展情况进行反省与思考,分析其可取与不足之处,提出改进措施,进而推进后续教学,进一步提升教学活动的科学性、合理性和有效性,并不断提高自己的专业水平、逐渐成长为研究型教师。

贯彻《纲要》强调:"关注并敏感地察觉幼儿在活动中的反应。当按计划进行的活动或提供的材料不能引起所期望的反应时,教师应主动反思,寻找原因,及时调整活动计划或教育行为,使之适合于幼儿的学习。"对于一名学前教育工作者,应具备一定的教学反思能力。事实上,教师的整个教学过程,就是一个教师自己不断反思的过程。缺乏教师的反思,教学质量就无从提高,自己也难以进步。

教师的教学活动反思就是教学研究,其根本目的在于改进教学,提高教育质量,促进幼儿的学习和发展。通过教学活动反思,教师发现教学中存在的问题,从而研究问题、解决问题,研究结合教学活动实际展开,这从根本上促进教师思考,自觉地把理论与实践结合,更理性地认识自己的教育实践,因此,教学活动反思不仅以改进教育实践、提高教育质量、促进幼儿的学习和发展为目的,也利于幼儿教师的自我学习、自我提高。它能够全面促进教师素质的提高,使其成长为研究型、专家型的教师。

（二）教学活动反思与教学推进的操作要点

1. 对幼儿发展的反思与评价

对教学活动中幼儿发展的反思主要从幼儿活动前、活动中、活动后各方面的发展进行。反思与评价主要有单项法和综合法。单项法是指对幼儿学习该内容的某一方面作出评估,如评估幼儿学习过程的智力活动情况,包含思考力、记忆力、观察力、想象力等表现与提高的评估。综合法则是对幼儿学习情况及幼儿发展的教学目标达成情况做全面的分析评价。如果对于某一方面的评估可以看成是单项评价的话,那么,把各方面综合起来一起评价就是综合评价。

对教学活动中幼儿发展的评价、反思,要尽量做到客观、全面,要求教师应具备扎实的关于幼儿身心发展特点和规律的知识,以及对各种类型、层次的目标的深入理解和把握能力。

2. 从幼儿学习与发展切入,反观教师的作用

教学反思要回到教学活动现场。幼儿教师对教学活动中幼儿的反应、表现以及发展变化进行深入的反思,反观教师因素,查找原因进行分析,主要包括教学内容与目标的确定、活动材料、教学过程的组织、支持策略和方法的运用以及师幼互动的适宜性情况,进行深入的探究。

（1）对实现教学活动目标和内容的反思

思考教学活动目标是否基于本班幼儿通过学习该教学内容能在已有经验基础上有所提高,经过幼儿

的努力是否够得着。主要从以下三点进行分析：一是，主要分析是否适宜本班幼儿现有的认知经验、情感态度，满足本班幼儿的兴趣爱好，能否为本班幼儿提供了有益的学习经验，并符合其发展需要。二是，通过幼儿学习收获和发展变化情况，反思目标是否全面具体，对教学活动和幼儿发展评价是否具有指导性和可操作性。三是，反思教学内容的难易是否适当、目标是否达成，有哪些需要完善和调整的，为下一次教学又带来什么启示，可以再次通过与本次活动相关的什么内容来展开教学，使幼儿获益更多。

（2）学习环境创设及材料提供的反思

环境创设和学习材料具有寓教育于其中，激发幼儿积极主动感知、操作、探索和思考的作用。通过教学实践，教师应反思本次教学活动的学习环境创设内容的选择和材料的提供是否适宜适当、是否具有针对性、全面性、参与性和有效性。是否充分调动了幼儿积极性，让本班幼儿主动参与，积极探究，并考虑了安全因素等。如果有不足之处，要思考下一步将如何完善和调整等。

（3）教学方法、手段及教学过程的反思

教师悉心分析幼儿已有的经验和教学重难点，精心选择教学方法、创设环境提供学习材料，都得通过教学过程的展开逐步实现其预定的教学目标。教学过程是由教师激发、引导、支持幼儿学习，是教师与幼儿的双边活动。教学反思时，教师应思考自己所运用的教学方法和手段是否与幼儿的兴趣爱好吻合，是否能充分调动幼儿的积极性，是否有利于幼儿充分动手、动脑、动口、发展创造力等；教师自身的状态是否关注到幼儿认知、情感等各个方面，是否公平、合理地对待每一个幼儿，照顾到个体差异，采用什么方式评价幼儿，使之有利于促进幼儿的学习与发展，教学过程师幼互动的质量和效益如何，等等。

3. 形成教学反思小结，运用反思成果改进教学

（1）梳理反思要点，撰写反思小结

教师从上述两个维度多个方面对教学活动进行反思，还需要对其要点进行梳理，撰写形成反思小结。教师在反思教学活动中的幼儿学习状况、变化情况和教师作用发挥情况的同时，就动笔从亮点和存在问题与不足两个方面梳理其要点。教学反思的重点是发现存在问题与不足。教学中具有突破性价值和经验价值的亮点也需要梳理出来，并进行深入的分析，以在日后教学中予以发扬，并积累经验；如果亮点不明显，就只要梳理存在的问题和不足。教师对反思所查找出的问题和不足，要进行深入的探究，分析其原因，探寻并阐述解决问题和改进不足的具有针对性和可操作性的具体方法和措施。

一个教学活动的反思小结，一般可以"教学反思"的形式写在教学计划之后，与教学计划配套留存，这也便于接续把反思结果运用于改进后续的教学活动设计与实施。也可以"反思日记""反思札记"的形式，将每一次的反思小结集中撰写，这也便于教师经常性地翻阅与思考。

（2）充分运用反思成果改进教学

教学反思既来源于实践也反作用于实践，教师尤其要对反思中发现的问题和不足做深入的剖析，提出改进措施，并运用于后续的教学实践中，以及时地解决问题和弥补不足、优化教学实践，推进教学质量的不断提高。反思的目的是改进教学和促进教师专业发展。因此，教师要充分发挥反思的教师主体性建构和反思结果的实践指导性作用，及时调整和改进工作，并在后续的教学活动中，深入观察实施改进措施的效果，持续思考、探索优化教学过程，有效促进幼儿发展。教师就在坚持实践、反思、再实践、再反思的自我学习中获得专业的不断发展和提高。

本单元小结

本单元阐述了幼儿园教学活动的内涵、特点和功能；对幼儿园教学方案设计与教学计划的拟订，从如何执行学期课程计划和阶段计划、把握生成教学活动的时机，以及方案设计与计划拟订的主要环节等方面，进行了深入的讨论和详细的指导；从教学活动中幼儿和教师这对核心和关键因素切入，阐述教学活动的组织指导应秉持的教学理念和指导要点；阐述了教学活动反思的内涵及意义，如何进行教学活动反思、撰写教学反思小结、把教学反思结果运用于改进教学和不断推进教学质量的提高。

复习与思考

1. 简析幼儿园教学活动的内涵,简述其特点和功能。
2. 简述你对开展教学活动时机的理解。
3. 举例说明幼儿园具体教学目标设计的注意要点。
4. 阐释幼儿园教学的重点和难点。
5. 结合幼儿园教学活动案例简述教师是如何策划引导幼儿主体主动学习的。
6. 举例说明在幼儿园教学活动中如何做到有效、高质量的师幼互动。
7. 结合案例谈谈幼儿园具体教学活动计划的一般结构。
8. 简述你认为的幼儿园教学活动中幼儿、教师应是怎样的。
9. 简述教学活动反思的意义与操作要点。

同步实训

1. 结合见习或调研,分小组研讨:
   (1) 幼儿园教学活动与中小学教学活动的区别;
   (2) 幼儿园教学活动、日常生活活动和游戏活动对幼儿成长的不同意义及相互关系。
2. 请以图表方式展示幼儿园教育目标的层级关系。
3. 请观摩一次幼儿园教学活动并进行评价,并以小组为单位开展教研活动。
4. 在所见实习班级,自选领域设计一个具体教学活动方案、拟订规范的教学活动计划,并在小组尝试开展说课活动。
5. 以小组为单位,完善1—2份教学计划,在所见实习班级尝试组织教学活动,并尝试开展反思与教研活动,形成教学反思小结。

■ **本单元将帮助你:**

◆ 理解领会幼儿园亲子活动、节日活动、外出活动等形式的教育活动及其主要功能
◆ 了解并参与幼儿园班级亲子活动、节日活动、外出活动等形式教育活动方案的设计、组织
　与指导

问题情境

　　几个年轻教师聚在一起,对幼儿园本周安排的活动发表各自的看法。湘湘老师说:"做老师真累,除了平时带班,周末还要组织家长和孩子去农庄参观、体验,好不容易有个周末,又泡汤了,这样的活动有多大意义?"衡衡老师说:"这周小班亲子活动是亲子制作风筝,这个活动好,很有价值。"于是本周幼儿园有两个活动安排,一是大班周末去郊区农庄参观体验,二是小班亲子制作。一位大班幼儿的家长岳岳满腹牢骚地说:"幼儿园真是的,没事找事干,我要上班,为了一个才30分钟的小制作活动,我得请假一天。"另一位家长阳阳说:"这还不简单,不去就行了。"你对上述教师和家长的看法有何想法? 学习本单元内容后,请对上述教师和家长的看法作出评价。

　　之前,我们接触了学前教育机构常见的日常生活活动、游戏活动和教学活动等,本单元介绍的是其他形式的教育活动,包括亲子活动、节日活动、外出活动等。这些活动作为学前教育活动的组成部分,有着其自身的特殊价值。

第一节　亲子活动

　　亲子活动作为学前教育重要的活动,近年来日益受到人们的广泛重视。越来越多的家长有了科学、先进、富有时代感的教育观念,科学的早期教育观念与知识得到更大范围普及,家庭与教育机构共育方面有了更丰富的内涵,其中,亲子活动就很能体现家园共育的精神。

一、亲子活动及其教育功能

(一)亲子活动的内涵

　　有同学可能会认为,亲子活动主要是家长和孩子之间的活动,与学前教育机构或老师没有多少关系。再说,一天在幼儿园里工作已经很辛苦了,还要指导或参与设计亲子活动,哪来的时间和精力!

　　这位同学的理解是不对的。学前教育不是学前教育机构(教师)单方面的任务,家庭(家长)和幼儿园(教师)是一个共同体,学前教育机构的教育,离不开也必须要有家长的参与。另外,如果教师把上班当作是纯粹的任务来完成,是很难感受到工作的乐趣、体验到幸福感的。教师应该是幸福的,教育工作应该是快乐的,教师面对的对象是天真、活泼、可爱、聪明的幼儿,教师要学会从中找到乐趣,发现童真。当然,刚刚参加工作的新教师是不容易进入到这种状态、达到这种境界的。

　　这位同学对亲子活动的这种理解,还有可能是由于对亲子活动的概念不甚清楚而造成的。广义地说亲子活动是指有目的、有计划地组织幼儿和家长一起参加的教育活动。从教育发生的空间(场所)来说,亲子活动既包括学前教育机构的亲子活动,例如,家长与孩子参加幼儿园的亲子运动会,也包括家长在家

庭、社区等学前教育机构外的亲子活动,如家长在家与孩子玩捉迷藏游戏、在小区里共同制作风筝等。

亲子活动还可以从另外一个角度来分析,即从是否与学前教育机构的教育相联系来说,包括与学前教育机构教育计划或任务有直接联系的亲子活动,例如,家长带幼儿参加幼儿园统一组织的"去农庄采摘活动",也包括与学前教育机构教育教学计划或任务没有直接联系的亲子活动,如家长自行带孩子去郊区旅游、体验农家生活。

学前教育机构的亲子活动是指教师组织家长和幼儿共同参与的活动,它是一种有助于增进教师与家长、家长与孩子情感交流,加强教师和家长对幼儿的共同了解以进一步提高教育效益的活动形式。亲子活动既然是学前教育机构组织的活动,这类活动自然就属于学前教育机构的教育活动范畴。在亲子活动中,既包含教师与幼儿之间直接或间接的互动,同时又含有家庭教育因素,即存在亲子之间直接或间接的互动。

幼儿园亲子活动的教育对象主要是幼儿,当然也有指导家长育儿的作用。幼儿园亲子教育主要是通过引导父母参与幼儿园活动,实现幼儿园与父母的沟通交流及对父母的培训,从而达到对亲子关系的调适、教育资源的最佳整合与利用,从而更好地促进幼儿身心健康和谐发展。

另外,从范围来说,亲子活动包括学前教育机构的亲子活动和延伸到家庭开展亲子活动。有一些亲子活动既适合在教育机构开展,也适合在家庭里开展。本单元论及的重点是幼儿园亲子活动,当然,这些活动也可以延伸到家庭、社区。

（二）幼儿园亲子活动的功能

学前教育是一个人成长过程中的一个重要时期,而亲子活动又是学前教育中的一个重要组成部分,科学、合理的亲子活动,让教师、家长、幼儿互相启发共学习,三方面都得到了提高。对幼儿来说,亲子活动是幼儿活动的一种重要形式,在幼儿成长发展过程中占有重要的地位,它有着独特的功能。

亲子活动可以促进幼儿发展。幼儿园亲子活动作为有组织、有计划的教育活动,恰恰又是幼儿与成人一起游戏的一种重要的教育形式,幼儿很喜欢,就在快乐的亲子活动中愉悦心情,实现亲子活动促进幼儿身体、智力、社会交往等各方面的发展。

幼儿园亲子活动作为家园共育的重要途径和组织形式,一方面,教师和家长在同一活动中共同观察了解幼儿、探讨适宜的教育,易于取得教育共识,有利于家园共育;另一方面,教师和家长的教育资源都得到充分的开发利用:教师用其学前教育专业知识影响家长,家长也以所获得的有针对性的育儿经验影响教师,双方积极互动、合作,形成最大的教育合力,有效促进幼儿发展。

二、亲子活动的设计与组织指导

亲子活动不是孤立开展的,它与日常保教活动之间具有密切的关系。亲子活动是重要的教育活动类型,也是日常幼儿园以教师为主导组织开展的集中教育活动外的重要补充活动。一般来说,开展亲子活动能够更好地发挥教育活动的价值,发挥家园共育的作用。

要想做好亲子活动,首先要有比较好的亲子活动方案,然后才能组织和指导好相应的亲子活动。

（一）亲子活动方案的设计

在开展亲子活动方案设计之前,让我们先了解有关亲子活动的基本知识。

1. 亲子活动的种类

从组织形式上看,可分为集体活动、小组活动、个别活动。三种组织形式的亲子活动可以相互结合,灵活运用。当参加对象的年龄不同时,更应该注意分组开展活动,进行小组指导。

从亲子活动的内容或领域来看,可以分为运动类、语言类、操作认知类、社会性类、艺术性类等类型的亲子活动,以及多领域的亲子综合活动。

从亲子活动的表现形式来看,可以分为游戏类、探索与制作类、亲近自然与社会类、歌舞表演类等娱乐类。

2. 亲子活动的内容选择

亲子活动的内容比较广泛,幼儿园可以根据本园、本班幼儿以及家长的情况来开展。比较适合幼儿园开展的亲子活动有亲子制作、亲子运动会、亲子表演、亲子郊游、亲子游戏等。教师在设计、组织和开展亲子活动时,可以请本班的幼儿及家长共同参与策划,这样使活动开展得更有成效,能充分发挥家长、幼儿的智慧和特长。

3. 亲子活动的设计

作为幼儿园重要的活动类型之一,亲子活动在设计时,很多要考虑的要素与其他活动大同小异。

作为亲子活动,需要强调的是突出"亲子"这个关键词,如果没有注重亲子活动的特色,就显得与一般活动差不多,就没有发挥亲子的特色作用。

在设计亲子活动方案时,要包括如下要素:活动名称、活动目标、活动准备、活动内容(也可写出活动过程),有了这些基本要素,亲子活动方案就基本成形了。

为方便同学们掌握亲子活动的基本设计,在表4-11-1中列出了常见的五种亲子活动内容(方案),重点分析一下活动目标和活动内容。

表4-11-1　几种常见的亲子活动内容

名　称	目　标	内　容	备　注
亲子小制作:树叶粘贴、风筝制作赛	感受秋季的特征,发展想象力、创造力,提高动手能力,增进亲子关系	活动前家长和幼儿园共同采集树叶、花、草,活动时利用它们进行拼贴、制作,并展出欣赏 家长和孩子共同选用废旧物品设计、制作各种材料、形状的风筝,并将之悬挂在教室中	亲子制作类非常多,选择适宜的即可
亲子运动会	在轻松、愉快的气氛中增进亲子关系,合作完成各项运动游戏	家长和孩子共同选择报名,参加亲子运动项目(项目数不定)	重娱乐、轻竞赛
亲子文艺演出	通过活动,体验"六一"节的快乐	家长参加"六一"节前夕教室环境设计、布置,"六一"节当日与教师一起为幼儿化妆准备,在自愿基础上共同参加文艺演出	也可不安排在"六一"节,任意时间均可
亲子游戏:小刺猬钻洞	在活泼愉快的气氛中增进亲子关系,激发幼儿参与游戏的积极性	家长与幼儿共同参与亲子游戏小刺猬钻洞:家长手撑地,膝盖着地,变人洞,孩子从起爬线开始爬,经过人洞,看谁最先爬到终点	亲子类游戏也很多,选择适宜的即可
亲子郊游	陶冶幼儿情操,培养幼儿热爱大自然,热爱春天(秋天)的情感 通过活动,增进父母与孩子间的感情	组织中大班幼儿和家长去春游(秋游),感受春天(秋天)的气息,亲子共同将看到的景物、风土人情等通过绘画、制作、表演等形式表现出来	也可开展亲子登山、亲子踏青活动

注:以上内容是根据幼儿年龄特点和季节特征,适合幼儿园开展的多种亲子活动。

(二)亲子活动的组织与指导

幼儿园日常开展的各类教育活动,教师指导的对象是幼儿。在亲子活动当中,教师的指导对象除了幼儿以外,还包括家长或其他看护者,而指导的重点则是成人,所以,在活动时间、活动形式、指导方式等方面与幼儿园的活动有明显的不同。教师在组织与指导亲子活动时要注意把握以下三个基本环节。

1. 活动开始

活动开始的环节相当重要,教师要用简洁的语言向家长说明活动的主要目的、要求和内容,对他们提出必要的要求。一些亲子活动开展得不顺利,其中一个重要原因是有些家长不明白或没有深刻理解活动的目的和要求,教师要特别注意这方面的问题。接下来是引导家长与幼儿对亲子活动产生兴趣,由于亲子活动现场往往有较多的家长,家长在旁边陪同幼儿,幼儿显得比较兴奋,教师必须迅速将幼儿的注意力集中到教师身上。教师可以利用事先准备好的材料、玩教具或身边的环境吸引幼儿和他们的家长,如游戏化的点名活动,也可以玩个简单的游戏,或进行简短的谈话,播放好听的音乐,目的是使大家进入活动状态,让幼儿对活动产生兴趣,将注意力集中在即将开展的亲子活动上。

2. 活动进行

在开展亲子活动时,因家长的不熟悉、幼儿的兴奋,活动容易出现问题。在活动开展前教师有必要向家长交代活动的要求,活动可以是面向集体的,也可以是分成小组或单独进行的。在活动开展过程中,教师仍可能需要再次提醒家长。教师在指导亲子活动时重点是引导家长观察幼儿的活动过程,避免包办代替,防止产生急躁情绪。对于初次参加亲子活动的家长,不但自己要有信心,还要积极鼓励孩子完成任务。当然,由于幼儿的发展存在差异,教师要引导或提醒家长应尊重幼儿间的差异,使家长通过参加亲子活动以及教师的指导,体验自己指导孩子学习的过程和方法。

3. 活动结束

亲子活动结束后,教师要对活动进行评价与小结,活动的评价与小结力求简洁,抓住重点,对幼儿和家长的表现予以赞赏。教师不仅要评价亲子活动的情况,同时也要对家长提出回家后的指导要求,对一些还需要在家里继续进行亲子活动的家长要进行必要的沟通,鼓励家长自己在家里创编更新更好的活动形式和方法,使亲子活动的指导延伸到家庭,使亲子活动的目标更好地实现,使广大的家长的教育能力不断提高。

为了使亲子活动开展得更为有效,也为了使家长通过参与亲子活动提升其教育水平,使亲子活动的功能得以最大限度地发挥,教师在组织与指导亲子活动时要注意以下五点:

① 鼓励家长提出问题,开展有针对性的指导。

② 引导家长关注孩子的成长变化,适当安排家长之间的交流,让他们对自己充满信心,对自己孩子的发展有更充分的认识和理解。

③ 活动内容不宜过多,注意动静结合。一般情况下,活动内容不要安排太多,大运动量的活动与安静活动要穿插进行。

④ 在分散活动中开展个别指导,与家长进行一对一、面对面的交流。

⑤ 重视养成教育的指导。托班、小班的亲子活动要充分考虑到适当的休息和放松,可以安排一些喝水、如厕等生活活动的环节。教师趁此机会可以有意识地指导家长,懂得如何引导幼儿掌握基本的生活能力。每一次活动都要求家长和幼儿一起收放玩具材料,让家长明确这也是很重要的养成教育过程。

(三)设计、开展亲子活动的注意事项

亲子活动的设计是否科学、组织是否周详在很大程度上决定了亲子活动的效果。因此,教师在设计、组织亲子活动时应注意以下四个方面的事项,使亲子活动有序、高效地进行。

1. 提供适宜的活动环境

开展亲子活动需要一定的活动空间、场地、必要的设施、玩具和材料。在策划和组织亲子活动时,教师应根据活动场地的大小决定活动的人数,如果人数很多,但又不太适宜让幼儿或家长不参加,可以采取分组、分区活动,大型亲子活动还可以采取类似体育竞赛采用的预赛、复赛、决赛等方式。根据活动的需要提供必要的设施,如活动中要进行爬行、钻洞、平衡项目活动,就必须有相应的设施或设备、材料;活动中用到的玩具及材料要符合幼儿的年龄特点。同时要做好后勤保障,如提供饮用水、医疗服务、如厕方便的条件,保证活动的顺利进行。

2. 亲子活动的指导要多样化

幼儿园组织的亲子活动,要根据家长和社区需求来开展。亲子活动的方式应多种多样,除了常规开展的比较常见的亲子活动课程外,还可以根据家长的不同需求、幼儿的需要与兴趣特点,开展丰富多彩的亲子活动,例如"亲子野外郊游""亲子俱乐部""亲子运动会""亲子才艺大赛""玩具图书馆"等。通过多样化的指导,增进幼儿园与家长的广泛联系,使亲子活动更富有成效和更有价值。

3. 充分利用各种资源

这里的资源可以理解为两个方面的资源,一是人力资源,二是物质资源。人力资源主要是指家长,在开展设计、组织亲子活动时,教师应充分利用家长自身的资源,发挥家长各自专业职业、社会经验丰富等优势,使亲子活动开展得富有创意,活动有声有色。物质资源主要是指利用生活中可以利用的各种自然物、废旧材料以及因亲子活动需要的一些材料或物品。开展"亲子才艺大赛",除了添置必要的设施外,在生活中的许多废旧材料,应成为可以再利用的极好资源。教师在设计活动时,应充分考虑在生活中的各种废旧材料和自然物的使用,例如:各种物品包装盒、包装袋、树叶、树枝、果壳等的巧妙运用。这些废旧材料的再利用,不仅可以节省资金,更重要的是有利于幼儿直接感知和探索学习。

4. 教师要处理好自己与家长的关系

在设计、开展亲子活动时,教师应主动邀请家长参与,教师和家长是合作者,都是教育者,协同育儿。教师不能忘记自己的角色,不能把家长置于服从、配合的地位,更不能以居高临下的姿态随意指挥家长。

为了将亲子活动开展得更有成效,幼儿园可以将亲子活动与定期的家庭讲座和咨询活动相结合,使家长对幼儿园的教育、对自己孩子的发展了解更系统更深入,家长在参与亲子活动时更有把握和针对性,从而提高亲子活动的质量。

一、节日活动及其教育功能

（一）常见的节日与庆典活动

对于学前教育机构来说,常见的节日与庆典活动主要有"六一"儿童节、元旦、中秋节、毕业典礼等。如果将节日活动加以简单分类,可以分为两类,一类是法定节日活动,一类是非法定节日活动。法定节日活动包括"五一"国际劳动节(简称"五一"节)、"十一"国庆节、元旦、春节。非法定节日活动又可以分为国际或国内通行的节假日庆祝与娱乐活动,如"六一"国际儿童节(简称"六一"儿童节)、"三八"国际妇女节(简称"三八"节)、教师节、医师节等;中国传统节日,如元宵节、清明节、端午节、中秋节、重阳节;园庆、开学典礼、毕业典礼等庆典活动;当地特色的节庆与娱乐活动。

（二）节日与庆典活动的功能

不同的节日活动,其功能有所不同,即使同一教育功能,其侧重点也有所不同。如节日的德育功能方面,国庆节德育功能主要是爱国主义教育,"三八"节活动可以重点结合幼儿自己的奶奶、妈妈等女性的工作、学习、劳动、生活,开展以幼儿感恩长辈、体贴长辈、爱长辈为内容的活动。

总体来说,节日活动的功能包括娱乐功能、教育功能、文化功能等。

1. 娱乐功能

大部分节日活动对幼儿来说,是快乐、幸福的,充满了欢歌笑语。比如"六一"儿童节,从"六一"儿童节的创立初衷来看,娱乐功能是"六一"儿童节的根本功能,也是其首要功能。娱乐功能简单来说,就是让幼儿在节日活动中身心愉快,享受童年的欢乐。

2. 教育功能

为了庆祝某个节日活动,学前教育机构往往安排了多种多样、丰富多彩的活动,如"酷酷小童星"(才艺展示)、"智力大转盘"(智力竞赛)、"今天我最美"(时装秀)、"赶猪"(用棍直线推篮球)等等,这些活动又大多是日常教育活动的缩影,其教育功能不言而喻。节日活动的教育功能体现在多个方面,可以从不同的角度来分,如有德育的、智育的、体育的,还有美育和劳动教育等功能;有知识的、能力的、情感的功能;从领域来看,有科学、艺术、健康、社会、语言等领域的教育功能。从显性功能与隐性功能来看,既有显性的功能,又有隐性的功能。当然,如果安排不当、考虑不周、未能真正体现幼儿为本,就会导致出现消极的负面影响。

3. 文化功能

节日活动作为儿童生活中不可缺少的一部分,它已经成为儿童文化的重要组成部分和重要内容,是一种典型的儿童文化。我国地域广阔,民族众多,加之西方文化的影响,各地区、各民族的节日活动还在一定程度上体现了当地的地域特色、民族传统等色彩,因此,作为儿童文化的一部分,节日活动具有传承、创新文化的功能。

拓展阅读
11-1

二、节日活动的设计与组织指导

（一）节日活动的整体设计

"六一"儿童节活动是幼儿园最重要的活动,是直接以儿童命名的节日。因此,这里会专门介绍"六一"儿童节活动的设计与指导,在介绍"六一"儿童节活动设计之前,整体介绍一下节日活动的设计。除了"六一"儿童节外,还有众多的节日活动,如教师节、中秋节、端午节、"五一"国际劳动节、元旦、元宵节等。这些节日活动的设计、组织与指导要点、注意事项等与"六一"儿童节活动大致相同。对于节日活动的设计、组织与指导,教师要注意以下四个方面:

1. 节日活动要紧扣活动的性质、主题

不同的节日活动,其性质和主题有所不同。从幼儿的视角出发,使幼儿初步了解节日活动要紧扣活动的性质、主题。如"五一"国际劳动节,设计与组织的活动应紧扣"劳动"这个主题,"十一"国庆节活动应紧扣"国庆"这个主题,而清明节应体现"缅怀先辈或革命烈士"的主题,"重阳节"要体现"敬老""孝顺"的主题。当然,开展这些活动不一定非要用这些比较抽象、严谨的概念、术语,对幼儿来说,用一些通俗易懂的话来解释即可。表4-11-2所示"三八"节"妈妈我爱你"亲子活动在活动主题和目标的定位上比较合适。

表4-11-2　"三八"节"妈妈我爱你"亲子活动设计思路

活动名称	活动目标	活动内容	注意事项
"三八"节"妈妈我爱你"亲子活动	通过活动,了解妈妈的辛苦,教育幼儿关心、体贴妈妈,激发幼儿对妈妈的感激之情	以班级为单位,邀请每位妈妈参加联欢,内容有:妈妈做游戏谈育儿感受,孩子为妈妈表演节目,送花,给妈妈喂蛋糕	

节日活动的内容应广泛多样,在内容的选择上要考虑以幼儿为本,以幼儿的快乐为本,真正从幼儿出发,而不是从成人角度出发,让幼儿觉得儿童节很幸福、快乐而不是难过、痛苦。教师在内容的选择上要注意以下四个要点。

（1）注重娱乐性

娱乐功能是节日活动的最基本功能。因此,在活动内容的选择上首先要注重娱乐性,即考虑让幼儿在活动中感到快乐、有趣,没有任何心理负担,在轻松愉快的氛围中参加活动,而不是让幼儿在其中仅仅"受到教育",即便是体现教育功能,也应"寓教于乐"。规则性、知识性、技术性过强的内容不宜出现,否则,其娱乐性功能大打折扣。

（2）注重教育性

这方面教师容易做到,很多活动在展示、开展的过程中,幼儿就会得到启迪、指导,教育的影响就直接或间接地产生了。当然,不同的活动,其教育功能的侧重点不一,如时装秀,以美育功能为主;智力问答,以智育功能为主等。

（3）注重安全性

很多节日活动,如"六一"儿童节活动,相当多的幼儿园是以全园形式来开展的,家长（有的家庭来了好几个大人）由于人数众多,幼儿又很容易兴奋,在设计、安排、开展这些活动时,要注意做好安全预案工作,存在安全隐患的活动要注意避免。在组织活动特别是全园性的活动时,发生碰撞、挤压、走失的可能性增加,教师和家长等要时刻警惕,以免幼儿发生伤害事故。

（4）注重参与性

节日活动的主体是幼儿,特别是"六一"儿童节,是幼儿自己的节日,每个幼儿都要参与其中。尽管有些表演类、竞赛类活动限于时间和场所,不可能人人都有上台的机会,即使这样,也要尽可能考虑到每个幼儿都能有参与活动的机会,在活动的设计和组织上就要充分考虑到这一点。即便是参与人数较少的比如表演性活动,一方面可以安排全班性的表演或者小组表演,单个人的节目或活动尽量不安排,另一方面可以加大节目的互动性,使更多的"观众""听众"幼儿也能感受到参与其中的乐趣。在安排节目或活动时,可以形式多样,活动丰富多彩,让更多的幼儿都能找到自己喜欢的活动参与。

2. 节日活动在阶段教育计划中渗透和延伸

从总量来看,一年当中的节日活动数量并不多,教师应设法将这些活动所体现出的精神、象征意义渗透到平常的教育活动与一日生活当中,扩大节日活动的教育功能,延长节日活动的寿命,而不是让节日活动仅仅停留在短暂的、有限的"节日"时间里。

如有些教师将"三八"节所属的这一周定为"爱妈妈"主题活动周,通过一系列活动,将"三八"节活动延长为一周,且活动范围从学前教育机构扩大到家庭、社区,让幼儿从多个角度、多样多次的活动中感受到妈妈的爱,进一步激发爱妈妈的情感。

除了在教育机构开展这些节日活动外,教师还应发动家长、社区资源,利用幼儿园外的节日活动资源来丰富、扩充节日活动的内容、深度。例如,一些社区庆祝国庆节活动多种多样,有文艺演出、小区建设成果展、社区亲子运动会。

又如重阳节，一些社区开展的活动有：为老人提供义务健康咨询、体检，与老人联欢活动，老年时装表演等，幼儿也可以参与到相应的活动中，让他们进一步加深对长辈的孝敬和尊重。

节日活动的延伸从范围上看，可以将活动空间从学前教育机构扩大到家庭、社区。教师要善于捕捉社区活动契机，扩大节日活动的空间。重大节日，很多社区往往开展各种各样丰富多彩的活动，这些都是学前教育机构开展节日活动取之不尽的活资源。因此，教师要特别关注社区各类庆祝活动，捕捉契机，引发幼儿参与，教师还应发动家长、社区资源，利用教育机构外的节日活动资源来丰富、扩充节日活动的内容、深度。

例如国庆节，展示地方建设的成果展览、图片宣传、电视专题随处可见，为学前教育机构开展爱国、爱乡教育提供了鲜活的教材和生动的教育现场。每逢国庆、元旦、元宵节、"三八"节、"五一"节、"六一"节等，社区内开展的各种文艺汇演、书画展示、社区亲子运动会、教育与心理咨询等活动，也成为幼儿展示艺术才能、参与社区精神文明建设的大舞台。此外，独具地方特色的民间节日活动，也是幼儿园体验传统民俗、了解地方文化的大课堂，如福建闽南地区的高甲戏、北方的扭秧歌、踩高跷。

3. 节日活动形式多样，幼儿充分体验

（1）设计、组织形式多样、内容丰富的节日活动

设计节日活动尽可能做到内容丰富多彩、形式多样。如，端午节活动，教师、幼儿和家长可共同搜集有关端午节的儿歌、歌谣等，如"五月五，是端阳；门插艾，香满堂；吃粽子，撒白糖；龙舟下水喜洋洋"这一古老的歌谣幼儿就很喜欢。也可以发动幼儿和家长为端午节自己创编儿歌、歌谣，或者将其他歌曲进行改词，通过吟诵、演唱等形式的活动，让幼儿、也使教师和家长对节日活动有更深的感受。有条件的学前教育机构还可以开展亲子活动"包粽子"、表演"划龙舟"、绘画"我喜欢的端午节"，以及围绕端午节来开展体育活动、参观一些与端午节相关的历史古迹，或观看有关的影像资料等。

（2）注重幼儿的全过程参与与充分体验

由于节日活动涉及面广，影响范围较大，在节日活动的参与性上要体现幼儿全过程的参与，即从活动的设想、筹备、开展、活动的反馈与评价等，都要体现幼儿的参与，即要注重幼儿的全过程参与和充分体验。一般来说，有关节日活动的相关资料都很丰富，在设计、组织活动时，不能忽视幼儿的主体地位，让幼儿参与活动的设计，如中秋节，可以让幼儿在家与父母搜集与中秋节相关的图片、影像资料、文字资料、实物（如月饼包装盒）、以前庆祝中秋的纪念照片、录像等；与教师讨论如何过中秋；在活动的组织过程中，幼儿能亲自参与活动，而不是活动中的旁观者或看客。通过参与活动的设计、活动过程中的亲身体验，幼儿对活动的体验会更深刻，开展这样的节日活动，其教育价值就越大。

4. 防止节日活动功能的异化

我们先看看从其他媒体选登的两篇短文。这里选登的两篇短文，一篇是幼儿园教师发表在人教论坛网络上文章，反映了教师对幼儿园的"六一"儿童节活动安排的无奈，一篇是《教育导刊》转录《南京日报》上一位母亲的有关"六一"儿童节活动的来信，从这选登的案例来看，在当前，一些幼儿园或其他机构将"六一"儿童节的活动变了味，使得"六一"儿童节的活动功能出现异化。

幼儿园排节目的时间是怎样安排的[①]　　　　　案例

我们幼儿园一到"六一"儿童节排节目，5月份就基本停课了，特别是最后两个星期，完全停课。我真不知道园长怎么想的，天天排，小朋友也厌烦了，更别说老师了，我的嗓子就没好过。

你们搞很大型的活动吗？要排多少节目？排练不能搞突击，孩子太惨了，我们一般每年三月份开始组织兴趣班的幼儿进行排练，每周一、三、五下午5：00～6：00，最多到演出前一两天忙一点，怎么会搞到停课呢？平时孩子们要坚持训练，不要临时抱佛脚，孩子是急不来的，叫你们园长小心有人告她！

为什么要强迫孩子跳舞？"六一"儿童节是孩子的节日！怎么成了他们要按大人的要求表演给大人看，这样的话可能"六一"儿童节快乐的是你们园长，而不是孩子。

这已经成了定律了啊,每年不排节目,好像就不是过"六一"儿童节。而且越办越复杂了!

今年也不例外,早早就排演了,院长还要请电视台的来拍摄,所以下了通牒,不但要好而且要最好的(我们这些可怜的老师哦)。

今天小朋友吃完饭,早上9点我就开始排节目了,当我说"小朋友排好队,站到自己跳舞的位置上",有个小朋友说了一句:"哎……又是跳舞,好无聊的!"我听了觉得很诧异,小朋友都会用"无聊"二字来形容"六一"儿童节的节目了,本来每班还有一个全体上的节目,听了这句话后,我把合唱改成了3人电子琴合奏。

每年"六一"儿童节我们都开展庆祝活动的……很累,很忙……现在有个惯例是,分小中大班,全体幼儿在操场上跳大型集体舞。

现在不知道练了多少遍了,孩子们都跳得没兴趣了。

有的幼儿园"六一"儿童节放假,好羡慕啊!

其实园长受的苦不会少,只是形式不同而已。之所以搞这些活动都是为了做些表面功夫,是为了给上级领导和家长以及社会看,因为幼儿不考试,这些活动成了检验幼儿园的一个标准,什么时候大家的思想转变了这一切才会结束!

迎"六一"儿童节,孩子过得不轻松(家长来信)①

我是一位母亲,女儿才上幼儿园中班。这一个月来,孩子为了迎接"六一"儿童节,过得并不轻松,而我们家长也很累。我孩子上的幼儿园是一所实验幼儿园。从五月初开始,孩子回家就叫累,一副没精打采的样子,完全没了平时生龙活虎的调皮劲。一问才知道,幼儿园为了迎接"六一"儿童节,正在编排舞蹈节目。女儿就是其中的小演员,每天排练都很辛苦。我们给女儿报了周末的绘画班。因为孩子的绘画功底不错,这本来是件好事,但现在我却怎么也笑不出来。因为"六一"儿童节各种大大小小的比赛都凑在一起了,其中有好几个绘画比赛。我女儿因为绘画功底比较好而被"委以重任",绘画老师也给女儿开起了"小灶",加强指导和训练。每个周末,她比其他小朋友练画的时间都要长。

前两天,孩子偷偷问我小时候的"六一"儿童节是怎么过的,是不是像她一样要表演要画画?她说,"六一"儿童节是小朋友的节日,可是她的"六一"儿童节比平时上学还要辛苦。她真希望哪次的"六一"儿童节能给她放个假,给她一点自己玩的时间。这些话听得我心里酸酸的。

一位母亲

从当前节日活动包括"六一"儿童节的现状来看,总体情况良好,但其中也存在一些问题。这些问题最常见的表现如下:让一部分技能好或某方面有特长的幼儿参加活动,大部分幼儿只是看客;提早排练,甚至放弃正常的教学活动专门排练节目,反复排练;节目的安排由大人一手操办,忽视幼儿的权利和主体性、自主性;等等。这些做法或现象偏离了节日活动的宗旨,使得节日活动的功能产生异化,导致消极影响。

这些问题导致幼儿疲于排练,在反复排练的过程中,幼儿的童趣、快乐消耗殆尽,造成部分幼儿对节日活动产生不愉快的体验;而看客身份的出现,使得幼儿在节日活动中没有主人翁的感觉,节日活动成为少部分人的活动,导致教育机会的不均等;过度排练、提早排练,使得参加排练的幼儿失去了较多的正常教育机会,造成新的教育机会的不均等,而对于未能参加排练的幼儿来说,因技能或某方面的欠缺而不能参加排练或表演,心理的失落感不可避免。如果教师过于强调参加节日活动、演出活动的光荣性,越容易使未参加的这些看客幼儿产生沮丧感、失落感。

(二)节日活动的组织与指导

节日活动的组织与指导,对教师来说,要难于日常的教育活动。因此,为了方便同学们掌握,我们从几个方面对节日活动的组织与指导进行分析,并通过相应的案例,让同学们更容易理解和掌握。

1.节日活动计划的拟订

对于节日活动,教师应做好两方面的计划,一是利用常规的集中教育活动让幼儿认识与了解有关节日活动的知识与来源。二是利用节日庆祝的形式让幼儿感受与体验具体的节日活动。本节重点讨论的是第二个方面。对于集中性的教育活动,教师将活动的设计定位于节日活动,如"六一"儿童节,与平常其他教

---

① 李学翠.对幼儿园"六一"活动的思考[J].杭州:幼儿教育·教育导刊,2006(5下).引用时略作修改.

育活动的设计差不多,只是在节日上为了突出与其他节日不同,将"六一"儿童节的特色做得更鲜明一些,这样教育效果会更好,还可以开展系列活动。

下面以一个幼儿园的"六一"儿童节计划为例,同学们在设计节日活动方案时,如果是集中教育活动的类型,无论是单次活动还是系列活动,都要考虑如下设计的要素:活动名称、活动目标、活动过程等。这些具体计划的拟订,与平常教育活动是一样的。因此,同学们重点把握不同节日的主要特色及内容即可。

当然,很多节日活动更多体现的是综合方案,包括半天或一天的完整方案,如果是这样的方案类型,就不能按集中教育活动的要素来设计。这样的节日活动方案应该是全面的,教师要考虑到活动的目标、主题、时间、地点、器材与材料、人数、活动内容、活动进程(流程)、奖品设置、安全预案工作等等。

同学们是否关注到一些幼儿园组织的节日活动多追求热闹,采用表演形式的,而这些表演类型的节目较多集中在唱歌、跳舞、乐器弹奏。这样设计的节日活动未尝不可,但是有着明显的弊端,一是表现形式单一,大多为艺术类技能,未能充分代表幼儿的成长过程,二是往往追求表演效果,只请擅长表演的部分幼儿上台,忽略每位幼儿的主体性。因此,在节日活动的设计上,要打破艺术类节目表演的传统节日表现形态,增加生活技能、体育运动、科技制作、家庭美食、游园游戏等特色内容组成的节日活动。如下文中的幼儿园欢庆"六一"儿童节的方案,就很有创意,将"我运动,我健康,我快乐"作为活动的主题,强调人人参与、家园同乐,一改有些幼儿园"六一"儿童节以歌舞表演为主的形式,受到幼儿和家长的欢迎。

欢庆"六一"儿童节方案①

- **活动意义**

在"六一"儿童节来临之际,为了让全体幼儿过一个快乐、健康的"六一"儿童节,经幼儿园研究决定,举行"六一"儿童节小小运动会,我们幼儿园在这绿地如茵、风景如画的运动场召开"我运动,我健康,我快乐"家园同乐会。本次运动会的主旨是:健康、快乐、合作、参与、亲情。弘扬亲情、耐心、启智、育人的宗旨,使孩子们在运动中获得健康,在竞争中学会合作,在游戏中找到快乐,在关爱中体味亲情,使幼儿度过一个愉快而有意义的"六一"儿童节。

- **活动目的**

1. 通过体育游戏、体操评比活动,增强幼儿体质,提高幼儿运动能力,增进幼儿间交流。
2. 邀请家长参与幼儿园、幼儿活动,使幼儿园、家长、幼儿有一个相互交流的机会。

活动时间:5月31日

活动对象:全体幼儿及部分家长

活动地点:叶榭幼儿园大操场

- **活动准备**

活动组织与策划,具体方案,颁奖证书,运动会横幅——叶榭幼儿园欢庆"六一"儿童节小小运动会,幼儿服装,运动员进行曲,体育器材,音乐,节日礼物538份,每班负责一个体育游戏活动(包括名称、玩法、规则及游戏材料等)。

- **活动内容**

1. 小青蛙讲故事获奖表彰。
2. 幼儿体操表演比赛。
3. 各种形式的体育游戏、节目表演。

活动过程:(8:30开始)

1. 现在宣布:叶榭幼儿园"我运动,我健康,我快乐"欢庆"六一"儿童节小小运动会现在开始。
2. 请运动员入场、升旗仪式。(配解说词)(15分钟)
3. 园长致辞。(3~5项共8分钟)
4. 家长代表发言。
5. 运动员代表发言。

我谨代表全体运动员宣誓:在比赛中发扬奥运精神,拼搏进取,顽强勇敢;牢记团结合作,积极参与,遵守规则,服从裁判。今天我们是叶榭幼儿园里的小冠军,明天一定会成为为国争光的奥运健将。相信我,我能行,我最棒。

---

① 案例来源:上海学前教育网http://www.age06.com/gardenportal/Detail.aspx?InfoGuid=21dcadfd284a48438756c13b75f54631.[引用日期2014-5-31,引用时略有修改]

6. 请运动员撤场。(2分钟）

7. 幼儿小青蛙讲故事获奖表彰。(获奖名单附后)(3分钟)颁奖人员:某某等。

8. 幼儿体操表演比赛。(评分标准附后)(15分钟)分大班组、中班组、小班组进行。

9. 体育游戏和节目表演穿插进行。(35分钟)节目表演、体育游戏（幼儿与幼儿、幼儿与家长）等。

10. 宣布体操表演比赛成绩。(10～12项共4分钟)

11. 园领导向获奖班级代表颁奖。颁奖人员:某某等。

12. 宣布运动会结束,幼儿园为小朋友颁发节日礼物。

13. 体育游戏游艺互动活动。(各班班主任负责、幼儿自愿参与,30分钟)

这份"六一"儿童节活动计划书既可作为全园性的活动来实施,也可作为班级活动来开展。由于将"六一"儿童节主题定位在体育运动,因此,"六一"儿童节的活动主要以体育运动为主。不同的主题可以选择适合该主题的各类活动,如定位于表演的"六一"儿童节活动,唱歌、舞蹈、朗诵等才艺活动要多一些,如果是定位于科学探索类的游园活动,则要多安排一些科学小游戏、小制作。除了要体现一个主题外,还要考虑到目的、活动时间、活动地点、活动对象、活动内容、活动准备、活动过程及项目进展、礼品设置、安全预案、人员分工等。这些要素考虑越周到、细致,"六一"儿童节活动就越有序、高效。当然,如果仅仅以一个班级来开展,上述案例中的程序可以少一些,但这些要素都应考虑到。

2. 环境创设与活动的准备

在幼儿园一年的节日活动当中,不同的节日具有不同的教育价值。因此,在不同的节日活动设计上,要做好环境创设与活动准备。

有些节日因为与传统文化有关,如中秋节、端午节,幼儿园在开展这样的活动时,为了更有节日氛围,更能体现节日的逼真效果,需要幼儿园老师和家长、孩子合作,创设符合节日主题的环境,以及提供相应的活动材料。

比如有的幼儿园将端午节活动拟安排在幼儿园开展,就要布置相应的主题环境,体现端午节的元素。如果开展包粽子活动,幼儿园及家长要事先准备好相应的包粽子原料。

无论是全园性的还是班级性的节日活动,要想活动有序、高效、安全开展,活动紧凑而有节奏,教师事先的准备工作必不可少。当然,不是教师一个人在准备,而是幼儿、家长、教育机构其他相关人员共同参与。

在准备过程中,教师不要把活动安排过多、过密,活动量不要太大,否则准备工作大,在后面的实施过程当中也许难以完成。

3. 活动过程的组织与指导

节日活动一般可以分为全园性的、年段的和班级的活动,对于全园性的活动教师首先应熟悉节日活动的整体安排和主要活动,然后根据活动计划,组织好本班幼儿参加活动。全园性的活动因为人多,特别是全园幼儿都集中在一起庆祝某个节日,教师要注意各项活动环节的衔接。

对于班级性的活动,教师依计划进行,并视情况适当调整。对于大型的节日活动如"六一"儿童节活动,人员分工、程序安排就显得特别重要,事先应做好详细的活动安排。如果人手不够,幼儿与家长是很好的人选,既体现了幼儿与家长的参与,又充分利用了人力资源。比如上面提到的叶榭幼儿园庆祝"六一"儿童节方案就比较详细,活动或节目的顺序、时间长度、人员分工等都安排得井井有条。当然,如果现场临时有变,可对方案计划加以调整。

活动要面向全体,注重个别差异,要注意多安排一些集体性、小组性的活动,个人表演性质的尽量少安排。节日活动,主要是幼儿在参与,每位幼儿都应该享有感受节日快乐和喜悦的权利,教师应深入了解孩子,挖掘每个孩子的潜能,为每个幼儿提供表现自己长处和获得成功的机会。如可以采取幼儿自愿报名和组织幼儿集体参加的形式开展各类丰富多彩的节日活动。对于舞蹈基本功较好的、动作协调性好的幼儿,可以鼓励其参加舞蹈类节目;对于一些好动的,喜爱武术、体育运动的男孩,可以提供机会让其参加武术表演;对喜欢画画的幼儿,可以引导其参加绘画活动;对于平时比较胆小、腼腆的幼儿,鼓励他们大胆地为大家表演一些自己平时学过的儿歌、舞蹈、游戏,等等。教师要尽可能发挥每个幼儿的特长,使每个幼儿都有表现自己和得到别人肯定的机会,培养幼儿自尊、自信的性格,调动每一位幼儿的积极性并激发他们参与活动的兴趣,让他们真正能感受到节日欢乐的气氛。

为了助兴,以及提高活动的质量,为参与活动表演或获胜的幼儿适当准备一些小礼品、奖品。除此之外,像"六一"儿童节这样的特殊节庆活动,每个幼儿都应当得到一份小礼物,可以是教师或教师与幼儿自制的,也可以去购买的但花费不大、意义却比较大的小礼物。

在具体活动组织过程当中,教师应根据活动的效果和反馈灵活应变,不拘泥于计划。在实施过程当中,要注意安全,特别是全园性的活动。如果活动太多、时间过长,也容易使幼儿产生疲劳,教师要善于观察,及时作出调整。

4.活动结束后的回顾与延伸

活动结束后,教师要对活动进行评价与小结,重点挖掘节日活动的价值,引导幼儿做好节日活动的回顾,将节日活动的功能进行延伸,延伸到幼儿园其他活动当中,还可以延伸到家庭生活当中、社会生活当中。

在活动的回顾与延伸环节当中,教师要对幼儿的表现予以赞赏。另外,为了发挥节日活动的更大价值,教师要对家长提出要求,指导家长利用家庭或社区资源进一步挖掘节日活动的价值,对一些还需要在家里继续进行的节日活动,教师要提示家长对幼儿在家、在社区的延伸活动进行必要的检查,鼓励幼儿在家庭或社区用自己的方式展示或呈现幼儿园节日活动的成果,使节日活动的目标更好地实现,使广大的家长的教育能力不断提高。

总之,无论是全园性的还是班级性的"六一"儿童节活动,教师在策划上都要从幼儿出发,不能为了展现教学成果、教育机构的特色而使得儿童只是成为大人达成某项目标的"表演者和工具"。因此,对于如何过好"六一"儿童节,教师可以发挥幼儿、家长的智慧,让幼儿、家长参与活动的构思,为活动出谋划策,而不能是教师闭门造车拼凑节目。

第三节　外出活动

对幼儿园来说,外出活动则是比较重要的一种活动类型。外出活动很受幼儿的欢迎,其中重要原因在于外出活动的真实性与体验性。首先,外出活动跨过幼儿了幼儿园的围墙,使学前教育的空间发生了很大变化,由封闭转向开放,从园内走向园外,把大自然、大社会变成了幼儿的真实课堂。其次,幼儿所处环境发生变化时,幼儿的想法和行为也会发生变化。外出活动给幼儿提供了探索真实世界的机会,使幼儿能发现幼儿园以外的天地,把自己看到的世界与在幼儿园内、在家里学到的东西进行比较,从而实现从认知体验到情感体验的飞跃。

一、外出活动及其教育功能

外出活动,顾名思义,就是教育机构有计划、有目的地在教育机构以外开展的活动。本节重点探讨的是幼儿园的外出活动,其他学前教育机构的外出活动大同小异。

（一）外出活动的种类

外出活动的种类,从不同角度有不同的划分类型,从活动的目的来看,可分为以休闲放松娱乐、增进情感联系为主要目的的游玩活动,如春秋游、野外亲子活动,以丰富知识、扩大视野为目的的参观活动,以增长见识、提高社会实践能力为主要目的的社会实践活动,以及专门作为幼儿园教育活动的延伸与扩展活动的外出活动,等等。春秋游是幼儿园传统的外出活动,常去的地方有动物园、公园、植物园、蔬菜基地、农庄。参观活动是为扩展幼儿视野或作为幼儿园教育活动的延伸,如去超市、小学、工厂、农庄、博物馆、革命烈士纪念碑（堂）都可以作为参观类活动。社会实践活动在幼儿园开展较少,但如果把幼儿园组织的与福利院儿童的共建活动、去老人院给老人演出、去公园维护公园卫生等也作为社会实践活动,类似的活动也不少见。

从活动规模上来分,可分为只带一个小组或几个幼儿的小型外出活动,全班性的甚至全年段的大型外出活动。小型外出活动有利于幼儿学会轮流和分享,有利于教师的指导,比较适合于需要教师或家长较多指导的活动,大型外出活动往往需要家长和其他人员参与,以保障活动的安全和顺利进行。从距离来讲,有近距离的外出活动,一般步行即可;也有远距离的外出活动,一般需要乘车前往。

（二）外出活动的功能

外出活动的主要功能包括教育功能和娱乐休闲功能。外出活动的教育功能包括多个方面，如增长见识，培养热爱大自然、社会的情感和社会责任感，增强探索欲望，增进师幼之间、家园之间的情感交流，锻炼身体等等。娱乐休闲功能是一般外出活动自然就具有的功能，可以让人放松心情、享受快乐。

二、外出活动的策划、组织与指导

外出活动的成功与否与成效大小，与教师，有的还与家长，对外出活动的策划、组织与指导等环节的有效把握密切相关。

（一）外出活动的策划与准备

对于教师来说，要成功组织一次外出活动，首先要做好活动的策划与准备。外出活动的策划环节主要要落实好以下几个方面的工作。

1. 活动的目的与地点选择

教师首先要考虑的问题是："外出活动的目的是什么？""选择什么地方？"如春秋游、野外亲子活动，以亲近自然、丰富知识、扩大视野为目的，教师在选择活动地点上，可以发挥家长和幼儿的智慧，综合考察外出活动地点。不管是何种目的的外出活动，其活动地点应该满足两个方面的条件，一是安全、卫生、不拥挤、不杂乱，二是能丰富幼儿的情感体验。如春秋游的地点可以有多个选择，动物园、公园、植物园、蔬菜基地、农庄等。

2. 活动计划的拟订

外出活动计划包括活动的目标、出行时间、集合地点、人数、行走路线、准备的物品、活动项目内容、安全预案，等等。教师要详细考虑准备给幼儿提供哪些感知活动和操作活动，希望幼儿接触哪些行业、人物、工作场景等，期待幼儿获得哪些具体经验和真实体验等，都要拟在计划中。

3. 活动的准备

在活动方案初步拟订后，还需要开展具体的准备工作，并根据准备工作情况可以对原先拟订的活动方案进行调整，以便有利于活动的顺利开展。

（1）提前勘查活动地点

教师在带领幼儿外出活动前最好亲自前往活动目的地进行勘查，包括行进路线、活动目的地都要进行全面考察，对于幼儿园去过多次的同一地方，也应再次勘查，勘查的重点主要放在安全性、与以往外出活动的变化之处。

外出活动特别是参观活动，不仅要向工作人员说明参观活动目的，了解外出活动地点的规章制度，以取得他们的配合，而且还要知道餐饮处和盥洗室，选择适当的时间、地点让幼儿休息调整，以满足幼儿独特的生理需要。

（2）活动准备

在勘查活动地点并对其进行安全评估后，教师要考虑是否需要对活动地点作出调整或地点不作调整但需要做好其他相应的工作。如果地点要调整，对新拟订的活动地点要再一次进行勘查。

在做好上一步工作之后，教师就要把外出活动的事项以通知的形式告知家长，让家长共同参与和准备外出活动。

接下来，教师和幼儿、家长可以一起设计幼儿园的外出活动标志、班级标志，帮助幼儿和家长结成伙伴，向幼儿、家长说明外出活动注意事项，准备好外出活动用品、饮料、水、医疗器械和药品等，如果还需要演出节目，幼儿园或家长还要提前进行排练和准备节目，出发前要关注活动当天天气预报，等等。

如果是大型春秋游活动，出发前的准备工作还包括：① 生活用品的准备，食品、水、垃圾袋、望远镜、照相机等。② 活动表演必需的物品器材准备，如演出用的服装、奖品、录音机等。③ 医疗用品，如体温计、创可贴、酒精、包扎带等。④ 车辆安排、人员分工及职责落实。⑤ 与活动目的地的联系、安全勘查工作。有些活动在出发前需要与活动目的地所在单位进行联系，如参观农庄、社会实践基地等，与对方就参观时间、行走线路、讲解陪同人员、安全事项等进行落实。⑥ 做好活动的安全工作。⑦ 出发前要关注活动当天天气预报，以免因忽略天气情况而影响活动的进行。

4. 安全工作

外出活动的安全工作显得特别重要，一是因为幼儿在外出活动中会很兴奋，这增加了活动的不安全因素；二是由于外出活动涉及众多方面的安全因素，如车辆安全、交通安全、饮食安全、场地安全、活动安全等。因此，对于外出活动，教师和家长要特别做好安全方面的工作，以确保活动的安全进行。

对于外出活动的安全工作，教师要注意以下四点：

① 活动开始之前，相关人员要对乘用车辆、活动场地、活动器材、设备、设施等进行安全检查，及时消除不安全因素。使用的车辆应是有服务资质的，并要签订安全协议，还可以购买保险。

② 活动前教师要对幼儿强调安全事项，提高幼儿的安全和自我保护意识。

③ 活动中教师及相关人员随时巡查和提醒幼儿，并适时给予幼儿安全保护，以免出现不安全因素。

④ 制定详细的安全预案，遇到紧急情况，立即启动安全预案方案。

（二）外出活动的组织与指导

外出活动包括幼儿园比较大型的春秋游外出活动和以参观为主的外出活动。

幼儿园每年都会安排外出参观活动和外出春秋游等活动，这是幼儿很喜欢的一类活动。外出活动的策划工作做得好，在很大限度上保证了活动的成效。为了让外出活动开展得有声有色、效果好，教师应重视活动的策划与准备工作，同时要做好相应的组织与指导工作，应重点考虑到以下四个方面：

1. 活动的主题、目的

春秋游外出活动有全园性的春秋游，也有以年段、班级为单位自行组织的春秋游活动。外出参观活动多是与阶段教育内容相联系，需要考虑幼儿的年龄特点和认知能力，一般分年龄班开展，多以班级为单位开展。

春秋游外出活动可分为以休闲放松娱乐、增进情感联系为主要目的的游玩活动，以丰富知识、扩大视野为目的的参观活动，或是专门作为幼儿园教育活动的延伸与扩展活动的外出参观活动。

外出参观活动就其组织与领导的环节来看，与春秋游活动的组织与领导大致相同，但由于外出参观活动的目的指向性较强，所以，在开展外出参观与实践活动时，除了外出活动要注意的常见环节外，还应该特别注意以下两点：

（1）确定活动的目的

外出参观等活动主要是与阶段教育内容相联系，多是作为拓宽幼儿视野或作为幼儿园教育活动的延伸，因此，这类活动的教育功能非常明显。如果准备不充分，将大大影响外出参观等活动的效果。正因为与幼儿园教育活动紧密相连，教师在确定开展何种类型的外出活动以及确定外出活动的目的时，就要多方面考虑到其教育效果。

（2）活动前的联系工作

外出参观等活动的准备要细致，活动进行前一定要与活动目的地所在单位进行联系，如参观农庄、社会实践基地等，与对方就参观时间、行走线路、讲解陪同人员、安全事项等进行落实。

2. 确定活动的地点

外出活动的地点可以选择以自然资源为主的地点，如儿童乐园、公园、植物园、动物园、溪流、蔬菜基地等，也可以选择以社会资源为主的地方，如大型超市、酒店、老年活动中心、体育馆（场）、科技馆、革命烈士纪念馆（堂）等，这些都是外出活动很好的目的地。附近的农田、河流、公园、植物园可以成为幼儿探究自然科学的大课堂，超市、餐厅、酒店、老人活动中心、纪念馆等是使幼儿接触社会、进行社会性教育的重要场所；工厂、公园、居民小区也可以成为幼儿开展环保教育的现场。

3. 外出活动的组织

不同主题的外出活动，其活动内容与形式有所不同。对于以联欢为主的外出活动，应事先安排活动的项目和参加表演的人选。为不增加幼儿的负担，活动项目以幼儿园学过的、开展过的内容为主，只要将幼儿平常学过或表演过的歌、舞、游戏等加以重新组合即可。

在外出活动进行过程中，教师可引导幼儿欣赏沿途美景、风土人情等，向幼儿提出开放性、启发性的问题。在活动地举行的联谊活动、亲子活动等，按事先准备好的节目有序进行。如果是外出参观活动，教师要提醒幼儿注意听解说员的讲解，认真观看。另外，无论是在出发途中，还是在活动目的地以及返回途中，教师或相关人员要经常清点人数。

4. 充分利用自然条件

外出活动，幼儿园教师要充分利用好自然条件，自然环境蕴含了很多教育元素，如春秋游活动就涉及自然环境的颜色、形状、地貌、气候等很多知识点。

春秋游活动,特别是野外郊游、登山、踏青等,为幼儿提供了大量利用自然条件锻炼的内容,鼓励幼儿到大自然中去尝试新奇的、富有挑战性和野趣的体育活动,如泼水、玩沙、滑冰、远足、简易定向运动等。

以体育活动为主的春秋游活动,可以充分发挥活动的野趣性,教师在组织、开展活动时,有层次地选择和利用户外场地,如山坡,有低矮的山坡、高的山坡、长草的山坡、有树的山坡,这些山坡可进行难度不同的攀爬、翻滚、慢跑下坡、快速下坡、躲闪活动等;而树林则有低矮的灌木丛、茂密的树林、高大的树、可攀爬的树,可以开展追逐、投掷、踢球、放风筝、捉迷藏、老鹰抓小鸡等。亲子郊游活动是户外活动的重要形式,它既可以增加家园联系,又能使幼儿体验外出活动的快乐,提高幼儿适应环境的能力。如,"我和老鹰做游戏"活动中,家长在草坪上扮演"老鹰",当"老鹰"俯冲下来时,幼儿赶紧卧倒不动,当"老鹰"飞走时,幼儿用纸球瞄准目标"老鹰"出击,亲情在此刻得到升华,外出活动的内涵得到拓展。

在幼儿园,参观活动、外出春秋游和其他的外出活动,虽然开展得不是很多,但其意义却很大。如去超市、小学、工厂、农庄、博物馆、革命烈士纪念碑(堂)都可以作为参观类活动。美化小区清洁活动、植树节种树种花、去社会实践活动基地都可以算是外出活动。

案例

大班"快乐的秋游"主题活动

福建幼儿师范高等专科学校附属幼儿园　梁金晶

● **主题由来:** 基于以往秋游的经验,教师为了顾及幼儿安全,大部分时间和精力用于整队和照看幼儿,无心带领幼儿欣赏美丽的风景。幼儿只能在教师的视野内活动,范围有限,有拘束感,只有在进餐时,才是最愉悦的。因此,常有这种情况:一说郊游,幼儿首先想到的是带什么东西去吃,就连拍照,也显得勉为其难,而最辛苦的莫过于教师,每次的郊游总是筋疲力尽。如何才能真正解放教师,让幼儿真正感受郊游的乐趣,成为我思考的问题。于是,我尝试将秋游活动以主题活动的形式来开展,在主题活动中,首先强调幼儿参与性原则,从活动的设想到实施均是幼儿与教师共同合作、共同参与的过程,以此培养幼儿的责任感、合作精神;其次变集中活动为小组活动,尝试解决集中活动教师高控制倾向;最后引导幼儿以绘画的形式记录交流活动体验,尝试将幼儿对生活环境的美好感受提升为对艺术美的追求,提高幼儿主动关注周围生活中美好事物的意识和情趣。

活动一　秋游总动员

● **活动目标**

1. 对秋游活动感兴趣。
2. 能为自己的小组命名,并制作标志物。
3. 学习协商、合作。

● **活动准备**

纸张、水彩笔、剪刀、糨糊等手工制品,长棒四根。

● **活动过程**

1. 与幼儿商讨:秋游活动要不要爸爸妈妈参加?
2. 请幼儿自由结伴成四组,每组推选一位组长,并为自己的小组命名。
3. 各组在组长的带领下,协商、分工制作标志物。
4. 鼓励幼儿大胆想象,自己选择材料制作,教师给予适当帮助。

● **活动反思**

在与幼儿商讨"要不要爸爸妈妈参加"这一问题时,幼儿的回答出乎意料,他们一致表示不要爸爸妈妈参加,理由是"我们都长大了,自己玩更开心""妈妈一会儿要我脱衣服,一会儿要我喝水,太麻烦了""我们走路时,还要看妈妈有没有跟上,太累了"……在活动中,幼儿选举组长的方式有:集体推荐、锤子剪刀布、点点滴滴等方式,公平、合理。为小组制作标志物,四组都选择了画旗帜的方法,分别命名为"美少女队""雷鸟队""CoCo队""锯齿龙队",从这些名字中,足以看出幼儿兴趣所在。幼儿在秋季总动员当中的表现,也充分体现了幼儿成长的意识和巨大的潜能。看来,我们以往对幼儿的能力是太低估了,总以为幼儿能在秋游活动中"帮帮忙"就不错了,而"帮忙"的思想实质还是"教师中心",真是到了该把活动的主体地位还给孩子的时候了。

活动二　秋游活动

- **活动目标**

1. 欣赏秋季大自然的美好景色,认识秋季农作物。

2. 培养幼儿团队精神,体验郊游的乐趣。

- **活动准备**

幼儿自备干粮、饮料、塑料布,各组旗帜。

- **活动过程**

1. 幼儿以小组为单位,由一位教师或家长带队,自由出行,观赏大自然的景色及农作物。

2. 在休息时间,组织幼儿开展"野餐会":幼儿将所带食品摆放在大塑料布上,围坐在一起,共享美味。

3. 教师组织各组开展拉歌比赛。

4. 引导幼儿观赏周围风景,并拍照留念。

- **活动反思**

以小组的形式秋游,从教师方面看,人数少,便于管理,减轻负担,能与幼儿更好、更直接地交流;从幼儿方面看,能自行组织小型活动,少了约束,多了尽兴,还能培养团队精神,真正开心、愉悦。"拉歌比赛"的形式,幼儿感到新鲜而兴奋,既复习了教学内容,又调动了气氛。"野餐会"改变了以往独自进餐的模式,让幼儿在共享的同时,既品尝了更多的美味,又增进了友谊,让活动变得充实而丰富。

活动三　绘画:"快乐的秋游"(延伸活动)

- **活动目标**

能用小组绘画的形式表达自己的感受,并能将画面内容转化为口语表述。

- **活动准备**

水彩笔人手一份,秋游照片若干,大张图画纸六张。

- **活动过程**

1. 展示秋游照片,引发幼儿回忆。

2. 教师布置小组绘画任务,引导幼儿分小组协商作画内容及简单构图。

3. 幼儿按主题进行小组绘画,教师巡视观察幼儿绘画情况,指导幼儿正确分工合作。

4. 将幼儿的作品摆放在展示栏,请各小组幼儿互相交流分享画面内容。

- **活动反思**

幼儿均能通过画面表达一定的内容,大部分幼儿画了小组人物(老师和小朋友)的动态情景,由此可见,小组活动的方式给幼儿留下深刻印象;而在幼儿的画面中也出现了大片的麦田、甘蔗林、鸭子等自然景观,画面内容丰富,各具特色。以小组绘画的方式进行,更能促进幼儿间的交流合作,亦能引发幼儿间的互动,无疑是适合大班幼儿绘画的良好方式。但也有部分幼儿在画面布局、线条流畅性方面还有待提高,也许在以后的美术教育活动中,有必要向幼儿介绍一些描绘自然景观的绘画佳作,并帮助他们欣赏内化,提高幼儿的绘画表现能力。

- **活动小结**

此次活动旨在尝试、摸索幼儿更为乐于接受的秋游方式,而在活动中,幼儿所表现出的巨大潜能,让我深深体会到:不是幼儿行不行的问题,而是我们教师放不放手的问题,幼儿的成长需要的是成人的信任,而不是包办,当幼儿拥有自主权时,那才是他们真正的快乐天地。

- **活动评析**(福建幼儿师范高等专科学校　吴丽芳副教授):

在"快乐的秋游"主题活动中,可以看到以下三个明显特点:一是教师在不断的反思性教学中已经树立起科学的儿童观,那就是把幼儿看成是与成人平等的、独立的、发展中的个体,尊重幼儿在活动中的参与权,从秋游活动的设计、组织到实施,都是幼儿与教师共同参与、平等协商合作的过程,真正体现了幼儿在活动中的主体地位,也充分激发了幼儿的主体意识,很好地培养了幼儿的责任感和合作精神,把活动的参与权还给幼儿,不仅解放了教师,也给幼儿各个方面能力的发展创造了一个自由宽松的环境,而且激发了幼儿创造的潜能,这一点从秋季总动员中幼儿选举组长、制作标志物就可以窥见一斑。二是活动的组织形式使每个幼儿获得较大的发展可能性,当集体行动的秋游方式限制了幼儿活动的自主权,加重了教师的管理负担时,就应当思考这种活动形式的改革。在这次活动中,教师尝试以小组形式组织秋游是成功的,从幼儿方面看,小组活动有助于幼儿更好地满足自己的兴趣和需求,也有助于幼儿之间更多地交流与合作;从教师方面看,管理显得更为灵活和便捷,使得师幼能够充分领略秋游的乐趣。三是教师为幼儿创造了一个用艺术形式大胆表达自己秋游感受的机会,深化了幼儿的生活经验和审美情感,进一步激发幼儿表达美、创造美的乐趣。

(三)外出活动的回顾与延伸

外出活动中,教师在指导时要注意有全局的观念,一方面表现在整个参观等外出活动过程中要把握主要内容,不局限于个别细节部分;另一方面是要注意照顾到全体幼儿,不过多关注个别幼儿。此外,教师或其他人员不要讲解过多,要引导幼儿自己发现,注意与幼儿已有的知识经验相联系。要想外出活动效果好,除了在过程中很好地进行组织与指导,还要对外出活动进行相应的回顾与总结。

1. 对外出活动回顾并进行科学的评析

在外出活动进行过程中教师要及时进行反思和对活动进行调整。外出活动结束后教师要对外出活动加以反思,制定评价表,既要评价外出活动所蕴藏的教育目标的达成程度,又要评价幼儿在外出活动中多通道认识世界的参与程度,为设计新的外出的活动做好准备,并考虑延伸性的教育活动。

参观等外出活动往往与幼儿园的教育活动相联系,因此,在开展此类活动时,教师一般把其作为一个环节,这样明显增强参观等外出活动的效果。教师要引导幼儿对外出活动进行回顾,引导幼儿做出评价,教师在幼儿回顾与评价基础上再进行科学评析,包括活动内容、目标、过程的组织等,这样才能发挥外出活动的最大价值。

2. 外出活动的延伸活动

一般来说,参观等外出活动后的延伸活动必不可少。一方面教师可以通过延伸活动了解参观等外出活动的效果,另一方面通过延伸活动可以巩固和强化参观等外出活动的成果。因此,教师在参观与外出实践活动结束后,可以设计一些适宜的延伸活动。

教师利用各种机会带领幼儿外出参观和考察,这样既利用了天然资源丰富幼儿的经验,又使活动更为有趣。每次外出活动归来,幼儿一般都有很多感受(活动现场就更不用说了),教师可组织幼儿开展讨论,提醒或有意安排各种各样的表达、表现方法,如最常见的表达、表现方式有口头讲述、绘画、手工制作、表演游戏、建构游戏等等,幼儿可以绘制外出活动路线图,画出外出活动中感兴趣的事物,表演外出活动中看到的事物和场景。通过多种方式、多种渠道将外出活动进行延伸,充分发挥外出活动的最大价值。

本单元小结

本单元对幼儿园日常生活活动、游戏、教学活动以外的其他形式的教育活动做了较全面的阐述。包括亲子活动、节日活动、外出活动的功能、活动的设计与准备、组织管理与指导,以及与幼儿园日常教育活动整合、与家长合作,提高幼儿园教育活动的整体效益。

复习与思考

1. 阐释幼儿园的亲子活动,并举例说明亲子活动应如何组织与指导。
2. 举例说明节日活动的功能与价值,阐释怎样防止其功能出现异化。
3. 节日活动内容选择上应把握哪些要点?设计与指导有哪些基本的要求?
4. 举例说明外出活动应如何进行组织与领导。

同步实训

1. 分小组讨论下面这一外出活动方案是否合理。

   张老师是新来的小班班主任。张老师很喜欢旅游,特别喜欢探险。今年秋游的活动方案,张老师想到了去某景区进行秋游,听说景区有个还没开发的地方,风景非常优美,但是路途比较崎岖,有些地方路很窄。张老师想带班级孩子及部分家长志愿者去这个景区未开发的地方游览。

   请你对张老师的方案进行评价是否适宜,阐述具体的理由。

2. 以小组为单位设计中班年段(假设有3个中班,约100人)的"六一"儿童节活动方案。

3. 在见习幼儿园组织亲子活动并分小组评析、研讨的基础上,自选内容尝试设计、拟订下一次亲子活动的计划。

4. 参与所见实习幼儿园的外出活动,并根据本单元所学撰写活动体会。

第十二单元 幼儿园班级管理

问题情境

小李是一名品学兼优的学前教育专业的学生,本来觉得自己的从教基本功都学得不错,可以胜任幼儿园的教育工作,刚走进幼儿园开始见习,就想试试自己的本领。结果组织唱歌活动,孩子们不理不睬;组织体育游戏,孩子们乱成一团;组织午睡,孩子们吵闹不止。小李又急又气,十分沮丧,不知自己到底哪里做得有问题。小李为什么会遇到这种情况呢?

其实小李遇到的问题是很常见的问题,平常在学校中学习专业理论知识,大多是纸上谈兵。在教育实习时,学生往往生搬硬套书本知识或只凭自己的感觉,面对幼儿的实际问题常常手忙脚乱。实际上小李遇到的问题就是班级如何组织管理的问题,管理工作必须走在教育活动的前面,没有有效的组织和管理,一切保教工作都将很难实施。

第一节 幼儿园班级管理概述

一、幼儿园班级管理及其意义

（一）幼儿园班级的构成及班级特点

1.幼儿园班级的构成

班级是学前教育机构教育的细胞,是学前教育的基本组织形式、基本单位。学前教育机构班级是按幼儿的年龄和男女均衡来组建的,幼儿年龄越小,生活活动、教育教学的组织难度越大,且越需要个别和小组活动。因此,学前教育机构的班级人数要比小学的少。为了保证保教工作的正常开展,保证教育质量,国家对幼儿园班级人数作了明确规定:幼儿园按年龄分班,一般按3—4岁、4—5岁、5—6岁分成小、中、大班,3岁以下为托班。《规程》规定不同年龄班幼儿人数为:小班25人,中班30人,大班35人,混合班30人,学前班不超过40人。每班的男孩和女孩性别比例大体相当。3岁以下的人数更少,一般2—3岁班级人数不超过20人,2岁以下幼儿的保教活动是个别式的,组成班级不超过10人。根据2013年新颁布的《幼儿园教职工配备标准（试行）》我国全日制幼儿园每班要配备2名专任教师、1名保育员（或配备3名专任教师）,保教人员与幼儿比达到1∶7至1∶9;半日制幼儿园每班要配备2名专任教师,有条件的可配备1名保育员,保教人员与幼儿比为1∶11至1∶13。

幼儿园班级组织活动一般以班集体、固定小组、自选小组、个别活动和自由活动为基本形式。班集体是幼儿园班级开展集体活动最基本的组织形式,小组可分为固定小组和临时小组,固定小组是幼儿园小班和中班主要的学习和游戏单位。一般5—6名幼儿同坐一桌,遵守一定的规则。临时小组根据一定的需要组成,分为指定小组和自选小组。小组对幼儿互相交往合作意义重大,要加强引导和管理,同时重视个别活动和自由活动的组织开展,保证个体活动自由的同时,引导幼儿适应集体规则。

幼儿园班级具有一般的班级功能,但与一般学校的班级不同,它不仅是幼儿教育的基本单位,同时也是幼儿园保育工作和日常生活的基本单位,因此具有独特的生活特征。

2.学前教育机构班级特点

（1）生活节律性

班级是幼儿在园的基本生活单位,为了满足幼儿在园的基本日常生活需要,要根据幼儿的身心特点和实际需要安排一日生活,各环节的活动安排要有序、科学。

首先,幼儿神经系统发育迅速,睡眠时间较长,兴奋性强于抑制性,容易疲劳,易恢复。经过一夜休息,上午10时前是幼儿头脑最清醒的时候,学习效果好。午餐后神经活动兴奋性降低,要保证午休时间,使幼儿的体力、精力得到恢复。下午一般不安排紧张的智力活动,适合自主性的游戏活动、体育活动等。

其次,幼儿注意力集中的时间随年龄增长而增加,小班每次集中活动10—15分钟,中班20—25分钟,大班25—30分钟。年龄越小睡眠时间安排越长,活动时间不宜太长。年龄越小,生长发育速度越快,越需要及时补充营养,上午和下午的活动中间要考虑增加点心及时补充体能。如有条件,幼儿园小班可提供三餐两点,中大班一般提供三餐一点。总之,班级活动根据幼儿生活的节律而进行,这是幼儿园班级工作的显著特征。

（2）保教一体化

音频视频
9-2

幼儿的身体和心理正处于人一生中最稚嫩的时期,各器官、各系统正处在生长发育最迅速的阶段,生理器官尚未发育成熟,免疫能力差,环境适应能力较弱,特别容易因为各种原因,感染疾病,影响幼儿的健康成长,因此,特别需要成人细心地照料。另外,幼儿年龄小,生活自理能力差,生活经验少,最容易发生危险,需要成人及时地帮助和指导。因此,幼儿园班级管理最重要的是保证幼儿安全、健康地成长。幼儿园教育必须在一日生活中进行,保育和教育相结合,教中有保,保中有教。幼儿在班级的一日生活包括以下环节:入园、晨检、早操、游戏、教学、进餐、如厕、午睡、盥洗、午点、户外活动、离园,每个环节都要对幼儿进行保育和教育,既要对幼儿进行耐心细致的观察和照顾,又要随机进行教育指导;既要保证幼儿的安全、健康,又要培养幼儿的自理能力,发展动作、语言、认知、情感与社会性。因此,保教一体性是班级管理的重要特征。

音频视频
9-3

（3）内外互动性

心理学研究表明:幼儿是在活动中发展的,活动是幼儿发展的基础和源泉,幼儿在活动中互动,在互动中成长。幼儿的活动分为内部活动和外部活动,内部活动主要指生理和心理活动,外部活动主要指幼儿操作物体和玩具的活动及与人的交往活动。幼儿班级为幼儿提供了丰富多彩的保教活动,能够满足其身心活动的需要。同时,班级内大量丰富的操作材料和玩具为幼儿提供了自由操作的物质基础,班级内的成员相对固定,为幼儿的人际交往提供了稳定的交往环境。所以,班级保证了幼儿的活动,班级为幼儿提供了相对稳定的互动环境。班级的互动是相对自由的,也是有组织的,内部互动表现为教师与幼儿互动和幼儿之间的互动,外部互动表现为幼儿与活动对象、活动材料等环境要素的互动。由于班级的组织性使各种互动具有一定的计划性、条理性、规律性和有效性,因此,内外互动成了班级的又一重要特征。

音频视频
9-4

（4）组织权威性

班级是对幼儿实施保育和教育的基本单位,是学前教育机构中的基本组成,是执行教育机构各项措施的基本行动组织。班级的管理水平和保教质量直接影响着教育机构的整个保教工作,和谐、有序的班级组织是实现教育机构整体教育目标的保证。

拓展阅读
9-1

学前教育班级不同于中小学班级,由于幼儿的自理能力还不够,本身还是被照顾的对象。在班级组织中,基本上没有一般学校班级的班委会等比较复杂的自治组织。基本由班级的带班老师直接管理每个幼儿的生活、游戏与学习,幼儿眼中的权威只有班级的教师和保育员。幼儿年龄小,生活经验少,辨别是非的能力差,模仿能力强,班级教师、保育员的一举一动都会对幼儿产生潜移默化的重要影响。带班教师、保育员每天与幼儿的朝夕相处,使幼儿对他们会有一种特殊的信任和依恋的情感。在他们幼小的心灵里,自己的老师是"能人",是父母的化身。教师的权威常常超过父母,幼儿会模仿教师的一言一行。因此,幼儿保教人员的权威性决定了他们必须具备较高的专业素质和修养,必须时刻注意做幼儿的表率。

（二）幼儿园班级管理的目的和意义

把幼儿编班管理是幼儿园运行的实际需要,班级是学前教育机构的基层组织,也是一个多功能的整体

组织,对幼儿的健康成长起着良好的促进作用。其根本的目的和意义体现在以下三个方面:

1.提供高效生活组织场所

幼儿在幼儿园生活必须以班级为场所单元组织生活活动,班级为幼儿提供了共同生活的组织环境,每个幼儿在集体中的生活行为如如厕、喝水、吃饭等都会受到班级组织管理的影响。有序、合理地安排幼儿一日生活,对于提高幼儿的生活质量、提高活动效率,促进幼儿发展有重要意义。

教师科学安排幼儿一日生活各个环节,使幼儿在稳定、有规律的节奏中获得生活的安全感;通过培养幼儿的生活习惯,培养幼儿的时间观念;促进教育生活各环节有条不紊地进行;为保教人员相互配合、步调一致提供客观保证。

2.提供组织教育活动的保障

班级人数的限定有效保证了教育的有效人群。班级不仅是一个生活集体,同时是一个教育集体。班级是开展集体教育的组织保证,通过对活动的精心组织与策划,保证了教育活动的系统性和循序渐进性,有利于提高教育活动质量和效率,全面实现学前教育的教育目标。

班级尤其对幼儿社会性发展具有突出的作用。班集体共同的教育目标和行为规范,能够约束每个幼儿的行为,增强幼儿的集体意识,对克服幼儿的自我中心,发展幼儿的自我意识有重要作用。同时班级中有利于形成共同的舆论、价值观、共同的活动规则,集体活动为幼儿的个体行为提供了模仿和相互学习的榜样及相互监督的标准,为实现"人人教我,我教人人"提供了必要条件。班级为幼儿之间和幼儿与教师之间的良好交往提供平台。在教师的指导下,能够使幼儿尽快掌握交往的技巧。共同的价值观使幼儿产生班级的归属感和安全感,使幼儿能够自由表达自我,相互交流,相互影响。总之,班级对促进幼儿社会性发展起着重要作用。

3.承担社会服务职能

父母对培养教育孩子具有义不容辞的责任,但家长同时担任着社会上各种行业的工作,学前儿童尤其是3岁前幼儿,需要精心的照顾和教育,如果孩子得不到妥善的照顾,家长就没办法安心工作。因此学前教育班级现实上承担着解放父母劳动力的社会服务职能。同时因为父母不一定都具有丰富的学前教育的专业知识和技能,班级教师又承担着宣传科学的教育理念,指导家庭教育的职责。《规程》提出幼儿园应为家长提供科学育儿指导,学前教育机构的班级是教师每天与家长真正进行家园共育的场所,实现着为家长服务的社会功能。

二、幼儿园班级管理的内容

(一)幼儿园班级管理的内涵

根据我国当代管理学学者翟立林的定义,管理就是"通过组织计划来行动,把一个机构所拥有的人力、物力、财力充分运用起来,使之发挥最大效果,以达到机构的目标,完成机构的任务"。

那么什么是幼儿园班级管理呢?它是幼儿园管理的核心工作,是指教师与行政人员遵循国家的学前教育政策、法规,按照幼儿身心发展规律和保教工作的工作规律,采用科学的工作方式和管理手段,将人、财、物、时间、空间、信息等各要素合理组织起来,为实现国家规定的幼儿园保教目标而进行的保教工作组织管理活动。

要提高班级的保教质量,需要良好的师资、设备和足够的资金。而这些资源被充分合理地利用才能发挥出应有的效益,而这一切必须依靠管理,依靠管理者对人、财、物、时间、空间、信息等各种因素的组织与调配。班级的科学管理是学前教育机构管理的基础工程,是提高保教质量的关键,因此,我们必须给予高度的重视。

(二)班级管理的内容

1.组织管理

班级一保二教需选出主班长一名,负责整个班级工作计划与实施,人员协作与沟通等工作。还要负责班级幼儿分组管理的具体安排,班级日常班务的运行监督。

2.生活管理

生活管理是为了保证幼儿的身心健康发展,保教人员围绕幼儿在园内的饮食、起居等一日生活的需要而从事的管理工作。它是保育工作的主要内容,也是顺利进行班级管理和教育教学的必要条件。没有科学规范的生活管理,幼儿就无法开展各种有目的、有规则的教育与游戏活动。

（1）开学初的工作

① 填写班级点名册，填写幼儿家庭情况登记表，明确家园联系的方法。② 家访并调查幼儿家庭教养情况，初步了解幼儿生活习惯，做好记录。③ 安排幼儿个人用的床、衣柜、毛巾架、水杯格，写上姓名并做好标记。④ 初步布置活动室环境，安排好家具和物品位置。⑤ 观察幼儿一日生活表现并记录分析。⑥ 依据观察分析和家访调查结果，制定班级幼儿生活管理计划和措施。

（2）日常工作

① 每日根据幼儿生活程序履行管理职责。② 每日做好来园和离园的交接记录。③ 每日保管好幼儿生活用品。④ 每日做好消毒、清洁和安全检查工作。⑤ 每周检查幼儿生活管理计划的落实情况。⑥ 做好每日幼儿生活、疾病等情况登记分析工作。⑦ 每周末，班级教师交流，总结上周经验，调整下周工作，分工负责。

（3）期末工作

① 汇总对幼儿生活表现记录，做好对幼儿生活情况的小结。② 总结班级幼儿生活管理工作，找出成绩和问题。③ 向家长发放幼儿发展手册，指导家长做好假期管理。④ 整理室内外环境，对集体用品、材料进行清点登记。⑤ 归档，作为幼儿园工作总档案的重要构成，以便进行历史留存和教学研究。档案整理工作。作为最重要的一项工作，班级要把一学期所有教学计划与实施，教育活动记录，幼儿出勤与疾病登记，班级完成幼儿园任务等工作情况做全面整理和保存，以便后期回顾查看和进行教育研究。特别是幼儿成长档案的整理和保存。幼儿成长档案是最重要的幼儿档案，可以在幼儿毕业时移交家长保存。

3. 教育管理

（1）开学初工作

① 结合家访和对幼儿的观察分析，完成对班级幼儿发展水平的初步评估，做好分析记录。② 根据幼儿实际水平及班级条件，制定详细的幼儿教育计划。③ 根据教育教学计划，征集或领取幼儿绘画、手工等教育教学用具，布置活动室、创设教育环境。④ 班级保教人员共同制定各项教育活动的组织形式及基本常规，建立班级教育活动的运转机制，初步建立教师与幼儿友好、协调的关系。

（2）日常工作

① 具体设计并实施每日教育活动方案，做好教育教学的反思与推进分析。② 每周提前制定下周计划和活动安排。③ 每日与本班教师和保育员交流沟通幼儿和保教工作情况，相互交接与配合。④ 每月召开班级教师会议，研究班级教育工作的具体内容和措施，协调分工和合作。根据教育目标及时调整活动室环境。

（3）期末工作

① 整理教育活动方案、教育笔记和幼儿作品档案。② 做好幼儿全学期的评价工作，填好幼儿成长手册。③ 完成教师自身教育教学自我评估，写出工作总结或研究文章。④ 清点教育教学活动材料并登记归档。

4. 设施管理

人、财、物、时间、空间、信息是班级管理的重要因素，班级物品摆放得当，能给幼儿一个整齐有序的环境，有利于幼儿的生活和活动，有利于幼儿的成长，同时也方便教师使用。班级物品包括小床、小被子等生活用品，玩具、学具等学习用品以及钢琴、电视等教师教学物品。合理安排家具、电器位置，环境装饰，材料提供及主题墙设计。

（1）建立班级物品清单

对于班级的设施管理，必须建立一个班级物品清单，作为使用、交接、检查的依据。主要包括生活用品、教学用品、游戏设施等方面，其表格样式如表4-12-1所示。

表4-12-1　幼儿园小一班物品登记表

类　别	物品名称	物品数量	型　　号			责任人	备　注
			小	中	大		
生活用品							
学习用品							
教学用品							

（2）班级物品的摆放位置

班级物品的摆放位置和高度要适当。需要幼儿自己取放的玩具、游戏材料等要放在幼儿伸手能及的地方,也要注意美观整齐,最大限度地把空间留给幼儿,不能影响幼儿的活动。

（3）班级物品应有专人保管

一般保育员担任卫生和幼儿生活照料的工作较多,可以把幼儿生活用品和清洁用品归由保育员管理。教师特别是班主任可以管理教师教学用品和幼儿学习用品以及班级的教育资料。班级教育资料包括教育笔记、观察计划、个案分析、保育笔记、班级工作计划、月计划、周计划及备课本、家园联系本、家长工作记录本、家庭访问卡等,它是教师教育工作的财富,也是教师工作评估的依据,这些材料的书写要规范,要符合园里的统一规定,具有保存价值。属于个人的教育教学资料由各教师自己保管,属于班里的需要专门保管。在实际工作中,教师和保育员一起负责,配合管好所有物品。

第二节　班级管理的基本要求和方法

一、班级管理的基本要求

班级管理要求对班级的全面管理具有重要的指导意义,实践证明:目的性与整体性、主体性与参与性、开放性与高效性是最基本的要求。

（一）目的性与整体性

班级管理的目的性要求是指,每一项的班级管理都要为实现促进幼儿身心和谐发展的教育目标服务。班级管理的整体性要求是指,班级管理应面向全体幼儿并涉及班内所有管理要素的管理。整体性要求保证了班级全体幼儿的共同进步而不是部分幼儿的发展,确保班级各种管理要素得到充分的利用。遵循整体性要求时应注意:教师对班级的管理不仅是对集体的管理,也是对每个幼儿个体的管理。要把全班幼儿作为一个系统,避免出现"抓两头丢中间"的情况,杜绝只重视优秀幼儿,忽视一般的或发展滞后的幼儿。教师还要充分利用班集体作为一个整体的熏陶作用和约束力,形成一种能够自动约束幼儿的班风。教师还要注意合理安排时间、空间、材料等要素,平等地对待每个幼儿,使每个幼儿都有参与活动的机会。对幼儿多做纵向比较,肯定每个幼儿的自身发展,避免过多地与其他幼儿比较。减少矛盾、冲突,促进班级整体和谐班风的发展。

（二）主体性与参与性

班级管理的主体性要求是指,在管理中,教师应充分尊重幼儿作为生活、学习、游戏的主体的地位,引导他们自主地、有创造性地开展班级管理工作。为此教师必须明确对班级管理的职责和权利,充分提高班级管理质量,最大限度地反映幼儿的愿望,调动幼儿参与班级活动的积极性。教师要充分了解并把握班级的各种管理要素,正确理解和处理与幼儿的关系,把管理和引导幼儿自我管理作为实现主体性原则的必要手段。班级管理的参与性要求是指教师管理幼儿要以多种形式参与到幼儿活动中,同时要引导幼儿这一主体参与到管理中来。在活动中民主、平等地对待幼儿,培养幼儿的主人翁意识,与幼儿共同活动。要做到参与性,教师在活动中要灵活地转变自身角色,以适应幼儿需要。有时是游戏伙伴,有时是材料提供者,有时还是活动的旁观者等。教师的参与要以不干扰幼儿活动为前提,尊重幼儿活动的自主性,指导活动要适时、适宜。同时培养幼儿的主人意识,引导幼儿参与到管理中来,管理好自己,大家一起创设和营造良好的生活、游戏与学习的环境。

音频视频
12-1

（三）开放性与高效性

班级管理内容复杂琐碎,需要家长配合,家园合作协同管理。同时需要社会政策引导,服务社区群众就要得到社区的支持和监督,所以要具有开放性。教师进行班级管理时,要求用有限的人力、物力和时间,发挥最大的作用,尽可能地使幼儿获得更多、更全面、更好的发展,使班级管理更加高效。要达到这一目的,就应注意班级管理目标合理可行。如果目标过高,就无法完成;如果目标过低,就会使人陷入简单重复的境地,人为地浪费资源。还要注意管理计划的实施严格而灵活。严格执行常规,幼儿可以避免许多意外事故,根据具体情况可做适当灵活的调整,以灵活应对幼儿活动中的变化,解决管理过程中的实际问题。也要研究改进管理的方法,及时检查反馈管理中的问题,采用先进的管理方法,不断提高管理艺术。

二、班级管理的方法

为了实现幼儿保教目标,保教人员也必须掌握一定的班级管理方法,我们常常把班级管理常用的方法归纳为五种:规则引导法、情感沟通法、互动指导法、榜样激励法、目标指引法。

(一)规则引导法

规则引导就是用简单易行的规则引导幼儿行为,使其与集体活动要求保持一致,确保幼儿自身安全和他人安全,保证活动秩序的方法。例如,走进某班阅读活动区入口,在地上画有五对脚印。这种方式诱导幼儿把脱下的鞋子放在鞋印上,放满五双,就表示没有位置了。这个设计告诉幼儿三个要求:进入阅读区要脱鞋;只能有五位幼儿入内;要将鞋子放整齐。教师开始时可以以启发、讨论的方式使幼儿知道这一规则,并要求幼儿每天坚持遵守这个规则。

规则引导法是学前教育班级管理最常用和最直接有效的方法。规则是幼儿之间、幼儿与老师、幼儿与环境、幼儿与材料之间互动的关系准则。规则的内容要简明扼要,简单易行,规则不能太多,应突出重点,适合幼儿年龄和理解水平,规则的制定可以全员参与,及时修订,让幼儿在实践中掌握并形成习惯。

(二)情感沟通法

情感沟通法是通过激发和利用教师与幼儿之间或幼儿与环境材料之间的积极情感,以促进幼儿产生积极行为的方法。例如,刘老师组织乐乐班幼儿睡午觉,别的小朋友都睡着了,丽丽躺了好半天,眼睛还没闭上,刘老师悄悄说:"你怎么还不睡?"丽丽小声说:"老师,今天你忘了亲我了。"老师轻轻亲了她一下,丽丽很快闭上眼,甜甜地睡着了……刘老师陷入了沉思。这一案例表明:情感沟通的基础是教师对幼儿的理解和爱,教师要在日常生活和教育活动中,观察幼儿的情感表现,了解每个幼儿在班级活动中的情感需求,采用恰当的方式,激发幼儿相应的情感,引发幼儿积极向上的行为。

教师要经常对幼儿进行移情训练,使幼儿学习站在他人立场和角度理解他人情感的习惯和能力,并能从他人的困境中产生助人等亲社会行为。教师要保持和蔼可亲的态度,有爱心和童心,经常和幼儿产生情感共鸣,把幼儿的感情需求与活动情景相联系,这样才能更好地引导幼儿。

(三)互动指导法

互动指导就是通过促进幼儿与同伴、幼儿与教师、幼儿与环境材料的相互作用,引导幼儿主动、积极、有效地与人交往,实现教育目标的方法。

教师要尊重幼儿活动的主体性,对于熟悉的活动,充分放手;对于不熟悉的活动,教师要做好适当的指导,过多的指导会抑制幼儿的自主性和积极性。缺乏指导也会影响活动效果,如:幼儿可能因为不了解象棋的基本规则而无法玩下去。教师的指导要适时适宜,事先指导需要避免安全问题的活动。教师的指导不能过于笼统、过于细致。如果教师把指导幼儿的过程当成对幼儿的行为示范或硬性要求,幼儿就会失去思考和探索的机会。教师可以采用语言、行为、表情等多种方式灵活进行指导。

拓展阅读
12-1

(四)榜样激励法

榜样激励法是指通过树立榜样并引导幼儿学习榜样以规范幼儿的行为,达到管理的目的的方法。教师在班级管理中利用具体的幼儿行为做示范,为幼儿提供可供模仿的榜样,会产生积极的影响。

榜样要健康、形象、具体。可以是幼儿身边的同伴,可以是幼儿熟悉的故事、人物或动物,幼儿通过努力可以达到。同伴榜样要有权威性,只要在某一方面做得好就可以作为学习榜样,不一定面面俱到。及时对幼儿表现出的好的行为给予表扬强化,引导幼儿好的行为。

(五)目标指引法

目标引导法指教师从幼儿行为的预期结果出发,制定行为目标,引导幼儿识别行为正误,规范幼儿积极行为方式的一种管理方法。如,班里刚买了一批新书,刘老师根据经验知道中班幼儿容易撕坏图书,就做了个书架,放了十本书,对班里的小朋友们说:"大家要仔细阅读故事,要看完一本再换一本。"过了一周,果然有一本书弄破了,刘老师就不给换,小朋友们请求老师原谅,刘老师就说:"如果哪位小朋友能把书中的故事讲完整,就换书。"有一位小朋友讲出了故事,老师就把书换了。这样小朋友们同时养成了保护图书和认真读书的习惯。这一情景中教师就是使用了目标引导法。教师使用这一方法,要注意目标明确具体,所确定活动目标不宜过多和过于复杂,最好由幼儿参与制定,并使幼儿理解为什么定这样的目标。也要注意目标要对幼儿有吸引力,切实可行,适合幼儿接受能力。还要注意目标与行为之间的具体联系,幼儿在活动中随时能够意识到目标的存在。

第三节　保教人员协同工作促进幼儿发展

班级保教人员的关系决定了班级教育共同目标的落实,保教人员的有效协作与配合是提高班级保教质量的关键。

一、保教人员协同工作的内容

保教人员需要在许多方面协同工作,主要有以下四个方面。

（一）了解班级、分析幼儿发展状况

班级教育目标要落实到每个幼儿身上才会真正促进幼儿的发展,而我们制定目标要根据每个幼儿的发展状况。体现幼儿发展、成长的背景资料的获得必须建立对每个幼儿每天在一日生活各个环节的仔细观察和与每个家长的沟通基础上,而这些工作非常繁杂和细致,只靠一个人的力量显然是不够的,而且除此之外保教人员还有很多其他工作要做。因此,班级保教人员要分工合作,可以把幼儿分组,保教人员分头负责和几个孩子的家长沟通,定期轮换,并进行集体分析研究。只有保教人员协同观察和集体研究,才能更加全面客观地了解幼儿的发展状况,才可能制定出符合幼儿身心发展需要的教育目标。

（二）拟订班级保教工作计划

1. 制定班级工作计划的步骤

班级工作计划一般应在每学期开学初制定一次,由班级的两位教师和保育员一起商量,由教师完成。

① 认真研究上学期的工作总结和本班幼儿身心发展年龄阶段的特点和规律、上学期的工作中的成功经验和存在的问题、上学期幼儿发展情况及其假期在家发展情况,等等。

② 认真学习国家的教育文件和教育机构工作计划,领会精神。《规程》《纲要》《指南》是我国幼教工作的指导性文件,需要经常学习,领会精神,指导本班工作。教育机构工作计划指明了本学期的工作目标,班级工作计划要与之相一致。

③ 共同讨论,确定计划的主要内容。三人共同讨论本学期工作的目标,商定工作重点、教研课题、重大活动的安排和实行措施及分工等。

④ 撰写班级工作计划。由教师执笔,按规范书写成文。

2. 班级工作计划的主要内容

① 基本情况分析。班级基本情况分析作为班级工作计划的第一部分,写在前面,主要把现时的班级幼儿情况、环境条件和资源情况、面临的任务、优势和困难做总体分析。

② 本学期工作的主要目标。班级工作目标可以分为幼儿保教、家长工作和完成教育机构工作任务等目标任务。每一部分目标主要是提总要求,可选择本班重点、特色的内容来写,文字要求简洁明了,切忌抄别班或照搬教育机构的计划。

③ 具体的要求和措施。对本学期现有的目标和任务提出具体的要求和措施,并且落实到人,确定完成的时间,每一项内容可以对应一条措施,也可以对应多条措施,措施的制定要切实可行,便于操作。也可以表格的形式拟订。

（三）班级工作组织与实施

1. 教师间要有比较明确的分工

班级管理人员不管几个都应该指定一名负责人,由一名教师担任。一般情况下,班级管理人员有比较明确的工作分工。

保育管理人员的岗位职责主要有:① 负责本班房舍、设备、环境的日常清洁卫生工作。② 配合本班教师有效开展保教活动。③ 严格执行幼儿园安全、卫生保健制度。④ 妥善保管幼儿衣物和本班设备、用具。

教师的岗位职责主要有:① 根据国家规定和《规程》《纲要》《指南》等,结合本班实际,拟订教育工作计划并组织实施。② 观察、分析记录幼儿发展情况。③ 严格执行幼儿园工作安排、卫生保健制度,与保育员共同做好幼儿生活和卫生保健工作。④ 做好家长工作,完成各项教育任务。

总之,虽然教师之间有比较明确的分工,但共同的管理对象决定着三个人必须相互支持和配合,工作分工要根据实际情况及时调整。

2.对幼儿进行编组,保教人员协同管理小组

根据活动室的空间、桌子的大小和幼儿人数进行分组,一般以6个人一组或8个人一组为宜,条件好的可以4人一组。分组要注意:

（1）差异互补,合理搭配

一要考虑男女性别的搭配,男女性别的差异,随着幼儿对班级环境的熟悉和适应,很快表现出不同。男孩较好动、淘气、大胆,女孩较文静、认真、胆小。男女搭配,对维持班级常规及相互学习有很大的好处。二是水平发展差异的搭配。每组适当选配一两名能干的幼儿,由于他们能力强,领悟快,会给其他幼儿做出榜样,在教师发出指令或组织活动时,就会有人带头做出正确的反应,对其他幼儿产生积极影响。三是高矮搭配,考虑幼儿身高差异,要方便坐在后面的幼儿与老师交流。

（2）设小组长协助管理

设一名小组长,帮助教师组织管理小组,帮助端饭、发筷子、收拾学具和操作材料等。可以先由能力强的幼儿担任,然后轮流,给每个幼儿平等发展的机会。

（3）定期交换小组位置

幼儿的视觉器官尚未发育成熟,不适当的采光、不适当的视角都会影响幼儿视觉的发育,为了预防幼儿出现视力问题,座位最好每周前后一小换,每月一大换,前后左右都换,更换时采取全组更换的方法,保持小组成员不变。

保教人员分工负责幼儿分组、轮换和指导工作,必须统一管理的指令和常规,避免不同老师要求不同而带来混乱。也要注意及时交流每个幼儿在组里的表现,及时发现问题,及时解决问题。

3.班级资源的发掘与优化利用

《纲要》明确指出"环境是重要的教育资源,应通过环境的创设和利用,有效地促进幼儿的发展"。幼儿园的空间、设施、活动材料和常规要求等应有利于引发、支持幼儿的游戏和各种探索活动,有利于引发、支持幼儿与周围环境之间积极互动。幼儿同伴群体及幼儿园教师集体是宝贵的教育资源,应充分发挥这一资源的作用。教师的态度和管理方式应有助于形成安全、温馨的心理环境;言行举止应成为幼儿学习的良好榜样。充分利用自然环境和社区的教育资源,扩展幼儿生活和学习的空间。在挖掘和利用教育资源时,保教人员人人有责,人人都是教育资源。教师的言谈举止、社会关系、家庭环境、人际关系、个人素养等都包含着教育资源。如果保教人员能够协同合作,相互利用自身的资源优势,分别挖掘幼儿、家庭、社会的教育资源,做到资源共享,那么就会使幼儿园的教育更为丰富、有效。

4.一日生活的组织、观察与指导

《纲要》指出要"科学、合理地安排和组织一日生活"。时间安排应有相对的稳定性与灵活性,既有利于形成秩序,又能满足幼儿的合理需要,照顾到其个体差异。教师直接指导的活动和间接指导的活动相结合,保证幼儿每天有适当的自主选择和自由活动时间。教师直接指导的集体活动要能保证幼儿的积极参与,避免时间的隐性浪费。尽量减少不必要的集体行动和过渡环节,减少和消除消极等待现象。建立良好的常规,避免不必要的管理行为,逐步引导幼儿学习自我管理。保教人员在组织幼儿一日生活时,面对同一个教育对象,必须协调一致地对幼儿进行教育组织。如:在当班老师组织教学或游戏时,其他人员要做好配班工作,帮助组织幼儿,及时发现安全隐患;帮助准备教具材料、分发玩具和学具;照顾好个别幼儿,参与教学活动与指导,等等。在保育员清扫时,教养员要组织好幼儿的活动,协同保育员安排好幼儿值日和指导;保育员打饭时,教师要及时组织幼儿盥洗,摆放好桌椅、板凳和分发餐具,等等。在幼儿入园（所）、吃饭、喝水、如厕、游戏、盥洗、午睡等每个环节中,每个教师都要细心观察,发现问题及时相互提醒,互相帮助,及时交流,分工合作。

（四）班级管理工作的反思与改进

班级管理工作的评价是工作反思改进的关键。《纲要》指出:"管理人员、教师、幼儿及其家长均是幼儿园教育评价工作的参与者。评价过程是各方共同参与、相互支持与合作的过程。评价应自然地伴随着整个教育过程进行。综合采用观察、谈话、作品分析等多种方法。幼儿的行为表现和发展变化具有重要的评价意义,教师应视之为重要的评价信息和改进工作的依据。"对幼儿发展的评价,需要保教人员共同参与;对幼儿的日常生活的观察、与幼儿的谈话和指导,也需要保教人员共同协作,并及时反馈彼此的信息。每个保教人员对幼儿都有不同角度的观察和分析,保教人员协商、交流彼此的观点,才可能对幼儿作出客

观、公正的评价。并在此基础上及时与家长沟通,对教育方案做出调整,使其更具有针对性。

教师的专业成长是班级管理不断提高水平的保障,教师是在长期的工作实践中不断反思,发现问题,解决问题,改进工作方法,不断成长起来的。专业的成长一部分来自个人的努力,但更重要的是来自和同事以及专家的讨论,在讨论中通过认知冲突的发生与解决,最终获得进步。保教人员每天在工作中朝夕相处,随时都可能发现彼此工作中的问题,如果能够相互坦诚地提醒和认真地交流和研讨,那么对每个人来说随时都能在专业方面取得进步。面对班级中存在的共同面对的问题,如果大家一起反思,集思广益,就能很快找到有效的解决办法。

二、学前教育各类班级的管理

(一)托班的管理

托班是目前在部分幼儿园设立的3岁前婴幼儿的班级,托儿所和亲子园也设置有这种班级。

1. 托班幼儿身心发展的主要特点

3岁前婴幼儿是人一生中身体和心理发展最为迅速的时期。在此期间幼儿动作发育迅速,从出生时完全依赖成人到经过短短的一年就会独立地完成人类的基本翻、坐、爬、走、跑等;也是语言发展的关键时期。总之,语言、动作、情感等各方面飞跃式发展成为托班幼儿的明显特征。同时,因为幼儿的体质柔嫩,极易受到各种因素如营养、温度、环境污染、安全等的影响,造成对身体健康的影响。因此,更需要对托班幼儿的身心进行精心的照顾和适宜的教育。

2. 托班班级管理的重点

(1)布置安全、卫生、富有童趣和教育意义的环境

托班所在的教室应选择一楼宁静、空气新鲜、光线充足的房间。室内的布置要适合其年龄特点和兴趣,如:对比明显、轮廓简单的图片,颜色较鲜艳的实物等。布置的高低要适合幼儿的视线,并考虑到他们在各种情况下,如躺下、坐起、爬、站、被抱起时能从不同角度都看到一些室内布置。

要提供丰富多彩的玩具和游戏材料,按不同年龄特点配置玩具材料,如7个月的婴儿可以提供爬的玩具,小球、拉推的小车、能爬的梯子等。1岁半左右的幼儿可以提供操作游戏材料,积木、套盒、拼图等。也要提供画纸、彩笔、橡皮泥等手工、绘画材料;玩沙、水的材料如小桶、小铲、小碗等;也要提供玩娃娃家等角色游戏使用的各种角色游戏材料。

玩具和游戏材料要符合安全卫生的要求,不要提供过小的玩具,以免幼儿放嘴里吞下。也要注意玩具表面的圆滑和没有棱角和尖角,更不能含有有毒的化学物质。所有玩具都必须容易消毒和清洁。

(2)制定和执行合理的生活作息制度

托班管理的重点是保育和保健工作,促进其身心健康发展,同时也要提供必要的活动刺激他们的大脑,丰富他们的生活,使他们多听、多看、多说、多问,逐步培养和促进其探索客观世界的能力。制定作息制度要考虑不同年龄孩子的需要差异和不同类型活动的动静差异。因此制定和执行科学的生活作息能保证幼儿的睡眠,养成科学的生活规律,促进婴儿的健康发展。(表4-12-2、表4-12-3)

表4-12-2 7个月至1岁婴儿的日托服务日程表(供参考)[1]

时　间	内　容
8:00—8:45	来园、健康检查、排便、盥洗、换尿布
8:45—9:15	早餐
9:15—9:30	盥洗换尿布
9:30—10:30	游戏活动(体能活动)
10:30—10:45	吃水果/喝果汁、盥洗、换尿布
10:45—12:15	小睡

---

① 钱郭小葵.婴儿的培育[M].北京:北京师范大学出版社,1994.

时　间	内　容
12：15—12：30	起床、排便、盥洗、换尿布
12：30—13：15	午餐
13：15—13：30	盥洗、换尿布
13：30—14：30	游戏活动（音乐、美工、故事、体能活动、玩具等）
14：30—14：45	盥洗、换尿布
14：45—16：15	午睡
16：15—16：30	起床、盥洗、换尿布
16：30—17：00	午点
17：00—18：00	游戏活动、离所

表4-12-3　2—3岁全日制幼儿班一日活动安排（供参考）

时　间	内　容
7：30—8：15	来园，自由活动
8：15—8：55	室内区域活动
8：55—9：25	盥洗、大小便、吃点心
9：25—9：45	室外体育活动
9：45—10：05	盥洗、大小便、喝水、自由活动
10：05—10：20	集体教育活动
10：20—10：45	室外自由活动
10：45—11：30	点名、盥洗、大小便、午餐
11：30—12：00	散步
12：00—15：15	午睡、起床、盥洗、大小便、吃点心
15：15—16：30	室外活动

（3）精心照顾保证幼儿的饮食和睡眠，科学指导幼儿的盥洗和排便

3岁前幼儿正处在一生中生理生长最快的时期，他们所需的营养必须一方面补充每天活动中机体代谢所消耗的能量，另一方面还要提供给机体组织生长发育的需要。因此，托班应按照幼儿生长发育的需要、幼儿的月龄或者年龄供给充分的热量和各种营养素。无论母乳喂养、人工喂养都要及时增加辅食，补充维生素制剂和含铁食物。卫生部颁发的《托儿所、幼儿园卫生保健制度》中所附《婴儿喂养参考表》以及《每日膳食中营养素供给量》为我们提供参考。我们要培养幼儿良好的饮食习惯，做到不挑食、不偏食，保证营养素合理均衡的摄入。同时，培养幼儿逐步学会使用进餐工具，独立安全、卫生进餐。

充足的睡眠能够保证幼儿消除一天中脑力、体力活动造成的疲劳，使神经系统、骨骼和肌肉、内脏器官等得到休息。尤其是睡眠时人体生长激素大量分泌，有助于促进幼儿身高的增长以及大脑皮层的发育。我们一方面要提供舒适温馨的睡眠环境，做到不睡软床，被褥清洁干爽，及时发现更换尿湿的床单和被褥；保证室内空气清新，光线、温度适宜，宁静、安全。另一方面要培养幼儿独立入睡的良好习惯，对入睡困难的幼儿要耐心安慰和抚慰，允许他们抱着自己心爱的玩具入睡，切不可威胁、吓唬。

托班幼儿生活自理能力差,大、小便和洗手等问题看起来非常简单,但对他们来说,却是至关重要的大事。教师处理好这些小事,能够帮助幼儿减少在园的恐惧,增加对教师的信赖。教师在开始时要做到每天观察、记录每个幼儿的大小便时间和次数,然后找出规律,以便以后能够及时提醒和照顾他们。另外,为幼儿准备与他们小腿高度相同的便盆,固定便盆的位置,培养他们及时排便、大胆向老师求助以及便后洗手等良好的习惯。

（4）寓教于养,个别教育为主,促进幼儿全面发展

在联合国教科文组织1981年向国际儿童年推荐的《发展中国家儿童保育和教育计划》一书中指出:"尤其对幼儿照料与教育,就像纬线和经线一样紧密地交织在一起"。托班的教育就是一日生活的每个环节中,结合照顾幼儿的吃、睡、玩随机地对其进行教育。托班幼儿年龄小,注意力集中时间短,个体发展速度、水平差异大,因此更需要适合他们兴趣和能力的个别自由活动。

托班教育要以自由活动为主,适当集体活动为辅。提供给幼儿适合年龄动作发展的玩具,供幼儿在丰富多彩的游戏中发展各种肢体的爬、走、跳等大肌肉动作和手捏、拿、握等的精细动作。托班幼儿处于动作发展的迅速时期,我们要把发展动作作为教育重点。

3岁前幼儿的感知觉处于发育发展的敏感期,我们要在活动区为幼儿提供刺激嗅觉、听觉、视觉、触摸觉等感觉发展的各种材料,开展各种感觉训练。另外,3岁前也是幼儿口头语言发展的关键期,我们要引导幼儿正确发音,开展听力训练游戏,为幼儿提供早期阅读的画册,指导幼儿阅读。还要耐心倾听幼儿的谈话,正确对待幼儿的"口吃"现象,不要刻意去纠正,因为2—4岁幼儿普遍会有词汇缺乏或用词不熟练造成的言语问题。

3岁前的幼儿特别需要成人的爱抚、支持和赞许,带班老师要与幼儿建立充满爱的亲密关系和稳定的依恋关系。教师要每天用微笑和爱抚迎接幼儿,经常逗逗、玩玩、搂抱、抚摩、亲吻、轻拍等通过肌肤接触,使幼儿感受到老师的亲情和温暖,使幼儿经常处在快乐的情绪中,培养幼儿积极的自我概念和良好的心理成长潜力。

（二）小班的管理

1. 小班幼儿身心发展的主要特点

一是,身体发育非常快,动作迅速发展。基本掌握了走、跑、扔、停、爬、攀登等基本技能,但因为小脑机能发育未成熟,小肌肉群柔嫩无力,发育不完善,各种动作不够协调平稳,常常动作出现摔倒和手眼不协调的情况。二是,幼儿对教师有很强的依恋感情,并向往得到教师的赞赏和认可。刚进教育机构的幼儿面对众多不熟悉的人和物,会产生分离焦虑和陌生焦虑。随着交往范围的增大,幼儿逐步产生了初步的同情心、羞愧感和虚荣心等情感,但情感与具体对象相联系且易变、易冲动、易"传染"。都想得到老师的喜欢和表扬,特别依恋老师。三是,思维具有具体行动性特点。在认知过程中,容易受外界事物和情绪的支配,无意注意占优势,注意力容易转移。四是,行动受情绪影响大,喜欢模仿,辨别是非能力差。

小班幼儿入园后相当长时间内,还没能形成班级的意识,到了第二学期,班集体的意识开始萌芽。

2. 小班班级管理的重点

（1）入园管理

入园引导。小班新入园幼儿常出现不愿入园、情绪低落、哭泣不止、特别依恋亲人等分离焦虑,也会有任性专横、强占霸道、攻击行为多和行为散漫等家庭养成的不良习惯以及不会学习、生活不习惯等不适应集体生活现象,小班班级管理首先要做好入园引导。

一是,入园前让家长带幼儿参观幼儿园或组织亲子教育活动。幼儿入园前可提早2—3个月举办参观幼儿园活动和幼儿园亲子教育活动,让家长和孩子一起参加每周一次的亲子教育活动,使幼儿逐渐熟悉老师、熟悉幼儿园环境,喜欢集体活动。实践证明,消除陌生感是减缓分离焦虑的主要方法。

二是,召开家长会、家访和开展问卷调查。通过家访活动,了解幼儿的基本情况,并与幼儿建立初步的感情。通过问卷调查了解新入园幼儿的情况及家长的需求,以便有针对性、有重点地做好新生入园工作。问卷的发放既可以在教师登门家访时,也可以在报名期间或召开家长会时。要尽可能地在幼儿来园之前就能通过问卷搜集到幼儿及其家庭的相关资料,以便有针对性地安排新生入园工作。报名后召开家长会,与家长沟通,消除家长的焦虑,争取家长的密切配合。

要求家长做到:带孩子熟悉幼儿园;调整孩子的作息时间,逐步与幼儿园生活作息相吻合;培养孩子的基本生活自理能力;激发孩子对幼儿园的热爱和向往;为孩子做好物质上的必要准备;要充分信任老

师,坚持送幼儿来园。

以上这些要求要做到,除了家长积极配合、主动采取相应措施外,教师还应做好这方面的家长宣传、指导工作。尤其要把握好入园第一个月,做好帮扶工作。

幼儿入园,教师还应该做好以下几个方面:

一是,布置生动活泼、温馨舒适的活动室环境。教师要利用彩带、气球和各种颜色鲜艳的装饰物布置好活动室,营造出热烈欢迎的气氛。投放足够数量的玩具和游戏材料,让幼儿在自由玩耍中放松紧张情绪。二是,开展丰富多彩的活动吸引幼儿。可借助木偶、玩教具,室外大型器械等组织幼儿开展各种游戏活动,使幼儿体验集体活动的快乐,产生对新环境、新生活的美好印象。三是,营造关爱、温暖的心理环境,使幼儿心情愉快。教师要尽快记住幼儿的姓名,要用微笑和亲切态度欢迎幼儿。注意观察每个幼儿的不同个性特点。对于情绪不好、爱哭爱闹的幼儿可以及时抱抱、亲亲他们,引导他们参加有趣的活动。对于情绪较为稳定的幼儿也要经常跟他们进行简短的谈话,使他们感到亲切温暖,受到了关注。四是,灵活安排一日生活,帮助个别幼儿逐渐适应。幼儿刚入园时,不要对他们要求过多、过严。入园第一星期,对适应困难的幼儿,可以允许上半天,午饭后可接回,逐渐延长其在园时间。五是,及时与家长沟通。每天将幼儿的生活、游戏情况,及时与家长交流,也可以每天给每个幼儿做观察记录,记录幼儿在各方面的情况,供幼儿家长接孩子时翻阅,使家长缓解焦虑,帮助幼儿树立信心。六是,分批接受幼儿入园。可以让容易适应环境的幼儿先入园,为其他幼儿做出榜样,也使教师有精力教育后入园的幼儿。七是,重点帮助适应有困难的幼儿。可以先找一个适应好的小伙伴陪他玩,减少焦虑;允许他不参加集体活动,由年长的老师专门照顾几天;允许幼儿带自己最喜欢的玩具来园;每天离园时送幼儿一件小礼物,增加幼儿对幼儿园的美好记忆。

（2）常规管理

常规管理就是教师将幼儿一日活动的各环节有顺序地制定一系列的行为规范,让幼儿经常固定地执行,从而形成心理上的动力定型,行为上的良好习惯。如做操、游戏、吃饭、睡觉等科学固定的作息时间和活动纪律等。日常生活要求细心照料做好适应,初建常规。自由活动要严密监护,以免发生意外。（详见第十一单元日常生活活动）

① 小班常规管理的内容和要求。

来园。幼儿做到:高高兴兴上幼儿园,向老师问好;带手帕,衣着整洁,高兴地接受晨检;在老师指导下将脱下的衣服放在固定位置;学习抹小椅子,双手轻拿轻放小椅子。教师做到:热情接待幼儿及家长,了解幼儿在家的健康状况;观察幼儿皮肤、五官、神情等,如有异常,马上与保健室联系,及时处理;观察幼儿情绪,舒缓幼儿不安情绪;清点人数,做好点名记录;指导幼儿用手帕。

盥洗。幼儿做到:养成饭前、便后和手脏时洗手的习惯;洗手时能挽起衣袖认真洗,不玩水,用自己的毛巾擦手;能主动表示大小便,养成自觉独立大小便的习惯;养成饭后漱口擦嘴的习惯。教师做到:做好盥洗前的准备工作,指导和帮助幼儿按顺序洗手、洗脸不弄湿地面;了解幼儿大小便习惯,随时观察鼓励幼儿根据需要独立如厕;与幼儿一起制定简单的盥洗规则,如男女分组轮流盥洗;对个别幼儿提供帮助指导,如便后穿好裤子等。

饮食。幼儿做到:安静就座,愉快进餐;学习使用餐具,细嚼慢咽,不挑食,保持桌面、地面、衣服整洁等;养成饭后漱口擦嘴的习惯和主动喝水的习惯。教师做到:餐前后半小时内不组织剧烈运动;组织好盥洗;创设安静愉快的气氛,鼓励幼儿吃饱,减少等待时间,组织好餐后10—15分钟散步。

睡眠。幼儿做到:安静就寝,睡姿正确;在成人帮助下,能按顺序脱衣裤鞋袜,放在固定的地方。教师做到:要提醒幼儿睡前小便,安静进入卧室;指导帮助幼儿有顺序穿脱衣服;帮助幼儿盖好被子;巡回观察幼儿睡眠情况,纠正不良睡姿,发现异常,及时处理;根据季节掌握午睡时间。

活动。幼儿做到:进出班级按顺序排队,不奔跑和推搡;玩具用品不乱丢、乱扔;安静活动不吵闹,户外活动听指挥。教师做到:随时清点人数,指导幼儿各种活动,及时解决纷争,留意观察预防各种意外事故发生。

离园。幼儿做到:收拾好玩具和桌椅,穿好衣帽,跟老师道别回家。教师做到:热情接待家长,向家长反映幼儿在园中表现,指导幼儿收拾玩具和穿衣服,清点人数,做好交班记录。

② 小班常规管理注意事项。

多采用正面教育,忌用反面语言。某幼儿园小李老师组织幼儿吃饭时,有几个幼儿不停地交谈,李老师生气地说:"说说说,我看谁还在说。"结果孩子们都停下来看了一下老师,又开始说起话来,李老师哭笑不得,只得说:"小朋友们,我要看谁安安静静地吃饭,谁就最乖。"孩子们终于安静下来了。小班幼儿情绪控制力差,语言理解力也差,对老师的反面话和不要做什么的要求常常不知所措,引起误会和错误的理解。其实老师用正面的鼓励性语言告诉幼儿怎样做就会使幼儿明白自己应该做的事。例如,对幼儿说"不要用别人的水杯",不如说"请用写着你名字的水杯",更能使幼儿理解应该怎样做。如果我们经常对幼儿提一些否定性的要求,如:"不要……""不能……"诸如此类的话,就会使幼儿主动做事的愿望被否定,长此以往就会影响幼儿自信心和自主性的发展。

生活规范必须合理,让幼儿理解规范的理由,规范不要过宽或过严。对幼儿所定的规范必须合理,不宜过严或过宽,应考虑幼儿年龄特点和发展水平,以及实际需要。例如,要求小班幼儿坐在椅子上,集中教学时手脚不许动一下,显然每个幼儿都是很难做到的,这些过于严格的要求只会使幼儿感觉压抑和受挫。对幼儿要求过严,要他绝对服从,会使幼儿将来的性格发展变得畏缩、胆怯、难以合群、怕冒险、怕尝试;或者走向另一极端,就是外表依顺,内心充满敌意,学会虚伪、阳奉阴违;但如果对幼儿过于姑息迁就,认为年龄小,对他们事事迁就、不加约束,幼儿将来对遵守规则会感到困难,不习惯受约束,难以适应群体生活。如果让幼儿知道遵守规范的理由,接受起来会更容易一些,比如:你好好和别人玩,大家都会喜欢跟你玩,多喝水就不容易感冒,等等。

规范的标准要保持一贯性。要让幼儿知道哪些事不可以做,哪些事可以做,所定的规范标准要保持一贯性,例如:不许幼儿爬上窗台,今天不准许,明天也不准许,不能朝令夕改,使幼儿感到混乱和无所适从。因此,保教人员要对教育幼儿生活规范有统一要求。

对幼儿提出的要求必须实行,如果提出要求又不实行,就会给幼儿一种印象:不理会也没关系,反正大人也不是认真的。这样时间长了,老师说什么幼儿都会抱着不认真的态度。因此规范制定要考虑可行性,如果要求太高,幼儿无法做到,要求无法实行,规范也就形同虚设。

关注每一个幼儿,鼓励幼儿好的行为,冷静对待其不良行为。如,刚开学,某小班幼儿强强每天抢别人的玩具,和小朋友打架,老师每天都特别关注这个孩子,时刻不敢放松。明明很乖,老师从来很少注意他,可是这几天,明明也捣起乱来,常常推倒好几把椅子,加入了强强的行列……这说明,对幼儿来说,老师的责备也是一种关注,老师无意中的关注还"鼓励"了强强的不良行为,使之通过不良行为来引起老师的关注。使得明明为了引起老师的关注,也像强强一样推倒椅子。因此,老师对幼儿出现的不良行为要冷静对待,不宜一味地当众制止,而应对症教育,冷静地指导他应该怎么做。例如,强强抢别人的玩具时,老师可以轻描淡写地把他带走,给他另一件玩具,这是终止不良行为的一种办法。要是他哭闹不休,可采用冷处理的办法,让他哭一会儿。教师还不能忽略不惹麻烦的孩子,在适合的时间打招呼,称赞一下他们的表现,对他们的活动说一句关心的话,使之感觉到自己一直受到老师的关注和赞赏。

指示要简单明确,容许幼儿表达感受。小班幼儿语言理解力有限,对幼儿提出的要求要简单明确,不要过于笼统和过多,也不要过多解释。如请幼儿去喝水,不必解释说"不喝水就会生病,不洗手就会肚子疼,不排队就不是好孩子……"太多的指令幼儿反而记不住,太多负面的解释还会增加幼儿的忧虑,凡事就往坏处想。比如:幼儿想妈妈了,不喝水也不吃饭。老师如果训斥"不吃饭,就不让你妈妈来接你",幼儿就会感到委屈,幼儿止不住想妈妈,又要接受训斥,不让妈妈接,这样就会更增加他内心的痛苦和敌意。老师想让幼儿控制自己的行为,但实际上却阻止了幼儿表达感觉,这样适得其反。老师可以说:"你吃了饭,好好睡一觉,玩玩游戏,妈妈就会来接你了。"幼儿就会感觉到老师知道自己想妈妈的苦恼,而且知道自己该干什么,就能等到妈妈。

多采用讲解示范,注意个别差异。对于小班幼儿,各项规范要由少到多,按一日生活中的顺序,在生活中逐一讲解示范,使幼儿通过生活中的模仿逐渐掌握和适应。幼儿个性差异较大,让他们在同一时间接受统一规范,要考虑"因人施教",要依据每个幼儿的个性特点,选择适合幼儿接受的方式,而不是简单地改变规定要求。

总之,要使幼儿乐于接受规范,就要为幼儿创设愉快的生活环境,幼儿心情愉快,接受常规就会很顺利。

（三）中班的管理

1.中班幼儿身心发展的主要特点

一是,生长发育速度明显减慢,进入一个相对平稳的增长阶段,在运动的速度、灵活性、稳定性和协调性方面已经有了提高,精细动作进入了发展最快的时期。二是,认知活动表现明显的具体形象性特点,主要依靠事物的具体形象和表象联想思维,抽象思维开始萌芽,语言表达能力发展迅速。对事物充满好奇,认知能力迅速提高,求知欲增强,最爱问为什么。行动有了初步的目的性、组织性,能较好地遵守规则,能完成一些简单任务。三是,情感发展迅速,结伴交往能力增强。已适应幼儿园生活,开始把自己或别人的具体行为与普遍行为规则相联系,并能对自己和他人进行肯定或否定的评价。还具有乐群感,非常喜欢与小朋友们玩。幼儿之间经常发生争吵和打闹,也逐渐学会了游戏的规则和交往的方法。有了一定的同情心,自我意识逐渐增强,喜欢受表扬,失败时会感到沮丧。具有强烈的好动欲、求知欲,会不停地变换姿势和活动方式,甚至出现"撒野"行为,使人觉得中班幼儿"难以驾驭"。

2. 中班班级的主要特征

一是,任务意识和责任意识萌芽,集体意识开始形成。自我服务的能力和规则意识进一步增强,大多数幼儿能自己穿脱衣服,并能按规定放置。能够也乐于接受任务并愿意完成好。具备了为他人服务的能力,出现班级互帮互助行为,愿意为集体服务。二是,游戏蓬勃发展,合作行为发展迅速。游戏内容逐步丰富,计划性和规则意识更加明确,合作游戏、集体游戏明显多于个体游戏。三是,攻击性和告状行为明显增多。思维具有明显的自我中心特点,不善于站在别人的视角和立场上思考问题,加上十分好动,这一阶段的幼儿特别容易在游戏中出现矛盾,而又普遍缺乏解决矛盾的经验,因此,攻击性的推打、骂人、抢夺等行为明显增多。能够掌握一定行为规范,道德感初步发展,关心周围环境,更容易向老师"告状"检举和寻求解决。

3. 中班管理的重点

中班管理的重点是常规管理,要在生活、游戏等活动中建立应有的常规,帮助幼儿逐步养成良好的生活习惯,在必要的活动规则下自由自主地游戏、学习与社会交往。(详见第十一单元日常生活活动)

(1)生活常规

建立生活常规,培养幼儿良好的生活习惯。

① 清洁卫生习惯:养成饭前便后及手脏时及时洗手的习惯,会自己卷衣袖,会擦好肥皂并冲洗干净,擦干手,挂好毛巾。大小便基本能够自理,定时大便,小便姿势正确,学会提好裤子。不咬指甲,不把玩具放入口中。知道保持地面和墙壁、桌椅、板凳等物品整洁,不乱涂乱画。在成人提醒下能保持手脸干净和衣服整洁。

② 良好的饮食进餐习惯:安静愉快地进餐,坐姿自然。正确使用餐具,学习用筷子吃饭,用手扶碗,学习收拾碗筷。逐步养成文明的进餐习惯,细嚼慢咽,吃饭不发出声响,不用手抓饭,不撒饭,不剩饭,不挑食,等等。养成桌面、地面、衣服、碗内"四净"。咽下最后一口饭,离开座位不乱跑,餐后擦嘴,用温水漱口,餐具轻拿轻放。能自己取杯子喝水,按规定时间吃完一份饭菜。

③ 良好的睡眠习惯及穿脱能力:安静就寝,睡姿正确,不蒙头睡觉。身体不舒服及时告诉老师。学习独立、有序地穿脱衣裤、鞋袜并放在固定地方。能穿好鞋,会系鞋带。学习整理床铺,学会叠小被子,整齐地拉好床单,枕头放在被子上面。

(2)活动常规

集体活动时能注意力集中,遵守纪律。乐于参加集体活动,认真听讲,有需求时能举手示意以得到老师许可。被邀请发言时,能勇敢地在集体面前讲话。能安静地听别人讲话,不打断、不插嘴。愿意协助老师准备用具,轻拿轻放玩教具,用完后会自觉整理收拾好用具。在活动中保持正确的姿势,能和同伴商量和讨论问题,能快乐地参加集体活动,珍惜活动成果。

(3)来园、离园常规

来园时衣着整齐,能主动、有礼貌地问好并接受晨检,将帽、衣服叠好放在固定的地方;学习擦桌椅并摆放整齐。离园收拾好玩具,整理好场地;将脱下的衣帽带回家,主动和老师、小朋友说再见。

4. 中班管理的注意事项

(1)充分利用教育常规组织好幼儿一日活动

必要的常规能够保证幼儿一日生活的顺利进行,使群体活动有序,幼儿愉快而安全。由于中班幼儿活泼好动,因此,将常规管理的目标纳入教育活动整体中,明确幼儿生活的每一个环节,每一次教育活动中的常规目标,这样才能保证活动的顺利进行和幼儿的安全。因此,一日生活的一些环节、场地和物品的使用以及活动的开展需要建立和执行一些必要的常规。如下面的阅读区规则、值日生规则:

　　阅读区规则:(1)阅读区每次活动人数限8人。(2)保持安静,不大声讲话,不影响他人。(3)认真阅读,看完一本,再换一本,不争夺图书。(4)不乱撕、乱画图书,看完后放回书架,摆放整齐。(5)注意读书姿势端正,眼与书保持一定距离。(6)跟别人换书有礼貌,善于等待。

　　值日生规则:(1)全班幼儿均需按点名次序轮流值日。(2)值日生佩戴值日生标志牌。(3)照料班级的植物和小动物。(4)帮助老师做好餐前准备和饭后收拾整理工作,如:擦桌子、扫地等。(5)帮老师摆放和整理活动区玩教具等。

　　(2)教给幼儿必要的社会交往技能,解决好幼儿之间的纷争

　　中班幼儿社会交往的范围明显扩大,在班集体中逐渐出现了不同的交往类型,教师要特别关注。总的说来,中班幼儿普遍缺乏交往技巧,自我意识很强,更容易出现纷争。教师要加强幼儿的社会性教育,通过角色游戏等理解社会角色、社会规则等,也可以通过故事、情景表演等活动对幼儿进行移情训练使幼儿学习理解他人,学会换位思考,学会合作、谦让、尊重等社会行为。

　　① 引导合理竞争,纠正攻击性行为。竞争对个体的成长有着重要的意义,可以培养幼儿积极、独立、进取的个性品质。鼓励幼儿之间的合理竞争,帮助幼儿正确面对竞争失败带来的挫折感。所有的竞争行为都有可能导致攻击,因为在竞争的环境中,期望目标无法实现的幼儿会受到暂时的挫折,挫折会引起愤怒情绪,幼儿自控能力差,可能会导致攻击行为的产生。成人要及时疏导幼儿,制定公平竞争的游戏规则,或让幼儿轮流体验成功,减少其失败感和挫折感,同时教育幼儿正确看待挫折。

　　攻击性行为也称侵犯性行为,是中班幼儿最常出现的行为问题。通常表现为身体攻击,如打人、推人、咬人,言语攻击主要是骂人。攻击性行为较多的幼儿往往得不到同伴的接纳和认可,长期下去会影响幼儿身心的健康发展。

　　教师首先要及时关注幼儿的攻击性行为,避免冲突的发生。我们首先要正确看待幼儿的攻击性行为,给予每个幼儿情感上的支持与关怀,即使有的幼儿有一些问题,也要把它看成幼儿身心发展中的个人特点和暂时行为,绝对不能冷嘲热讽,给予歧视。其次,要为幼儿提供充足的材料和活动空间,提供公平宽松的游戏环境,减少拥挤和摩擦。最后,还要通过教师言行和故事等多种教育手段,在日常生活中给幼儿提供模仿的榜样。也要给幼儿提供宣泄的机会,教给幼儿合理宣泄情绪的方法。还要组织丰富多彩的活动,满足幼儿的好动欲望,避免无所事事的等待环节,减少冲突。

　　② 合理解决幼儿之间的告状行为。中班幼儿开始把自己或别人的言行与一定的规则和榜样做比较,产生相应的道德体验。出现许多"管闲事"的告状行为。有的幼儿遇到矛盾冲突时,缺乏交往技能,就求助于老师,也会出现幼儿之间频繁告状的行为。如果老师每次都裁决,就促使幼儿事事依赖老师,养成不能独立解决问题的不良习惯。因此,教师要教给幼儿解决问题的技巧,鼓励幼儿遇到冲突时,先与小朋友交谈、商量,想办法解决,实在解决不了再找老师。

　　(四)大班的管理

　　大班管理要在生活活动中不断提高自觉服从常规的要求,形成生活自理管理习惯为入小学准备。在自由活动中要加强纪律规则的养成,促进合作与竞争等社会交往技能的发展。(具体内容详见本书第九单元"日常生活活动")

　　1. 大班幼儿身心发展的主要特点

　　这一阶段的幼儿观察力和理解力迅速发展,求知欲和好奇心强烈,学习能力明显增强,游戏水平更高。他们情感丰富,做事的独立性和坚持性较强,常常积极参与成人活动,言语、行动表现出明显的个性特征。一是,身体发展比较迅速,动作协调。大班幼儿大脑皮层的功能明显发育迅速,睡眠时间减少,生长发育速度较稳定。身体比较结实,肌肉耐力明显增强,身体活动量大,动作发展迅速,动作的稳定性和协调性增强。手的动作精细、准确、熟练,独自活动更多。二是,语言能力增强,已经掌握本民族的日常语言,会像成人一样交谈,语言有了逻辑性,会有表情地朗读和讲故事,开始用比较丰富的词和复杂的句子结构表达自己的想法。三是,思维仍然具有直觉思维的特征,但明显出现了抽象思维的萌芽,开始掌握一定的学习方法。观察事物的目的性、标准性、概括性都有所增强。四是,出现了有意识地自觉抑制和调节自己心理活动的方法。情绪情感的调节能力逐步增强,情绪体验日益丰富,表现为高级道德情感明显发展,情感体验

与社会需要紧密联系,能有意识地控制自己的感情。社会性情感增强,表现为自豪感、成就感、害羞感等。但情绪易受环境的影响,具有易冲动性。五是,个性初具雏形,社会性有很大发展。大班幼儿已经初步形成了比较稳定的心理特征,能够控制自己的行为,自我意识有了较大发展,能够初步认识到自己在班级中的位置,形成了对自我的初步评价,能够支配自己的认识活动、情感态度和动作行为,逐步形成自尊心、自信心、坚持性等性情特征。

大班幼儿责任感和社会交往能力进一步增强,对于教师交给的任务大多能较好地完成,愿意积极承担一些为集体服务的工作并为之自豪。能自发地结成小集体在一起玩,发生矛盾也能独立地协商解决。幼儿与同伴的交往中游戏的社会化程度大大增强,通过与同伴的合作与竞争学会正确处理人际关系发展自主性、独立感、成就感。大班幼儿游戏大多是集体游戏,他们能遵守比较复杂的游戏规则。

2. 大班幼儿的班集体意识特征

一是,大班幼儿强烈的求知欲和好奇心促使班级形成比较浓厚的学习气氛,有意识的学习开始成为主要活动,不再满足于对事物表面的兴趣,而是喜欢追根问底,喜欢问"为什么"。他们提的问题范围很广,使老师难以应对。思维活跃,主要不是停留在身体的活动上,而是表现在智力活动的积极性上,他们有强烈的求知欲和认知兴趣。他们乐意学习,能够坚持较长时间的学习活动和智力游戏。二是,集体感增强,形成较为团结的班级集体,热爱集体生活、热爱集体中的成员,自觉为集体尽义务、作贡献,产生关心并维护集体荣誉的情感和行为,还能提醒和鼓励同伴。集体感的产生和发展促进幼儿进一步摆脱自我中心的束缚,发展了对他人和集体的责任感和义务感,对班集体巩固产生了积极作用。

3. 大班管理的重点

(1)常规管理

大班幼儿已经形成了一些行为习惯,自制力有所提高,辨别是非能力增强了,为我们培养幼儿更多的常规打下基础。大班常规管理的内容与要求:

①晨间入园。衣着整洁,愉快入园,有礼貌地和老师与小朋友见面;会告诉老师自己身体有无不舒服的感觉;有礼貌地和家长告别;积极投入晨间活动;主动做好值日工作。

②进餐。正确使用筷子吃饭,左手扶碗,喝汤时两手端碗,形成独立进餐的习惯;养成细嚼慢咽,不挑食,不浪费,不弄脏桌面和衣服的行为习惯;用筷子将桌上的饭粒、残渣弄进碗里,放好椅子,送回餐具;力所能及地帮老师做好餐前准备和餐后收拾工作。

③睡眠。不带小玩物上床,迅速铺好被褥,不东张西望,交头接耳,闭上眼睛,安静入睡。养成正确的睡眠姿势;按时起床,按顺序独立地穿衣服;自己整理好床铺。

④盥洗。掌握洗手洗脸的顺序和方法,保持手脸干净;动作迅速,认真,不打架,不玩水,不浸湿衣服和地面;每天早晚刷牙,刷牙时要上下、前后、里外刷,最后用水漱干净。

⑤行为习惯。讲文明,有礼貌,遵守各项行为规则;友好地与人交往,同情、关心并乐于帮助他人;能主动、积极地与他人交流,并专注地倾听别人谈话等。

⑥教育活动常规。一方面在中班基础上继续教育,另一方面为顺利入小学进行衔接教育。

(2)大班班集体的引导

① 集体意识的发展和引导。大班幼儿的集体意识发展迅速,集体意识的培养也成了大班班级管理的重点,对此教师要注意从以下三个方面培养:一是要建立班集体规则,培养幼儿的自律性。教师通过给幼儿提出一些行为规范和在集体生活中必须遵守的规则,给幼儿适当的限制,让其知道集体有制约性,学会处理集体和个人的关系,知道个人的言行对班集体的影响。二是提供机会让幼儿为班级做事,培养幼儿的集体意识。大班要建立起小组长和值日工作制度,让每一个幼儿轮流担任负责人,使他们在为集体做事的过程中体会自己是集体中的一员,体验为集体做事的光荣和愉快。三是通过开展多种形式的竞争活动增进幼儿的集体荣誉感。大班幼儿喜欢竞争的集体活动并追求活动的结果,教师可以让幼儿在班与班之间、组与组之间开展比赛,幼儿只有从一次次的失败和胜利中才能体会到大家必须要有团结协作、互帮互助的群体意识和集体荣誉感才能获胜。在竞争的活动中,幼儿如果多次经历成功的喜悦和失败的苦恼,就会逐渐懂得个人与集体的关系,增进集体荣誉感。

② 责任行为的发展和引导。培养大班幼儿的责任行为可以从以下三个方面入手。

首先,可以从日常生活和教育活动中入手,充分给予幼儿自主权,让幼儿独立完成自己应该完成的事和自己选择的活动。幼儿的自立能力越强,活动的自主性越大,自己对自己的行为越有责任感,比如:幼儿自选的活动,往往是幼儿感兴趣的、愿意从事的活动,那么在活动中幼儿往往十分投入,认真完成。

其次,通过开展大带小结对子活动,开展与不同年龄班幼儿的交友活动,开展各种游戏,使幼儿意识到自己是大哥哥或大姐姐,应该帮助弟弟妹妹,从而促使其责任感增强,体验到关心他人的愉快和自豪感。

最后,教师通过正面强化肯定幼儿的责任行为,促进幼儿责任意识的发展。教师要帮助幼儿明确行动目的、意义及规则,运用表扬、鼓励来激发幼儿的责任感,幼儿得到教师的肯定,会意识到自己有完成任务的能力,自信心增强,更能出色地完成任务。

③ 合作行为的发展及引导。大班幼儿随着知识经验的丰富,身心不断成熟,幼儿之间合作行为逐渐增多,主要表现在喜欢集体生活,联合游戏,渴望与同伴玩耍。教师首先要通过故事等多种教育途径,教给幼儿合作的技能,学会避免冲突和矛盾,学会协商和相互配合。其次,要通过开展合作性游戏培养幼儿的合作能力。例如:在角色游戏"快餐店"中,"服务员"和"顾客"必须合作才能开展游戏;体育游戏"三条腿",幼儿只有两两配合、步调一致,才能行走,等等。最后也要在日常生活中,为幼儿提供合作的机会,培养幼儿的合作行为。

④ 入学准备——小学班级常规的初步学习[具体内容详见本书第七单元第三节第二点中的(一)"做好幼儿入学前的准备工作"。"社会准备"和"学习准备"所含内容较为集中]

(五)混龄班的管理

1. 混龄班及其优势与不足

混龄班是指将年龄相差在12个月以上的幼儿编排在一个班级里学习、生活、游戏的一种教育组织形式。这种班级类型多设在农村和厂矿企业幼儿园。近年来我国引进的蒙台梭利教育模式也有采用混龄编班的形式。主要类型有双龄班、三龄班、多龄班等。

混龄班教师如果能科学组织幼儿的生活和游戏,就会产生独特的教育效果。混龄班有着许多同龄班无可比拟的优势,开展对混龄班教育的科学研究为我们学前教育改革提供了新的思路。

(1)混龄班优势

① 差异互补,各得其所。由于幼儿年龄不同,其身心发展有着很多差异,对于空间、设备、材料等的要求各有不同。如:小班幼儿喜欢布绒娃娃等玩具,中大班幼儿喜欢动手操作的拼插玩具,这样他们在一起就不会为争抢玩具而发生争执。在游戏中,幼儿对扮演角色的能力和需求也不同,如:一些年龄大的幼儿喜欢组织领导别人,玩复杂的角色游戏,而年龄小的幼儿则更乐意听从大孩子的安排和指挥。他们一起配合,取长补短,各求所需,共同发展。

另外,在一般的同龄班中,认知发展稍迟缓的幼儿,因无法与同伴齐步学习,常常影响其能力发展,但在混龄班中,可以与年龄较小的幼儿一起学习,获得再学习的机会,也有机会体验成功和成就感。对年龄较小而发展较快的幼儿来说,由于可以向年龄相仿的大哥哥大姐姐学习,能力水平会迅速提高。

② 异龄互动,共同促进。混龄班扩大了幼儿的接触面,使他们学会了与不同年龄幼儿交往的能力。研究发现:混龄班幼儿会进行较多的团体建构及团体扮演游戏,有较多的语言以及身体沟通行为。不同年龄伙伴在一起,更经常出现模仿,每个人在团体里都有机会成为"老师"。幼儿喜欢由比自己大二三岁的同伴教导,喜欢模仿那些能力、年龄与地位比自己高的同伴,学习效果并不比教师或成人直接指导差。在混龄班里,容易形成大带小、小促大的氛围,如果能够受到成人鼓励,幼儿更乐于互教互学、互帮互助。

混龄班的幼儿年龄有大有小,彼此间如兄妹一般,这种家庭式的组织方法可以为幼儿提供更多角色经验,促进角色承担能力的发展。通过与不同年龄伙伴相互接触,共同生活与活动,学习与人交往的正确态度和技能,克服自我中心,培养良好的社会行为方式,为幼儿良好的个性形成奠定基础。

③ 因材施教,形式多样。混龄班幼儿年龄不同,决定了其教育的个别化特点非常明显。教师要观察了解每个幼儿的行为表现和个性特点,从而制定出更有针对性的教育计划和方案,使每个幼儿充分发挥自身潜力,在原有基础上得到积极发展。混龄班的教学、活动、游戏、生活等各环节有多种组织形式,可按年龄分组,可按知识基础分组,可按接受能力分组;可按特长、兴趣分组,也可以采用同一内容不同要求,或不同内容与活动形式交替在大小组间进行。对各组有不同的教学计划小组有分有合,多种活动交替,手脑活动交替,动静交替,等等。科学的混龄教育活动改变了整齐划一的教育模式,有利于克服幼儿园小学化倾向,有利于促进幼儿个别化及个性化的教育。

（2）混龄班不利之处

① 课程设计与实施较复杂。教师需要了解教育内容和每个年龄段幼儿的发展水平和个体差异。分组要求高，如果要取得相应的教育活动效果，对教师的组织能力和观察能力要求很高。

② 集体教育活动容易造成时间上的浪费。一般的教育活动在同龄班只需要一个单位时间，而在混龄班的分组活动中，却需要几个单位时间才能完成。每次活动都要分组，指导费时费力，而且时间不容易把握。组织不好，常常造成部分幼儿等待轮换的现象，浪费时间。

③ 容易造成大龄幼儿争先表现，而影响小龄幼儿的表现表达。年龄大的幼儿在集体活动中，几乎与年龄小的幼儿相比都表现出优势，这样可能会影响小龄幼儿的自信心。

总之，混龄班教养有利有弊，对幼儿教师素质要求较高，我们要进一步对这种教养方式进行研究，挖掘和改进教育活动，扬长避短，推动混龄班教育质量的提高。

2. 混龄班的管理重点

（1）分层进行教育指导，促进原有水平的提高

教师要细心观察每个幼儿的能力水平，采取年龄为主，结合幼儿的实际能力的灵活分组方式，将能力弱的幼儿编入小组、能力强的幼儿编入大组。一般把混合班分成大小两组进行教学有利于幼儿的全面发展。大组包括6岁组和5岁组中发展较好的幼儿，小组包括4岁组和5岁组中发展弱些的幼儿。根据幼儿发育发展变化，可动态调整。教师要对不同组提出原有水平上的新要求，要有侧重地分层指导，如对小组幼儿生活自理能力培养，要着眼于"教"重点是教会幼儿某种技能。对大组幼儿主要是逐步提高其认识，要求其初步自觉形成良好习惯，多利用语言鼓励、表扬、批评等方式进行督促。做到分层指导，注重落实才能促进幼儿发展。

（2）充分发挥"混龄"优势

混龄班，由于幼儿年龄不同，彼此间的关系如同兄弟姐妹，这就为幼儿提供了一种家庭式的成长环境，幼儿间相互模仿，互相促进。教师要运用好幼儿教的原则，发挥"混龄"优势，促进幼儿发展。教师可以运用的方法主要有：

异龄促动法。一日生活中，多让大龄幼儿与小龄幼儿结对子互帮互助。哥哥姐姐领着弟弟妹妹，照顾弟弟妹妹的吃、穿、玩等生活，无形中促进大龄幼儿自觉自律地活动和学习，不知不觉地把自己的知识、经验、技能传递给较小的幼儿，体验到成功感、自豪感。小龄幼儿通过模仿很快学到本领，这样大带小、小促大，使异龄幼儿之间相互促进，各自得到发展。

同龄互动法。可以经常组织同龄幼儿进行穿衣、穿鞋等表演比赛，促进同龄幼儿互比互学活动，促进同龄幼儿的共同进步，发现和帮助同龄中能力较弱的幼儿。

位次排列法。幼儿的交往与互动受空间位置的距离影响大，教师对幼儿的座位、床位的排列要精心设计。如：有时同龄组围一桌，有时异龄组围一桌，两种排列能达到不同的效果。异龄组围桌的方法为：一边是同龄孩子，另一边是异龄孩子。异龄幼儿要两两相间，这样既能促进同龄孩子的互动学习，又能促进异龄幼儿的互动发展。

角色换位法。大组幼儿毕业离园后，小组幼儿在新学期自己做了哥哥姐姐，教师要引导幼儿及时转变角色。老生做好帮带榜样作用，新生从大哥哥大姐姐的关怀中得到情感上的满足，并且较快适应混合班的生活环境，了解并遵守学前教育机构的行为规范，适应幼儿园的生活。

（3）建立合理常规，持之以恒，培养幼儿的良好习惯

把幼儿一日生活各环节的基本要求规范化、固定化和制度化，通过教育让幼儿知道什么时间该做什么和怎样做，建立与生活规律相一致的生物节律，减轻幼儿日常生活中不必要的紧张。幼儿年龄小，可塑性强，好习惯容易养成。少若成天性，习惯成自然，良好习惯一旦形成，对其一生都会产生影响。

（4）科学合理安排一日活动的作息时间

教师要兼顾幼儿年龄差异，科学合理安排一日生活，考虑家长需要和实际情况，做到科学性、服务性和发展性要相统一。安排幼儿一日活动的原则是"三注重""一统一"。"三注重"，一是注重时间的合理搭配，使每项活动时间充足而有效，避免排队等待现象；二是注重各种活动之间的合理搭配，动静交替，保证各年龄组都能完成各自的活动任务，共同提高；三是注重组织形式的活泼有趣，让幼儿在轻松愉快的活动中主动发展。"一统一"是指活动的设计要有统一调整，突出总主题，大小组的教育目标要明确。

（5）精心编排学习内容，合理使用教育方式

混合班的学习内容，教师可结合已出版的各种教材和当地的实际情况，精心选择和编排。考虑幼儿年龄由易到难，循序渐进；注重幼儿兴趣和知识本身的逻辑顺序，主要选择幼儿感兴趣的和生活中熟悉的事物为学习对象，为幼儿一生学习打下基础。

混龄班幼儿接受能力差异很大，如果同时开展不同科目、不同内容、不同要求的教育内容，教师组织教育的难度会很大，也很难实现大带小互动。经验证明以综合主题活动为主要活动开展比较好。确定一个大主题，围绕该主题，对各年龄组提出相应的教育目标，运用各种教育手段，注重整体效益，使教育内容相互渗透，有机结合。可以针对同一领域的同一内容对不同组幼儿提出不同要求，比如：讲故事活动，可以让大组幼儿学习复述，小组幼儿简单理解；也可以对同一领域不同内容提出不同要求；还可以同一内容不同领域提出不同要求，此方法幼儿比较感兴趣，比如：全班幼儿认识"猫"的外形特征和生活习性，小班学习描述出"猫"的简单特征，大班学习画出"猫"的动态特征，相互讲述，互相欣赏，使大小组幼儿相互影响，共同提高。

总之，混龄班最常用的是同一领域的活动，但不论教师采取何种方式都要认真组织教学。可以通过培养小助手，在大组中委派值日组长，协助老师分发物品，辅导小组幼儿等把教育落到实处。

（6）充分发挥大组幼儿的"首领"作用

教师要善于发挥大组幼儿的"首领"作用，开展丰富多彩的区角活动和游戏活动。区角活动的自主性可以满足不同年龄幼儿的实际需要，我们要在区角投放不同难度、不同层次的游戏材料，满足幼儿开展自主性游戏需要。每个区角派大组幼儿当值日生，协助教师开展辅导和安全监督工作。每次游戏前，选出"小首领"，先让他们明确游戏的内容和组织方法，每人负责一组幼儿，这样教师就可以有足够的精力做个别指导。

本单元小结

本单元主要阐述幼儿园班级的构成、特点和功能，班级管理的内涵与基本内容，以及班级保教管理的基本要求和方法；班级保教人员的班级管理分工与协作，以及协同做好班级管理的组织与实施、反思与改进工作。针对托班、小班、中班、大班幼儿发展主要特点和所构成班级的主要特征，以及混龄班优势与不利之处，分别阐述其班级保教管理的重点内容与要求。

复习与思考

1. 阐释你对幼儿园班级管理的理解。
2. 试述幼儿园班级管理的基本要求和主要方法。
3. 开学第一天早上，老师迎接新生入园时，发现有些幼儿哭嚷着不愿入园。假如你是那位老师，你会怎样处理？请阐述。
4. 试析混龄班的优势和不足，如何对混龄班进行管理？

同步实训

1. 运用班级管理的基本要求和方法等理论，观察分析所见实习班级的管理工作。
2. 请结合见实习分析幼儿园三个年龄班的班级管理的侧重点，并说明理由。
3. 观察2—3名新入园幼儿，记录他们的表现，说明如何进行小班幼儿的入园教育。
4. 观察小、中、大班各一名有不良习惯的幼儿，记录分析他们的行为，并分析教育纠正的方法。

参考文献

1. 中华人民共和国教育部基础教育司.《幼儿园教育指导纲要（试行）》解读［M］.南京：江苏教育出版社,2008.

2. 中华人民共和国教育部.3—6岁儿童学习与发展指南［M］.北京：首都师范大学出版社,2014.

3. 中华人民共和国教育部.幼儿园工作规程［M］.北京：首都师范大学出版社,2017.

4. 李季湄,冯晓霞.《3—6岁儿童学习与发展指南》解读［M］.北京：人民教育出版社,2013.

5. 李季湄,肖湘宁.幼儿园教育［M］.北京：北京师范大学出版社,1997.

6. 顾明远.教育大辞典［M］.上海：上海教育出版社,1998.

7. 钟启泉.现代课程论［M］.上海：上海教育出版社,1989.

8. 虞永平,等.幼儿园课程评价［M］.2版.南京：江苏教育出版社,2006.

9. 朱家雄.幼儿园课程［M］.1版.上海：华东师范大学出版社,2003.

10. 冯晓霞.幼儿园课程［M］.2版.北京：北京师范大学出版社,2001.

11. 刘占兰,廖贻.聚焦幼儿园教育教学：反思与评价［M］.北京：北京师范大学出版社,2012.

12. ［美］罗恰特.婴儿世界［M］.许冰灵,郭琴,郭力平,译.上海：华东师范大学出版社,2005.

13. ［英］琳恩·默里.婴幼儿心理学［M］.张安也,译.北京：北京科学技术出版社,2020.

14. 王春燕.幼儿园课程概论［M］.2版.北京：高等教育出版社,2013.

15. 范红,刘建,费爱心.教育学［M］.北京：首都师范大学出版社,2016.

16. 曲新陵,章丽.幼儿园综合教育课程主题活动［M］.南京：江苏教育出版社,2013.

17. 陈文华.幼儿园课程论［M］.北京：教育科学出版社,2011.

18. 周先利,刘映含.早期教育概论［M］.上海：同济大学出版社,2020.

19. 张向葵,刘秀丽.发展心理学［M］.长春：东北师范大学出版社,2002.

20. 金晓梅.婴幼儿游戏与玩具［M］.重庆：西南师范大学出版社,2021.

21. 孙雅婷,周津.0—6个月婴儿综合发展与指导［M］.南京：南京大学出版社,2020.

22. 邓文静,胡阳.13—18个月婴幼儿综合发展与指导［M］.南京：南京大学出版社,2020.

23. 牟映雪.学前教育学程［M］.北京：教育科学出版社,2017.

24. 刘敏,万中.幼儿园教育活动的组织与实施［M］.成都：四川大学出版社,2011.

25. 袁爱玲,何秀英.幼儿园教育活动指导策略［M］.北京：北京师范大学出版社,2006.

26. 王冬梅.教师怎样了解幼儿［M］.北京：中国轻工业出版社,2016.

27. 徐跃飞.世界学前教育发展的民主化趋势及其启示［J］.教育导刊（下半月）,2010（09）.

28. 世界学前教育组织国际儿童教育协会.全球幼儿教育大纲——21世纪国际幼儿教育研讨会文件（上）［J］.幼儿教育,2001：（3）.

29. 李季湄.面向新世纪的世界幼儿教育［J］.学前教育,1999（06）.

30. 杨天平.从学校教育方针到教育方针［J］.继续教育研究,2002（4）.

31. 杨天平.厘清对现行教育方针的几个认识［J］.教育导刊,2002（21）.

32. 张筱良.陈鹤琴儿童心理研究的背景、成果及其现实意义［J］.学前教育研究,2007（09）.

图书在版编目(CIP)数据

学前教育学/郑健成主编. —3 版. —上海：复旦大学出版社，2023.9(2025.8 重印)
普通高等学校学前教育专业系列教材
ISBN 978-7-309-16507-4

Ⅰ.①学…　Ⅱ.①郑…　Ⅲ.①学前教育-教育理论-高等学校-教材　Ⅳ.①G610

中国版本图书馆 CIP 数据核字(2022)第 193766 号

学前教育学(第三版)
郑健成　主编
责任编辑/谢少卿

复旦大学出版社有限公司出版发行
上海市国权路 579 号　邮编：200433
网址：fupnet@fudanpress.com　http://www.fudanpress.com
门市零售：86-21-65102580　　团体订购：86-21-65104505
出版部电话：86-21-65642845
杭州日报报业集团盛元印务有限公司

开本 890 毫米×1240 毫米　1/16　印张 14.25　字数 482 千字
2025 年 8 月第 3 版第 5 次印刷

ISBN 978-7-309-16507-4/G·2427
定价：49.00 元